W0218240

Leçons particulières de culture générale

COLLECTION MAJOR

DIRIGÉE PAR

PASCAL GAUCHON

Leçons particulières de culture générale

par

Éric Cobast

Agrégé de l'Université
Professeur de culture générale dans les classes préparatoires aux grandes écoles de commerce et aux Instituts d'études Politiques – Ipesup – Prépasup
Professeur de littérature dans les classes de Lettres supérieures du lycée Madeleine Daniélou

Presses Universitaires de France

ISBN 2-13-052454-0
Dépôt légal – 1re édition : septembre 1992
6e édition : janvier 2002
2e tirage : mai 2004

© Presses Universitaires de France, 1992
6, avenue Reille, 75014 Paris

SOMMAIRE

Introduction

La culture générale est une discipline étrange qui n'apparaît que dans la liste des épreuves subies par les candidats à des concours d'entrée à des grandes écoles aussi différentes qu'HEC, l'ESSEC, les Instituts d'études politiques ou les centres de formation des cadres de l'administration. L'examen ou le concours passés, elle disparaît du paysage scolaire pour se fondre dans un vaste fonds indifférencié destiné à alimenter la conversation de « l'honnête homme ». La culture générale est donc une « épreuve » ou un signe de reconnaissance sociale, en aucun cas une « discipline universitaire », du moins pas encore. De fait, il faudrait imaginer un enseignement où seraient convoqués pour la constitution d'un discours commun le philosophe, l'historien, le critique littéraire et le critique d'art, parfois même le journaliste... Mais cette tâche impossible ne doit pas rendre aléatoire et improbable une épreuve de concours dont les exigences demeurent toujours très précises.

En effet, la culture générale a pour objet clairement défini l'interprétation et la compréhension du présent à la lumière de la connaissance du passé. Elle vise ainsi à dégager l'origine et les enjeux des grands débats du temps, à montrer qu'ils s'enracinent dans des controverses souvent beaucoup plus anciennes et qu'ils dépendent fréquemment de mutations intellectuelles engagées voici des siècles. Il s'agit de rattacher la réflexion individuelle à des systèmes de représentation du monde qui appartiennent à notre fonds culturel commun et dont nous sommes, consciemment ou non, dépendants. La culture générale a donc pour ambition première, en nous révélant la nature de notre filiation intellectuelle, de nous montrer qu'on ne peut penser le présent sans l'appui des pensées héritées du passé.

L'objectif que se fixe par conséquent ce manuel est d'ouvrir à la réflexion du lecteur des lignes directrices pour orienter son investigation et sa recherche dans le labyrinthe des bibliothèques réelles et imaginaires qui nourrissent notre culture judéo-chrétienne. On a donc choisi d'organiser thématiquement, et non de façon chronologique, selon quinze chapitres, un ouvrage qui se donne comme un recueil de « leçons particulières » – parce que le ton en est personnel et la prétention modeste – destinées à servir d'introduction aux cours de culture générale que le candidat ne manquera pas de suivre pendant l'année. Chacun des chapitres est articulé au précédent comme au suivant pour dessiner au terme du parcours les contours d'une problématique unitaire qui nous semble essentielle : notre monde est le fils du doute et du soupçon. Dans tous les domaines d'investigation de la pensée celle-ci désormais ne trouve plus qu'elle-même comme seul appui fiable. Or cette solitude du sujet pensant, loin d'être une faiblesse, a fait sa force. Le relativisme et la crise des valeurs ouverte par la Réforme et l'héliocentrisme ont conduit à faire de l'individu un absolu.

Chaque chapitre se propose donc de suivre la faille qui se forme à partir du XVIe siècle et de montrer comment notre modernité en est issue. Pour compléter par conséquent le dispositif didactique mis en œuvre à chacune des étapes de la réflexion (plan détaillé du chapitre, textes intégrés au développement et commentés), en fin de chapitre on indique de rapides « applications » pratiques, empruntées à la vie quotidienne, à l'actualité sociale, pour illustrer l'idée selon laquelle tout peut être objet de réflexion et s'intégrer dans un débat parfois complexe et ambitieux.

Enfin, on n'oubliera pas l'efficacité recherchée le jour du concours, ni que l'exercice réclamé reste avant tout « technique ». Par conséquent, une section consacrée à la méthodologie de la dissertation et construite à partir d'exemples précis et de sujets commentés devait conclure l'ensemble d'un ouvrage autonome, destiné à rendre son lecteur libre de ses choix et conscient des enjeux de l'énoncé auquel il se trouve confronté pendant quatre heures.

La présente édition intègre par ailleurs dans cette dernière section un chapitre inédit consacré à l'épreuve bien particulière, dite du « commentaire d'un texte court ». Cette épreuve concerne les étudiants désireux de préparer l'examen d'entrée à l'Institut d'études politiques de Paris, en seconde année. Il s'agit d'une rapide rédaction qui obéit à des impératifs spécifiques. Cette épreuve est nouvelle, mal connue. Il nous a semblé utile d'y prêter une attention d'autant plus grande qu'il n'existe actuellement aucun ouvrage pour s'y préparer.

1

L'animal politique

NAISSANCE DE LA POLITIQUE

Connaître

I. L'état de nature : mythes de l'origine de la société

La nostalgie des origines fait oublier...

▸ L'âge d'or. *Le mythe de l'âge d'or, de Platon à Voltaire.*
▸ Une fiction normative. *Rousseau imagine une origine commune à tous les hommes : l'état de nature, inspiré par les représentations de l'âge d'or.*

...la guerre de tous contre tous.

▸ Hobbes et la nature humaine. *Rousseau part du postulat que l'homme est naturellement bon, il répond en cela à Hobbes dont le système dépend d'une analyse radicalement opposée de l'humaine nature : pour Hobbes, « l'homme est un loup pour l'homme ».*

II. Dans l'enceinte protectrice de la cité : comment chasser la violence naturelle ?

Expulser la violence...

▸ La légende de la fondation de Rome. *Une légende qui met en scène l'expulsion de la violence animale et qui sacralise le tracé de l'enceinte d'une cité qui, de ce fait, devient un sanctuaire.*
▸ Oublier Dionysos ? *A peine expulsée, la violence est rituellement réinstallée au cœur de la cité. Le culte de Dionysos en est l'exemple même.*

...pour fonder un nouvel ordre humain.

▸ **Le modèle athénien.** *Les Grecs peuvent, dès lors que cette violence naturelle est canalisée, inventer la démocratie.*
▸ **Les limites.** *Mais le modèle n'est pas si parfait. La constitution d'Athènes porte en elle les germes de sa propre disparition. Derrière la démocratie, c'est toujours l'oligarchie qui est active.*

III. Le retour de la bête : l'échec de la démocratie athénienne

Le savoir du sophiste...

▸ **Qui sont les sophistes ?** *Dans la démocratie directe que connaît Athènes, bien parler c'est s'emparer du pouvoir politique. Les professeurs qui enseignent l'art de « bien dire » jouent alors un rôle fondamental et modifient les règles du jeu démocratique.*
▸ **La loi du plus riche.** *Les cours de rhétorique ne sont pas gratuits, la loi du « mieux-parler » est ainsi la loi du plus riche.*

...et la ruse du Prince réinstallent la bête au cœur de la Cité.

▸ **Moitié homme et moitié bête.** *Machiavel dans* Le Prince *achève l'œuvre des sophistes et donne à la violence animale un droit de cité permanent.*

L'homme est, par nature, un animal qui vit en société. Telle est la teneur de la formule d'Aristote, l'homme est un *zoôn politikon* (un animal politique).
Mais cette vie dans la cité lui suffit-elle pour qu'il se distingue des autres animaux, qui dans la nature ne connaissent que la loi du plus fort ?
L'animal politique a-t-il vraiment tué en lui la Bête ?

I. L'état de nature : mythes de l'origine de la société

La nostalgie des origines fait oublier...

▸ L'âge d'or

Les Grecs imaginaient que l'humanité avait vécu sous le règne de Cronos, le père de Zeus, une longue période de bonheur et de prospérité. La haine et la guerre étaient inconnues et la nature dispensait aux hommes ses richesses avec la plus grande générosité. Platon, dans *Le Politique,* rappelle cet âge d'or où la terre nourricière épargnait à ses enfants la peine et les souffrances du travail, les inévitables préoccupations qu'engendre la vie en société.

> Les arbres, sans parler d'innombrables taillis, fournissaient des fruits à profusion, lesquels ne se réclamaient point d'être produits par la culture, étant au contraire une contribution spontanée de la terre.
> D'autre part, ils (les hommes) vivaient nus, dormant au pâturage, le plus souvent sans lit, à la belle étoile...

Les hommes sont ainsi les brebis d'un pasteur divin, véritables animaux a-politiques, dans un état d'adhérence parfaite au milieu naturel. Cette évocation de l'âge d'or réveille, pour le lecteur contemporain, le souvenir des versets de la Genèse consacrés à la création du jardin d'Éden.
Mais, à la chute brutale du Paradis terrestre, les Grecs et les Romains préfèrent la représentation d'une lente dégradation de cet état de félicité originelle.
En effet, à l'âge d'or succède l'âge d'argent. Zeus a remplacé son père, les hommes sont désormais contraints au travail de la terre, laquelle devient l'objet d'un partage organisé entre ceux qu'il faut désormais appeler des propriétaires.
Puis l'argent le cède à l'airain et au fer. Apparaissent alors progressivement

les maladies, les guerres, les famines. La crainte se substitue au bonheur insouciant des premiers temps.

Cette dévaluation du métal symbolique dévoile une alchimie à l'envers où l'or se change en fer et à laquelle, inévitablement, sont soumis, pour leur plus grand malheur, les hommes conscients de vivre une décadence et un état de corruption irrémédiables.

La constitution du mythe de l'âge d'or, et les formes multiples qu'il revêt au cours des siècles, témoignent évidemment d'une nostalgie de l'origine. Mais elles offrent aussi la possibilité de disqualifier le présent au nom d'un passé rêvé, de jeter sur la société un discrédit peu discutable.

Le mythe de l'âge d'or n'est donc pas la manifestation d'un état d'âme ou d'une rêverie mélancolique, ni l'expression innocente des regrets d'une enfance transposée à l'échelle de l'humanité. Il va offrir en particulier à certains penseurs comme Rousseau l'opportunité de mettre au point un instrument de mesure redoutable, l'état de nature.

▸ Une fiction normative

C'est Rousseau, dans son *Discours sur les Sciences et les Arts*, qui saura faire de l'état de nature une « fiction normative » efficace, c'est-à-dire un instrument contre l'idée du progrès, chère à l'esprit des Lumières.

De fait, dès le premier discours, Rousseau reprend le thème de la décadence, familier des Anciens. Il imagine ainsi l'effroi qu'aurait causé chez le consul Fabricius le spectacle des corruptions de la Rome impériale. Il s'agit déjà de montrer que le développement de la société ne va pas sans une absolue dénaturation de l'homme.

La prosopopée s'achève par ces mots demeurés célèbres :

> Peuples, sachez donc une fois que la Nature a voulu vous préserver de la Science, comme une mère arrache une arme dangereuse des mains de son enfant...
>
> *Discours sur les Sciences et les Arts.*

La comparaison de la Nature à une mère nourricière prépare déjà l'allégorie future.

Il faut aussi retenir l'image de l'enfant désobéissant qui n'écoute pas ses parents lorsqu'il s'abandonne à jouer avec les progrès que permettent les dernières découvertes scientifiques : l'homme, qui veut croire aux bienfaits de la civilisation, reste sourd aux avertissements de la Nature.

Rousseau est donc conduit à imaginer un état antérieur à toute forme de vie sociale où les hommes auraient vécu conformément aux préceptes de la Nature. Il invente un état de nature précédent l'état civil.

Il décrira ainsi dans un *Essai sur l'origine des langues* ces temps reculés où

« tout croissait confusément, arbres, légumes, arbrisseaux, herbages... » ; l'emprunt au mythe de l'âge d'or est direct.

Dans cette nature exubérante les hommes errent en solitaires. Ils ne travaillent, ni ne réfléchissent. Ils ignorent jusqu'à la distinction du Bien et du Mal. L'homme à l'état de Nature vit simplement dans une parfaite harmonie avec son environnement :

> Ses désirs ne passent point ses besoins physiques... son imagination ne lui peint rien ; son cœur ne lui demande rien, ses modiques besoins se trouvent si aisément sous sa main et il est si loin du degré de connaissance nécessaire pour désirer d'en acquérir de plus grandes, qu'il ne peut avoir ni prévoyance ni réussite.
>
> *Discours sur l'origine de l'inégalité parmi les hommes.*

Ignorant, innocent, muet, l'homme-enfant communie avec sa mère-Nature et ne sait communiquer avec ses semblables. Quant à la reproduction de l'espèce, elle s'effectue au hasard des rencontres... Nulle structure familiale, nulle association d'aucune sorte... Elles sont inutiles, la nature pourvoit à tous les besoins.

La seule véritable passion que connaissent alors les hommes, Rousseau la nomme « amour de soi ». On peut l'identifier à l'instinct de conservation. C'est d'ailleurs elle qui permet de penser le passage de l'état de nature à l'état civil. Il faut imaginer en effet une catastrophe naturelle au cours de laquelle les hommes auraient été individuellement menacés :

> Je suppose les hommes parvenus à ce point où les obstacles qui nuisent à leur conservation dans l'état de nature l'emportent par leur résistance sur les forces que chaque individu peut employer pour se maintenir dans cet état. Alors, cet état primitif ne peut plus subsister, et le genre humain périrait s'il ne changeait sa manière d'être.
>
> *Du contrat social.*

Incapable de faire face seul à une difficulté physique, l'homme sort de son autarcie et réclame l'aide de ses semblables. La société est née.

Désormais, les hommes vont s'associer pour pouvoir répondre à leur différents besoins. Ils s'enchaîneront ainsi les uns aux autres par des relations d'interdépendance matérielle.

L'originalité de ce récit, que développe Rousseau depuis le premier *Discours* jusqu'au *Contrat social,* tient à ce qu'il ne cesse de se désigner comme une fiction. A aucun moment, l'état de nature n'est présenté comme ayant été réellement vécu. Rousseau réclame d'ailleurs de son lecteur qu'il commence par « écarter les faits ». L'histoire importe peu et les descriptions rédigées par Rousseau ne sont fondées sur aucune recherche archéologique ou ethnologique.

« L'état de nature » est une fiction destinée à servir de norme, c'est-à-dire à mesurer le degré de corruption des sociétés modernes. Cette corruption vient principalement de l'inégalité qui règne parmi les hommes. Or, à « l'état de nature », on peut imaginer que cette inégalité n'existait pas. Devant la Nature, les hommes sont tous semblables : lorsqu'il fait chaud, la chaleur vient en partage à tous et lorsqu'il pleut, la pluie lave pareillement tous les corps.

Tant que l'homme reste dans cette relation directe avec la Nature, il demeure, dans sa solitude même, l'égal de n'importe quel autre homme. La société, en brisant cet isolement égalitaire, pousse les hommes à la comparaison.

Mais elle subordonne surtout les uns aux autres. Rousseau imagine en effet que les hommes n'ont pu quitter l'état de nature que sous la contrainte des circonstances. L'un d'entre eux se trouva un jour en situation d'*avoir besoin* d'un semblable. Il dut réclamer de l'aide, c'est-à-dire prendre conscience de sa faiblesse :

> « C'est la faiblesse de l'homme qui le rend sociable. Ce sont nos misères communes qui portent nos cœurs à l'humanité [...] Tout attachement est un signe d'insuffisance : si chacun de nous n'avait nul besoin des autres, il ne songerait guère à s'unir à eux. »
>
> *Émile.*

En somme, c'est pour faire face aux besoins inscrits dans leur nature que les hommes s'associent. Cette association est comme l'aveu d'une faiblesse. Elle a surtout pour conséquence de faire dépendre les hommes les uns aux autres.

...la guerre de chacun contre tous.

▸ Hobbes et la nature humaine

Jean-Jacques Rousseau ne fut pas le premier à former l'entreprise d'imaginer un « état de nature ». Un siècle avant le *Discours sur les Sciences et les Arts,* l'Anglais Thomas Hobbes a composé sa propre fiction. Pour lui, comme pour l'auteur du *Contrat social,* il s'agit d'imaginer et non de reconstituer.

Dans *Léviathan,* Hobbes précise clairement à propos de l'état de nature qu'il vient de décrire : « on pensera peut-être qu'un tel temps n'a jamais existé, ni un état de guerre tel que celui-ci. Je crois en effet qu'il n'en a jamais été ainsi, d'une manière générale, dans le monde entier ».

Qu'a donc rêvé Hobbes ? Quel âge d'or ? Quel paradis originel ?

En réalité, c'est un véritable Enfer que décrit l'auteur du *De cive* et de *Léviathan.* L'état qui précède l'état civil se caractérise, en effet, par la guerre permanente de tous contre tous.

> Toutes les conséquences d'un temps de guerre où chacun est l'ennemi de chacun se retrouvent aussi en un temps où les hommes vivent sans autre sécurité que celle dont les munissent leur propre force ou leur propre ingéniosité.
>
> (...)
>
> La vie de l'homme est alors solitaire, besogneuse, pénible, quasi animale et brève.
>
> *Léviathan.*

Hobbes résume alors la vie de l'homme à l'état de nature par la formule : « l'homme est un loup pour l'homme ».

On conçoit difficilement vision plus pessimiste des premiers temps, mais Hobbes prétend se fonder sur l'observation de la nature humaine. Si quelqu'un doute de cette nature mauvaise que partagent tous les hommes, « qu'il se demande quelle opinion il a de ses compatriotes, quand il voyage armé ; de ses concitoyens, quand il verrouille ses portes ; de ses enfants et de ses domestiques, quand il ferme ses portes à clef ».

De fait, l'état de nature hobbien ne connaît pour seule loi que celle du plus fort, les hommes vivent dans une crainte permanente à l'origine de laquelle se trouve l'égalité.

En effet, c'est parce que la Nature les place dans un état d'égalité devant les objets de leurs désirs que les hommes sont inévitablement conduits à l'affrontement :

> La cause de la crainte mutuelle réside pour partie dans l'égalité naturelle entre les hommes, pour partie dans ce désir réciproque de se nuire.
>
> (...)
>
> De cette égalité des aptitudes découle une égalité dans l'espoir d'atteindre nos fins. C'est pourquoi, si deux hommes désirent la même chose, alors qu'il n'est pas possible qu'ils en jouissent tous les deux, ils deviennent ennemis...
>
> *Léviathan.*

Pour Hobbes comme pour Rousseau, l'égalité caractérise « l'état de nature ». Mais l'auteur du *Contrat social* la valorise au point d'en faire un idéal politique. Hobbes, au contraire, voit en elle l'origine de tous les maux que vivent dans la Nature les hommes livrés à l'empire de leurs désirs. Las de supporter la violence des conflits incessants et la crainte d'une mort à chaque instant possible, ils vont souhaiter quitter cet état de guerre de chacun contre tous, posant ensemble les armes et s'en remettant à l'autorité d'un tiers : il s'agit du Léviathan.

La violence individuelle devient « hors la loi », alors que celle du *Léviathan*, l'État, apparaît comme seule légitime. Passant contrat ensemble, les hommes, devenus des alliés, prétendent trouver le repos dans la société. La Bête serait-elle endormie ? Les deux fictions normatives proposées par Rousseau et par Hobbes révèlent, bien sûr, deux visions anthropologiquement divergentes. L'une nous montre un homme naturellement bon, l'autre naturellement méchant. Elles aboutissent à deux conclusions radicalement opposées : pour l'une, la société est une déchéance – pour l'autre, l'invention de l'État représente le seul progrès possible. Mais l'une comme l'autre font du passage de l'état de nature à l'état civil un moment essentiel de rupture avec l'animalité. La brebis rousseauiste ou le loup hobbien n'ont guère de place dans la Cité dont l'enceinte semble être avant tout un rempart contre la bestialité.

II. Dans l'enceinte protectrice de la cité : comment chasser la violence naturelle ?

Expulser la violence...

▸ La légende de la fondation de Rome

Rome, symbole de toutes les grandes métropoles à bâtir, l'Urbs, la ville par excellence, offre grâce au récit légendaire de sa fondation la possibilité de penser ce désir d'expulsion de la violence animale.

On se souviendra des jumeaux, Romulus et Rémus, qui après avoir restauré leur grand-père Numitor sur le trône d'Albe partiront fonder sur les bords du Tibre une ville nouvelle. La question se posa rapidement de savoir qui choisirait le site.

On convint de s'en remettre aux dieux. Celui des deux frères qui verrait voler dans le ciel le plus grand nombre de vautours, celui-là serait désigné pour établir la nouvelle Cité. Rémus, sur l'Aventin, aperçut six oiseaux – Romulus, posté sur le Palatin, en vit douze. Il prit donc sa charrue pour tracer la limite symbolique de la ville future, déclarant en creusant le sillon qu'il était désormais interdit, sous peine de mort, de franchir en armes cette nouvelle frontière. La violence n'avait pas droit de cité. Ce sillon d'où sortira l'enceinte de la ville de Rome prit le nom de Poemerium (Post-murum) et transforma la Cité en sanctuaire. Il ne manquait plus qu'un sacrifice fondateur pour faire de cette expulsion de la violence un acte sacré... La légende rapporte que Rémus, irrité par le sérieux de son frère et le cérémonial dont il entourait le tracé symbolique de la nouvelle ville, jaloux sans doute aussi de n'avoir pas été favorisé par le sort, franchit, le glaive à la main, le sillon que Romulus venait de retourner. Sans un mot, celui qui devint ensuite le premier roi de Rome tua le frère qui venait de transgresser le premier édit. L'interdiction de pénétrer armé dans l'enceinte de Rome est ainsi la toute première Loi de la Cité. Les exercices militaires s'effectuèrent donc à l'extérieur de la ville, sur le « Champ-de-Mars ».

C'était affirmer symboliquement qu'il n'y avait guère de place pour la violence dans un lieu désormais consacré au développement de l'humanité des hommes.

▸ Oublier Dionysos ?

Le parallèle avec l'expulsion de la Cité grecque des temples consacrés à Dionysos est troublant. En effet, le culte du dieu de l'ivresse et de l'exubérance de la Nature n'est jamais rendu dans l'enceinte de la ville. Il faut sortir de la Cité pour célébrer cette divinité troublante qui réveille dans le cœur de ses adorateurs des forces sombres et redoutées.

Nietzsche, dans la *Naissance de la tragédie,* oppose Apollon à Dionysos, faisant du premier la divinité de la lumière (Apollon, « celui qui brille ») et du second le maître de l'obscurité. L'ordre apollinien ne peut tolérer le chaos dionysiaque :

> Partout où pénétrait le Dionysiaque, l'Apollinien était aboli et détruit, encore qu'il n'en soit pas moins sûr, cependant, que partout où le premier assaut était repoussé, le prestige et la majesté du Dieu delphique se montraient plus rigides et menaçants que jamais. Car il est vrai que je ne puis m'expliquer l'État dorique autrement que comme un camp retranché permanent de l'Apollinien...

Le texte est intéressant parce qu'il insiste clairement sur la menace que représente le Dionysiaque et contre laquelle l'État, ou l'institution sociale, apparaît comme un « camp retranché », un rempart.

De quelle menace s'agit-il ? Quel danger, secrètement vénéré, Dionysos incarne-t-il ? Il est nécessaire, pour répondre à ces questions, de revenir sur la personnalité du Dieu.

Dionysos est le fils de Zeus et d'une mortelle du nom Sémélé. Le maître de l'Olympe dut le soustraire à la vengeance de son épouse légitime, Héra, qui cherchait à détruire l'enfant après avoir provoqué la mort de la mère. Zeus transforma donc son fils en chevreau, afin de favoriser sa fuite. L'enfance de Dionysos est donc marquée par l'errance et le retour à la bestialité.

Parvenu à l'âge adulte, ayant presque retrouvé forme humaine, Dionysos paraît frappé de démence. Est-ce la conséquence de ses métamorphoses ? De son existence vagabonde ? Toujours est-il que le fils proscrit de Sémélé s'attache désormais à livrer aux hommes le moyen d'atteindre cet état d'abandon et de folie, par la culture de la vigne et la production du vin. Dionysos sème ainsi l'ivresse et provoque la démence sur son passage. On lui prête un mystérieux voyage initiatique en Inde (vers l'Orient, le lieu où le soleil se lève – lieu de toutes les régénérescences ?), d'où il revient sur un char attelé de panthères.

Ce retour qui présente tous les signes extérieurs de la résurrection le mène à Thèbes, où il réclame qu'un culte lui soit rendu. Penthée, le roi de la Cité, s'y oppose pour préserver l'ordre et la cohésion de la communauté qu'il dirige. Dionysos déchaîne alors la propre mère du souverain, Agavé. Celle-ci se jette contre son fils et le met en pièces. L'épisode est transmis par la dernière tragédie connue d'Euripide, *Les Bacchantes* (Bachus est le nom que donnèrent les Romains au dieu grec) :

> Dionysos est le Dieu prophète,
> Car l'ivresse du vin a, comme le délire,
> Un pouvoir exalté de divination.
> Quand le Dieu nous pénètre de toute sa puissance,
> L'avenir avec lui entre dans nos âmes.

Il partage aussi les privilèges d'Arès :
Parfois l'épouvante s'abat sur une armée rangée en bataille,
Avant même que les soldats aient pris la lance :
C'est encore Dionysos qui les a rendus fous.

Dionysos incarne la victoire des forces qui échappent au contrôle de la raison et transforment un homme en fauve. C'est la folie bestiale qui rugit dans la gorge d'Agavé, lorsqu'elle se précipite sur Penthée pour le lacérer. Dionysos a réveillé la Bête endormie par les Lois de la Cité. Son culte est dès lors révélateur d'une aspiration des hommes à ne pas oublier l'animal, ni cet état primitif antérieur à la socialisation. Impossible dans ce cas d'évoquer une quelconque nostalgie mais plutôt un attachement farouche et obscur qui défie la conscience. De fait, non seulement le culte de Dionysos est célébré hors des enceintes mais il est rendu rituellement à deux reprises chaque année, au cœur de la cité. Ce sont les « Dionysiaques ».

Le dieu proscrit règne alors sans partage, mais pour un temps fixé à l'avance. Au cours de ces fêtes que célèbre toute la ville sont organisés des concours où rivalisent trois poètes dramatiques. Chacun présente une « tragédie », un « chant du bouc » (étymologie admise qui rappelle l'enfance animale du dieu). Au centre de l'orchestre, devant la scène, là où évolue le chœur, on dresse un autel pour Dionysos, à côté duquel siège un prêtre. Le Dieu trône véritablement au centre de la représentation. Mais que représente-t-on précisément au cours de ces tragédies ?

La plupart des grands textes représentés montrent aux adhérents rassemblés au cours de ces fêtes religieuses le spectacle de mortels que les dieux se plaisent à écraser.

Sophocle et Euripide puisent leur inspiration principalement dans le récit des mésaventures de deux familles, les Atrides et les Labdacides, la lignée d'Agamemnon et celle d'Œdipe. Agamemnon, fils d'Atrée, roi de Mycène, a été choisi pour mener au combat les forces coalisées des Grecs contre Troie. Mais, sur la plage d'Aulis, un port de Béotie, l'armée attend, inactive, que le vent gonfle les voiles des vaisseaux pour les conduire à la guerre. C'est Artémis qui, blessée par la vantardise d'Agamemnon qui se flattait d'avoir tué une biche avec une plus grande adresse que la déesse, a convaincu Éole de retenir son souffle. Elle réclame en sacrifice expiatoire la mort d'Iphigénie, la fille chérie du roi. Le châtiment infligé par la chasseresse divine est sans proportion avec la faute commise. Agamemnon, en acceptant, brisé, l'oracle et ses exigences, fait entrer sa famille dans le cercle infernal d'une vendetta qu'achèvera seulement le procès d'Oreste devant l'Aréopage. Coupable, mais aussi innocent, tel apparaît le héros tragique dont le destin fait frémir le public. De fait, le sort d'Œdipe et de sa mère-épouse, Jocaste, ou les déchirements des Atrides plongent les Athéniens dans une transe terrifiée d'où ils ressortent comme purifiés. Aristote appelle ce processus la catharsis, la purge ou la purification.

La violence la plus injustifiable au regard des lois est mise en scène pour être plus efficacement expulsée. Cette violence des dieux à l'égard des mortels est bien celle qui s'exerce par le plus fort sur le plus faible, elle ne semble connaître pour principe que celui du talion, elle suppose que la faute fait partie d'un héritage (Agamemnon « hérite » aussi du crime de son père Atrée, qui avait fait manger à Tryeste ses enfants...).

« Si ce n'est toi, c'est donc ton père » semblent dire aux fils les dieux qui depuis l'Olympe jouent avec les mortels. On conçoit que le spectacle d'une telle forme de violence toute primitive n'ait su inspirer que « terreur » et « pitié », deux sentiments dont l'intensité fit du spectacle tragique un spectacle exutoire.

Antonin Artaud, dans *Le Théâtre et son double,* garde à l'esprit ce que nous savons de ces représentations théâtrales, lorsqu'il écrit :

> Une vraie pièce de théâtre bouscule le repos des sens, libère l'inconscient comprimé, pousse à une sorte de révolte virtuelle.

La tragédie, parce qu'elle est du nombre de ces « vraies » pièces de théâtre, a le pouvoir de révéler à son public cette « liberté noire », qui est celle d'un inconscient violent, déréglé, chaotique. Grâce à sa libre expression, le temps circonscrit des Dionysiaques, une part de folie est laissée au dieu pour que la Cité conserve sa cohésion... Il n'est donc pas possible d'oublier Dionysos et ce qu'il incarne, tout juste paraît-il pensable de le contenir...

... Pour fonder un nouvel ordre humain.

▸ Le modèle athénien

Aristote rappelle dans *La politique* l'impossibilité pour l'homme de réaliser son humanité hors de l'enceinte de la Cité.

C'est que l'homme est, par nature, une créature faite pour communiquer, pour échanger et pour distinguer, grâce à l'usage de la parole, le juste de l'injuste :

> Ce qui distingue l'homme d'une manière spéciale, c'est qu'il perçoit le bien et le mal, le juste et l'injuste, et tous les sentiments de même ordre, dont la communication constitue la famille et l'État.

Or la Cité athénienne, au Ve siècle avant Jésus-Christ, incarna tout à fait cet idéal de sociabilité qui annonce déjà l'humanisme.

La ville tire son prestige de sa victoire éclatante sur les Perses et du prix fort qu'elle dut verser pour l'atteindre : les édifices publics détruits, les habitations ravagées, une population contrainte de se réfugier sur des vaisseaux. Athènes s'impose naturellement aux autres Cités grecques et fonde la « Ligue de Délos ». L'homme « civilisé » a vaincu les barbares et les Athéniens manifestent leur fierté dans une des plus antiques tragédies, *Les Perses,* que le jeune Périclès – on saura apprécier le symbole – est chargé de financer et d'organiser.

Modèle de courage et de réussite militaire, Athènes devient rapidement un modèle de puissance économique et de libéralisme politique.

La Cité, sous l'impulsion du même Périclès, devenu stratège, se donne pour régime la démocratie. De fait, Finley le rappelle dans *Démocratie antique et démocratie moderne,* Athènes expérimente la démocratie directe : tous les citoyens sont réunis sur la place centrale de la ville, l'Agora, plus de quarante fois chaque année, pour décider ensemble de la gestion des affaires publiques. Tout citoyen présent pouvait prendre la parole, exprimer son opinion. C'est l'*iségoria,* le droit pour chacun de parler à l'Assemblée. Ce droit à la parole est si fondamental que certains antiques employaient indifféremment démocratie ou iségorie, l'un et l'autre leur apparaissant évidemment synonymes.

Tous les citoyens, par le biais de tirages au sort ou d'élections, participaient à l'administration de la Cité, soit au niveau le plus élevé (ce sont les stratèges, véritable pouvoir exécutif de la Cité), soit à l'échelle de l'une des cent communes entre lesquelles était subdivisée Athènes :

> Il y avait aussi de manière générale une familiarité avec les affaires publiques, que même les citoyens portés à l'apathie ne pouvaient éluder en telle société.
>
> *Démocratie antique et démocratie moderne.*

Il est d'usage d'ajouter que cette démocratie directe n'était possible qu'au prix d'une impitoyable exclusion. Les femmes, les esclaves et les métèques, c'est-à-dire les Grecs étrangers à la Cité, ne disposaient pas de la citoyenneté athénienne.

Il convient sur ce point de rester prudent. Esclaves et métèques jouissent à Athènes d'un statut enviable, en comparaison du moins avec ce qui leur est ailleurs réservé. C'est ce que rapporte le pseudo-Xénophon :

> Quant aux esclaves et aux métèques, nulle part leur insolence ne va si loin qu'à Athènes. Dans cette ville, on n'a pas le droit de les frapper et l'esclave ne se rangera pas sur votre passage. La raison de cet usage local, la voici : s'il y avait une loi qui permît à l'homme libre de frapper l'esclave, le métèque ou l'affranchi, souvent il aurait pris un Athénien pour un esclave et l'aurait frappé. Car les hommes du peuple à Athènes ne se distinguent des esclaves et des métèques ni par des habits ni par un extérieur plus riche.
>
> *La République des Athéniens.*

Le reproche adressé aux Athéniens – leur apparence servile – tourne à leur avantage sitôt que l'on discerne cette volonté d'effacer les marques de l'inégalité.

C'est que la Cité athénienne cherche à représenter, selon la formule de J.-P. Vernant, « un nouvel ordre humain ». De fait, elle imite la forme d'un cosmos circulaire et centré :

> Chaque citoyen, semblable à tous les autres, tour à tour obéissant et commandant, devra occuper et céder toutes les positions de l'espace civique.
>
> *Les origines de la pensée grecque.*

On notera, à ce propos, que de nombreuses langues conservent, grâce à l'étymologie des termes utilisés pour désigner la « ville », cette idée de cercle. Ainsi, le latin *urbs,* la ville, dérive d'une racine commune avec *orbis.* Le mot anglais *town,* tout comme *Zaun,* en allemand, désignait à l'origine une palissade circulaire destinée à protéger les habitations de toute menace extérieure. C'est ce que rappelle Hannah Arendt dans *La Condition de l'homme moderne.*

Quant aux femmes, leur statut ne diffère guère d'une rive de la Méditerranée à l'autre. Les Grecs les confinent dans l'espace privé de la maison : leur influence politique est nulle, jamais elles ne font entendre leur voix sur l'Agora. Toutefois, la Cité ne leur est pas si hostile que certains clichés véhiculés ici ou là le laissent penser.

Ainsi, Aristophane se moque d'elles dans *L'Assemblée des femmes,* mais *Lysistrata* les représente plus aptes que les hommes à imposer et à maintenir la paix entre les nations. La tragédie ne les oublie pas davantage. La figure de Clytemnestre, celle d'Antigone, ne manquent ni de grandeur ni de noblesse dans leur insurrection contre les décrets des hommes ou la Loi des dieux. Enfin, il n'est pas utile de rappeler ici le rôle joué par Aspasie, la Milésienne auprès de Périclès. C'est elle qui rassemble autour du stratège Protagoras, Phidias et Hérodote, réunissant ainsi régulièrement ce que l'on peut considérer comme « l'ancêtre » du Salon littéraire du XVIIIe siècle !

▸ Les limites

Le modèle athénien paraît fonctionner à merveille, comme une machine à maintenir l'égalité entre tous les citoyens.

La politique est une activité noble qui témoigne d'un souci de l'individu de se mettre au service de la communauté. Il n'est guère surprenant d'apprendre ainsi que les services publics sont à la charge des plus riches, que les plus démunis reçoivent une indemnité *(misthoï)* et que les fonctions politiques ne sont génératrices d'aucun profit : les stratèges ne perçoivent aucun traitement de la Cité et doivent rendre des comptes très précis chaque année, à la fin de leur mandat. On appréciera le double souci de maintenir une solidarité économique et de supprimer la vénalité des charges. Mais, comme toute médaille a son revers, il convient de rappeler en même temps que ce désintéressement nécessaire des candidats aux fonctions exécutives les plus élevées suppose des impétrants une fortune personnelle suffisante pour supporter l'appauvrissement inévitable que provoque un an d'exercice du pouvoir. Inutile, par conséquent, de gloser sur la fortune d'un Périclès élu pendant plus de vingt ans aux magistratures suprêmes ! Quant aux principes d'égalité des citoyens sur l'Agora, il mérite pareillement d'être confronté à la réalité de son application. Certes, une voix vaut quantitativement une voix. Mais qualitativement ?

Les citoyens reçoivent-ils de leurs semblables une écoute identique ? Est-ce si simple de prendre la parole dans une Assemblée ? De justes arguments, maladroitement exposés, parviennent-ils à emporter la conviction générale par la seule force de leur justesse ? L'arrivée des Sophistes, ces professeurs de rhétorique, ne fera qu'accuser l'inégalité des hommes devant la parole. La rhétorique est en effet l'art de « bien dire », plus précisément l'art de persuader. En droit, chacun peut prendre la parole, en fait seuls les orateurs professionnels parviendront à se faire entendre. Et ceux-ci, qui sont-ils ? Qui sont ces jeunes Athéniens qui parlent bien et fort et qui rallient systématiquement la majorité à leurs causes ? Qui sont-ils, sinon les membres d'une jeunesse opulente, capable de louer les services des professeurs les plus illustres et les plus efficaces ?

III. Le retour de la Bête : l'échec de la démocratie athénienne

Le savoir du Sophiste...

▸ Qui sont les Sophistes ?

Jacqueline de Romilly, dans l'ouvrage qu'elle consacre aux grands Sophistes de l'Antiquité, rappelle que ces professeurs de rhétorique sont à Athènes de véritables célébrités. On le mesure à l'excitation du jeune Hippocrate, apprenant l'arrivée de Protagoras. Au point du jour, il vient frapper à la porte de la maison de Socrate :

> Socrate, disait-il, es-tu éveillé ou bien dors-tu ?
> – C'est toi, Hippocrate ! lui dis-je, ayant reconnu sa voix ;
> j'espère bien que tu n'as rien de nouveau à m'annoncer !
> Au moins, me répond-il, rien en vérité que de bon !
> – Tu feras bien alors de parler ! dis-je à mon tour.
> Mais qu'y a-t-il et quel motif te fait venir ici à pareille heure ?
> – Protagoras est ici ! s'écria-t-il en se mettant contre moi...
>
> *Protagoras.*

Les dialogues platoniciens obéissent à une mise en scène extrêmement soigneuse. Rien n'est laissé au hasard.

Cette « ouverture » témoigne de l'empire et de la fascination exercés par le sophiste sur la jeunesse. Protagoras est arrivé, précédé de sa renommée, à une heure tardive (le Sophiste entre dans la Cité, à la nuit tombée, comme un prédateur) et sa venue est un véritable événement.

Socrate, surpris par l'enthousiasme d'Hippocrate, avertit pourtant le jeune homme :

> Tu projettes à cette heure de te rendre auprès de Protagoras, dans l'intention de lui payer, pour tes fins personnelles, un salaire en argent : sais-tu ce qu'est celui auprès duquel tu vas aller et ce que toi, ainsi, tu deviendras ?
>
> *Protagoras.*

Quel danger court donc Hippocrate ? Que vend Protagoras de si désirable et de si néfaste à la fois ?

Le Sophiste est un professeur de rhétorique, il initie ses élèves, contre de l'argent (J. de Romilly rappelle que les Sophistes sont ainsi les premiers professionnels de l'enseignement et que Protagoras était fort riche – Platon dit dans *Ménon* que Protagoras aurait gagné plus d'argent que Phidias et dix des plus grands sculpteurs réunis), à l'art oratoire. Quoi de plus inoffensif ?

Le problème vient de ce que la rhétorique n'est qu'une technique, un savoir-faire qui n'a rien à faire avec le savoir. Le Sophiste se soucie peu du contenu du discours, seul lui importe la forme de ce discours et la manière de le rendre plus convaincant. Protagoras n'apprend pas à ses élèves à discerner le juste de l'injuste, mais à rendre séduisant tout énoncé, que celui-ci soit juste ou injuste. L'art oratoire peut être trompeur, en faire la finalité d'un enseignement, c'est avouer son indifférence à l'égard de la vérité et de la sagesse, c'est professer un véritable relativisme. Protagoras a coutume de répéter :

> L'homme est la mesure de toutes choses, pour celles qui ne sont pas, de leur non-existence.

▸ La loi du plus riche

On le comprend, le Sophiste, par sa seule présence dans la Cité, rétablit l'inégalité entre les citoyens et le droit du plus fort à se faire mieux entendre. Les cours de rhétorique deviennent en effet indispensables pour qui souhaite briguer un mandat sur l'Agora, et seules les familles les plus riches peuvent offrir à leurs enfants l'accès au savoir d'un Gorgias ou d'un Protagoras. La loi du plus riche devient celle de la démocratie. C'est bien rétablir dans la société une jungle où la richesse apparaît comme le principe de la force.

Loin d'être scandalisés par cet état des choses que leur commerce instaure, les Sophistes en font une philosophie, à l'instar du bouillant Calliclès qui s'adresse à Socrate en ces termes :

> Le malheur est que ce sont, je crois, les faibles et le grand nombre auxquels est due l'institution des lois. Aussi, instituent-ils ces lois par rapport à eux-mêmes et à leur avantage, louant ce qu'ils louent et blâmant ce qu'ils blâment. Ceux de leurs semblables qui sont plus forts ou capables d'avoir le dessus, ils arrivent à les épouvanter, afin de les empêcher d'avoir ce dessus et ils disent que c'est laid et injuste de l'emporter sur

> autrui, que c'est cela qui constitue l'injustice, de chercher à savoir plus que les autres ; car, comme ils sont inférieurs, il leur suffit, je pense, d'avoir l'égalité !
> (...)
> Or d'elle-même, la nature révèle que ce qui est juste, c'est que celui qui vaut plus ait le dessus sur celui qui vaut moins et celui qui a une capacité supérieure sur celui qui est davantage dépourvu de capacité.
>
> *Gorgias.*

Calliclès pourrait faire sienne la sentence de Nietzsche : « il faut protéger les forts contre les faibles ».

Contre les lois de la Cité qui égalisent les citoyens et les protègent par cette égalité de la violence des forts, Calliclès propose de rétablir l'inégalité... Ce à quoi les Sophistes contribuent largement en donnant les moyens de la conquête du pouvoir aux riches de la Cité. C'est bien rendre la société à un nouvel état de nature et réinstaller la Bête là où personne ne l'attendait plus.

...et la ruse du Prince réinstallent la Bête au cœur de la Cité

▸ Moitié homme, moitié bête

Au XVIe siècle, un autre « professeur » apprend à Laurent de Médicis, mais aussi à tous les Républicains – « En feignant de donner des leçons aux rois, il en a donné de grandes aux peuples », note Rousseau dans *Du contrat social* – que la bête s'est installée à la tête de la Cité.

Machiavel, dans *Le Prince,* explique en effet que le véritable Prince se caractérise par sa bestialité, particulièrement par cette « ruse », indice de son animalité. Dans le chapitre intitulé « Comment les Princes doivent tenir leurs promesses » il développe ainsi cette idée :

> Sachez donc qu'il existe deux manières de combattre : l'une par les lois, l'autre par la force. L'une est propre aux hommes, l'autre appartient aux bêtes ; mais comme très souvent la première ne suffit pas, il faut recourir à la seconde. C'est pourquoi il importe qu'un Prince sache user adroitement de l'homme et de la bête. Cette distinction fut enseignée aux Princes en termes imagés par les anciens écrivains : l'éducation d'Achille et d'autres grands seigneurs fut jadis confiée au Centaure Chiron, afin qu'il les formât à sa discipline.
>
> *Le Prince.*

Le Centaure est une créature double mi-homme, mi-bête. Il apprendra au Prince quel usage celui-ci doit tirer de ses dispositions naturelles et tout spécialement de la ruse. En effet, ce qui fait du Prince un être exceptionnel, c'est cette faculté de mobiliser instinctivement toutes ses ressources pour échapper à une situation difficile. La ruse n'a rien d'humain, elle désigne à l'origine le comportement instinctif d'une bête aux abois. Traqué par les accidents de l'histoire, le Prince doit pareillement avoir les « bons réflexes » qui sauront transformer les hasards de la vie en occasions de pouvoir. C'est la ruse qui permet au véritable Prince de se maintenir à la tête de l'État, alors que le monde est chaotique et que chaque instant la maîtrise est à reconquérir. La capacité de faire tourner toutes les situations à son avantage, Machiavel la nomme la *virtù,* c'est elle qui distingue le Prince de ses sujets. Le mot doit être cité en italien : notre *vertu* ne peut rendre compte du sens exact d'un mot qui doit beaucoup à la *virtus* des Latins. Rien de moral à l'origine dans cette idée de valeur distinctive, de mérite essentiel. Qualité, bravoure, vaillance, force d'âme sont les composants de cette caractéristique du Prince. Le terme valorise ainsi le cœur, le courage sur la raison. C'est donc la *virtù* qui révèle la nature animale du véritable homme politique, à la fois lion « pour effrayer les loups » et renard « pour connaître les pièges ». La ruse révèle la Bête politique qui fait de sa duplicité un principe de distinction et le moyen de sa supériorité.

Approfondir

SUJETS POSSIBLES

- L'homme est-il un loup pour l'homme ?
- Pourquoi des enceintes ?
- Prendre la parole

Utiliser

Stop ou encore ?
Démocratie directe et minitel...

Les progrès des télécommunications rendent techniquement possible la démocratie directe. Longtemps, l'argument développé par ses détracteurs tenait à des considérations démographiques et géographiques : les citoyens sont trop nombreux et les distances trop étendues pour permettre des consultations répétées comme celles auxquelles sont appelés les citoyens helvètes aujourd'hui, autrefois les Athéniens. Désormais, le minitel pourrait venir solliciter l'électeur à domicile et rendre inutile la représentation parlementaire à l'Assemblée, du moins au moment du vote.

Certaines émissions télévisées l'ont bien compris qui invitent leurs spectateurs à « voter » *oui* ou *non* à telle question proposée au débat contradictoire. Est-ce là le moyen idéal pour réconcilier le citoyen avec la politique ? On objectera précisément que toutes les manipulations sont possibles au moment de formuler la question. Il y a en effet des énoncés qui incitent très clairement à telle ou telle réponse. Il suffirait par conséquent d'être vigilant. Mais plus fondamentale paraît être la critique selon laquelle faute d'information l'électeur voterait au hasard de son humeur, incapable de décoder les enjeux de telle ou telle proposition de loi... Certes ! Mais le référendum échappe-t-il lui aussi à cette critique ? Qui a lu, et compris, avant d'aller voter, les dispositions prévues par les accords Matignon sur le statut de la Nouvelle-Calédonie ? Celles du traité de Maastricht ? Les questions soulevées par les conditions de possibilité de la démocratie directe ne se posent-elles pas à la démocratie tout court ?

L'opéra est-il une Bastille ?

Qu'un opéra s'élève à présent place de la Bastille, à Paris, et c'est le retour d'un symbole fort, celui de l'existence d'une caste de privilégiés sûrs de leur puissance et confiants dans leur capacité d'exclusion. Les assaillants de 1789 voyaient dans la forteresse de la Bastille l'image de l'absolutisme et l'expression d'un pouvoir devenu insupportable. Que contemplons-nous à présent devant cet édifice de verre, à la rotondité certes accueillante, mais qui offre un des spectacles les plus élitistes ? L'art lyrique bénéficie, on l'a remarqué depuis quelques années, d'une plus grande médiatisation qu'autrefois. Il jouit d'un effet de mode lancé peut-être en partie par le cinéma (*Diva,* le premier film de J.J. Beinex, et les adaptations au cinéma par Gaumont des grands opéras du répertoire, *Carmen, Don Giovanni,* etc.). Il n'en demeure pas moins un art d'accès difficile qui engage des frais considérables (peu de représentations pour un investissement énorme, ne serait-ce que par le salaire versé à chacun des nombreux partenaires de l'entreprise). De fait, l'opéra reste le symbole d'un art hermétique, réservé à une minorité d'initiés qui correspond le plus souvent à une catégorie « socio-culturelle » bien définie. L'édifice qui trône à présent en lieu et place de la vieille Bastille du roi ne symbolise-t-il pas une nouvelle forme d'inégalités aujourd'hui ? Les inégalités culturelles et le fossé qui séparent un peuple de sa culture.

2

« *Liberté, Égalité...* »

MODÈLE LIBÉRAL ET MODÈLE SOCIALISTE

Connaître

I. L'état civil

Issu d'un pacte ou d'un contrat, l'état civil...

▶ Le double pacte hobbien. *Thomas Hobbes imagine, à l'origine de l'institution de la société, que les hommes ont passé entre eux un pacte d'association et avec un tiers omnipotent un pacte de soumission pour garantir leur sécurité.*
▶ La conservation naturelle de soi. *Locke ne croit pas que l'état de nature et l'état civil s'opposent, contrairement à Hobbes, il voit dans le second la continuation « naturelle » du premier.*
▶ Genèse du droit naturel. *John Locke est ainsi le fondateur du droit naturel, mais celui-ci est très ancien. Déjà Sophocle dans* Antigone *représentait l'opposition entre ce droit dicté par les dieux et le droit positif des hommes.*

...est-il seulement constitué pour défendre les propriétaires ?

▶ La propriété comme droit naturel. *Locke puis les « déclarants » de 1789 font de la propriété un droit naturel.*
▶ « La propriété, c'est le vol. » *Aux yeux de Rousseau, de Proudhon et avant eux de Thomas More, il s'agit là d'un scandale et d'une imposture.*

II. « Liberté, Égalité... »

Dans la Cité, la liberté et l'égalité...

▶ La passion de l'égalité. *Le spectacle de l'injustice sociale fait naître une passion de l'égalité qui est à l'origine du socialisme.*

▸ **Socialisme et libéralisme.** *Socialisme et libéralisme ne s'opposent pas sur la finalité de l'action politique, atteindre le bonheur collectif, mais sur les moyens nécessaires pour y parvenir.*

...sont-elles incompatibles ?

▸ **La liberté politique est un absolu.** *Pour les libéraux l'individu est un absolu, sa liberté doit être protégée avant tout.*

▸ **La liberté politique s'oppose-t-elle à la liberté économique ?** *Le libéralisme politique conduit à la démocratie qui n'est pas nécessairement pour les théoriciens du libéralisme économique le meilleur gouvernement.*

Contraints par leur nature à vivre en société, les hommes peuvent-ils échapper à l'empire de leurs besoins ? La société civile dans laquelle désormais ils évoluent leur permet-elle de rester libres malgré les inégalités qu'elle semble inévitablement instaurer ?

Le libéralisme et le socialisme sont-ils, à ces deux questions, des réponses satisfaisantes ?

I. *L'état civil*

Issu d'un pacte ou d'un contrat, l'état civil...

▸ Le double pacte hobbien

Les hommes quittent l'état de nature, explique Hobbes dans *Léviathan*, pour fuir la violence et trouver la paix et la sécurité dans un état civil qu'ils créent artificiellement au moyen d'un double pacte (cf. chapitre précédent).

Ce pacte est en effet un pacte d'association et un pacte de soumission. Les hommes s'associent, abandonnent ensemble tout recours à la violence, et reconnaissent l'autorité de ce *Léviathan,* monstre abstrait, désormais détenteur de la seule violence légitime.

L'association ne tiendra que par la soumission commune à ce que l'on peut aussi nommer l'État. Pour Hobbes et les penseurs du XVIIe siècle, état et état civil sont des synonymes. La fin première de cette contrainte librement et collectivement consentie est de permettre aux hommes, devenus des citoyens, d'échapper à la loi du plus fort qui les menaçait tous, à chaque instant.

Le passage de l'état de nature à l'état civil, s'il est ressenti comme un artifice, n'en apparaît pas moins comme une nécessité vitale. En ce sens, la constitution de cet état civil obéit à ce que le philosophe britannique nomme la loi de la nature. Cette loi est définie par lui comme :

> Un précepte, une règle générale, découverte par la raison, par laquelle il est interdit aux gens de faire ce qui mène à la destruction de leur vie ou leur enlève le moyen de la préserver, et d'omettre ce par quoi ils pensent qu'ils peuvent être le mieux préservés.
>
> *Léviathan.*

La loi de la nature impose la conservation de soi. L'état civil va permettre de la garantir. De fait, si les hommes décident de vivre ensemble conformément aux impératifs définis par le double pacte, c'est qu'ils ont compris que tel était leur intérêt. La loi de la nature les contraint donc à passer contrat. Le double pacte hobbien se donne ainsi comme un contrat, c'est-à-dire un acte juridique d'obligation mutuelle. L'article 1101 du *Code civil* définit d'ailleurs précisément le contrat en ces termes :

> Convention par laquelle une ou plusieurs personnes s'obligent envers une ou plusieurs autres à donner à faire ou à ne pas faire quelque chose.

Le contrat est un artifice imposé par la nature. Pour Hobbes, le citoyen a tout à gagner, pour Rousseau, le contrat est inévitable, il reconnaît une perte en même temps qu'il permet la réalisation d'un gain :

> Ce que l'homme perd par le contrat social, c'est la liberté naturelle et un droit illimité à tout ce qui le tente et qu'il peut atteindre ; ce qu'il gagne, c'est la liberté civile et la propriété de ce qu'il possède.
>
> *Du contrat social.*

L'idée de contrat va connaître au XIXe siècle une nouvelle fortune avec Joseph Proudhon qui prétend proposer que l'individu dans la société soit effectivement lié aux autres individus par un véritable contrat. L'horizon politique que dessine Proudhon est celui d'une « autogestion fédéraliste » qui protégerait l'individualisme en même tant qu'elle serait l'affirmation d'une structure sociale puissante. Le contrat peut apparaître alors comme l'instrument de l'improbable réconciliation du libéralisme et du socialisme :

> Ce qui caractérise le contrat, la convention commutative, c'est qu'en vertu de cette convention, la liberté et le bien-être de l'homme augmentent, tandis que par l'institution d'une autorité l'une et l'autre nécessairement diminuent. Cela paraîtra évident, si l'on réfléchit que le contrat est l'acte par lequel deux ou plusieurs individus conviennent d'organiser entre eux dans une mesure et pour un temps déterminé cette puissance industrielle que nous appelons l'*échange ;* conséquemment s'obligent l'un envers l'autre et se garantissent réciproquement une certaine somme de services, produits, avantages, devoirs, etc., qu'ils sont en position de se prêter et de se rendre, se reconnaissant du reste parfaitement indépendants, soit pour leur consommation, soit pour leur production.
>
> *L'idée générale de la révolution au XIXe siècle,* 1851.

Par le contrat, l'individu se prend lui-même en charge, il est le maître de ses choix et de ses engagements mais ceux-ci, en même temps qu'ils sont la manifestation de sa liberté, tissent des liens sociaux puissants avec les autres individus. Le contrat fait de la société une fédération d'individus. Proudhon s'efforce ainsi de concilier ces deux affirmations qui définissent les deux pôles de sa pensée : « L'individualisme est le fait primordial de l'humanité » et « Hors la société, l'homme n'est qu'une matière exploitable ».

▶ La conservation naturelle de soi

John Locke apparaît, dès ses premiers écrits, comme l'héritier en même temps que l'adversaire des thèses de Thomas Hobbes. Dans les *Essais sur la loi naturelle*, en 1664, il rappelle l'existence de cette loi naturelle, présentée comme le décret de la volonté de Dieu et dont le contenu doit être déterminé par la connaissance de l'homme et de ses fins. La raison nous permet ainsi de dégager la triple obligation que formule la loi naturelle : celle-ci exige que les hommes célèbrent Dieu en célébrant ses créations, qu'ils vivent en société et qu'ils aient pour souci leur propre conservation.

L'état civil n'est donc plus en opposition avec l'état de nature puisqu'il est l'un des constituants du contenu de la loi de la nature. C'est que Locke, contrairement à Hobbes, n'imagine pas un état de nature chaotique et meurtrier. L'état de nature est un état de liberté et d'égalité où les hommes sont soumis à la seule loi de la nature qui leur impose de se conserver et de préserver l'humanité : l'état civil va servir à protéger cet état de nature et non à s'en défendre.

> L'état de nature est régi par un droit de nature qui s'impose à tous et, rien qu'en se référant à la raison – qui est ce droit – l'humanité entière apprend que, tous étant égaux et indépendants, nul ne doit léser autrui dans sa vie, sa santé, sa liberté ni ses biens ; tous les hommes sont l'œuvre d'un seul créateur tout-puissant et infiniment sage... ils sont donc sa propriété à lui qui les a faits et qui les a destinés à durer selon son bon plaisir et celui de nul autre.
>
> *Deuxième traité du gouvernement civil.*

La guerre de tous contre tous ne peut pas être la règle de cet état de nature. Ce serait admettre que Dieu a créé l'homme sans lui donner les moyens d'assurer sa sécurité et la permanence de son espèce. Certes les passions humaines et les désirs concurrents peuvent mener les individus à l'affrontement. Mais Dieu a doué sa créature d'une raison qui saura se donner les outils nécessaires à la préservation. L'état civil est du nombre. En garantissant la paix, il maintient la sécurité et par conséquent l'état de nature qui demeure la norme. On comprend alors que Locke définisse le pouvoir politique comme :

> ...le droit de faire des lois assorties de la peine de mort et autres peines moindres pour régler et préserver la propriété et d'employer la force de la communauté pour l'exécution de ces lois et la défense de la communauté contre les atteintes extérieures – et ce pour le bien public seulement.
>
> *Deuxième traité du gouvernement civil.*

Le rôle de l'état civil consiste à garantir *« une parfaite liberté d'agir, de disposer de sa personne et de ses propriétés dans les limites de la loi naturelle »*, c'est-à-dire la permanence de l'état de nature.

L'originalité du propos tient, en particulier, à ce que Locke lie la conservation naturelle de soi et la défense de la propriété. Il définit alors la propriété comme le moyen de subsistance de l'individu. Menacer la propriété privée, c'est mettre en péril l'existence du propriétaire. L'état civil a donc pour mission de garantir cette propriété :

> La fin capitale et principale en vue de laquelle les hommes s'associent dans une République et se soumettent à des gouvernements, c'est la conservation de leur propriété.
>
> *Deuxième traité du gouvernement civil.*

Protéger la propriété, c'est donc obéir à la loi de la nature. A l'état civil, il existe des règles et des lois qui protègent la propriété, organisent sa transmission et punissent quiconque cherche à y porter atteinte.

▸ Genèse du droit naturel

Locke est véritablement le fondateur du droit naturel en tant que droit idéal vers lequel doit tendre le droit positif. On appelle ainsi droit positif le droit en vigueur dans un pays donné, à une époque donnée. Le droit naturel va apparaître ainsi comme une sorte de « boussole » pour orienter le droit positif. Il lui est donc antérieur et doit s'imposer à lui comme la manifestation de la volonté divine. Si le droit positif entre en conflit avec le droit naturel, il défie l'autorité des dieux.

La tragédie de Sophocle, *Antigone*, illustre les enjeux d'un tel affrontement. Antigone incarne, pour les Grecs, la fidélité et la piété filiales. Fille d'Œdipe et de Jocaste, elle accompagne son père aveugle dans son errance expiatoire. A la mort de celui-ci, elle revient à Thèbes pour constater que ses deux frères se sont livré une lutte terrible pour la conquête de trône, laissé vacant. L'un et l'autre sont morts au combat, c'est désormais Créon, leur oncle, qui préside aux destinées de la cité.

Le nouveau maître de Thèbes fait donner à l'un des frères, Étéocle, des funérailles grandioses, alors qu'il interdit à l'autre une sépulture. Ce dernier, Polynice, est allé chercher de l'aide chez le roi d'Argos, Adraste; il a donc mené une armée étrangère sous les murs de la Cité : il a trahi.

Mais Antigone ne peut accepter l'édit de Créon. Il existe, selon elle, des prérogatives qui sont inhérentes à la nature humaine, au nombre desquelles il faut compter le droit à la sépulture. Elle s'adresse à Créon en ces termes :

> Je ne pensais pas que les édits d'un mortel comme toi eussent assez de force pour enfreindre les lois inébranlables, les lois non écrites des dieux.
>
> *Antigone.*

Ayant passé outre l'interdit du souverain, elle est enterrée vive dans le tombeau des Labdacides. Le face-à-face Antigone-Créon incarne le conflit de ces deux conceptions du droit. Le roi de Thèbes refuse l'antériorité de la loi naturelle, et son refus entraîne une succession de morts qui atteignent sa propre maison. Le supplice de sa nièce provoque le suicide de son fils, Hémon, auquel Antigone était promise, et celui de sa propre épouse qui ne peut supporter le geste et l'absence de cet enfant unique et chéri. L'intransigeance de Créon se retourne contre lui : il est puni pour avoir voulu imposer le droit créé par les hommes – le droit positif – contre le droit institué par les dieux, avant même que les hommes ne vivent en société – le droit naturel.

... est-il seulement constitué pour défendre les propriétaires ?

▸ La propriété comme droit naturel

Pour Locke et ses continuateurs, le pacte social ne fait que garantir à l'état de nature une plus grande stabilité. Adam Ferguson propose, en 1767, une définition significative des buts du « contrat social » :

> (il) n'est pas d'instituer la société, mais de perfectionner la société dans laquelle la nature nous a placés.
>
> *Essai sur l'histoire de la société civile.*

On conçoit dès lors ce que l'esprit des « droits de l'homme » doit à cette interprétation. Ne lit-on pas à l'article 2 de la « Déclaration des droits de l'homme et du citoyen » du 26 août 1789 :

> Le but de toute association politique est la conservation des droits imprescriptibles de l'homme.

C'est bien affirmer la dépendance du droit positif à l'égard du droit naturel, c'est installer l'homme au centre de la Cité au nom d'une idée de la dignité humaine qui s'impose comme valeur fondamentale. De cette façon, la « Déclaration » de 1789 institue cette « révolution du sujet » que les philosophes du droit naturel avaient amorcée.

Mais c'est affirmer aussi textuellement que la société est conservatrice. Elle a pour fonction de maintenir des droits éternels et immuables, au nombre desquels, si l'on suit le raisonnement de John Locke, il faut compter la propriété. De fait, l'article 2 de la « Déclaration » de 1789 précise :

> Ces droits sont la liberté, la propriété, la sûreté et la résistance à l'oppresseur.

A travers la définition de la propriété comme droit naturel, la « Déclaration » transforme l'institution sociale en rempart de protection de la propriété privée, soit en un facteur déterminant d'inégalités. Les rédacteurs de la « Déclaration » font du sujet par essence un propriétaire et s'inscrivent directement dans l'inspiration de Grotius :

> Comment les choses sont devenues des propriétés : cela n'a pas eu lieu par un simple acte de volonté ; car les autres ne pouvaient savoir, afin de s'en abstenir, ce que chacun voulait rendre sien, et plusieurs personnes pouvaient vouloir s'approprier le même objet ; mais ce fut le résultat d'une convention soit expresse, au moyen d'un partage par exemple, soit tacite, au moyen par exemple d'une occupation. Il faut présumer en effet que du moment où la communauté des biens déplut, sans en venir à un partage, tous tombèrent d'accord que ce que chacun occuperait il le posséderait en propre.
>
> Hugo Grotius, *Du droit de la guerre et de la paix*, 1625.

Si la propriété individuelle est naturelle, il faut convenir que le contrat social doit avoir pour but de permettre l'usage de cette propriété.

Le droit, par l'intermédiaire des lois et des contrats, va régler les conflits liés à la possession et à la transmission des biens. Il va assurer la protection des propriétaires. Il faut, par ailleurs, noter que la notion de « propriété » doit être entendue de façon extensive. Le sujet est défini comme le propriétaire de sa liberté, de sa vie ou de sa demeure : pour Grotius, l'être et l'avoir finissent ainsi par se confondre. Les qualités sont des propriétés au même titre que les biens. Dès lors, il n'est pas abusif de prétendre que la « Déclaration » participe, au moyen du droit, à cette sacralisation de l'avoir.

Or, dans une société qui se reconnaît explicitement pour fin première de permettre aux êtres de se contempler dans leurs avoirs, qui est-on quand on n'a rien ?

Le débat devient polémique, au XVIIIe siècle, à propos du luxe. Helvétius, le fermier général converti au sensualisme, montre ainsi que le luxe peut être un dangereux facteur d'inégalités parce qu'il rend celles-ci encore plus visibles :

> Le luxe n'est pas nuisible comme luxe, mais simplement comme l'effet d'une grande disproportion entre les richesses des citoyens.
>
> *De l'esprit*, 1758.

Voltaire considère au contraire que le luxe est un moteur du progrès social. Le luxe est une avant-garde, tel objet luxueux aujourd'hui sera demain accessible à tous et permettra à chacun d'améliorer le confort matériel de son existence. La question est aux yeux de Voltaire si importante que le philosophe lui consacre un article de son *Dictionnaire portatif* :

> Lorsqu'on inventa les ciseaux, qui ne sont certainement pas de l'antiquité la plus haute, que ne dit-on pas contre les premiers qui se rognèrent les ongles et qui coupèrent une partie des cheveux qui leur tombaient sur le nez ?

C'est évidemment Rousseau que vise ici Voltaire et particulièrement son *Discours sur les Sciences et les Arts*. Le luxe est en effet, pour l'auteur du *Contrat social*, un générateur d'inégalités parfaitement inutile.

Encourager le luxe, c'est donc aux yeux de Rousseau encourager, outre la frivolité qui lui est généralement attachée, la recherche du profit individuel et surtout ses marques distinctives. Car le luxe n'est pas seulement un privilège que partage un petit nombre de citoyens, c'est aussi la représentation, la manifestation la plus ostensible de cette richesse qui l'entretient. Rousseau réclame donc, dans la tradition d'un Caton l'Ancien, l'établissement de « lois somptuaires » visant à réduire les signes extérieurs de richesse et l'accumulation des biens.

▸ « La propriété, c'est le vol »

Dans le *Discours sur l'origine de l'inégalité parmi les hommes*, Rousseau fait de la création de la société civile un acte d'appropriation :

> Le premier qui ayant enclos un terrain s'avisa de dire : ceci est à moi et trouva des gens assez simples pour le croire fut le vrai fondateur de la société civile. Que de crimes, de guerres, de meurtres, que de misères et d'horreur n'eût point épargnés au genre humain celui qui, arrachant les pieux ou comblant le fossé, eût crié à ses semblables : « Gardez-vous d'écouter cet imposteur, vous êtes perdus si vous oubliez que les fruits sont à tous et que la terre n'est à personne ! »

La société civile est donc une association de propriétaires qui établit entre les hommes une inégalité qui, selon Rousseau, ne peut être naturelle. La société civile, contrairement aux affirmations des tenants du droit naturel, ne réalise pas l'état de nature. En instituant l'inégalité des propriétaires, elle s'y oppose et détourne l'association politique de sa finalité, assurer le bonheur collectif par la sécurité et l'égalité des chances. Jean-Jacques Rousseau renonce clairement avec la pensée utopiste de Thomas More qui, en 1516, affirmait déjà :

> Voilà ce qui me persuade invinciblement que l'unique moyen de distribuer les biens avec égalité, avec justice et de constituer le bonheur du genre humain, c'est l'abolition de la propriété. Tant que le droit de propriété sera le fondement de l'édifice social, la classe la plus nombreuse et la plus estimable n'aura en partage que disette, tourments et désespoir.
>
> *Utopie.*

Les propriétés des uns s'acquièrent toujours au détriment des autres, il n'est guère de prospérité qui n'entraîne, en même temps, une pénurie. Bref, en accumulant individuellement les richesses, on les retire à la communauté : le propriétaire vole celui qui ne possède rien. Joseph Proudhon formulera beaucoup plus tard la condamnation, d'un célèbre « la propriété, c'est le vol ! ». La formule a été souvent mutilée, extraite de son contexte. Il faut donc rappeler par quels propos Proudhon ouvre ce qui, selon Marx, fut son meilleur travail :

> Si j'avais à répondre à la question suivante : *Qu'est-ce que l'esclavage ?* et que d'un seul mot je répondisse : c'est l'assassinat, ma pensée serait d'abord comprise. Je n'aurais

> pas besoin d'un long discours pour montrer que le pouvoir d'ôter à l'homme la pensée, la volonté, la personnalité, est un pouvoir de vie et de mort, et que faire un homme esclave, c'est l'assassiner. Pourquoi donc à cette autre demande : *Qu'est-ce que la propriété ?* ne puis-je répondre de même : *c'est le vol,* sans avoir la certitude de n'être pas entendu, bien que cette seconde proposition ne soit que la première transformée ?
>
> *Qu'est-ce que la propriété ?* 1840.

De fait, More, Rousseau, Proudhon appartiennent à ce que l'on prendra l'habitude de nommer la sensibilité du « socialisme utopique » (cf. chapitre 3), fondée sur l'idéal égalitaire.

Faire de la propriété un droit naturel, c'est contredire explicitement l'article premier de la même Déclaration qui annonce : « les hommes naissent et demeurent libres et égaux en droit ». L'égalité ne peut se maintenir dans une société qui fait de la défense de la propriété individuelle une de ses valeurs fondamentales.

Joseph Proudhon, dans *Qu'est-ce que la propriété ?*, dénonce le caractère apparemment arbitraire de cette énumération des droits naturels dans l'article second de la Déclaration :

> La Déclaration des droits a placé la propriété parmi les droits naturels et imprescriptibles, qui se trouvent ainsi au nombre de quatre (...) Quelle méthode ont suivie les législateurs pour faire cette énumération ? Aucune : ils ont posé des principes comme ils dissertaient de la souveraineté et des lois, d'une vue générale et selon leur opinion. Tout s'est fait par eux, à tâtons ou d'emblée.

La Déclaration prétend proposer une vision universelle de l'homme, mais sur quelle analyse, sur quelle argumentation repose-t-elle ?

Les droits naturels dérivent, nous l'avons vu, de la connaissance de la loi de la nature, laquelle se prête à toutes les formulations.

Les déclarants de 1789 suivent l'analyse de John Locke, mais ils ne font qu'énoncer des conclusions sans rappeler le raisonnement particulier de l'auteur du *Traité du gouvernement civil.* Ces droits de l'homme ont-ils un caractère véritablement universel ? Ne formulent-ils pas les droits particuliers que s'octroient les propriétaires soucieux de fonder leur propriété sur un principe immuable ? C'est ce que soupçonne Joseph Proudhon, à la lecture des deux déclarations, celle de 1789 comme celle de 1793. Marx va le révéler dans une page célèbre de *La question juive* :

> Aucun des prétendus droits de l'homme ne dépasse donc l'homme égoïste, l'homme en tant que membre de la société bourgeoise, c'est-à-dire un individu séparé de la communauté, replié sur lui-même, uniquement préoccupé de son intérêt personnel et obéissant à son arbitre privé.

Certes, la propriété est un droit posé comme universel, c'est-à-dire reconnu pour tous les hommes. Virtuellement la propriété est l'une des composantes de ce qui donne à l'homme sa dignité. Dans la réalité, rien n'est pensé pour organiser cet accès de tous à la propriété. Ce vide n'est guère innocent pour Marx :

> Le droit de propriété est donc le droit de jouir de sa fortune et d'en disposer « à son gré », sans se soucier des autres hommes, indépendamment de la société ; c'est le droit de l'égoïsme.

La Déclaration défend les intérêts d'une classe sociale, expliquent les marxistes, elle cherche à faire passer pour une proclamation universelle la protection d'intérêts bien particuliers.

II. *« Liberté, Égalité... »*

Dans la cité, la liberté et l'égalité...

▸ La passion de l'égalité

Réfutant par avance des textes qu'il ne pourra évidemment pas lire, Rousseau ne cesse d'affirmer la nécessité de construire une société soucieuse de rétablir l'égalité naturelle. Il faut remplacer la société civile, lieu de l'échange, du besoin et de l'inégalité, par une société qu'il appellera politique, issue du contrat social. Dans cette société politique, chaque citoyen décide d'abandonner sa volonté particulière et la recherche de ses intérêts individuels, pour fusionner dans cette volonté générale dont l'expression est la loi.

La loi, par son caractère abstrait, formel et universel, réalise l'égalité perdue dans la société civile. Par définition, la loi s'impose pareillement à tous. Issue de la volonté générale, elle apparaît au citoyen comme l'expression de sa propre volonté. En obéissant à la loi, il n'obéit qu'à lui-même et ne s'inscrit dans aucun schéma de sujétion.

> Les engagements qui nous lient au corps social ne sont obligatoires que parce qu'ils sont mutuels et leur nature est telle, qu'en les remplissant on ne peut travailler aussi pour soi. Pourquoi la volonté générale est-elle toujours droite et pourquoi tous veulent-ils constamment le bonheur de chacun d'eux, si ce n'est parce qu'il n'y a personne qui s'approprie ce mot, chacun, et qui ne songe à lui-même en votant pour tous ?
>
> *Du contrat social.*

Le renoncement de l'intérêt particulier au profit de l'intérêt général est fréquemment interprété comme une limitation de la liberté individuelle. Dans ce modèle rousseauiste, l'individu disparaît dans le corps social. La société devient alors une communauté et cesse d'être un marché. La perte de quelques privilèges individuels reste le prix à payer pour la restauration de l'égalité entre les hommes. L'égalité apparaît à Rousseau comme l'indispensable préalable à l'exercice réel – et pas simplement formel – de la liberté.

En effet, les hommes ne seront véritablement libres que s'ils sont dégagés de toute forme de sujétion. Tant qu'il y aura entre les hommes des inégalités de conditions, les mieux pourvus opprimeront la liberté des plus démunis. Rousseau a été ainsi particulièrement marqué par son expérience de valet. On se souvient de l'épisode du peigne édenté de Mademoiselle de Lambercier qu'il rapporte dans les *Confessions*. L'inégalité des conditions conduit même les humbles à supporter l'injustice et la violence des grands (Rousseau est injustement accusé d'avoir brisé le peigne de la jeune fille), sans pouvoir se défendre.

▸ Socialisme et libéralisme

De ce point de vue, *Du contrat social* pose les premières pierres de l'idéal socialiste, tel que Jaurès l'exprimera, par exemple, dans *Socialisme et liberté* :

> Il faut donner à tous une égale part de droit politique, de puissance politique, afin que dans la Cité aucun homme ne soit l'ombre d'un autre homme, afin que la volonté de chacun concoure à la direction de l'ensemble et que, dans les mouvements les plus vastes des sociétés, l'individu humain retrouve sa liberté.

L'idéal socialiste naît ainsi du constat de l'injustice sociale liée à l'inégalité des conditions des hommes dans la société. Seuls quelques privilégiés jouissent pleinement de leur liberté, les autres qui ne possèdent rien voient cette liberté réduite à n'être qu'une simple faculté de la conscience. Mais la liberté du for intérieur – du *forum intérieur* – ne saurait remplacer celle qu'on éprouve dans le quotidien des rapports sociaux. Le socialisme commence donc toujours par porter sur la société un regard désapprobateur :

> Je proteste contre la société actuelle et je cherche la Science. A ce double titre, je suis socialiste.
>
> J. Proudhon, *Voix du peuple,* 1848.

Le premier mouvement négateur est suivi d'un second mouvement positif qui recherche les moyens de transformer cette société jugée inacceptable. Proudhon voit dans la science et les progrès techniques qu'elle génère le meilleur agent du changement, et, de ce point de vue, il n'est pas loin de l'idéal socialiste de Saint-Simon (cf. chapitre 3). C'est d'ailleurs un disciple de Saint-Simon qui invente, en 1832, le néologisme « socialisme ». Émile Littré peut donc à la fin du siècle proposer la définition suivante :

> Socialisme : système qui, subordonnant les réformes politiques, offre un plan de réformes sociales.

Le socialisme n'est donc pas hostile à la liberté individuelle, au contraire, il y voit la conséquence de son action sur la société. Mais il dénonce, au nom du principe d'égalité, la différence perceptible entre une « liberté formelle », celle que reconnaît la révolution libérale des Droits de l'homme, et la « liberté réelle ». La « liberté formelle » que promet la « Déclaration » de 1789 est assurée par la loi :

> Quand nous obéissons aux lois, au sens de règles générales et abstraites, formulées sans référence à une application éventuelle à nous-mêmes, nous ne sommes pas soumis à la volonté d'un autre homme et par conséquent nous sommes libres.
>
> F.A. Hayek, *La constitution de la liberté*, 1960.

Elle ne se soucie guère des conditions de vie réelles et matérielles qui font que certains hommes sont moins libres que d'autres. Nous sommes par exemple tous libres, en droit, de nous déplacer sur le territoire français. Toutefois certains n'ont pas les moyens réels de jouir de cette liberté formelle. Ils n'ont pas l'argent nécessaire pour prendre l'avion, la voiture ou le train... L'exemple est trivial mais il montre simplement que la liberté formelle ne coïncide pas toujours avec la liberté réelle. Le socialisme peut se définir comme une volonté de réduire le plus possible cet écart.

L'établissement de l'égalité garantit la liberté et conduit au bien-être collectif. Mais la plupart des rédacteurs de la Déclaration pensent exactement le contraire. C'est la liberté qui conduit à l'égalité, non l'inverse. Au début du XVIIIe siècle, certains économistes commencent à défendre même les vertus collectives de l'inégalité sociale. Il faut encourager la recherche des intérêts particuliers et l'égoïsme, montre en substance Bernard Mandeville dans *La fable des abeilles*. Mandeville imagine, en effet, une ruche qui vit dans la corruption et la prospérité mais que gagne, peu à peu, la nostalgie de la vertu passée. Ayant prié pour retrouver cette origine vertueuse, elle est exaucée. Avec le vice disparaissent, alors, activité et prospérité. La morale de la fable annonce clairement les thèses d'Adam Smith :

> Chaque individu travaille nécessairement à rendre aussi grand que possible le revenu annuel de la société. A la vérité, son intention en général n'est pas en cela de servir l'intérêt public, et il ne sait même pas jusqu'à quel point il peut être utile à la société. En préférant le succès de l'industrie nationale à celui de l'industrie étrangère, il ne pense qu'à se donner personnellement plus de sûreté (...) en cela, comme dans beaucoup d'autres cas, il est conduit par une main invisible à remplir une fin qui n'entre nullement dans ses intentions (...) Tout en ne cherchant que son intérêt personnel, il travaille souvent d'une manière bien plus efficace pour l'intérêt de la société que s'il avait réellement pour but d'y travailler.
>
> *Recherches sur la nature et les causes de la richesse des nations.*

Une sorte de « main invisible » guide les passions des hommes vers le bien de tous. Chacun, cherchant à s'enrichir, recherche l'inégalité, mais en même temps lutte contre la pénurie et fait la prospérité collective.

La société n'a pas pour finalité de restaurer l'égalité entre les hommes mais bien de protéger la liberté des échanges. Le libéralisme économique est en train de naître.

▸ **La liberté politique est un absolu**

Une interprétation libérale du *Contrat social* est envisageable sans trahir la pensée de Rousseau, à condition de rappeler que c'est l'égalité qui garantit la liberté. Pour éviter de se soumettre à la volonté particulière de l'un d'entre eux, les hommes décident de suivre la volonté générale. Pour s'affranchir des relations de domination individuelles qui caractérisent la vie sociale, les citoyens acceptent une autorité collective et donc abstraite : ils cherchent à préserver la liberté individuelle en l'aliénant au groupe. Pour les philosophes du début du XIXe siècle, c'est changer de sujétion pour une autre. Les premiers libéraux se définissent ainsi par leur refus de tout ce qui pourrait nuire à l'individualité :

> ...par liberté, j'entends le triomphe de l'individualité tant sur l'autorité qui voudrait gouverner par le despotisme que sur les masses qui réclament le droit d'asservir la minorité.
>
> Benjamin Constant, *Principes de politique.*

Le libéralisme politique s'érige sur les vestiges et les victoires de la Révolution française. Il s'agit de refuser en bloc le pouvoir absolu du monarque comme la dictature exercée au nom du peuple et d'imposer la notion d'individu sur la scène politique. C'est dans cette perspective que Constant entreprend une relecture du *Contrat social.* Dans son ouvrage intitulé *De la liberté des Modernes,* il voit dans ce texte « le plus terrible auxiliaire de tous les genres de despotismes ». En effet, considérant que la souveraineté du peuple est illimitée, Rousseau fait nécessairement passer au second plan les droits de l'individu : la Terreur est en germe dans le *Contrat social.* Il faut en finir, explique Constant, avec la tyrannie de la Loi, et revenir à la *Déclaration des droits de l'homme et du citoyen* : la liberté individuelle est un droit naturel, antérieur, par définition, à toute forme de « contrat ». Ces droits naturels sont absolus, innés, et *personnels.* Les droits de l'homme se distinguent de ceux du citoyen, ils prévalent sur les lois de la Cité et tracent d'abord la sphère de l'autonomie individuelle.

De fait, tous les philosophes libéraux rappellent l'influence anglo-saxonne que la *Déclaration* de 1789 a clairement subie. Le « modèle » reste ainsi la *Déclaration d'indépendance des États-Unis* de 1776. On y lit notamment :

> Nous tenons pour évidentes par elles-mêmes les vérités suivantes : tous les hommes sont créés égaux ; ils sont doués par le créateur de certains droits inaliénables : parmi ces droits se trouvent la vie, la liberté et la recherche du bonheur. Les gouvernements sont établis par les hommes pour garantir ces droits et leur juste pouvoir émane du consentement des gouvernés.

Cette réflexion libérale se nourrit d'une défiance à l'égard du pouvoir dont l'exercice est naturellement corrupteur. La dette contractée auprès de Montesquieu est par conséquent fort lourde. On se souvient, en particulier, du chapitre IV de *L'esprit des lois* :

> Pour qu'on ne puisse abuser du pouvoir, il faut que, par la disposition des choses, le pouvoir arrête le pouvoir.

Il existe un « modèle », un exemple – explique Montesquieu – que nous devrions suivre pour garantir cette liberté du citoyen contre les pouvoirs établis. Le regard se tourne, non pas vers l'Amérique, mais outre-Manche. Dans le chapitre XI de *L'esprit des lois,* Montesquieu expose la constitution d'Angleterre et en analyse les mérites.

> Il y a dans chaque État trois sortes de pouvoirs, la puissance législative, la puissance exécutrice des choses qui dépendent du droit des gens et la puissance exécutrice de celles qui dépendent du droit civil.

Cette dernière « puissance » nous la qualifions aujourd'hui de judiciaire. Montesquieu peut, à partir de cette distinction, inaugurer une nouvelle typologie des gouvernements (cf. pour le détail le chapitre 3) : le gouvernement sera *despotique* lorsque les trois pouvoirs se trouveront placés entre les mains d'un seul. Quand deux pouvoirs sont confondus, on dira du gouvernement qu'il est *modéré.* Si enfin les trois pouvoirs sont distincts, le gouvernement sera *libre,* comme celui de l'Angleterre. Les trois pouvoirs s'équilibrent alors. Il faut rappeler ici la remarque de Charles Eisenmann qui, dans *La pensée constitutionnelle de Montesquieu,* insiste sur le fait qu'il s'agit moins d'une *séparation* des pouvoirs que d'une *distribution* des pouvoirs. Montesquieu montre en effet que l'exécutif participe au législatif, par l'intermédiaire du veto et du droit de dissolution, que le législatif en retour agit sur l'exécutif au moyen de la procédure d'*empeachment,* etc. Ce qui permet la liberté, ce n'est donc pas la séparation des pouvoirs mais bien l'équilibre qui résulte du contrôle que chacun peut désormais exercer sur les autres.

C'est donc manifestement la liberté politique que revendiquent les premiers libéraux. L'origine du mot « libéralisme » est, de ce point de vue, riche d'enseignements. Les rédacteurs de la première constitution espagnole, en 1812, se nommèrent eux-mêmes *liberales* parce que leur projet juridique consistait à borner l'absolutisme de leur monarchie. Il s'agissait de limiter le pouvoir du Prince pour accroître la liberté individuelle des sujets.

...sont-elles incompatibles ?

▸ La liberté politique s'oppose-t-elle à la liberté économique ?

Le libéralisme politique ne recouvre pas nécessairement l'entreprise économique des continuateurs d'Adam Smith. C'est pourquoi Raymond Aron prend soin de distinguer ces deux libéralismes :

> Politiquement, il (le libéralisme) prêche la limitation du pouvoir étatique ; dans l'ordre économique il se fie aux vertus de l'initiative individuelle et à la main invisible, à la conciliation, grâce aux mécanismes du marché, entre l'égoïsme de chacun et le bien de tous.
>
> *Essai sur les libertés.*

La distinction invite à la prudence et en particulier à se défier des identifications hâtives entre libéralisme et démocratie. S'il est vrai que la démocratie – sous quelque forme qu'elle soit pensée : démocratie représentative ou monarchie parlementaire – garantit mieux qu'un autre régime les libertés politiques, les libéraux, lorsqu'ils pensent en économistes, sont loin de lui attribuer les mêmes qualités. En effet, la démocratie active la vie politique, alors que le libéralisme économique milite en faveur d'une disparition progressive du politique. Ce que résume précisément Mirabeau :

> Tout bon gouvernement consiste à ce qu'il y ait le moins d'affaires publiques possible ; et la démocratie fait affaire publique de tout.
>
> Cité par Weulersse, in *La physiocratie sous les ministères de Turgot et de Necker.*

A tout prendre, certains n'hésitent pas à appeler de leurs vœux un régime despotique qui a l'avantage de clarifier l'activité politique en la réduisant à un minimum. Le despote garantit à la fois l'ordre nécessaire au bon fonctionnement du marché et une certaine « transparence » politique, puisqu'il est la seule source du droit et de la décision. Pierre Rosanvallon rappelle ainsi l'existence d'un texte inédit de Quesnay, intitulé de façon fort significative *Du despotisme de la Chine* :

> Ce que Quesnay admire le plus dans la Chine, c'est qu'elle soit gouvernée par les mêmes maximes depuis vingt-quatre siècles.
>
> *Le libéralisme économique.*

De fait pour les physiocrates, ces économistes du XVIIIe siècle qui militent en faveur du « gouvernement de la nature des choses », le gouvernement ne doit pas être autre chose qu'une simple mécanique fidèle à l'ordre de la nature. La théorie de Montesquieu des contre-pouvoirs destinés à protéger la liberté des individus contre l'autorité politique rencontre donc leur hostilité en ce qu'elle multiplie les institutions politiques au lieu de les réduire.

Pour ne pas confondre libéralisme politique et libéralisme économique, certains auteurs prennent l'habitude de désigner de l'adjectif « ultra-libéral » les théoriciens de la limitation de l'intervention de l'État dans la vie économique, les tenants de la libre concurrence des individus et du jeu des intérêts personnels comme régulateurs de l'économie.

Approfondir

LECTURES (communes aux chapitres 1 et 2)

. Abensour Christophe, *Le droit*, Éditions Quintettes, 1988.
A partir d'une interrogation posée sur la spécificité du droit moderne – ce qui le distingue du droit traditionnel –, l'auteur dégage avec précision l'importance de la notion de contrat et les enjeux du passage de la loi au contrat.

. Aron Raymond, *Essai sur les libertés*, Calmann-Lévy, 1965.
Raymond Aron confronte Marx et Tocqueville sur la question de la liberté politique. Le chapitre second est particulièrement utile à qui cherche à penser le décalage entre libertés formelles et libertés réelles.
Indispensable pour nourrir la réflexion sur l'opposition socialisme-libéralisme.
(Existe en poche dans la collection « Pluriel ».)

. Donegani, *La démocratie imparfaite*, Gallimard, Folio essai, inédit, 270 p.
Une réflexion très pertinente sur la notion de parti politique envisagée, non plus à partir de l'histoire ou du point de vue de la sociologie politique, mais dans une perspective strictement philosophique. Le parti politique est situé dans une problématique du rapport d'une partie au tout, de l'Un et du Multiple. Particulièrement la deuxième partie : *Déplacer la totalité.*

. Girardet Raoul, *Mythes et mythologies politiques*, Éditions du Seuil, 1986, 210 p.
La politique n'échappe pas aux mythes, telle est la conclusion du lecteur de ce petit livre vivant qui analyse à travers l'histoire politique de la France la résurgence des grands mythes de l'humanité, mythe de l'Age d'Or, du Sauveur, de la Conspiration... Stimulant et utile pour des sujets portant sur la politique comme sur le mythe.
(Existe en poche, « Point/Seuil ».)

. Levy J. Philippe, *Histoire de la propriété*, Presses Universitaires de France, Coll. Que sais-je ?, 1972, 128 p.
Ouvrage rédigé par un juriste qui apporte au lecteur néophyte la précision et la rigueur lexicales nécessaires pour débattre du droit de propriété. Une attention spéciale pour le chapitre III, « La propriété à l'époque moderne », et particulièrement pour les pages 87 à 94.

. Mairet Gérard, *Les doctrines du pouvoir*, Éditions Gallimard, 1978, 277 p.
A travers de brefs chapitres, l'auteur présente chronologiquement les grandes œuvres qui ont marqué la pensée politique de l'humanité des *Entretiens* de Confucius à *Démocratie et totalitarisme* de Raymond Aron. Au total trente-quatre textes. Force et faiblesse d'un panorama certes exhaustif mais qui ne prétend pas donner davantage qu'une analyse superficielle de textes souvent ambitieux et denses. En guise d'initiation.

. Manent Pierre, *Naissance de la politique moderne,* Éditions Payot, 1977, 209 p.
L'acte de naissance de la politique moderne est pluriel : Machiavel, Hobbes et Rousseau marquent chacun de façon déterminante une rupture avec leur temps. Pierre Manent analyse de façon précise et brillante chacune d'entre elles. A lire absolument. En particulier le chapitre consacré à Hobbes.
. Ory Pascal, *Nouvelle histoire des idées politiques,* Hachette, 1987, 832 p.
Véritable encyclopédie des idées politiques modernes qui s'ouvre sur Hobbes. Chaque article a été confié à un spécialiste des sciences politiques et de l'histoire des idées. L'approche est chronologique, elle est toutefois ponctuée de synthèses très utiles. Ainsi l'État, l'idée de bonheur, la nation, la liberté, l'histoire ou le prolétariat font l'objet d'articles précieux. A consulter régulièrement.
. Rezler André, *Mythes politiques modernes,* Presses Universitaires de France, 1981, 232 p.
Plus précis que l'ouvrage de Raoul Girardet cité précédemment, ce travail confronte directement le mythe à l'utopie et se propose de formuler une théorie du mythe politique. A lire particulièrement le livre II : « Mythe et philosophie de l'Histoire ».
. De Romilly Jacqueline, *La tragédie grecque,* Presses Universitaires de France, 1970, 192 p.
L'ouvrage de référence pour mesurer la dimension à la fois sacrée, sociale et littéraire de la tragédie grecque. Permet de dégager la spécificité de chacun des grands tragiques, Eschyle, Sophocle et Euripide.
Pour insister davantage sur la dimension cathartique du spectacle tragique, on pourra compléter cette lecture par celle du chapitre V de *La violence et le sacré* de René Girard, consacré à Dionysos.
. De Romilly Jacqueline, *Les grands sophistes dans l'Athènes de Périclès,* Éditions de Fallois, 1988, 327 p.
Jacqueline de Romilly replace les grands maîtres de rhétorique dans le contexte politique de l'Athènes du Ve siècle avant Jésus-Christ. Les sophistes sont les interlocuteurs de Socrate dans les dialogues platoniciens, ils sont à la fois ses adversaires et ses contradicteurs. De fait, les études philosophiques et littéraires les ont longtemps réduits au rôle de faire-valoir dialectiques et de « repoussoirs » philosophiques. J. de Romilly leur rend justice et rappelle leur importance. Ce sont d'abord les premiers professionnels de l'enseignement, ils eurent ensuite une influence considérable sur la vie politique de la Cité. Rhéteurs, hommes d'influence, ils diffusèrent aussi un enseignement subversif.
. Rosenvallon Pierre, *La crise de l'État-providence,* Éditions du Seuil, 1981, 210 p.
Rapide ouvrage qui permet d'actualiser la problématique du rôle de l'État. Il nourrit le lecteur en données précises et mène à des lectures de textes contemporains qui eurent lors de leur publication un retentissement considérable. (On songera, par exemple, au travail de Robert Nozick dans les années soixante-dix). Pour dynamiser la réflexion. (Existe en poche « Points/Seuil ».)
. Strauss Leo, *La cité et l'homme,* University Press of Virginia, 1964, Agora pour la traduction française, 1987, 303 p.
Une analyse extrêmement précise et éclairante de deux textes majeurs de la réflexion politique, *La politique* d'Aristote et *La république* de Platon. Le texte s'achève par une lecture précieuse de Thucydide, *Sur la guerre des Péloponnésiens et des Athéniens.*
. Vernant Jean-Pierre, *Les origines de la pensée grecque,* Presses Universitaires de France, 1962, 133 p.
Un texte de référence pour comprendre « l'univers spirituel » des Grecs. On lira avec précision les chapitres IV et V, en s'attachant au concept d'*isonomia,* tel que le commente Vernant, c'est-à-dire la participation égale de tous les citoyens à l'exercice du pouvoir.

SUJETS POSSIBLES

- Liberté, égalité, fraternité ?
- Qu'est-ce que la propriété ?
- La liberté ou la mort ?
- A quoi sert le droit ?

Utiliser

Antigone n'est pas la fille cachée d'Yves Montand

Droit des morts contre droit des vivants, Antigone contre Créon... on croyait l'affaire entendue : le respect dû aux défunts s'imposait aux édits de circonstance des Princes, quelque chose de sacré, d'inviolable était attaché à la sépulture, signe incontestable de culture.

Pourtant, en 1997, la justice fait ouvrir un tombeau aux fins de procéder à des tests génétiques visant à établir une paternité contre la volonté du mort. Que celui-ci fût un comédien connu, Y. Montand, et que la démarche soit inspirée par des motifs vénaux (l'héritage !), cela importe peu. Ce qui compte, c'est bien que désormais Antigone n'a plus le dernier mot, le droit des vivants s'impose à celui des morts. L'affaire est peut-être plus considérable qu'il n'y paraît : le dernier héritage du monde antique vole en éclats, la modernité réalise là l'ultime renversement des valeurs et ouvre avec ce cercueil une terrible boîte de Pandore.

Une telle décision n'aurait probablement été possible sans une crise des valeurs religieuses et morales : au diable l'esprit des morts pourvu que les vivants jouissent de toute la reconnaissance matérielle dont ils disent avoir droit ! La justice est résolument moderne et ce qui fait la culture des hommes y perd sans doute beaucoup. Qu'en penseront les ethnologues de demain ?

Vive le Roi ! Vive la Reine !

Le Roi est mort, vive le Roi ! Nous sommes républicains mais notre fascination pour la monarchie est loin d'être éteinte. L'intérêt que les Français portent aux princes et aux princesses de ce monde se manifeste en premier lieu à travers la presse... *Point de vue – Images du monde* ne manque guère de lecteurs malgré une mise en page et une maquette délicieusement obsolètes. Quant aux péripéties sentimentales des princesses de Monaco, elles font régulièrement la couverture de *Paris Match.* Mais il est un phénomène récent et politiquement instructif qui participe de cette nostalgie monarchique : l'anoblissement du président de la République. On sait que la fonction fut aux premières heures de la Troisième République taillée sur les mesures d'un roi à venir – il fallait attendre la mort du comte de Chambord, peu souple et trop gênant –, on ignorait par contre que la généalogie permettrait de trouver à F. Mitterrand une parenté commune avec Élisabeth d'Angleterre ! Certains journalistes avaient auparavant fait du président Giscard d'Estaing un descendant de Louix XV. Quant au général de Gaulle, son patronyme à particule laissait croire aux cancres en orthographe (la Gaule s'écrit avec un seul « l » !) qu'il tirait sa noblesse de la plus haute origine !

Aimons-nous à ce point les contes de fées ? On se plaît à rêver, à imaginer Georges Marchais à la présidence et toutes les contorsions des plus éminents généalogistes pour faire de lui le descendant d'un prince russe émigré dans les taxis. Un Jean-Marie Le Pen digne héritier d'un obscur chef celte ? A qui le tour ?

3

La politique, le pouvoir et l'État

QU'EST-CE QUE GOUVERNER ?

Connaître

I. Le gouvernement des États

Le meilleur gouvernement...

▶ Le bonheur et la fin du politique. *La réalisation du bonheur collectif est la finalité même de l'activité politique. La question se pose de définir les moyens à mettre en œuvre pour parvenir à une telle fin. Quelle est dans cette perspective le meilleur gouvernement ?*
▶ L'originalité de Montesquieu. *Pour Montesquieu, la question n'a guère de sens, le gouvernement doit être relatif aux conditions naturelles de la nation que l'État administre.*
▶ « Le premier de tous les empires. » *C'est le climat qui doit déterminer la constitution de l'État. Genèse et conséquences de cette « théorie du climat ».*

...est-il le gouvernement des meilleurs ?

▶ Qui sont les meilleurs ? *Montesquieu fait exception dans son siècle. Pour ses contemporains le meilleur gouvernement est naturellement celui où les meilleurs sont au pouvoir. C'est évidemment déplacer le centre de gravité de la question qui désormais se pose en ces termes : comment évaluer les meilleurs ?*
▶ Le roi-philosophe ou le philosophe-roi ? *S'agit-il de porter au pouvoir les plus savants ou bien de rendre savants les hommes au pouvoir ? Le XVIII*[e] *siècle commence par opter pour cette dernière solution. C'est l'âge du « despotisme éclairé ».*
▶ Les ambiguïtés de la technocratie. *Le XIX*[e] *siècle choisit plutôt d'installer au pouvoir des hommes pour leurs compétences techniques, pour leur savoir spécialisé. Saint-Simon et Comte inventent la technocratie.*

II. « Le plus froid de tous les monstres froids »

L'État est-il...

▸ **Définition minimale.** *Qu'est-ce que l'État ? Quelle distinction opérer entre les termes* État *et* gouvernement ?
▸ **« L'État est la réalité efficace de l'idée morale. »** *Théorie hégélienne de l'État comme dépassement de la famille et de la société civile.*
▸ **Le monopole de la violence légitime.** *Hegel a beau démontrer que l'État est un accomplissement, pour le citoyen il est surtout perçu comme un instrument de contrainte. Le pouvoir abusif de l'État est particulièrement visible dans ce que l'on appelle habituellement la « raison d'État ».*

...un mal nécessaire ?

▸ **L'horizon de la société sans État.** *Si l'État n'est qu'un instrument, on peut imaginer une situation dans laquelle il ne soit plus utile. Théorie marxienne du dépérissement de l'État.*
▸ **« Ni Dieu, ni maître. »** *Pour les anarchistes l'État n'est pas un outil mais une manifestation de l'Autorité. C'est à ce titre qu'il doit disparaître.*
▸ **Les brouillards de l'Utopie.** *La disparition de l'État est-elle une utopie ? L'Utopie, au contraire et au sens strict du mot, n'est-elle pas le triomphe improbable de l'État ?*

III. Une science du pouvoir

L'homme a-t-il besoin...

▸ **Une science du gouvernement des États ou bien une science du pouvoir ?** *Le pouvoir de l'État n'est pas la seule manifestation de l'autorité politique. La science politique doit-elle se limiter à l'analyse des mécanismes de domination de l'État sur le citoyen ?*
▸ **Une servitude volontaire.** *Cette étude du pouvoir de l'État permet de découvrir une caractéristique humaine : le besoin de servitude. Analyse du texte de La Boétie,* Discours sur la servitude volontaire.

...d'un maître ?

▸ **Les ruses de la nature.** *Kant explique que cette nécessité d'obéir à un maître permet aux hommes de vivre en société. La nature utilise ainsi les mécanismes de domination pour réguler des conflits qui paralyseraient sinon les progrès de l'humanité.*
▸ **Le besoin d'être séduit.** *Au-delà de la nécessité d'obéir à un maître, ne peut-on pas discerner un besoin, celui d'être séduit, c'est-à-dire absolument aliéné, livré à un autre, perdu pour soi-même. Le mécanisme de la séduction est clairement mis en scène dans les romans libertins du XVIIIe siècle. On s'attachera, par exemple, à observer le Valmont des* Liaisons dangereuses *à l'œuvre. La séduction n'est-elle pas l'autre visage de la domination et ne révèle-t-elle pas, à l'échelle individuelle et non plus sociale, un désir d'anéantissement qu'éprouveraient les victimes d'un jeu de séduction encouragé aujourd'hui par la société ? Ce que le maître soude, le séducteur ne parvient-il pas à le désagréger ?*

Quel est l'objet de la science politique ?

S'agit-il, comme le suggère à la fin du XIXe siècle Littré, de la science du gouvernement des États ? N'est-ce pas réduire alors cet objet au simple moyen de l'exercice du pouvoir que représente l'État ? Ne faut-il pas voir la science politique comme l'étude plus ambitieuse du pouvoir et de ses manifestations ? Comme une authentique science humaine, dans la mesure où elle conduit à une réflexion sur la nature de l'homme ?

I. Le gouvernement des États

Le meilleur gouvernement...

▸ Le bonheur et la fin du politique

Le 3 mars 1794, Saint-Just déclare au cours de son « Rapport sur le mode d'exécution du décret contre les ennemis de la révolution » :

> Que l'Europe apprenne que vous ne voulez plus un malheureux ni un oppresseur sur le territoire français ; que cet exemple fructifie sur la terre ; qu'il s'y propose l'amour des vertus et le bonheur ! Le bonheur est une idée neuve en Europe !

Il faut désormais forcer la chance et faire que le bonheur ne soit plus seulement un hasard heureux – l'étymologie rappelle en effet que le mot « heur », dérivé d'*augurium* en latin, signifie « hasard » –, lié à la naissance. Il est de la responsabilité du politique, à présent, que le bonheur soit autre chose qu'un « heur ». Saint-Just rappelle à son auditoire des principes hérités du monde antique où la politique était définie comme la recherche du plus important des biens, le bien collectif :

> Nous voyons que toute cité est une sorte de communauté, et que toute communauté est constituée en vue d'un certain bien – car c'est en vue d'obtenir ce qui apparaît comme un bien que tous les hommes accomplissent toujours leurs actes – il en résulte clairement que si toutes les communautés visent un bien déterminé, celle qui est la plus haute de toutes et englobe toutes les autres vise aussi plus que les autres un bien qui est le plus haut de tous.
>
> Aristote, *Politique,* Livre I.

La communauté politique a pour fin le plus haut des biens, le bonheur des hommes.

Significativement, la « Déclaration des droits de l'homme et du citoyen » de 1789 réaffirme : « le but de la société est le bonheur commun ».

Si la finalité de l'association politique ne semble guère douteuse, la question des moyens susceptibles de conduire à cette fin reste posée. Quelle est la forme la mieux adaptée à cette communauté politique pour la réalisation de sa fin ? Le meilleur des gouvernements sera-t-il celui qui rend les hommes les plus heureux ou celui qui fait le plus grand nombre d'heureux ? Il est nécessaire de distinguer les différents régimes et d'examiner chacun d'eux précisément. Les penseurs de la politique prendront ainsi l'habitude de construire des typologies permettant d'évaluer les diverses formes de gouvernement et d'assurer, accessoirement, la promotion de l'une d'entre elles. On saura mesurer ainsi les mérites et les vices de la démocratie, de l'aristocratie ou de la monarchie.

▶ L'originalité de Montesquieu

Dans l'*Esprit des lois,* Montesquieu rompt avec cette tradition à deux titres. Il invente d'abord une nouvelle typologie, discernant la république de la monarchie et du despotisme. Il refuse ensuite de l'utiliser pour la recherche du meilleur gouvernement. C'est que l'entreprise, à ses yeux, n'a guère de sens. Montesquieu en effet pense la question politique grâce au schéma mécaniste hérité des philosophes du XVIIe siècle. Tout gouvernement se définit ainsi par une nature, c'est-à-dire une structure propre, des rouages qui pour entrer en action nécessitent un ressort, un moteur, un principe. C'est donc seulement l'accord entre la nature et le principe d'un gouvernement qui importe pour évaluer le régime dont il est question.

Ainsi la nature de la république exige que le peuple ou une partie du peuple soit détenteur de la puissance souveraine. La « machine républicaine » ne fonctionne que sous l'action de la vertu politique. Dans la monarchie, où un seul homme gouverne « par des lois fixes et établies », c'est l'honneur qui est le seul ressort efficace. Le despotisme, où un seul gouverne sans aucune loi, ne peut tenir que par la crainte... Vertu, honneur et crainte, telles sont les trois passions qui donnent aux différents gouvernements leur âme. Si cette passion vient à dépérir, le gouvernement se corrompt, finit par être dénaturé, et il disparaît.

> Le gouvernement monarchique suppose, comme nous avons dit, des prééminences, des rangs, et même une noblesse d'origine. La nature de l'honneur est de demander des préférences et des distinctions ; il est donc, par la chose même, placé dans ce gouvernement.
>
> L'ambition est pernicieuse dans une république. Elle a de bons effets dans la monarchie ; elle donne vie à ce gouvernement.
>
> *L'esprit des lois,* livre III.

Le sentiment de l'honneur apparaît comme une émulation dynamique dans le régime monarchique. C'est lui qui fait agir, dans le sens du bien collectif, les individus appelés à se surpasser. Voilà ce que découvre, par exemple, Rodrigue à la scène 6 de l'acte premier de la pièce de Corneille :

> Père, maîtresse, honneur, amour,
> Noble et dure contrainte, aimable tyrannie,
> Tous nos plaisirs sont morts, ou ma gloire ternie.
> L'un me rend malheureux, l'autre indigne du jour.
> Cher et cruel espoir d'une âme généreuse,
> Mais ensemble amoureuse,
> Digne ennemi de mon plus grand bonheur,
> Fer qui cause ma peine,
> M'es-tu donné pour venger mon honneur ?
> M'es-tu donné pour perdre ma Chimène ?
>
> *Le Cid,* acte I, scène 6.

En réalité, Rodrigue n'hésite guère. Il balance d'autant moins qu'il sait que Chimène, la femme qu'il aime et la fille de l'homme qu'il doit tuer, ne comprendrait pas qu'il se dérobe à ce que lui dicte l'honneur : la mort du comte rendra le mariage annoncé impossible mais elle ne saurait mettre en cause l'amour et l'admiration que Chimène éprouve à l'égard de Rodrigue. Notons enfin que le roi de Castille ne se trompera pas quant aux effets qu'il peut recueillir d'un pareil ressort. C'est lui qui ordonne à Rodrigue d'aller combattre l'envahisseur arabe. L'honneur particulier d'une famille devient celui du royaume. Rodrigue, capable de préserver le premier, est le mieux « qualifié » pour restaurer le second.

Ce sentiment de l'honneur, cette noblesse d'âme que Descartes nomme « générosité », Montesquieu n'en fait pas une valeur absolue, mais le principe relatif au régime monarchique. Dans une république l'effet en serait désastreux.

▶ « Le premier de tous les empires »

Le relativisme politique de Montesquieu se complique de l'affirmation d'un déterminisme puissant qui rend vaine cette recherche du meilleur gouvernement. Le XVIIIe siècle reprend en effet à son compte les théories du philosophe arabe Ibn Khaldoun concernant l'influence du climat sur le gouvernement des peuples.

En 1719, l'abbé du Bos explique ainsi par les transformations climatiques la décadence de Rome. Comment imaginer que le peuple romain ait eu sous sa domination toute la Méditerranée ? Comment voir dans cette population désormais soumise et appauvrie les descendants des légionnaires d'Auguste ou de César ? L'abbé du Bos incrimine le climat. Les ruines, l'humidité ambiante, les fouilles permanentes qui libèrent les humeurs délétères des anciens égouts, tout corrompt l'atmosphère de la ville. Et cet air vicié affecte considérablement, de génération en génération, les habitants de Rome :

> Il est arrivé de si grands changements dans l'air de Rome et dans l'air des environs de cette ville depuis les Césars qu'il n'est pas étonnant que les habitants y soient à présent différents de ce qu'ils étaient autrefois.
>
> *Réflexions critiques sur la poésie et la peinture.*

Une telle influence du climat doit être prise en compte par ce législateur qui cherche l'harmonie entre nature et principe du gouvernement. En effet, inutile d'exiger d'un peuple une « passion-ressort » que le climat ne lui permet pas d'éprouver. Une atmosphère corrompue n'interdit-elle pas le sentiment de l'honneur à ceux qui respirent ?

La question qui nous paraît évidemment saugrenue, pour ne pas dire davantage, ne laisse pas d'inquiéter les plus éminents penseurs du XVIIIe siècle, au nombre desquels Montesquieu... Ce dernier prétend même fonder « scientifiquement » ce qui relevait jusqu'alors de la simple spéculation. Forts des conclusions formulées à la suite de l'expérience dite de la « langue de mouton » – Montesquieu rappelle, au livre XIV de *L'esprit des lois,* qu'une langue de mouton exposée au froid se rétracte, alors que sous l'action de la chaleur les fibres qui la composent se dilatent –, certains n'hésitent pas à dessiner une carte climatique des passions. Les peuples nordiques, soumis à l'influence rigoureuse des vents froids et des hivers glaciaires, offrent plus volontiers le spectacle de l'énergie, du courage, bref de la vertu.

Au sud... tout se relâche, les fibres nerveuses se distendent et la paresse, la lâcheté, la mollesse s'installent. Au législateur d'accorder à ces passions la nature d'un régime convenable.

Montesquieu ajoute à ce déterminisme climatique celui de l'étendue du territoire. Une république convient à un territoire restreint, où chacun se trouve sous le regard évaluateur de tous les autres qui garantit ainsi la pratique quotidienne d'une vertu toujours fragile. Le régime despotique est le seul à permettre le contrôle politique de vastes espaces, parce que la crainte s'y révèle le garde-fou le plus efficace... Quant au territoire moyen, surtout s'il bénéficie d'un climat tempéré, il s'adapte merveilleusement bien au régime monarchique...

Derrière cette promotion naïve de la monarchie française, il faut lire la première tentative « scientifique » d'une classification des peuples selon des critères psychologiques « objectifs ». La tentation « racialiste » n'est pas loin.

On l'aura noté, le législateur et le politologue sont moins des philosophes, à la recherche du Bien, que de fins observateurs qui savent analyser des données objectives, à partir desquelles ils sauront proposer des solutions juridiques adaptées. Le meilleur gouvernement est donc relatif, et ce relativisme obéit à un déterminisme physique. Le XVIIIe siècle semble avoir oublié l'histoire alors qu'il découvrait la géographie.

...est-il le gouvernement des meilleurs ?

▶ Qui sont les meilleurs ?

La parenthèse de *L'esprit des lois* refermée, la question du meilleur gouvernement ne cesse pas d'être posée. Eric Weil, un penseur contemporain, y répond en utilisant l'argument du bon sens :

> La meilleure forme de gouvernement est l'aristocratie. C'est là une évidence que personne n'a jamais mise en doute : nul ne désire que les plus mauvais, les plus méchants, les moins prudents, les moins efficaces dirigent les affaires de la communauté, et tout le monde désire que les meilleurs en soient chargés.
>
> *Philosophie politique.*

Stricto sensu, il n'y a pas de question : la meilleure forme de gouvernement est celle qui permet aux meilleurs de gouverner. C'est tout simplement déplacer le problème : qui sont les meilleurs ?

L'Encyclopédie, à l'article « Philosophe », propose une première solution :

> Cet amour de la société si essentiel au philosophe fait voir combien est véritable la remarque de l'empereur Antonin : « Que les peuples seront heureux quand les rois seront philosophes, ou quand les philosophes seront rois !!. »

▶ Le roi-philosophe ou le philosophe-roi ?

Le philosophe au pouvoir et le pouvoir devenu philosophe ne sont pas des équivalents. Il est plus simple, semblent croire les penseurs du XVIIIe siècle, d'instruire les princes plutôt que de susciter une véritable remise en cause du caractère héréditaire du pouvoir. La tentation de donner au roi des leçons de philosophie n'est pas une nouveauté : Aristote fut le précepteur d'Alexandre et Sénèque celui de Néron. C'est pourquoi l'idée ne surprend guère. C'est elle qui anime, par exemple, l'œuvre de Fénelon, lequel était par ailleurs en charge de l'éducation du petit-fils de Louis XIV, le duc de Bourgogne. Fénelon imagine ainsi un voyage initiatique entrepris par le prince Télémaque sous la direction de son professeur particulier, Mentor (le nom propre est resté dans le lexique usuel pour désigner un formateur influent). L'une des étapes déterminantes du périple, qui a pour objectif de retrouver Ulysse, est la Crète. Mentor désigne alors à son élève l'exemple même du roi-philosophe, Minos :

> Ce n'est point pour lui-même que les dieux l'ont fait roi ; il ne l'est que pour être l'homme des peuples : c'est aux peuples qu'il doit tout son temps, tous ses soins, toute son affection, et il n'est digne de la royauté qu'autant qu'il s'oublie lui-même pour se sacrifier au bien public.

> Minos n'a voulu que ses enfants régnassent après lui qu'à condition qu'ils régneraient suivant ces maximes : il aimait encore plus son peuple que sa famille.
>
> *Les aventures de Télémaque,* 1699.

On conçoit aisément le caractère subversif d'un tel texte à la lumière des événements qui un siècle plus tard entraîneront chute du monarque et changement dynastique, installant sur le trône Louis-Philippe d'Orléans. Il est clair, par ailleurs, que Fénelon subit ici l'influence britannique. La « glorieuse révolution » de 1688 voit les Britanniques répudier leur roi Jacques II et offrir la couronne à Guillaume d'Orange : Jacques II se réfugie à la cour de Louis XIV. Une telle actualité a sans nul doute stimulé la réflexion politique de Fénelon et posé les jalons de ce qui sera plus tard le régime de la monarchie constitutionnelle. Elle a en outre enfoncé un coin dans la nécessité d'un principe de transmission héréditaire de la couronne. Désormais la révolte contre le monarque n'est plus sacrilège si le souverain a fait la démonstration de son incapacité à mener le royaume dignement. Le monarque a des devoirs envers ses sujets, ce qui est d'ailleurs en parfait accord avec le système féodal : le suzerain doit à son vassal protection. L'éducation du prince est toujours à recommencer car la sagesse ne se transmet pas par les gènes. La théorie de la « monarchie éclairée » – à noter que l'expression « despotisme éclairé » est une invention du XIXe siècle ! – est ainsi porteuse, naturellement, d'une remise en cause du caractère héréditaire du pouvoir. On comprend ainsi que Frédéric de Prusse, d'abord séduit par Voltaire, n'envisage plus qu'avec dégoût ceux qu'il stigmatise en 1779 dans les *Lettres sur l'amour de la patrie,* c'est-à-dire les encyclopédistes.

Il est donc sans doute plus « réaliste » d'installer les plus sages et les plus savants au pouvoir. De la Chine des mandarins, recrutés sur concours, à la « République des professeurs » la recette n'a pas manqué de faire des adeptes. Mais le plus savant, le plus instruit ou le plus sage, bref celui qui a su s'évader de la caverne aux leurres est-il nécessairement le meilleur gouvernant ?

▸ Les ambiguïtés de la technocratie

Notre modernité a su trouver un nom à ces hommes dotés d'un savoir et d'une réelle compétence technique qui, grâce à leur seul mérite intellectuel, jouissent d'une capacité d'influence déterminante tant sur le plan politique que sur les possesseurs du capital. Ce sont les technocrates. Mais comment passe-t-on de l'installation du philosophe sur le trône à la technocratie ? L'ellipse n'est pas si accusée lorsqu'on veut bien voir dans l'accès du philosophe au gouvernail le triomphe de la raison et partant de la science.

De fait, au début du XIXe siècle, Henri de Saint-Simon esquisse les grands traits d'une société confiée aux bons soins du savant et de l'industriel, symboles l'un et l'autre de ceux qu'il nomme les « producteurs ». La célèbre parabole des « Abeilles et Frelons » distingue en effet, dans la ruche sociale, les classes productives des classes parasitaires. Il est aberrant que les secondes prétendent exercer la moindre autorité sur les premières :

> Admettons que la France conserve tous les hommes de génie qu'elle possède dans les sciences, dans les beaux-arts et dans les arts et métiers, mais qu'elle ait le malheur de perdre le même jour Monsieur, frère du roi, Mgr le duc d'Angoulême, Mgr le duc de Berry, Mgr le duc d'Orléans, Mgr le duc de Bourbon, Mme la duchesse d'Angoulême, Mme la duchesse de Bourbon et Mlle de Condé.
>
> Qu'elle perde en même temps tous les grands officiers de la couronne, tous les ministres d'État (...). Cet incident affligerait certainement les Français, parce qu'ils sont bons, parce qu'ils ne sauraient voir avec indifférence la disparition subite d'un aussi grand nombre de leurs compatriotes. Mais cette perte des trente mille individus réputés les plus importants de l'État ne leur causerait de chagrin que sous un rapport purement sentimental, car il n'en résulterait aucun mal politique pour l'État.
>
> *L'organisateur,* 1819-1820.

Le texte est important, moins parce qu'il nomme les frelons, que pour le constat qu'il dresse : le pouvoir politique effectif n'appartient plus à ceux qui se flattent pourtant d'en porter les signes distinctifs. Ce sont déjà les « cinquante premiers mathématiciens », les « cinquante premiers ingénieurs civils et militaires », les « cinquante premiers marins », les « cinquante premiers horlogers », les « cinquante premiers banquiers », etc., qui sont aux commandes.

Les cinquante meilleurs dans chacune des manifestations du savoir et du savoir-faire, ceux que Saint-Simon nomme « les trois mille premiers savants, artistes et artisans de France », sont en quelque sorte les premiers technocrates.

Auguste Comte, qui fut le secrétaire de Saint-Simon, affirmera ensuite qu'une politique « scientifique » est à la fois possible et souhaitable. Les savants doivent remplacer les prêtres et les industriels les hommes de guerre (la langue de bois des journalistes n'évoque-t-elle pas fréquemment les « capitaines d'industrie » ?). Le triomphe du positivisme en politique entraînera, selon Comte, la fin des guerres et l'organisation d'une lutte des hommes contre la nature (cf. chapitre 7). Le glissement de ce gouvernement des hommes vers l'administration des choses prendra dans le domaine micro-économique le visage du taylorisme et de l'organisation rationnelle de la division du travail.

La technocratie apparaît bien comme la forme moderne de l'aristocratie, il n'est pour s'en persuader que d'observer le phénomène de castes qui affecte la haute fonction publique et l'élitisme républicain qui semble animer les plus prestigieuses institutions de la France. La technocratie n'est-elle pas cependant critiquable dans son principe ?

Max Weber, dans *Le savant et le politique,* semble suggérer qu'il n'est guère de politique scientifique possible. Il rappelle d'une part que l'action, au niveau politique, relève toujours en dernière instance de la décision. En outre, la science ne peut jamais démontrer la supériorité d'un système de valeurs sur un autre.

Max Weber définit à ce propos ce qu'il nomme « l'éthique de responsabilité », à laquelle l'homme d'action ne peut se soustraire, et qui s'oppose à une « éthique de conviction » :

> Toutefois il y a une opposition abyssale entre l'attitude de celui qui agit selon les maximes de l'éthique de conviction – dans un langage religieux nous dirions : « le chrétien fait son devoir et en ce qui concerne le résultat de l'action il s'en remet à Dieu » –, et l'attitude de celui qui agit selon l'éthique de responsabilité qui dit : « nous devons répondre des conséquences prévisibles de nos actes ».

L'attitude du politique consiste à se porter garant (« respondere » en latin ; on trouve encore la trace étymologique dans l'emploi contemporain du mot « sponsor ») de son action. De fait, il doit se préoccuper de l'efficacité et du choix des moyens adaptés aux buts à atteindre. Max Weber affirme ainsi que si les décisions politiques peuvent être éclairées par la réflexion scientifique, elles n'en demeurent pas moins dictées toujours par des jugements de valeurs non susceptibles de démonstration. Le bien de la collectivité ne peut jamais être défini que par un groupe particulier.

De la sorte, les technocrates, à leur corps défendant, ne gèrent pas « scientifiquement », c'est-à-dire « objectivement » en fonction d'un savoir, les affaires du groupe. Ils défendent leurs privilèges et constituent non pas un corps au service de la société mais bien une société dans la société, un monde séparé de celui qu'ils prétendent servir. Jaloux d'un savoir qui reste le seul critère de légitimité de leur pouvoir, ils multiplient entre eux et les simples citoyens les écrans protecteurs (langage, institutions, procédures, administrations), à la manière dont les bureaucrates du « château », que décrit Kafka dans son roman, semblent vouloir éviter tout contact direct avec les habitants du village voisin qu'ils administrent cependant. *Le château* représente cette séparation radicale entre ce qu'il est convenu d'appeler la « société civile », le village, et l'État, le château.

Séparé de la société civile, l'État, investi par les technocrates, issus de la bourgeoisie, se révèle n'être qu'un moyen, un outil de domination, dont la conquête apparaîtra comme l'un des moyens déterminants dans la lutte des classes, telle que Marx l'analyse :

> La bourgeoisie, depuis la création de la grande industrie et du marché mondial, a conquis finalement la souveraineté exclusive dans l'État représentatif moderne. Le gouvernement moderne n'est qu'une délégation qui gère les affaires communes de toute la classe bourgeoise.
>
> *Manifeste du parti communiste,* 1848.

II. « *Le plus froid de tous les monstres froids* » (*Nietzsche*)

L'État est-il...

▸ Définition minimale

Dans un texte de 1932, publié en français trente ans plus tard, le politologue allemand Carl Schmitt définit ainsi l'État :

L'État au sens strict du terme, l'État, phénomène historique, c'est un mode d'existence (un état) spécifique d'un peuple, celui qui fait loi aux moments décisifs, constituant ainsi, en regard des multiples statuts imaginables, tant individuels que collectifs, le Statut par excellence.

La notion de politique.

Cette définition « minimale » qui sert de point de départ à la réflexion de Carl Schmitt a, entre autres, le mérite de rappeler l'importance de l'étymologie. L'État c'est ce qui est, c'est l'insistance de ce qui est, c'est le cadre qui permet à la société d'exister, de se tenir (*stare,* en latin). Et de ce point de vue, il apparaît comme l'achèvement de la société civile, il est à la fois sa finalité et son moyen d'existence.

▸ « L'État est la réalité efficace de l'idée morale » (Hegel)

Cette définition initiale semble alors convenir parfaitement au processus que décrit Hegel dans les *Principes de la philosophie du droit* : l'État est le cadre nécessaire à l'individu pour qu'il achève le processus de culture engagé par le passage de la famille à la société civile.

En effet, l'homme lorsqu'il quitte la sphère de la famille, où il se trouve dans la dépendance d'un enfant nourri par ses parents, s'émancipe et devient ce « bourgeois » capable désormais de subvenir à ses propres besoins par son travail (le mot « bourgeois » n'a pour Hegel aucune connotation péjorative). Il adhère alors à cette « société civile » ou « société bourgeoise », pour conserver le vocabulaire hégélien, qui n'est autre que la sphère de la satisfaction des besoins particuliers.

Pour dépasser cette dimension particulière, cette existence égoïste où la liberté n'est guère éprouvée que formellement (cf. chapitre 2), le « bourgeois » a besoin de l'État. Devenant ainsi citoyen, l'individu accède à l'universel, il ne se détermine plus en fonction d'intérêts particuliers mais il vise l'intérêt général.

L'État lui offre en outre le spectacle d'une liberté équitable, c'est-à-dire réellement garantie pour le fort comme pour le faible. Parce qu'il est en quelque sorte une « machine à produire l'universel », l'État arrache l'individu à la sauvagerie de la société civile fondée seulement sur l'inégalité des désirs, des besoins et des forces.

La définition que propose ainsi Hegel intègre parfaitement le schéma hobbien. Les hommes se soumettant ensemble à l'État lui confèrent la propriété de produire cet universel qui les garantira de leurs violences individuelles. Mais pour imposer cette universalité de la loi, l'État, c'est-à-dire chez Hobbes le monstre Léviathan, doit se donner les moyens d'exercer sur les citoyens une violence devenue, par définition, légitime.

▸ Le monopole de la violence légitime

De fait, c'est au moins autant la violence que la liberté qui reste prescriptible par le citoyen face à l'État. Max Weber le rappelle précisément :

> Ce qui est en effet le propre de notre époque, c'est qu'elle n'accorde à tous les autres groupements, ou aux individus, le droit de faire appel à la violence que dans la mesure où l'État le tolère : celui-ci passe donc pour l'unique source du « droit » à la violence.
>
> *Le savant et la politique.*

Or cette violence se manifeste plus particulièrment à travers le mécanisme de la « raison d'État », mécanisme au cours duquel l'autorité souveraine montre qu'elle se trouve au-dessus des lois qu'elle produit et prétend défendre. Le citoyen découvre alors que l'État est détenteur du droit à la transgression du droit.

Le phénomène n'est pas particulièrement moderne, puisqu'on peut en déterminer une première justification dans *La République* de Platon :

> S'il appartient à d'autres qu'aux médecins de mentir, c'est au chef de la Cité, pour tromper, dans l'intérêt de la Cité, des ennemis ou des citoyens. A toute autre personne, le mensonge est interdit.
>
> *La République,* livre III.

L'argument invoqué reste évidemment celui de l'intérêt général. Il convient toutefois de demeurer méfiant, comme le rappelle l'article « Raison d'État » de l'*Encyclopédie* :

> Il est certain que le tout est préférable à la partie ; cependant dans ces occasions, toujours fâcheuses, le souverain se souviendra qu'il doit une justice à tous ses sujets dont il est également le père. Il ne donnera point pour des raisons d'État des motifs frivoles ou corrompus qui l'engageraient à satisfaire des passions personnelles...

Le texte est prudent, mais il reconnaît implicitement l'État pour ce qu'il est, c'est-à-dire un instrument de domination. Max Weber saura le formuler définitivement :

> L'État ne peut donc exister qu'à la condition que les hommes dominés se soumettent à l'autorité chaque fois revendiquée par les dominateurs.
>
> *Le savant et le politique.*

Par la violence qu'il ne cesse de menacer d'exercer, l'État apparaît comme un mal pour l'individu. C'est bien le sens de la formule de Nietzsche, extraite de *Ainsi parlait Zarathoustra* :

> L'État, c'est le plus froid de tous les monstres froids. Il ment froidement et voici le mensonge qui rampe de sa bouche : « Moi, l'État, je suis le peuple. »

Se débarrasser du monstre, du Léviathan, cet hippopotame biblique du Livre de Job, c'est donner à l'homme l'une des conditions de son dépassement. Zarathoustra prophétise :

> Là où finit l'État – Regardez donc mes frères ! Ne voyez-vous pas l'arc-en-ciel et le pont du surhumain ?
>
> *Ainsi parlait Zarathoustra.*

L'État méconnaît la singularité. Sa « froideur » monstrueuse provient de ce qu'il ignore l'individu au nom de la défense du principe d'universalité. Mais cet universel n'est qu'un leurre. Nietzsche rappelle que l'État protège ceux qu'il nomme « les faibles » contre « les forts » (c'est pourquoi sa disparition laissera ouvert l'avenir du « surhomme », celui qui va jusqu'au bout de l'affirmation de lui-même), comme Marx montre, dans une tout autre perspective, que l'État est un instrument de domination au service de la classe dominante. Dans les deux cas, l'État défend des intérêts bien « particuliers ».

... un mal nécessaire ?

▶ L'horizon de la société sans État

Si les libéraux plaident en faveur de la disparition de l'État – pour nombre d'entre eux l'État ne doit assurer dans la société que trois fonctions : la sécurité extérieure, l'ordre intérieur et, le cas échéant, l'entretien de certains ouvrages publics – les marxistes annoncent le dépérissement de l'État comme inévitable.

Dans l'*Anti-Düring,* Engels explique que faute d'un antagonisme de classes, une fois la victoire du prolétariat assurée, faute d'une domination à exercer, l'État ne sert plus à rien et dépérit :

> Au gouvernement des personnes se substituent l'administration des choses et la direction du processus de production. L'État n'est pas aboli. Il dépérit.

La théorie du dépérissement de l'État est fondée sur l'identification de l'État à un simple outil. Dans un premier temps, l'État bourgeois est remplacé par l'État prolétarien. C'est dire que le prolétariat utilise à son profit l'outil de domination qu'est l'État. Dans un second temps, celui de l'avènement de la société sans classe, l'outil devenu inutile est abandonné. Mais si le dépérissement de l'État est annoncé, il n'est pas daté :

> Aussi ne sommes-nous pas en droit de parler que du dépérissement inévitable de l'État, en soulignant la durée de ce processus, sa dépendance de la rapidité du

> développement de la phase supérieure du communisme, en laissant complètement en suspens la question des délais ou des formes concrètes de ce dépérissement.
>
> Lénine, *L'État et la révolution.*

La disparition de l'État apparaît comme un horizon qui participe, selon Mircea Eliade du mythe de l'Age d'or :

> Marx a enrichi ce mythe vénérable de toute une idéologie messianique judéo-chrétienne.
>
> *Mythes, rêves et mystères.*

L'auteur du *Capital* attribue en effet un rôle prophétique du prolétariat qui engage la société dans son ensemble dans une lutte finale entre le Bien et le Mal qui n'est pas sans évoquer l'Apocalypse.

> Marx reprend à son compte l'espoir eschatologique judéo-chrétien d'une fin absolue de l'histoire...
>
> *Mythes, rêves et mystères.*

La société sans classe, qui voit dépérir l'État, voit également la fin de l'histoire, puisque le moteur de cette dernière, au regard de l'analyse marxiste, était la lutte des classes précisément. Cette société sans conflits, harmonieuse comme une utopie, échappe sinon au temps du moins à l'histoire. Il ne s'y « passe plus rien »... La société sans classe et sans État apparaît bien comme la fin du politique, dans les deux sens qu'il convient de donner au mot « fin », « terme » et « finalité ».

▸ « Ni Dieu, ni maître »

Les anarchistes ne prétendent pas se servir de l'outil étatique, ni même attendre avec patience un dépérissement annoncé mais improbable. La révolte anarchiste prétend débarrasser l'individu du poids que fait peser sur lui l'État, manifestation parmi d'autres d'un principe d'autorité haïssable. Il ne faut pas oublier ainsi que la lutte contre l'État n'est qu'une manifestation d'un combat plus ambitieux. Sébastien Faure dans l'*Encyclopédie anarchiste* rappelle ainsi :

> Quiconque nie l'autorité et le combat est anarchiste.

L'État, l'entreprise et son chef, l'école et ses maîtres ne sont que les piètres instances d'une autorité absolue, celle de Dieu. Albert Camus insiste particulièrement sur ce point lorsqu'il affirme dans *L'homme révolté* que la révolte anarchiste est moins politique que métaphysique. Le titre du « maître livre » de Bakounine, rédigé en 1872, paraît à cet égard très significatif : *Fédéralisme, socialisme et antithéologie.* Ce mouvement de révolte « satanique », dans le sens où Satan-Lucifer fut le premier révolté de notre univers culturel (l'ange qui se retourne contre le Créateur), ne propose guère qu'un recours systématique à la violence aveugle, destinée à développer dans la population une réaction face à la misère devenue intolérable. De fait, les anarchistes tournent facilement aux nihilistes, version russe et rétro des terroristes des temps modernes. Le premier d'entre eux fut assurément Netchaïev dont le meurtre gratuit et absurde de l'étudiant Ivanov inspira Dostoïevski pour la rédaction des *Possédés.*

▸ Les brouillards de l'Utopie

La disparition de l'État est-elle utopique ? Est-elle destinée à n'advenir que dans le non-lieu du rêve ? Il est ainsi fréquent de voir évoquer l'horizon utopique du libéralisme et du marxisme... C'est abuser du langage. L'Utopie invente une société que caractérise une emprise totale de l'État. Thomas More, chancelier d'Henri VIII d'Angleterre, imagine ainsi une île où la vie des habitants serait à ce point réglée par l'État qu'elle pourrait échapper aux violences et aux injustices inévitables même dans la société la mieux développée.

> S'il faut croire des traditions, pleinement confirmées, du reste, par la configuration du pays, cette terre ne fut pas toujours une île. Elle s'appelait autrefois Abraxa, et tenait au continent ; Utopus s'en empara et lui donna son nom. Ce conquérant eut assez de génie pour humaniser une population grossière et sauvage, et pour former un peuple qui surpasse aujourd'hui tous les autres en civilisation. Dès que la victoire l'eut rendu maître de ce pays, il fit couper un isthme de quinze mille pas, qui le joignait au continent ; et la terre d'Abraxa devint ainsi l'île d'Utopie.
>
> *L'utopie.*

La genèse de l'île est symbolique à deux égards. D'une part on notera le souci d'Utopus de rendre son territoire difficilement accessible. L'Utopie est un lieu réservé, retiré, qui réclame de la part du voyageur quelque effort pour l'atteindre. Le bonheur est à ce prix (*eu-topia,* le lieu du bonheur. Autre étymologie possible). En outre, les protections naturelles de l'Utopie garantissent toujours des influences extérieures, de la communication avec le monde. L'Utopie est un univers clos, autarcique et jaloux de son mode d'organisation. On se souviendra, par exemple, des montagnes escarpées qui protègent l'El Dorado – autre utopie célèbre – dans *Candide.* En outre, le choix du nom Abraxa par Thomas More est loin d'être innocent et insignifiant. Si Abraxa est l'origine d'Utopie, il faut alors se souvenir que le mot désigne la ville des fous dans l'*Éloge de la Folie* d'Érasme. S'il y a quelque folie à prétendre fonder une cité idéale, c'est que l'entreprise est surnaturelle. Le lieu du bonheur est un non-lieu, parce qu'il est hors de ce monde. Il appartient à une réalité méta-physique, au-delà du sensible. Il n'est guère surprenant de constater, dans ces conditions, que l'Utopie est régie par les mathématiques, pure manifestation de l'intelligible :

> L'île d'Utopie contient cinquante-quatre villes spacieuses et magnifiques. Le langage, les mœurs, les institutions ; les lois y sont parfaitement identiques. Les cinquante-quatre villes y sont bâties sur le même plan, et possèdent les mêmes établissements, les mêmes édifices publics modifiés selon les exigences des localités. La plus courte distance entre ces villes est de vingt-quatre miles, la plus longue est une journée de marche à pied.

Tout est mesurable dans l'île d'Utopie parce qu'il n'y a que le nombre qui garantisse la parfaite égalité. Voilà qui explique les six mètres cinquante de largeur imposés pour chaque rue de la ville d'Amaurote. Ici, point d'avenues, de boulevards, d'impasses et de ruelles. Le plan de la cité est celui d'un échiquier parfait, les angles sont droits et les cases identiques. Thomas More reprend à son compte l'invention de l'architecte grec Hippodamos : la cité géométrique. Aristote dans le *Politique* rappelle les mérites de « l'urbaniste » milésien :

> Hippodamos, fils d'Euryphon, citoyen de Milet, celui qui inventa le tracé géométrique des villes...

Ce que la ville-échiquier d'Hippodamos annonce, c'est que l'espace urbain est désormais régi par les mathématiques... Mais il n'y a pas que la largeur des artères de la ville qui soit réglée par le nombre. La vie quotidienne des Utopiens obéit à un horaire strict et invariable – le repas du soir pris collectivement, tout le monde est prié de se coucher à vingt heures trente : les journées de travail sont réduites à six heures d'activité effective. Le temps libre est consacré à l'étude de la musique, au jeu d'échecs... Pas de monnaie, pas de commerce...

L'État mesure mais les citoyens n'ont guère de comptes à faire ! Chacun va dans les magasins généraux chercher de quoi satisfaire ses besoins, le système de production est collectif, la propriété privée reste inconnue...

Thomas More multiplie les détails et s'amuse visiblement avec son lecteur. Mais ces pages écrites comme une fantaisie par un homme d'État éminent diffusent toutefois un réel malaise, voire une angoisse rendue lisible dans le choix des noms propres dérivés du grec :

> Amaurote se déroule en pente douce sur le versant d'une colline. Sa forme est presque un carré. Sa largeur commence un peu au-dessous du sommet de la colline, se prolonge deux mille pas environ sur les bords du fleuve Anydre, et augmente à mesure que l'on côtoie ce fleuve.

Rien n'est plus convenu que cette description d'une cité édifiée autour d'un fleuve... Rome a son Tibre, Londres la Tamise et Paris la Seine... Toutefois Amaurote et l'Anydre recèlent une signification particulière : Amaurote est la ville du brouillard... l'Anydre est le fleuve sans eau... Sur cette étrange cité règne un Adème, monarque privé de peuple selon l'étymologie grecque du mot, et là vivent les Alapolites, citoyens sans cité. Les noms propres désignent une contrée frappée du sceau de la négation, du manque, en un mot du néant. Comme si le bonheur promis par Utopus était à payer du prix d'un total anéantissement de l'être...

III. Une science du pouvoir

L'homme a-t-il besoin...

▸ Une science du gouvernement des États ou bien une science du pouvoir ?

Le pouvoir d'État n'est pas la seule forme d'autorité politique, voilà ce que rappelle aussi Weber dans *Le savant et le politique.* A ce pouvoir légal auquel s'intéresse habituellement la science politique, le plus souvent fondé sur la reconnaissance d'une compétence des autorités ou de leur caractère représentatif, il faut adjoindre ce que le philosophe nomme un « pouvoir traditionnel » et un « pouvoir charismatique ». Le premier trouve sa légitimité dans la coutume et le legs du passé. C'est lui qu'exercent les « sages » réunis en « conseil » dans certaines sociétés primitives. Le second apparaît comme un don des dieux. Le charisme, c'est ce qui distingue un individu, de façon inexplicable, et qui légitime l'autorité qu'il exerce sur la communauté. On évoquera ainsi le « magnétisme » de tel chef pour « expliquer l'explicable », dire la fascination dont il est l'objet et cette reconnaissance immédiate de la collectivité.

Si la science politique fait du pouvoir étatique son objet de prédilection, c'est d'abord par commodité, parce que l'État apparaît comme l'instrument de domination le plus sophistiqué, le mieux conçu. Mais Maurice Duverger, dans *Méthode de la science politique,* est le premier à affirmer qu'il s'agit d'un a priori :

> Le choix entre la notion juridique et la notion sociologique de l'État est un choix a priori, une sorte d'hypothèse de départ. Seule l'analyse objective des faits pourra montrer si l'idée de souveraineté est réelle, si le pouvoir dans l'État est différent par nature du pouvoir dans les autres communautés.

Si l'objet de la science politique est l'étude des mécanismes d'exercice du pouvoir, il entraîne à s'interroger sur la nature des relations de domination qui lient les hommes, et par conséquent sur la nature humaine.

▸ Une servitude volontaire

A la lumière de l'éclairage anthropologique, toute réflexion sur le pouvoir qu'exercent quelques hommes sur la collectivité par le moyen de l'État finit par mener au seuil d'un véritable mystère : comment des peuples entiers acceptent-ils la domination d'une minorité ? Posant la question, dès le XVIe siècle, Étienne de La Boétie énonce ce qui lui semble un étrange scandale :

> Mais, ô bon Dieu ! Que peut être cela ? Comment dirons-nous que cela s'appelle ? Quel malheur est celui-là ? Quel vice, ou plutôt quel malheureux vice ? Voir un nombre infini de personnes ne pas obéir, mais servir...

Or les hommes sont naturellement portés à la jouissance de la liberté :

> Il ne faut pas faire de doute que nous ne soyons naturellement libres.

Comment expliquer cette dénaturation ? Comment comprendre que les hommes oublient la force du nombre pour obéir et servir une minorité de tyrans ?

La réponse que propose La Boétie s'articule à l'idée d'une double dénaturation : celle des gouvernés et celle des gouvernants. Par paresse et lâcheté les premiers ont pris l'habitude de déléguer leurs responsabilités. Il est infantile, mais aussi agréable, de ne pas répondre de ses actes, ni d'opérer des choix qui détermineront ensuite un champ infini pour le regret du possible. Le cercle vicieux de la délégation du pouvoir finit par produire des « gouvernés » absolument irresponsables mais aussi des « gouvernants » omnipotents. Ces derniers se laissent alors corrompre, dénaturer, par ce pouvoir absolu qui leur échoit. Si le pouvoir corrompt, le pouvoir absolu corrompt absolument.

Peureux, lâches ou abusifs, les hommes apparaissent dans toute leur faiblesse. Et la réflexion politique de La Boétie s'appuie contre une anthropologie extrêmement pessimiste. L'auteur du *Discours de la servitude volontaire* achève l'analyse par une réflexion particulièrement pertinente sur les mécanismes par lesquels le tyran se garantit contre toute velléité de révolte des opprimés. Car si la servitude est volontaire, elle n'en paraît pas moins si intolérable parfois qu'elle mène à la révolte. Le phénomène a été précisément décrit par Albert Camus. Ce dernier, dans une page désormais célèbre de *L'homme révolté,* rappelle que derrière le *NON* du révolté – « non, la situation ne peut plus être tolérée » – se lit un *OUI* humaniste – « oui, l'homme est porteur d'un certain nombre de valeurs qui ne sauraient être bafouées ». Pour se prémunir contre ces moments de révolte – on songera par exemple aux révoltes serviles qui ont ponctué l'histoire de l'Empire romain –, le tyran ne manque pas d'asservir ses sujets « par le moyen des autres ». La servitude sera d'autant plus volontaire qu'elle aura pour corollaire une délégation de la maîtrise. Il n'est pas d'esclave qui n'exerce à son tour par délégation une forme de tyrannie. Le système de la servitude et de la maîtrise est un système pyramidal au sommet duquel se trouve le Tyran mais qui lie subtilement par un jeu de sujétions multiples les sujets les uns aux autres. Refuser son esclavage, c'est donc aussi remettre en cause son autorité. Car il n'est guère de malheureux qui ne trouve plus malheureux que lui pour lui infliger mépris, brimades ou servitudes : le tyran habile rend tous ses sujets complices de sa tyrannie. L'employé maltraité trouvera dans le mauvais traitement de tel membre de la famille, dont il dit être le chef, la consolation qu'apporte le spectacle de la domination d'autrui. La multiplication des vassalités a aussi « l'avantage » de diluer la responsabilité des actes les plus barbares. On sait quel profit a su en tirer le nazisme.

...d'un maître ?

▶ Les ruses de la nature

Kant partage avec La Boétie cette vision pyramidale des rapports de domination dans la société. Mais il ne s'agit pas dans l'*Idée d'une histoire universelle au point de vue cosmopolitique* d'un constat pessimiste, au contraire. Ces rapports d'interdépendance dans la maîtrise et la servitude sont une nécessité des progrès de l'espèce humaine. En effet :

> Toute culture, tout art formant une parure à l'humanité, ainsi que l'ordre social le plus beau, sont les fruits de l'insociabilité, qui est forcée par elle-même de se discipliner et d'épanouir de ce fait complètement, en s'imposant un tel artifice, les germes de la nature.
>
> *Cinquième proposition.*

Les hommes sont, par nature, tiraillés entre la nécessité de vivre en société et le désir d'affirmer la singularité de leurs besoins et de leurs appétits. De fait, contraints de vivre ensemble, ils ne cessent pourtant d'être en conflit. C'est ce que Kant nomme « l'insociable sociabilité des hommes ». Pour sortir de ces rivalités, l'autorité de l'un d'entre eux est une nécessité :

> L'homme est un animal qui, du moment où il vit parmi d'autres individus de son espèce, a besoin d'un maître
> (...)
> Or ce maître, à son tour, est tout comme lui un animal qui a besoin d'un maître.
>
> *Sixième proposition.*

La nature utilise la domination comme principe de régulation des conflits d'intérêt pour conduire les hommes à leur insu sur le chemin du processus de culture de l'espèce. Les revendications particulières sont bonnes, voire dynamiques, si elles finissent par être maîtrisées. Kant reprend ici le schéma platonicien de « l'attelage » : l'âme est un char dont le conducteur est la raison, deux chevaux tirent l'ensemble. L'un est noir, il représente le concupiscible, les passions ; l'autre est blanc, c'est l'irascible dont la fonction est de maintenir sur la voie de la raison le cheval noir par nature fougueux et mal contrôlable. Ce sont les deux chevaux, attelés l'un à l'autre, qui font avancer ensemble le char de la raison. La domination qu'exerce le cocher prend appui sur celle que manifeste le cheval blanc à l'égard de son compagnon.

▶ Le besoin d'être séduit

Kant n'envisage ce besoin humain de servitude que dans le cadre de l'histoire qui obéit au plan caché de la Nature (cf. chapitre 8). Dans le domaine purement psychologique, cette aptitude humaine à rechercher la domination, pour l'exercer ou la subir, est à l'œuvre dans le mécanisme de la séduction, lequel apparaît comme un élément moteur de notre société de consommation, qui valorise l'image, le paraître et le jeu avec la réalité.

Se-ducere, le mot signifie en latin « emmener à part », « séparer ». La racine *ducere* renvoie sans équivoque à cette idée de maîtrise et de domination de l'homme par l'homme. Le séducteur entraîne donc sa proie hors du chemin suivi par elle d'habitude. Il l'arrache à son milieu, ses amis, ses convictions, il l'arrache enfin à elle-même. La victime du séducteur ne s'appartient plus, elle est aliénée. La Présidente des *Liaisons dangereuses,* séduite par Valmont, renonce à ce qui fut jusqu'alors son existence d'épouse fidèle et pieuse. Quant à Elvire, elle quitte le couvent pour Dom Juan. Ellénore, l'héroïne malheureuse d'*Adolphe* de Benjamin Constant, abandonne enfants, amant et position « dans le monde ».

Le séducteur tire précisément plaisir à sentir sa victime sous son entière domination. Il s'agit d'investir, au sens militaire du terme, le cœur et l'âme d'un être soudain totalement dépendant et vulnérable. De sorte qu'une fois séduite et abandonnée, la victime bascule dans le vide. Nulle issue pour la Présidente ou Ellénore que la mort. Ariane, « débarquée » par Thésée à Naxos, réveille de ses larmes Dionysos, Elvire s'enferme pour toujours dans le silence de son couvent. L'une et l'autre disparaissent, aspirées par le divin, du regard et de la vie des simples mortels.

> Il n'est rien qui puisse arrêter l'impétuosité de mes désirs : je me sens un cœur à aimer toute la terre ; et comme Alexandre, je souhaiterais qu'il y eût d'autres mondes pour y pouvoir étendre mes conquêtes amoureuses.
>
> Molière, *Dom Juan.*

La comparaison est loin d'être innocente.

Alexandre est en effet le modèle du conquérant que rien ne limite, nul horizon ne vient même dessiner la frontière idéale de l'empire de son désir. Ce conquérant insatisfait ne conserve rien, ne jouit ni ne se réjouit d'aucune sorte de possession. Il ne regarde pas en arrière et ne garde aucun souvenir du passé, aucune reconnaissance pour le présent. Le séducteur est tout entier projeté dans l'avenir, il est appétit. En outre, d'une victoire à l'autre, il recherche une difficulté plus grande. Il se plaît dans l'épreuve permanente de lui-même. Elvire a sans doute tenté Dom Juan parce qu'elle était recluse dans un couvent. Valmont, le héros de Laclos, récuse d'abord la petite Cécile que lui « offre » la marquise de Merteuil, parce qu'elle est trop jeune, trop inexpérimentée, une proie trop facile à saisir. Il a d'ailleurs à l'adresse de la marquise cette formule lucide et définitive :

> Conquérir est notre destin.
>
> *Les liaisons dangereuses,* lettre IV.

La logique du séducteur semble claire, les motivations de sa victime paraissent plus troubles. En effet, la Présidente de Tourvel n'ignore rien de l'homme qui cherche à la séduire, le comte de Valmont. Des âmes charitables se chargent de lui rappeler combien l'individu est dangereux, libertin affiché, dont les amours ambiguës avec la marquise de Merteuil font les délices de la cour. Comment dans ces conditions finit-elle par céder, avertie qu'elle est du péril auquel elle s'expose ?

L'un des mérites du roman de Laclos consiste à montrer un séducteur à l'œuvre. Que fait Valmont pour conquérir la sage Présidente ? Il lui donne à voir ce qu'elle désire. Le séducteur n'est pas séduisant, il est disponible pour toutes les projections fantasmatiques de sa future victime, il ressemble à un large écran blanc sur lequel sa proie projette l'image de son désir. Jean Baudrillard, le sociologue contemporain, le précise dans son ouvrage intitulé *De la séduction* :

> Séduire, c'est mourir comme réalité et se produire comme leurre.

Valmont fait littéralement prendre à Madame de Tourvel « ses désirs pour la réalité ». C'est en effet le spectacle d'un libertin repenti, converti par amour pour elle qui ouvre à Valmont le chemin de son cœur.

L'amour-propre mène à l'amour aussi sûrement que l'énonce une célèbre maxime de La Rochefoucauld.

La Présidente est donc vaincue par elle-même, l'empire que lui révèle ce séducteur est celui de sa propre psyché. Et le passage brutal du principe de plaisir, Éros, au principe de réalité, Thanatos, fait d'elle une sœur aînée d'Emma Bovary, même si la réalité par elle découverte – Valmont ne l'a jamais aimée – se révèle n'être aussi qu'un leurre – Valmont, pris à son propre piège, est amoureux. Le seul maître de l'homme, tyran caché aux mille masques, c'est la part de rêves et de désirs inavoués et refoulés qui constitue son inconscient. La victime est son victimaire, véritable héautontiméroumenos du désir (le mot est fabriqué par Baudelaire pour désigner celui qui est la victime de lui-même), la plaie mais aussi le couteau.

> Je suis la plaie et le couteau !
> Je suis le soufflet et la joue !
> Je suis les membres et la roue,
> Et la victime et le bourreau !
>
> Baudelaire, *Les fleurs du Mal.*

Approfondir

LECTURES

. Chevallier Jean-Jacques, *Les grandes œuvres politiques de Machiavel à nos jours,* Armand Colin, 1949 ; réédition dans la « Collection U », 1970, 304 p.
Du *Prince* à *Mein Kampf,* J.J. Chevallier se propose d'analyser les œuvres majeures de la philosophie politique. Le commentaire est plus précis que dans le panorama de G. Mairet cité à la fin du chapitre II ; la part laissée aux extraits de texte est notable et l'ensemble constitue une efficace initiation.
. Duverger Maurice, *Introduction à la politique,* Gallimard, 1964, 382 p.
Ouvrage extrêmement utile construit sur l'idée que la politique a le visage double de Janus, d'une part lutte pour le pouvoir, d'autre part processus d'intégration des rivalités et de résorption des conflits.
On lira en particulier la première partie consacrée aux « Facteurs de lutte ». L'analyse des facteurs démographiques et géographiques est éclairante.
Existe en poche, collection « Folio/Essais ».
. Fleischmann Eugène, *La philosophie politique de Hegel,* Gallimard, 1992, 402 p.
Lecture quasiment linéaire des *Fondements de la philosophie du Droit* de Hegel. Didactique et précieux. En particulier une longue introduction qui dégage clairement les enjeux de la philosophie politique de Hegel.
A lire attentivement les sections consacrées au *Contrat,* à la *Société civile* et à *l'État.*
. Schmitt Carl, *La notion de politique,* Dureker et Humblot, Berlin 1963 ; réédition dans la collection « champs », Flammarion, 1992, 324 p.
Un texte fondamental de la réflexion politique contemporaine où l'auteur distingue politique de l'État, faisant du second l'une des expressions du premier. Schmitt fait de la distinction ami-ennemi le critère par lequel se définit le politique.
. Senellart Michel, *Machiavélisme et raison d'État,* Presses Universitaires de France, 1989, 128 p.
Une analyse du mécanisme de la raison d'État chez Machiavel. Mais la perspective est plus large et embrasse un champ réflexif qui s'ouvre avec Thomas d'Aquin et se ferme avec les Lumières. A noter le recueil de textes qui conclut l'ouvrage.

SUJETS POSSIBLES

. Quelle société sans État ?
. Le savant contre le politique ?
. Qui nous gouverne ?
. Une société sans conflit est-elle possible ?

Utiliser

Anatomie d'un journal télévisé

Le journal télévisé (JT) est un moment de la journée, particulièrement le « vingt heures » comme on l'appelle. Le soir, en effet, alors que la famille est assemblée pour dîner, pour l'unique instant de réelle convivialité de la journée, la vérité du monde est servie sur un plateau de télévision pendant trente minutes. En termes d'influence de l'image sur la société, toutes les conditions sont réunies pour que l'impact affectif soit maximal. Le pouvoir du JT (et particulièrement de son présentateur) est immense, cela relève à présent du truisme.

Il est également inutile de souligner les procédés qui permettent d'insister sur tel événement et de minimiser tel autre, ils sont bien connus. Il suffit pour les découvrir, si l'on est encore crédule, de « minuter » chacun des « sujets » abordés. Combien de secondes ont-elles été consacrées au discours de l'un, aux réactions de l'autre, etc. « L'objectivité » du JT n'est même plus en cause, tant sont visibles des choix que dictent l'audimat ou les convictions du journaliste autant que les pouvoirs publics.

Le journal télévisé mérite par contre toute notre attention pour l'effet qu'il provoque quotidiennement sur des spectateurs particulièrement passifs et réceptifs (l'heure du dîner, la fin de la journée sont des instants de « détente »). Structurellement le JT ne peut empêcher un flot ininterrompu d'images disparates de parvenir au téléspectateur : un reportage sur la guerre civile dans tel pays d'Afrique suit l'annonce des résultats sportifs du jour, l'interview d'un leader politique important précède celle d'un acteur venu assurer la promotion de son dernier long métrage. Bref, les images se suivent presque indistinctement, nivelant tous les énoncés, égalisant en fait toutes les informations, participent – en un mot – de cette dévaluation générale des valeurs. Toutes les images se valent, toutes les infos, au fond, finissent par retomber dans un calme oubli après avoir fait, peut-être, l'objet d'un « scoop » fugace l'avant-veille.

« La grande messe du vingt heures », comme il est d'usage de l'appeler, célèbre effectivement un mystère, celui du relativisme mou qui a remplacé le scepticisme par l'indifférence.

L'amitié en politique : après trente ans ?

Y a-t-il encore des amis en politique ? La campagne électorale de l'élection présidentielle de 1995, qui aura vu s'affronter de prétendus « amis de trente ans », laisse pendante la question et rend tous ces *camarades* et *compagnons* qui ponctuaient naguère les discours de nos tribuns mal sonnants.

Où sont donc passées les amitiés nobles et viriles que Cicéron louait dans *Lelius : de amicitia.* Après la mort de Scipion Émilien, Cicéron prête en effet à son ami Lélius les propos suivants :

> « L'amitié n'est autre chose en effet qu'un accord sur toutes choses divines et humaines auquel se joignent la bienveillance et l'affection mutuelle. »

Cette amitié ne peut-elle être que de l'ordre de la vie privée ? Évidemment puisque dans le texte de Cicéron, elle pose *la fidélité* comme la valeur de l'amitié. Or nous savons que la politique s'embarrasse mal des principes, du moins depuis que Machiavel a disjoint l'ordre de la politique de celui de la morale. A lire encore et toujours *Le Prince,* où l'art de la guerre est si présent, on pourrait même croire que l'*inimitié* est nécessaire à l'homme politique. C'est bien la thèse développée par Carl Schmitt dans *La notion de politique* en 1932 :

> « La distinction spécifique du politique, à laquelle peuvent se ramener les actes et les mobiles politiques, c'est la discrimination de l'ami et de l'ennemi. »

C'est que Schmitt identifie la politique à l'épreuve de force (« Est politique tout regroupement qui se fait dans la perspective de l'épreuve de force »). N'y a-t-il pas en démocratie plus belle épreuve de force que celle d'une candidature à un mandat électoral ? Rien de personnel donc dans cette inimitié que le français désigne avec ambiguïté. En effet, les latins gardent amicus/inimicus pour la vie privée et hostes pour la vie publique. Il faut prendre bien garde de ne pas prendre de l'*hostilité* pour de l'*inimitié*... Cette manie de tout personnaliser ! Allons ! Les amis de trente ans peuvent encore le demeurer trente années, lorsque les hostilités électorales seront closes. N'a-t-on pas fréquemment entendu à la fin d'un âpre débat politique des adversaires déclarés passer du *vous* au *tu* en quittant leurs anciens camarades de promotion. Les « grands corps », cela sert aussi à cela !

La guerre « juste » : le retour de la guerre sainte ?

Les guerres n'ont pas disparu avec le troisième millénaire. Et si le bilan du siècle passé semble très lourd (une centaine de conflits, quatre génocides, plus de 200 millions de victimes), rien n'indique aujourd'hui que l'Humanité sache ou veuille en tirer les conséquences. Bien au contraire.

De fait, il paraît presque banal de voir la guerre comme « la simple continuation de la politique par d'autres moyens » (Clausewitz). C'est ce qui le fait guerrier, naguère occasion de faire la preuve de sa valeur, est à présent inscrit dans une nature humaine fatale et contradictoire : l'homme peut tout désirer sans pouvoir tout obtenir (Machiavel).

La guerre résulte de ce décalage tragique. Mais dans le même temps, « quelque chose » en chacun répugne à l'admettre, se refusant à accepter la sombre nécessité de la guerre, réclamant un droit de « regard » sur l'Histoire, imposant désormais sur ce phénomène extrême d'affrontement le contrôle de la morale. Si elle est une nécessité, au moins qu'elle soit « juste ».

L'idée de la guerre juste revient ainsi par le biais d'une réflexion lancée des États-Unis en 1977 par l'ouvrage de Michael Walzer, *Just and Unjust Wars. A Moral Argument with Historical Ollustrations.* Les états n'ont pas le droit de faire tout ce qui est nécessaire à la victoire : le « jus bellum » (droit de déclarer la guerre) comme le « jus in bello » (droit qui règle la manière de faire la guerre) se doivent d'être soumis à un certain nombre de principes lesquels viennent directement de saint Augustin et de saint Thomas.

Assiégé par les Vandales, Augustin s'efforce de concilier le précepte évangélique de non-violence et la possibilité de faire la guerre. Il invente la guerre juste, c'est-à-dire la guerre sous condition. Thomas systématise la doctrine et rappelle que si une guerre défensive est toujours juste, la guerre offensive doit toutefois répondre à certaines conditions : elle doit être déclenchée par une autorité légitime, elle est strictement punitive et laisse préalablement à l'adversaire la possibilité de réparer le préjudice avant le début des hostilités, enfin elle doit témoigner d'une intention droite.

Alors que l'Amérique vit de façon traumatique le début d'une guerre « juste » où elle se trouve engagée, une partie des élites intellectuelles du monde musulman débat aussi de l'œuvre d'un grand théologien de l'islam, Ghazalî, l'auteur de *Dans le tabernacle des Lumières*, mort en...1111 !

4

Éduquer ou instruire le peuple ?

LE RÔLE ET LA FONCTION DE L'ÉCOLE DANS LA SOCIÉTÉ

Connaître

I. L'homme est un être de culture

Parce qu'il est inachevé et démuni...

▸ **Un monstre parmi les animaux.** *L'homme est la plus vulnérable des créatures, explique le mythe d'Épiméthée dans* Protagoras.
▸ **Inachevé, l'homme est perfectible.** *Mais il a la capacité de se perfectionner, d'apprendre et de modifier ses comportements.*
▸ **L'éducation doit être adaptée à l'enfant.** *La perfectibilité suppose que l'enseignement soit adopté au niveau d'évolution de l'enfant. L'éducation doit être progressive, c'est ce qu'explique Rousseau dans l'*Émile.

...l'homme ne cesse d'apprendre pour se réaliser.

▸ **Quel apprentissage ?** *Quel contenu prévoir pour cet apprentissage de l'enfant ? Selon quel principe organiser la progression pédagogique ?*
▸ **Les voyages forment-ils la jeunesse ?** *La vie et la confrontation aux autres ne sont-elles pas les meilleures écoles ?*
▸ **Le voyage dans le monde.** *Le roman raconte une autre forme de voyage, celui d'un individu livré à la diversité et aux accidents du monde. On notera que l'essor du genre romanesque correspond à l'apparition du* Bildungsroman, *le roman d'apprentissage, au* XVIIIe *siècle.*

II. Instruire le peuple

Contre les dangers de l'obscurantisme...

▸ **Une instruction publique est nécessaire.** *Condorcet formule pour l'Assemblée législative un projet d'instruction publique, véritable esquisse des lois Ferry de la fin du XIXe siècle.*
▸ **Le citoyen doit posséder un savoir élémentaire.** *La République doit garantir, selon Condorcet, à chaque citoyen un savoir élémentaire destiné à lui donner les moyens de son autonomie.*
▸ **Du savoir élémentaire à la démarche encyclopédique.** *L'entreprise de Condorcet s'inscrit dans la perspective du travail des encyclopédistes mené sous la direction de Diderot et d'Alembert.*

...quelle institution scolaire promouvoir ?

▸ **Surveiller et punir ?** *Mais du projet de Condorcet à la réalité vécue par des millions d'élèves, l'écart est d'importance. L'école apparaît non comme un moyen d'émancipation mais plutôt comme une machine infernale à dresser l'individu aux normes de la société.*
▸ **Deux siècles après Condorcet, l'école est en crise.** *Pourtant, aujourd'hui, l'institution scolaire ne semble même plus répondre aux besoins d'une société surprise de découvrir l'inutilité d'une si lourde machine.*

Par nécessité biologique, l'homme ne peut survivre sans une éducation, ou plutôt sans un apprentissage de la vie, rendu possible grâce à cette faculté particulière : la perfectibilité.

C'est ainsi que l'homme deviendra citoyen... Mais quel citoyen ? En amont de la réflexion politique se dévoile au XVIIIe siècle un nouveau champ d'investigation intellectuelle : la pédagogie. Quelle éducation pour quels citoyens ? La crise de l'institution scolaire est-elle cause ou bien conséquence des spasmes qui agitent nos démocraties ?

I. L'homme est un être de culture

Parce qu'il est inachevé et démuni...

▸ Un monstre parmi les animaux ?

Aristote fait de l'homme la créature la mieux achevée et le place au sommet de la pyramide du vivant. Tous les autres animaux se caractérisent par un « inachèvement » plus ou moins prononcé qui permet de les distinguer, voire de les classer les uns par rapport aux autres. Ainsi les oiseaux seront supérieurs aux poissons, explique Aristote dans *De la génération des animaux,* parce que l'œuf qu'ils pondent se présente sous une forme achevée, c'est-à-dire qu'il ne poursuit pas son développement après la ponte...

L'essor du christianisme a, par la suite, pour conséquence de consolider cette position dominante : l'achèvement tourne à la perfection. L'homme, créature à l'image de son créateur, ne peut être qu'une incarnation de la perfection divine ; il est l'instance de la divinité, centre du monde comme le monde est centre de l'univers. Il faut attendre la moitié du XIXe siècle et Darwin (cf. chapitre 6) pour que soit remise en cause cette prééminence de l'espèce humaine. De fait, en 1926, quelques années après Darwin, le naturaliste L. Bolk formule de façon volontairement provocante un renversement des valeurs jusque-là admises : l'homme ne se caractérise pas par sa perfection ou bien son achèvement organique, bien au contraire, il est un ensemble d'inachèvements, il rassemble toutes les caractéristiques des autres espèces mais à l'état embryonnaire.

> Ce sont des conditions ou des états fœtaux devenus permanents (...), des propriétés structurales ou des rapports de forme qui sont passagers chez le fœtus des autres primates ; elles sont stabilisées chez l'homme.
>
> Cité par Claude Lorin in *L'inachevé.*

L'homme dispose d'une ouïe, d'une vue, d'un odorat embryonnaires en comparaison de ceux des félins. Les poils qui recouvrent sa peau ne sont pas assez nombreux pour être un pelage efficace contre les intempéries, etc. L'homme est donc un monstre parmi les animaux, un fœtus composite condamné à la permanence de son état d'embryon.

On peut lire dans ces lignes une variation « scientifique » du mythe de *Protagoras* de Platon.

Le célèbre sophiste compose, à l'instigation de Socrate, ce mythe explicatif de la vulnérabilité des hommes. Quelque temps avant de leur donner le jour, les dieux veulent procéder à une distribution des qualités parmi les espèces animales. Ils chargent Épiméthée et Prométhée de l'opération. Épiméthée insiste, par jeu, pour être seul responsable de la répartition. De fait, il s'acquitte de cette tâche avec zèle et intelligence, compensant les faiblesses par des qualités qui permettront la survie de l'espèce : le lièvre est démuni face aux prédateurs mais la rapidité et l'agilité de sa course sauront lui éviter la mort. « Il chaussa les uns de sabots, les autres de cuirs massifs et vides de sang. Ensuite, il s'occupa de procurer à chacun une nourriture distincte, aux uns les herbes de la terre, aux autres les fruits des arbres, aux autres leurs racines... ». Épiméthée se montre inventif et soucieux de préserver l'équilibre de la vie. Si les prédateurs se nourrissent de la chair des autres espèces, celles-ci sont plus prolifiques et la grandeur de leur descendance compensera les pertes infligées par les fauves et les rapaces. Épiméthée, très fier de lui et de la justesse de ses calculs, oublie cependant dans sa distribution l'homme. Toutes les facultés et qualités ont été attribuées lorsqu'il prend conscience de son imprévoyance. Face à tous les autres animaux, l'homme est donc nu. Prométhée va devoir voler pour lui le feu et l'habileté technicienne des dieux pour que son espèce perdure. L'homme inachevé est démuni.

▸ Inachevé, l'homme est perfectible

Si l'homme est inachevé initialement, explique Kant dans les *Réflexions sur l'éducation,* c'est que la Nature le destine à réaliser lui-même son achèvement, l'homme doit se construire, il doit apprendre. Sans ressources physiques ou organiques, il lui faut, pour survivre, découvrir comment se protéger des autres animaux et du milieu naturel où il se trouve jeté. Mais il est nécessaire, d'abord, qu'il se défende contre lui-même. Alors que les autres animaux ont l'instinct pour se détourner de ce qui les menace, l'homme, soumis à la seule impétuosité de son désir, ne peut guère discerner ce qui lui est nuisible. Là où l'animal va d'instinct à la nourriture qui lui convient, le petit d'homme porte spontanément à sa bouche ce qui l'attire mais peut aussi bien le tuer. Cette vulnérabilité double – tant à l'égard de sa propre nature que de la nature qui l'entoure – n'est pas séparable d'un atout majeur : l'homme est capable de transformations et d'acquisitions. Ce qui est appris le demeure ; l'homme est en constante évolution, il a la capacité de se perfectionner, d'améliorer ce qu'il est, ce qu'il sait : il est perfectible. Sitôt qu'il aura connu ce qui lui est nuisible et qu'il saura comment s'adapter à son milieu, il ne l'oubliera plus.

> L'homme ne peut devenir homme que par l'éducation. Il n'est que ce que l'éducation fait de lui. Il faut bien remarquer que l'homme n'est éduqué que par des hommes qui ont également été éduqués.
>
> Kant, *Réflexions sur l'éducation.*

L'homme est donc par nature un être de culture et dont la perfectibilité ne peut être limitée ou même évaluée puisqu'elle dépend de celle du maître ou de l'éducateur :

> Si seulement un être d'une nature supérieure se chargeait de notre éducation, on verrait alors ce que l'on peut faire de l'homme. Mais comme l'éducation d'une part ne fait qu'apprendre certaines choses aux hommes et d'autre part ne fait que développer en eux certaines qualités, il est impossible de savoir jusqu'où vont les dispositions naturelles de l'homme.
>
> Kant, *Réflexions sur l'éducation.*

L'idée de perfectibilité retrouve celle de Progrès, l'une et l'autre animent la réflexion des hommes des Lumières. L'Académie de Châlons-sur-Marne propose ainsi de façon significative comme sujet de concours en 1783 : quels seraient les meilleurs moyens de perfectionner l'éducation des femmes ? On sait que Laclos se disposait à répondre à la question ; seul un Discours inachevé nous est parvenu.

Nulle surprise, par conséquent, à constater que l'un des penseurs les plus originaux et les plus puissants du siècle ne se soit aussi consacré à l'étude du problème éducatif : Rousseau rédige alors le premier traité moderne de pédagogie.

▸ L'éducation doit être adaptée à l'enfant

Rousseau, dans *Émile ou de l'éducation,* tire les conséquences pratiques de la perfectibilité humaine : il faut adapter l'enseignement à l'âge de l'enfant et à ses capacités.

> La nature veut que les enfants soient enfants avant que d'être des hommes. Si nous voulons pervertir cet ordre, nous produirons des fruits précoces qui n'auront ni maturité

> ni saveur et ne tarderont pas à se corrompre : nous aurons de jeunes docteurs et de vieux enfants.
>
> *Émile,* livre II.

Une lecture contemporaine de ce texte lucide mettra l'accent sur les contradictions d'une société – la nôtre – qui ne sait produire que de jeunes diplômés sans expérience ou bien de vieux étudiants attardés dans des filières qui n'ont d'autre utilité que celle de décongestionner les statistiques du chômage... Peut-être sommes-nous trop pressés de diffuser un savoir qui n'est pas adapté...

Pour Rousseau, il s'agit de rappeler que chaque âge a son caractère et ses exigences. De fait, la structure d'*Émile* épouse une progression qui est celle de l'enfant dans la vie comme celle des contenus de son programme d'apprentissage. Le livre premier est ainsi consacré au petit enfant, le second le saisit entre 2 et 7 ans, le troisième pousse jusqu'à la douzième année, le quatrième traite de l'adolescence et le cinquième voit enfin Émile arriver à l'âge du mariage. C'est alors qu'il rencontre Sophie et que Rousseau envisage, à part, l'éducation des filles. L'originalité du propos consiste à préférer, comme outil pédagogique, l'expérience de l'enfant au discours du maître :

> Ne donnez pas à votre élève aucune espèce d'instruction verbale. Il n'en doit recevoir que de l'expérience.

Tout enseignement livresque est violemment rejeté. Jusqu'à la formation complète de son jugement, l'enfant ne doit lire aucun livre, en particulier ni fables, ni romans qui pourraient lui donner une vision déformée de la réalité. Au contraire, il apprend à raisonner par l'observation du monde qui l'entoure (par exemple, son précepteur perd Émile dans la forêt pour qu'il découvre comment s'orienter), il reçoit les rudiments d'un métier manuel (la menuiserie), afin de ne pas dépendre ni de l'héritage familial, ni d'une position sociale toujours fragile : « Nous approchons de l'état de crise et du siècle des révolutions, prophétise Rousseau. Qui peut vous répondre de ce que vous deviendrez alors ? »

Voltaire, dans *Candide,* aboutit à une conclusion similaire, c'est-à-dire à un rejet du savoir livresque. Candide découvre en effet que les discours du bavard Pangloss sont sans aucun lien avec la réalité, les expériences vécues entrent en contradiction avec les paroles du professeur, lequel est d'ailleurs sommé de se taire à la fin du conte :

> Que faut-il faire ? dit Pangloss. – Te taire, dit le derviche. – Je me flattais, dit Pangloss, de raisonner un peu avec vous des effets et des causes, du meilleur des mondes possibles, de l'origine du Mal, de la nature de l'âme, et de l'harmonie préétablie. Le derviche, à ces mots, leur ferma la porte au nez.
>
> *Candide,* chapitre 30.

Cette porte qui claque à la barbe du philosophe, c'est aussi celle que le XVIIIe siècle ferme sur un enseignement inutile, ronflant et ennuyeux, un savoir stérile et cumulatif.

La violence du rejet est ainsi à la mesure de l'urgence à repenser l'éducation des hommes au service d'une rénovation des structures sociales. Ce que Rousseau découvre, en effet – et sur ce point il innove encore –, c'est l'articulation obligée de la réflexion politique et de la réflexion pédagogique. *Du contrat social* ne peut être lu sans *Émile.* Jean Starobinski, dans l'essai qu'il consacre à l'œuvre de Rousseau, *La transparence et l'obstacle,* note que Kant fut l'un des premiers lecteurs de Rousseau à voir un lien non formulé mais essentiel entre les deux textes. Les détracteurs de Rousseau ont tort de souligner une apparente contradiction entre des propos qui disent la dépravation d'un homme qui a perdu la nature et ceux qui visent à établir une nouvelle forme de culture. Dans un essai de 1786 intitulé *Conjectures sur les débuts de l'histoire humaine,* Kant montre que Rousseau assigne à la culture la tâche de réconcilier l'homme avec la nature. Les arts et les sciences ne sont pas mauvais par eux-mêmes, seulement dans l'usage que la société leur réserve. La culture ne sert pas la politique :

> Tant que la puissance sera seule d'un côté, les lumières et la sagesse seules d'un autre, les savants penseront rarement de grandes choses, les princes en feront plus rarement de belles, et les peuples continueront d'être vils, corrompus et malheureux.
>
> *Discours sur les Sciences et les Arts.*

L'éducation est pourtant nécessaire pour que l'homme devienne ce citoyen que Rousseau appelle de ses vœux, celui qui veut ce que veut la volonté générale et non sa volonté particulière. Aussi ne s'agit-il pas d'un simple hasard si *Émile* et *Du contrat social* sont publiés en 1762, si l'un et l'autre sont publiquement brûlés à Genève, le 14 juin de cette même année. C'est qu'on ne peut prétendre changer la société sans changer les hommes qui la composent. Rousseau, bien avant que le protocole gouvernemental ne fasse du ministre de l'Éducation nationale le second sur la liste des ministres d'État, a compris la nécessité de penser une politique de l'éducation.

...l'homme ne cesse d'apprendre pour se réaliser.

▸ Quel apprentissage ?

Si le traité de Rousseau innove considérablement, il n'en reste pas moins fidèle à une conception individuelle de l'éducation. Émile est l'unique élève d'un précepteur qui l'accompagne à chaque instant. Il ressemble ainsi à Candide, toujours suivi de Pangloss, ou à Télémaque, guidé par Mentor (cf. chapitre 3). De la sorte, l'éducation d'Émile s'effectue à la manière dont Rabelais imaginait celle de Gargantua. Les principes et les contenus divergent évidemment mais du point de vue de la forme rien n'a changé.

L'éducation du géant Gargantua, symbole de l'humanisme, est menée sous la férule d'un précepteur dont le nom est en soi tout un programme : Ponocratès,

« le bourreau de travail ». De fait, Rabelais imagine en 1534 un enseignement complet et écrasant pour son jeune Prince. L'emploi du temps de sa journée est très précis, il lui permet de réaliser des activités simultanées qui lui ouvrent la porte d'une « éducation totale » : les Saintes Écritures, les mathématiques, la littérature antique, mais aussi la pratique du sport et l'apprentissage des arts et des métiers sont au programme ! L'humaniste est cet individu au savoir total, pour ne pas dire totalitaire ! Rabelais fut d'ailleurs tour à tour moine (franciscain puis bénédictin), médecin, enseignant, écrivain, nous rappelant ainsi le personnage de *L'œuvre au noir,* Zénon, que Marguerite Yourcenar fit connaître au public l'année de toutes les contestations estudiantines, en 1968 ! Gargantua, grâce à son maître, devient ainsi un véritable géant de la connaissance, rien ne saurait échapper à sa curiosité ni à son jugement... Si re-naissance il y eut, ce fut sans aucun doute celle des esprits polyvalents de l'Antiquité, un âge où le savant était aussi bien philosophe que mathématicien ou biologiste, métaphysicien ou poète. L'ambition de Rabelais consiste à faire de cet enfant plus qu'un homme alors que celle de Rousseau ne vise pas autre chose que la réalisation de la simple humanité. C'est pourquoi la pédagogie de Montaigne apparaît comme la seule véritable source d'inspiration humaniste à laquelle l'auteur d'*Émile* aura su puiser.

Qui peut ignorer aujourd'hui la célèbre formule du chapitre 26, livre I, des *Essais,* intitulé « De l'éducation des enfants » : « Mieux vaut une tête bien faite qu'une tête bien pleine » ? Alors que Rabelais rêve à des « abîmes de science », Montaigne préfère militer en faveur d'un apprentissage de la réflexion. L'éducateur doit alors guider son élève vers la connaissance sans autre effort que celui du raisonnement. Il saura également respecter un sain équilibre entre l'esprit et le corps par des exercices physiques réguliers et une hygiène de vie irréprochable. Enfin, il encouragera les voyages, seules expériences grâce auxquelles l'élève pourra apprendre efficacement les langues étrangères, rencontrer d'autres savants et acquérir l'ouverture d'esprit nécessaire à « l'honnête homme ».

▸ Les voyages forment-ils la jeunesse ?

Si Voltaire, parodiant les romans d'apprentissage, imagine un voyage cahotique à travers le monde, pour son héros Candide, si Rousseau achève *Émile,* au livre cinquième, par une longue digression sur les voyages, c'est évidemment qu'on leur attribue cette vertu de conclure avantageusement la formation des hommes. Tour de France des compagnons artisans, voyages de fin d'études, séjours linguistiques à l'étranger, tous ces voyages ne sont-ils pas aussi des rituels de passage ?

Pour l'homme grec, le voyageur a pour traits le roi Ulysse d'Ithaque. De fait, le héros d'Homère est précocement attiré par les voyages (on se souviendra d'une chasse au sanglier qui tourne mal sur le mont Parnasse : Ulysse est blessé, la cicatrice au genou qu'il conservera de cet épisode sera l'un des signes de reconnaissance pour Pénélope). Pourtant, lorsque Palamède vient le quérir pour l'équipée achéenne vers Troie, Ulysse mime la folie. Il ne désire pas partir. Jeune monarque, il vient à peine d'avoir un fils, Télémaque, et souhaite profiter de la paix de la famille. Démasqué, il doit s'en aller. Il lui faudra vingt ans pour revenir au point de départ. Ulysse apparaît dès lors comme le « voyageur-malgré-lui », condamné à désirer un prompt retour toujours différé.

Ce n'est guère le hasard si certaines légendes attribuent au héros une ascendance significative : Sisyphe, de passage à Ithaque, aurait séduit Anticlée, la femme du roi Laërte, et Ulysse serait né de cette union fugace sans que Laërte n'en sache rien. Ulysse, éternellement ballotté par les flots, rappellerait alors le destin de son père condamné à rouler toujours le même rocher au sommet d'une colline [1]. Le voyage d'Ulysse ressemble à la vie des hommes, il est incontrôlable et confronté à l'accidentel. Car ce qui caractérise l'*Odyssée,* ce sont évidemment toutes ces embûches, tous ces délais, toutes ces épreuves présentées comme autant de stations imposées. Il est vrai que certains épisodes ne sont pas désagréables, et si l'on décompte du périple les quelques mois passés auprès de Circé la magicienne, qui lui donne pour fils Telegonos, et les huit années de vie commune avec la nymphe Calypso dans l'île d'Ogygie, le voyage de dix ans passe à moins d'une année... Qu'a-t-il appris, Ulysse, de son odyssée ? La force de son attachement à Ithaque et à Pénélope – il fut confronté à la possibilité de vivre une autre vie, dans une autre île, auprès d'une autre femme – ; l'étendue de ses ressources dans l'adversité ; son habileté de marin ; et l'empire de ses désirs. Bref, le voyage d'Ulysse c'est l'occasion de la connaissance de soi. Confronté à l'Inconnu, à ce qui est radicalement Autre, l'homme se constitue définitivement. Rousseau n'exprime pas autre chose dans *Émile* lorsqu'il écrit :

> Les voyages poussent le naturel vers sa pente, et achèvent de rendre l'homme bon ou mauvais. Quiconque revient de courir le monde est à son retour ce qu'il sera toute sa vie : il en revient plus de méchants que de bons, parce qu'il en part plus d'enclins au mal qu'au bien.

▸ Le voyage dans le monde

Pour trois siècles de romanciers, le voyage initiatique est avant tout celui du jeune provincial « monté » à la capitale. Jacob, le héros de Marivaux, est un paysan champenois, parti livré du vin à Paris et qui ne reviendra plus au village natal. La ville s'offre à lui comme le territoire nouveau de son ascension sociale, celle qui fera de lui un « paysan parvenu » comme l'indique le titre du roman :

1. Il s'agit de Sisyphe, roi de Corinthe et fils d'Éole, condamné par Zeus à un châtiment sans fin à la suite d'une succession d'évasions réussies de l'Hadès où il était retenu. Sisyphe est bien l'éternel fugitif enchaîné à un éternel labeur pour éviter de lui laisser le loisir de songer à une nouvelle fuite.

> Le titre que je donne à mes Mémoires annonce ma naissance ; je ne l'ai jamais dissimulée à qui me l'a demandée...
>
> incipit du *Paysan parvenu.*

Jacob prendra le titre de Monsieur de la Vallée et Candide deviendra propriétaire terrien... Le XVIIIe siècle, « optimiste », prend la relève du roman picaresque espagnol et invente le « roman d'apprentissage », roman du possible et de l'éducation des âmes bien nées à qui rien n'est désormais impossible ! L'archétype de ces personnages apparaît curieusement un siècle plus tard : c'est Rastignac dont le défi lancé du Père Lachaise a servi de maxime à plus d'un jeune étudiant de province venu faire à Paris « son droit » ou « sa médecine » :

> Rastignac, resté seul, fit quelques pas vers le haut du cimetière et vit Paris tortueusement couché le long des deux rives de la Seine où commençaient à briller les lumières. Ses yeux s'attachèrent presque avidement entre la colonne de la place Vendôme et le dôme des Invalides, là où vivait ce beau monde dans lequel il avait voulu pénétrer. Il lança sur cette ruche bourdonnante un regard qui semblait par avance en pomper le miel, et dit ces mots grandioses : « A nous deux maintenant ! »
>
> Et pour premier acte du défi qu'il portait à la Société, Rastignac alla dîner chez Madame de Nucingen.
>
> excipit du *Père Goriot.*

Rastignac doit désormais « naviguer » dans la Société et les monstres marins qu'il lui faudra vaincre auront pour nom Envie, Cupidité, Jalousie, Vice, etc. Il disposera lui aussi d'un « mentor » en la personne de Vautrin, derrière lequel se laisse trop clairement voir la silhouette de Balzac lui-même. C'est que le roman apparaît à la fois comme le lieu d'apprentissage du héros et comme celui du lecteur. Balzac veut être en effet notre professeur et faire visiter les coulisses de cette *Comédie humaine,* variation moderne du Monde comme théâtre. Dès lors le véritable pédagogue n'est-il pas le romancier dont la tâche n'est plus de faire rêver les Emma Bovary avec de jolis contes roses. Il se doit à présent de découvrir la réalité, au risque de choquer. Choderlos de Laclos le rappelle malicieusement dans la préface des *Liaisons* :

> Il me semble au moins que c'est rendre un service aux mœurs que de dévoiler les moyens qu'emploient ceux qui en ont de mauvaises pour corrompre ceux qui en ont de bonnes, et je crois que ces lettres pourront concourir efficacement à ce but.

II. Instruire le peuple

Contre les dangers de l'obscurantisme...

▸ Une instruction publique est nécessaire

L'apprentissage est naturel à l'espèce humaine ; il renvoie à cet inachèvement caractéristique, décrit précédemment, comme à la nécessité pour l'individu de s'adapter à son milieu. Quant à l'éducation ou l'instruction (on ne distingue pas encore), elle est aux XVIe et XVIIe siècles du nombre des activités privées, confiée soit à un précepteur (Ponocratès, Pangloss) soit à l'Église. De fait, le premier à penser puis à défendre l'idée de la nécessité d'une instruction publique fut Condorcet.

Marie-Jean de Caritat, marquis de Condorcet, bénéficie auprès du public contemporain d'une notoriété récente, acquise grâce à la médiatisation de la biographie rédigée par Pierre et Élisabeth Badinter et aux travaux de Catherine Kintzler. Longtemps l'importance de cet « ami de Voltaire et de d'Alembert », le seul encyclopédiste destiné à vivre la Révolution, fut ignorée ou minimisée. Or Condorcet est à l'origine du système éducatif tel que nous le connaissons encore aujourd'hui.

Élu triomphalement député à l'Assemblée législative, Condorcet est chargé de rédiger des rapports « sur la nécessité de l'Instruction publique ». Son travail prend appui sur une double réflexion :

> Le maintien de la liberté et de l'égalité exige donc un certain rapport entre l'instruction des citoyens qui en peuvent recevoir le moins, et les lumières des hommes les plus éclairés, dans le même pays, et à la même époque. Il exige également une certaine proportion entre les connaissances des hommes et leurs besoins.
>
> *Sur la nécessité de l'Instruction publique.*

Condorcet fait reposer la nécessité de l'instruction publique, c'est-à-dire la nécessité d'une organisation et d'une prise en charge de l'enseignement des jeunes citoyens par les pouvoirs publics, sur une double exigence. La première est celle du siècle tout entier : il faut diffuser les Lumières. La seconde est imposée par l'évolution politique du pays ; prétendre donner à chacun dans l'espace social la chance de jouir de ses droits fondamentaux n'a guère de sens si l'instruction est négligée. Condorcet met en garde ceux qui se contentent d'une affirmation formelle des droits de l'homme :

> Dire que le peuple en sait assez s'il sait vouloir être libre, c'est avouer qu'on veut le tromper pour s'en rendre maître.

Rousseau est ouvertement visé par le propos. N'affirme-t-il pas ainsi dans le *Discours sur les Sciences et les Arts* que « l'ignorance est l'état naturel de l'homme » ? De fait, on peut lire sous la plume de l'auteur de *Émile* des développements qui ne laissent guère indifférents et ne manquèrent pas de heurter les encyclopédistes (au nombre desquels on compta pourtant Rousseau...) :

> A considérer les désordres affreux que l'imprimerie a déjà causés en Europe, à juger de l'avenir, par le progrès que le mal fait d'un jour à l'autre, on peut prévoir aisément que les souverains ne tarderont pas à se donner autant de soin pour bannir cet art terrible de leurs états qu'ils en ont pris pour l'y introduire.
>
> *Discours sur les Sciences et les Arts.*

Une telle déclaration, pour Condorcet, est absurde ou malveillante ; dans les deux cas, elle contrarie l'idéal démocratique. En effet, que signifie la liberté de choisir quand elle ne permet pas de comprendre l'enjeu des choix à faire ? Est-ce voter librement, par exemple, que voter sans comprendre pour qui ou contre quoi on agit ? L'ignorance éloigne les citoyens de la vie de leur démocratie... Tel est sans doute l'un des facteurs explicatifs de la désaffection de l'électorat lors de certaines consultations (par exemple le référendum sur le statut de la Nouvelle-Calédonie). L'ignorance contrevient encore aux aspirations démocratiques en ce qu'elle s'accompagne d'un accroissement des inégalités. Les différences culturelles entre les citoyens instaurent des inégalités sociales plus durables et plus préjudiciables que celles qu'engendrent les disproportions économiques. Il n'y a pas d'égalité devant la loi quand les uns savent la lire et l'interpréter alors que les autres l'ignorent. Voilà pourquoi Condorcet conclut son rapport à l'Assemblée par ces mots :

> Nous n'avons pas voulu qu'un seul homme dans l'empire pût dire désormais : la loi m'assurait une entière égalité des droits ; mais on me refuse les moyens de les connaître. Je ne dois dépendre que de la loi ; mais mon ignorance me rend dépendant de tout ce qui m'entoure.

▸ Le citoyen doit posséder un savoir élémentaire

Catherine Kintzler dans *Condorcet, l'instruction publique et la naissance du citoyen* montre que Condorcet eut le dessein de définir le minimum utile, en matière de savoir, pour chaque citoyen. En effet, la mission de l'Instruction publique consiste d'abord à diffuser le plus largement possible un « savoir élémentaire ». Ce dernier doit assurer l'autonomie de chacun (lecture, écriture, calcul), en même temps qu'il permettra par la suite d'avoir accès à des connaissances plus étendues. Condorcet imagine un jeune citoyen contraint d'abandonner, par la force des circonstances, son instruction élémentaire : ce dernier doit pouvoir reprendre quand il le souhaite sa formation intellectuelle.

Le savoir élémentaire s'oppose à la fois à l'obscurantisme de Rousseau comme au savoir cumulatif, tout aussi néfaste, valorisé par un système éducatif traditionnellement fondé sur l'apprentissage « par cœur », par la mémorisation d'une quantité impressionnante de connaissances. On se souvient ainsi de Julien Sorel, au début du *Rouge et le Noir,* qui n'a pour seul bagage culturel que sa connaissance parfaite de la Bible qui fait de lui une saine attraction pour les salons de la petite ville de Verrières.

Ce « savoir », qui repose uniquement sur la mémoire, exerce toujours la même fascination aujourd'hui, alors que se multiplient les jeux télévisés plus ou moins bien inspirés du *Trivial poursuit.* Connaître la longueur exacte de la Meuse ou le titre du premier film de Marilyn Monroe ne peut guère être l'indice d'une authentique activité culturelle ! Cependant le danger que représente, pour qui s'y adonne, cette forme cumulative de l'obscurantisme réside moins dans la vanité de ces connaissances aussi nombreuses que dérisoires que dans les conséquences de leur multiplication. En effet, le savoir cumulatif nivelle tous les énoncés qui le composent. Tout finit par s'équivaloir, un poème de Rimbaud se « retient » comme un taux de natalité, il témoignera pareillement d'une culture perçue comme plus « grande » si elle apparaît plus diversifiée. Dès lors, comment ne pas associer le succès populaire remporté par tel « jeu des mille francs » avec le relativisme absolu que génère une société en crise de ses valeurs, où l'idéal individualiste semble avoir atomisé toutes les solidarités et les élans collectifs ? Tout se vaut pour la mémoire de ces adeptes narcissiques du *« brain-building »* et Alain Finkielkraut, dans *La défaite de la pensée,* n'a pas tort de constater que désormais « une paire de bottes vaut Shakespeare » !

Le savoir élémentaire que Condorcet se propose de promouvoir permettra au contraire de classer, d'ordonner toutes les informations, toutes les « données ». Il donne les moyens d'une méthode, c'est-à-dire, pour suivre l'étymologie grecque du mot, les moyens d'un cheminement. On conçoit bien, dans ces conditions, ce que le projet doit à l'idéal des encyclopédistes, un idéal tout entier dans cette devise « sapere aude » (ose savoir) que Kant décerne aux Lumières :

> « Sapere aude ! Aie le courage de te servir de ton propre entendement. Voilà la devise des Lumières. »
>
> Kant, *Qu'est-ce que les lumières ?* 1784.

▸ Du savoir élémentaire à la démarche encyclopédique

Le gigantisme de l'entreprise menée entre 1751 et 1772 par Diderot et ses associés – 60 000 articles répartis en 17 volumes accompagnés par 10 volumes de planches illustratives – ne doit pas faire oublier le véritable titre de l'ensemble : *Dictionnaire raisonné des sciences, des arts et des métiers.* L'adjectif est d'importance car l'*Encyclopédie* donne à son lecteur moins une somme qu'une méthode d'acquisition autonome du savoir. Le mot lui-même, encyclopédie, énonce assez clairement l'objectif de l'entreprise : c'est un « enchaînement de connaissances ». En effet, par un système de renvois, de corrélats, l'encyclopédie montre au lecteur que le savoir n'a de portée que lorsqu'on le dynamise. Une connaissance n'est vraiment riche que lorsqu'elle ouvre à un nouveau champ d'investigation par la pensée. Bref, il n'y a d'activité intellectuelle que dans la connexion, la constitution de réseaux et l'articulation des idées entre elles.

Diderot s'adjoint alors les plus illustres spécialistes de son temps, Condillac, d'Alembert, Daubenton, Quesnay, Turgot et Voltaire. Vingt ans plus tard, la démarche de Condorcet est tout à fait semblable. Le député de l'Assemblée législative réclame pour former les futurs enseignants les plus grands maîtres, Monge, Lagrange, Laplace, Daubenton – l'unique survivant de l'*Encyclopédie* –

et La Harpe. Un tel déploiement de sciences et de talents est-il nécessaire pour assurer la défense du savoir élémentaire ? Il paraît même indispensable aux yeux de Condorcet. En effet, pour distinguer l'essentiel du contingent, il est fondamental d'être un spécialiste de la discipline enseignée. Condorcet rappelle ainsi que le maître qui en saurait trop peu risquerait de quitter rapidement ce que C. Kintzler nomme « le chemin de la rationalité ». Il faut alors veiller, grâce à l'instauration d'écoles normales, à conduire une formation exigeante pour les futurs maîtres. Ceux-ci ne doivent pas être seulement les meilleurs élèves de leur classe !

Faut-il rappeler la moyenne des derniers reçus à certains concours de recrutement de l'Éducation nationale pour être convaincu de l'actualité des réflexions de Condorcet ?

...quelle institution scolaire promouvoir ?

▸ Surveiller et punir ?

> Dans la nuit, j'écoutais longtemps le vent qui soufflait lugubrement... J'entendais les pas de l'homme de ronde qui marchait lentement avec sa lanterne, et, quand il venait près de moi, je faisais semblant d'être endormi et je m'endormais en effet, moitié dans les rêves, moitié dans les pleurs.
>
> *Mémoires d'un fou.*

Non, Flaubert ne décrit pas les hantises d'un jeune condamné ou d'un pensionnaire d'asile psychiatrique, ce ne sont que les terreurs de l'interne du collège royal de Rouen, en 1831 ! L'École ressemble autant à une prison qu'à une caserne : au tambour, les élèves sont réveillés dès cinq heures du matin. Ils descendent dans la cour se laver à l'eau glacée de la fontaine, puis c'est l'appel, au garde-à-vous, dans les dortoirs... La journée d'un lycéen du début du XIXe siècle peut commencer ! On le sait, Napoléon Bonaparte a créé les lycées sur le modèle des casernes et Michel Foucault, dans *Surveiller et punir,* a montré que cette invention procédait d'un désir de « militarisation » de la société.

Qu'apprend-on alors à l'école ? A répondre au signal, à réagir par réflexes, bref à oublier sa propre pensée. On y parvient en enserrant les corps « dans un petit monde de signaux à chacun desquels est attachée une réponse obligée et une seule ». Cela s'appelle du dressage. L'expression apparaît d'ailleurs moins provocante qu'on pourrait spontanément le croire. En effet, l'étymologie du mot « éducation », construit sur la racine *ducere,* conduire, ne suggère-t-elle pas une entreprise d'encadrement collectif ? Ne s'agit-il pas de mener les individus à la place qui leur est assignée dans la société ? Cet apprentissage de l'obéissance ne sent-il pas le principe de soumission à l'autorité ? A l'évidence. L'école est une institution qui dispense moins ce savoir élémentaire que voulait définir Condorcet qu'elle ne forme à des comportements sociaux. Hippolyte Taine, l'historien français de la fin du XIXe siècle, note avec pertinence :

> Dans l'enseignement secondaire, et même dans l'enseignement supérieur, la roue scolaire tourne uniformément et sans arrêt dix heures par jour si l'élève est externe, et vingt-quatre heures par jour si l'élève est interne. A cet âge l'argile humaine est molle, elle n'a pas encore pris son pli, nulle forme acquise et résistante ne la défend contre la main du potier, contre le poids de la roue tournante, contre le frottement des autres monceaux d'argile pétris avec elle, contre ces trois pressions incessantes et prolongées qui composent l'éducation publique.
>
> *Les origines de la France contemporaine,* 1890.

L'éducation publique ou nationale est une formidable machine à uniformiser, un outil redoutable entre les mains du pouvoir – les luttes et les rivalités qui opposèrent ici et là l'Église et l'État sur la question scolaire en témoignent. On comprend donc pourquoi le choix des mots revêt une importance non négligeable : Condorcet n'a pas le projet de fonder une éducation nationale, il souhaite plutôt une instruction publique. Le verbe *in-struere* renvoie à l'action de bâtir. L'instruction est une construction intérieure qui permettra à chacun de s'affirmer.

C'est une citadelle individuelle destinée précisément, par le moyen d'une autonomie conquise, à résister aux assauts lancés par la société. Il ne faut donc pas substituer à l'instruction des Princes, caractéristique de l'Ancien Régime, une éducation du Peuple. Le mot éducation porte, logé à la racine *(ducere),* ce dessein de manipuler ou d'uniformiser ceux que l'on soumet au régime de l'école. La démocratie réclame au contraire, pense Condorcet, une instruction publique.

Comment concilier l'encouragement des dispositions individuelles avec l'exigence de formation sociale ? Comment à la fois aider l'individu et le préparer à s'intégrer au groupe ? L'École doit permettre la transition de la famille dans la société civile et l'État. Elle est « la sphère médiane qui fait passer l'homme du cercle de la famille dans le monde », dit Hegel dans le *Discours du Gymnase* du 2 septembre 1811.

▸ Deux siècles après Condorcet, l'école est en crise

L'institution scolaire n'a cessé de vivre des crises liées à ce tiraillement entre les aspirations des particuliers et une certaine forme d'universalité, et cela d'autant plus intensément qu'apparaissait plus clairement le choix politique de faire passer par l'École un plus grand nombre d'individus, quand l'individualisme devenait, en même temps, la règle de tous les comportements. Mais qu'on l'accuse de reproduire les inégalités, de ne pas diffuser le savoir espéré, d'être une machine sociale ou une jungle désorganisée, l'École dans son principe n'est jamais remise en cause. L'éducation publique est critiquée, réformée, insurgée mais elle demeure un acquis auquel tiennent même ceux qu'elle a exclus. Ivan Illich note avec surprise dans *Une société sans école* :

> La moitié des êtres humains n'entrent jamais dans une école. Ils n'ont aucun contact avec les enseignants ; ils ne jouissent pas du privilège de devenir des cancres. Pourtant, ils apprennent fort bien le message que transmet l'école : qu'il doit y avoir des établissements scolaires et qu'il faut qu'il y en ait de plus en plus.

Pour Illich, la seule réussite de l'École est d'avoir su imposer sa nécessité. Pour le reste, le constat est plutôt désabusé : nous savons désormais que l'École ne sert à rien, elle ne permet même plus cette transition qu'évoquait Hegel, l'essentiel de ce qui nous est utile pour vivre, nous l'apprenons hors de l'école, dans la rue. Bref, l'institution ne sert qu'à créer des emplois pour des enseignants jaloux de leurs privilèges. Elle n'aurait d'autre finalité que de permettre à l'État de trouver une activité pour ses fonctionnaires. La machine tournerait « à vide ». De simple moyen elle serait devenue à elle-même sa propre fin. Parallèlement, explique Ivan Illich, les machines, toutes les machines, celles d'acier comme celles de papier, ont fini par prendre sur les hommes le dessus :

> Sans s'en apercevoir, on prit peu à peu l'habitude de faire d'abord confiance au mécanisme institutionnel plutôt qu'à la bonne volonté de l'homme. Ainsi le monde commença de perdre sa dimension humaine, jusqu'à notre temps où se retrouve la contrainte des faits et de la fatalité...
>
> *Une société sans école.*

L'École est une machine parmi d'autres dans la grande usine bureaucratique et administrative qu'est devenue la société. Si Ivan Illich plaide en faveur de la disparition de l'École au nom d'un humanisme retrouvé, son analyse du rôle de l'institution scolaire n'en demeure pas moins partiale et mérite d'être nuancée. L'École traverse une crise dans la mesure où elle apparaît à ses utilisateurs comme inadaptée à leurs besoins : elle ne serait plus capable d'assurer le passage de la famille à la société (le repli sur la famille, que traduit le concept américain de *cocooning,* serait à cet égard l'une des conséquences de la faillite de l'École).

Si échec scolaire il y a, c'est celui d'une institution incapable de mener tous les élèves à la place que chacun souhaite occuper dans la société. Une telle ambition est-elle tenable ? L'École n'est-elle pas victime de son succès ? Victime d'une évolution qu'elle a dû suivre pour épouser au plus près les nouvelles exigences de sa démocratisation ? S'adressant désormais à tous – ce qui n'était évidemment pas le cas au XIXe siècle – l'institution scolaire semble avoir été contrainte de céder progressivement sur le terrain du savoir. En effet, plus les contenus à transmettre sont vastes, exigeants et intellectuellement ambitieux, moins l'auditoire auquel ils peuvent s'adresser est large. De fait, on ne peut ouvrir les portes de l'École qu'en refermant progressivement celles du savoir.

Dès lors, la machine se grippe et se trouve prise à son propre piège dans la mesure où la société finit par ne plus lui trouver une réelle légitimité. L'École est acceptée par tous à condition qu'elle diffuse ce savoir qui aidera l'élève à sortir de la sphère familiale et à s'insérer dans le social. Qu'elle manque à cette fonction et elle se révélera inutile, inerte, profitable aux seuls enseignants dont le crédit public baisse avec le niveau de compétence scientifique. Hannah Arendt, dans les années cinquante, décèle déjà le processus aux États-Unis :

> S'il n'était pas considéré comme très important que le professeur domine sa discipline, c'est qu'on voulait l'obliger à conserver l'habitude d'apprendre pour qu'il ne transmette pas un « savoir mort », comme on dit, mais qu'au contraire il ne cesse de montrer comment ce savoir s'acquiert. L'intention avouée n'était pas d'enseigner un savoir, mais d'inculquer un savoir-faire.
>
> *La crise de la culture.*

L'importance désormais grandissante de la « méthodologie » dans les programmes est à cet égard significative. S'agit-il d'un retour à l'idéal de Condorcet et des Encyclopédistes ? On pourrait le croire, au vu de cette attention portée au savoir-faire qui n'est pas sans évoquer le souci d'autonomie des hommes et des pédagogues du XVIIIe siècle. Toutefois, le cheminement que propose Diderot ne ressemble guère à ces chemins que l'École souhaite faire suivre à ces millions d'élèves qui se donnent aujourd'hui à elle. L'*Encyclopédie* montre à son lecteur le savoir-faire du savoir. L'École, oubliant le savoir, n'offre plus qu'un apprentissage du savoir-faire, bref des chemins qui ne mènent nulle part et qui ne traversent aucun paysage.

Approfondir

LECTURES

- Arendt Hannah, *La crise de la culture,* 1954. Gallimard pour la traduction française, 1972, 380 p.

Seule la cinquième section est consacrée à la question de l'éducation. L'analyse que produit ici H. Arendt à propos de la crise de l'enseignement aux États-Unis dans les années cinquante ne manque pas d'actualité ! On conseillera, par ailleurs, la lecture de l'ensemble de l'ouvrage qui grâce à huit chapitres autonomes propose un questionnement très foisonnant des grands débats contemporains (à propros de l'Autorité, la Liberté, l'Histoire...).

- Canivez Patrice, *Éduquer le citoyen ?*, Hatier, 1990, 226 p.

Travail synthétique à l'usage particulier des étudiants. On lira précisément le chapitre 2, intitulé « Discipline », ainsi que les textes recueillis en fin de volume.

. Kintzler Catherine, *Condorcet, l'instruction publique et la naissance du citoyen,* Minerve, 1984, 320 p.
Travail remarquable de clarté, de précision et d'intelligence de la question. L'articulation du politique avec le pédagogique est superbement illustrée grâce à l'analyse toujours rigoureuse de la pensée de Condorcet.
Existe en poche, Folio-Essais, 310 p.
. Illich Ivan, *Une société sans école,* 1970. Le Seuil pour la traduction française, 1971, 224 p.
Ouvrage polémique, très daté, dans l'esprit des grandes remises en cause qui suivirent en Occident 1968.
A lire particulièrement le chapitre 2, « Phénoménologie de l'École ».

SUJETS POSSIBLES

- L'homme contre le citoyen.
- Que sommes-nous condamnés à apprendre ?
- A quoi sert l'École ?

Utiliser

L'école et l'entreprise

A quoi sert l'École ? On dira aujourd'hui qu'elle a pour fonction de préparer les jeunes à s'intégrer dans « le monde du travail » (l'expression, on l'a noté, consacre bien deux mondes différents, celui où l'on travaille et l'autre...). On exige ainsi que l'enseignement qu'on y dispense soit aussi adapté qu'il est possible à une réalité mouvante, celle du « marché du travail ». La question que l'on pose désormais n'est plus « Comment dispenser le savoir le plus général pour permettre ensuite les choix les plus larges ? » mais « Comment anticiper sur la demande en prévoyant l'offre ? ». L'école doit se soumettre à l'ANPE. Il faut préciser d'abord qu'elle apporte une aide non négligeable à l'Agence en conservant dans l'Institution plus longtemps que naguère des élèves en situation d'échec ou simplement en difficulté. Pratiquer le « doublement » systématique de chaque classe offre, à très court terme, il est vrai, des possibilités de décongestion des chiffres du chômage. Qu'un garçon de dix-huit ans passe aujourd'hui son bac et l'on peut espérer, le Service national aidant, l'apercevoir poindre à l'horizon de l'emploi trois ou quatre années plus tard... Peut-être le temps d'une législature.

L'école peut servir encore plus directement l'ANPE, en proposant des formations « à la carte », une « carte » qui n'est évidemment pas ouverte à l'élève mais à l'entreprise. Imaginons un bassin d'emplois dominé par trois ou quatre grandes firmes, implantons-y des établissements scolaires prêts à offrir à chacune de ces entreprises des employés à la demande... Dans cinq ans vous avez besoin de quoi ? Vingt techniciens supérieurs ? Trois ingénieurs ? Un responsable marketing ? Pas de problème, l'école est là pour vous « fabriquer » tout ça... Est-ce là le cauchemar que l'on promet aux générations futures ? Ce que l'on appelle déjà les « éducopôles », liés aux « technopôles », semble l'annoncer.

5

La révolution du sujet

L'HOMME DEVIENT LA MESURE DE TOUTE CHOSE

Connaître

I. L'humaine valeur

L'homme découvre en lui-même comme en chacun de ses semblables...

▶ Le christianisme soustrait la vie intérieure de l'emprise de la Cité. *Le Christ détache l'homme de la société à laquelle il appartient en lui découvrant une dimension spirituelle indépendante. Si les corps peuvent être soumis à César, l'âme est libre au royaume de Dieu. Le christianisme édifie une Cité céleste sans aucune relation avec la Cité terrestre.*
▶ Naissance de l'autoportrait. *Cette véritable révolution du sujet, amorcée par le christianisme, se manifeste dans le domaine de l'art par l'autoportrait et l'invention de l'autobiographie.*

...l'universel

▶ Le romantisme cultive la passion de soi. *Cette attention nouvelle que l'artiste porte à lui-même et à ses sentiments devient le signe de ralliement du mouvement romantique.*
▶ L'universalité des sentiments contre celle de la raison. *Le XVIIIe siècle avait cru saisir l'universalité de l'homme par l'usage de sa raison, le XIXe siècle montre que seule l'expression des sentiments permet de connaître ce fonds invariant qui fait l'humaine nature.*

II. La solitude du sujet

Si la terre tourne autour du soleil...

▶ La découverte de Copernic soulève des enjeux astronomiques. *Copernic et Galilée découvrent que nos sens nous trompent : nous avons la sensation que la terre sur laquelle nous vivons est immobile, et pourtant... elle tourne.*

▶ **Galileo Galilei justifie le doute de Descartes.** *L'héliocentrisme enclenche le principe du doute hyperbolique cartésien.*

…le sujet est comme condamné à tourner autour des objets.

▶ **Kant et la philosophie de la connaissance.** *Kant tire les conséquences des découvertes scientifiques du* XVIIe *siècle : nous ne pouvons connaître les objets empiriquement, c'est-à-dire par le moyen des sens.*

▶ **La notion même d'objectivité est dès lors remise en question.** *Kant montre alors que nous ne pouvons connaître des choses que ce que nous y mettons nous-mêmes. Le sujet qui perçoit l'objet ne découvre par cette perception que lui-même.*

Selon quel processus s'effectue l'émancipation progressive du sujet qui culmine avec la *Déclaration des droits de l'homme et du citoyen* ? Le sujet semble se détacher de la communauté politique dans laquelle il est plongé pendant toute l'Antiquité, pour s'émanciper ensuite, grâce à la science, d'une religion qui pourtant l'avait libéré du déterminisme social. Le sujet pensant a conquis son autonomie, il ne dépend plus de la collectivité, ni d'une transcendance... Mais résolument libre ne se découvre-t-il pas absolument seul ?

I. L'humaine valeur

L'homme découvre en lui-même comme en chacun de ses semblables...

▸ Le christianisme soustrait la vie intérieure à l'emprise de la Cité

L'extraordinaire révolution spirituelle qu'effectue le christianisme procède selon deux étapes.

. La première consiste à affirmer que chaque être humain est détenteur d'une même parcelle de divinité : en chacun brille pareillement l'étincelle divine. Le message est particulièrement subversif dans un monde construit grâce et par l'esclavage. Lorsque Jésus de Nazareth affirme « ce que vous aurez fait au plus petit d'entre les miens, c'est à moi que vous l'aurez fait », il ne fait que rappeler que l'offense au plus misérable – et le plus misérable dans l'Antiquité, c'est l'esclave – est une offense à Dieu. De fait, si l'homme est une créature façonnée à l'image du Créateur, gifler la créature c'est frapper le reflet de la divinité.

La portée de la parole du Christ paraît quasiment révolutionnaire, elle entre en conflit avec l'ordre social, celui imposé par la *pax romana.* Et, si l'on se soucie des symboles, on ne manquera pas de noter que le Christ apparaît au sein d'un peuple esclave, le peuple de l'esclavage en Égypte, en Mésopotamie, le peuple dépossédé de sa terre, désormais sous proconsulat romain. Jésus naît alors que Tibère, empereur de Rome, est maître du monde et qu'il tire sa puissance de la négation absolue d'une large part de l'humanité. On rappelle toujours, parce que le fait paraît très significatif, que les Romains nomment sur leurs cartes la Méditerranée *mare nostrum,* « notre mer ». Jamais un homme, et à travers lui une nation, une langue, une culture, n'a connu un tel pouvoir. L'impérialisme napoléonien, pas plus que l'impérialisme américain ou soviétique ne peuvent être comparables à ce que fut l'autorité de l'empereur de Rome sous l'emprise de qui se trouva la presque totalité des territoires connus. C'est donc dans un fragment désolé d'empire que se disent ces paroles qui prétendent rehausser la personne humaine et qui vont mener celui qui les profère à la mort réservée par les Romains aux esclaves. Le supplice de la croix est en effet le châtiment des esclaves – les survivants de l'aventure engagée par Spartacus, un siècle avant la naissance de Jésus, seront tous crucifiés par Crassus. Paul, en tant que citoyen romain, aura par contre le « privilège » d'être décapité. Le Christ assume donc, jusque dans la mort, le destin de l'esclave. Mais qu'est-ce qu'un esclave, dans le monde antique ? On connaît l'analyse célèbre de la *Phénoménologie de l'esprit* qui fait de l'esclave le maître du maître et le moteur de l'Histoire. Albert Camus, dans une page de *L'homme révolté*, rappelle ainsi, commentant Hegel :

> L'esclave n'est pas lié à sa condition, il veut en changer. Il peut donc s'éduquer, au contraire du maître ; ce qu'on appelle histoire n'est que la suite de ses longs efforts pour obtenir la liberté réelle.

Cette transmutation du négatif, cette capacité de retourner le néant contre lui-même relève pourrait-on dire du destin théorique de l'esclave, car celui-ci n'a guère la conscience de transformer le monde pour son plus grand profit et au détriment du maître ! Le destin pratique de l'esclave, très différent de ce destin théorique, est celui d'un être en sursis. Aristote explique ainsi que l'esclave est un ancien homme libre, vaincu au combat et du coup qui a perdu la jouissance de sa propre vie. L'esclave est une sorte de mort-vivant, ses jours appartiennent à son vainqueur tant qu'il plaira à celui-ci de les lui laisser vivre. L'esclave s'oppose alors à l'homme libre comme le néant s'oppose à l'être. Or, c'est à ce néant d'humanité que Jésus s'adresse et c'est sa mort qu'il choisit de vivre.

. Si le christianisme refuse l'ordre social, il n'appelle pourtant pas à son bouleversement. Telle est la seconde innovation majeure du discours du Christ : « Rendez à César ce qui est à César et à Dieu ce qui est à Dieu. » Le christianisme libère ainsi l'individu de la société dans laquelle il vit. En traçant une infranchissable frontière entre la vie temporelle et la vie spirituelle, les disciples du Christ parviennent à retirer de l'emprise de la Cité ce que l'on appellera la vie intérieure. Il y aura désormais deux modalités d'existence. Pour l'esclave, il devient possible d'échapper à l'anéantissement ; néant ici-bas, dans la société, il **est** par ailleurs, en lui-même et là-haut. L'esclave dans la cité de César est aussi son propre maître dans la cité de Dieu. L'esclavage peut être alors supportable, il sera même souhaitable lorsque le discours de l'Église fera des serviteurs les maîtres de l'au-delà, et qu'il sera dit des derniers qu'ils seront enfin les premiers.

On connaît l'analyse de Nietzsche sur ce renversement des valeurs.

Nietzsche y voit une tricherie. Pour le montrer, il utilise la métaphore du jeu de dés. La vie est un jeu de dés que l'on peut décomposer en deux moments distincts : au cours du premier, le joueur agite les dés et les lance. Tout est possible, toutes les combinaisons sont envisageables, les pires comme les meilleures. Et puis les dés retombent sur la table de jeu, c'est le second moment, celui de la nécessité : une seule combinaison est sortie, le joueur a perdu ou bien il a gagné. Face au sort, deux attitudes s'offrent au joueur. Ou bien il accepte la combinaison (gagnante comme perdante), il affirme jusqu'au bout sa participation au jeu, ou bien il cherche à tricher s'il estime que le sort lui a été défavorable. La « tricherie », ou plus précisément la supercherie des chrétiens consiste à faire croire qu'il existe deux tables de jeu. L'une est matérielle, l'autre spirituelle. Perdre sur la première, c'est gagner sur la seconde (« Les premiers seront les derniers »). Le christianisme cherche à transformer, selon Nietzsche, la défaite en victoire, c'est une entreprise de subversion de la réalité menée par les vaincus (les « faibles ») contre les vainqueurs (les « forts ») pour les déposséder de leur victoire.

Pareillement, c'est dans cette brèche ouverte entre le spirituel et temporel que pénètre la critique marxienne de la religion qui rend ainsi acceptable l'inacceptable, cette soumission de l'esclave au maître que réclame d'ailleurs saint Paul (« Esclaves, soyez soumis à vos maîtres »).

La vigueur des critiques formulées par les « maîtres du soupçon » témoigne après coup de la formidable révolution intellectuelle que réalise la séparation du spirituel et du temporel. Elle libère l'homme du déterminisme social et lui découvre un horizon pour sa liberté. Lorsque Kant définit l'homme par sa double appartenance au monde sensible et au monde intelligible, il ne fait que laïciser la distinction opérée par le christianisme :

> La personnalité, c'est-à-dire la liberté et l'indépendance à l'égard du mécanisme de la nature entière, considérée cependant en même temps comme un pouvoir d'un être qui est soumis à des lois spéciales, c'est-à-dire aux lois pures pratiques données par sa propre raison, de sorte que la personne, comme appartenant au monde sensible, est soumise à sa propre personnalité, en tant qu'elle appartient en même temps au monde intelligible.
>
> *Critique de la raison pratique.*

De la même façon que Dieu détache l'homme de la cité et lui garantit ainsi l'exercice de sa liberté de conscience, la raison permet à la personne de découvrir la puissance de sa personnalité, c'est-à-dire son aptitude à échapper au déterminisme de la nature.

▶ Naissance de l'autoportrait

L'une des conséquences les plus manifestes – pour ne pas dire spectaculaires – de cette « révolution du sujet » qui commence se trouve être la naissance et l'essor de l'autoportrait. L'exemple de Dürer mérite, de ce point de vue, l'examen.

Les autoportraits d'Albrecht Dürer sont nombreux, parfois très célèbres – celui du Prado, à Madrid –, mais il en est un véritablement exceptionnel. Intitulé *Portrait de l'artiste par lui-même* et peint en 1500, il est exposé aujourd'hui à Munich. C'est un portrait de face, qui se donne pour une *Imitatio Christi* : Dürer s'est représenté lui-même dans l'attitude du Christ. Les cheveux sont longs et ondulés, le regard est doux et vague, mais il y a surtout cette main droite posée conventionnellement comme celle d'un *salvador mundi* qui semble bénir celui qui contemple le tableau. Est-ce le peintre qui prête au Christ ses traits ou bien est-ce le visage de Jésus qui transparaît invariablement d'une représentation à l'autre ? L'audace de Dürer est grande ; elle souligne également que désormais les hommes ont conscience de détenir en chacun d'eux une étincelle divine. Les monarques ne sont plus les seuls à être dignes du pinceau du peintre, tout homme mérite d'être représenté car à travers son portrait c'est Dieu que l'on découvre.

Cette affirmation du sujet, lui aussi créateur, est perceptible dans l'autoportrait comme dans la signature qui s'impose peu à peu sur l'œuvre d'art. Les artistes du Moyen Age sont fréquemment anonymes, surtout lorsqu'ils réalisent une œuvre pieuse. En 1511, Dürer choisit de se représenter à nouveau à côté de son monogramme dans l'angle d'un retable consacré à la Sainte Trinité. *L'adoration de la Sainte Trinité* représente Dieu le Père que survole une colombe et qui semble tenir entre ses genoux Jésus en croix. Des anges déploient les pans de son manteau et une multitude de personnages contemplent en adoration « le Père, le Fils et le Saint Esprit ». Il s'agit de la Vierge, des saints, des papes mais aussi des principaux notables de Nuremberg dont on reconnaît les visages... et puis, dans un coin, à droite, Dürer qui semble tenir le cartouche sur lequel figure sa signature. Là encore, la force du symbole paraît grande : la présence divine garantit l'individualité de l'artiste qui persiste et qui signe.

Certes, Dürer n'est pas le premier à signer son œuvre. Van Eyck par exemple l'a précédé. Sa signature, qu'accompagne la phrase, *Johannes Van Eyck fuit hic* (« Van Eyck fut présent ici ») est calligraphiée au milieu du tableau pourtant consacré aux époux Arnolfini. Michel Butor a donné de cette orgueilleuse signature un commentaire célèbre :

> Il ne s'agit nullement d'une séance de pose nécessaire à l'artisan peintre faiseur de portraits en dehors de la cérémonie proprement dite à laquelle un tel artisan aurait pu être invité. Ce que commémore l'œuvre, c'est le fait justement qu'il ait été invité (...). L'extrême élaboration de cette gothique montre bien qu'il ne s'agit nullement d'une marque de fabrique, ni même d'une simple enseigne ; au-delà de la commémoration d'un acte essentiel, la signature est elle-même acte essentiel...
>
> *Les mots dans la peinture*, 1969.

Par la signature un homme manifeste sa présence dans une œuvre où il devrait au contraire disparaître. Van Eyck n'a pas la fortune, ni le rang d'Arnolfini, il ne devrait pas figurer à son mariage... Pourtant, il fait mieux que cela puisqu'il se sert du tableau pour s'imposer à l'éternité : on ne connaît aujourd'hui les époux Arnolfini que parce que Van Eyck les a peints, comme les Cassandre, Marie ou Hélène n'existent pour nous que par les vers de Ronsard qui les « célébra du temps qu'elles étaient belles » !

Le processus d'affirmation du sujet s'achève avec l'autobiographie, car ce n'est plus le talent exceptionnel de l'artiste qui justifie qu'il se découvre. Rousseau ne prétend pas se dépeindre, ni raconter sa vie parce qu'il se juge artistiquement exceptionnel. Il revendique de prendre la parole pour parler de lui parce qu'il est au contraire un homme ordinaire, exceptionnel pour ce seul motif :

> Je forme une entreprise qui n'eut jamais d'exemple, et dont l'exécution n'aura point d'imitateur. Je veux montrer à mes semblables un homme dans toute la vérité de sa nature ; et cet homme, ce sera moi.
>
> *Confessions.*

Rousseau est-il le premier, en 1765, à se prendre pour objet de réflexion et d'analyse ? On serait évidemment tenté de sourire à la lecture de l'incipit tonitruant des *Confessions.* Montaigne n'a-t-il pas ouvert la voie dans les *Essais,* en préambule desquels on aura noté la formule : « Je suis moi-même la matière de mon livre » ? L'entreprise de Montaigne est pourtant différente. Le texte qu'il rédige est un moyen d'éprouver son esprit, de le mesurer à celui des penseurs qui l'ont précédé, en un mot de « s'essayer » (le mot essai du XVIe siècle signifie également épreuve). De fait, les *Essais* se lisent fréquemment comme un dialogue d'un vivant avec des morts, d'un écrivain avec les livres de sa « librairie » (d'où le recours systématique à la citation). Il s'agit moins d'une vie que d'un journal de voyage intellectuel.

Rousseau, quant à lui, n'hésite pas à rédiger sa biographie. Ce faisant, il s'approprie un privilège des Grands. Seuls les monarques, les chefs de guerre, les saints font l'objet d'une écriture biographique. Rousseau apparaît bien comme le premier à affirmer que la vie d'un homme ordinaire mérite d'être lue. A l'origine du projet, il y a clairement le souci de répondre à des critiques particulières... De fait, Rousseau n'est pas tout à fait un homme comme les autres, ne serait-ce que parce que Voltaire vient de lui consacrer un pamphlet intitulé *Le sentiment des citoyens,* dans lequel il s'indigne de ce que l'auteur de l'*Émile* a abandonné ses propres enfants à l'Assistance publique. Rousseau éprouve donc le besoin de se confesser :

> Je me suis montré tel que je fus, méprisable et vil quand je l'ai été, bon, généreux, sublime, quand je l'ai été.
>
> *Confessions.*

Mais en cherchant les mots justes pour rétablir une vérité qu'il estime travestie par le complot des Encyclopédistes, Rousseau trouve que seule l'expression du moi particulier permet d'atteindre l'humanité de l'Homme. C'est le particulier qui fait comprendre le général, non l'inverse. Pour connaître l'Homme, inutile de collecter à travers le monde le plus grand nombre de spécimens, il suffit de se connaître soi-même. Rousseau invente le romantisme.

...l'universel.

▸ Le romantisme cultive la passion de soi

La préface des *Contemplations* rappelle ce que doivent les poètes romantiques à l'auteur des *Confessions* :

> Nul de nous n'a l'honneur d'avoir une vie qui soit à lui. Ma vie est la vôtre, votre vie est la mienne, vous vivez ce que je vis ; la destinée est une. Prenez donc ce miroir, et regardez-vous-y. On se plaint quelquefois des écrivains qui disent moi. Parlez-nous de nous, leur crie-t-on. Hélas ! Quand je vous parle de moi, je vous parle de vous. Comment ne le sentez-vous pas ? Ah ! Insensé qui crois que je ne suis pas toi !
>
> Victor Hugo, *Contemplations,* 1856.

Le drame personnel qui touche V. Hugo à la mort de sa fille, Léopoldine, donne au poète la possibilité d'atteindre l'essence de la tristesse humaine. Peu importe ce qui suscite les pleurs quand ces pleurs laissent toujours une même amertume ressentie par tous les hommes. Les chagrins et les douleurs particuliers dévoilent le désespoir sous sa forme la plus générale. C'est bien par sa souffrance que le poète communie avec l'Humanité et trouve à travers le maniement particulier de la langue des accents universels : « les plus désespérés sont les chants les plus beaux » confie Musset dans sa *Nuit de mai.*

La passion du poète rappelle celle du Christ dont le sacrifice inspire clairement celui du Pélican de Musset, qui donne pour nourriture à ses enfants ses propres entrailles. Quant aux poètes romantiques : « ... les festins humains qu'ils servent à leurs fêtes / Ressemblent la plupart à ceux des pélicans ». L'expression de la passion est toujours celle de la souffrance. De fait, l'étymologie grecque, *pathos,* ne contrarie pas ce préjugé romantique. La souffrance élevée au rang d'un art est acte de communion avec l'humanité souffrante. Lamartine ouvre significativement ses *Méditations poétiques* par cet aveu :

> Ce n'est pas un art, c'est un soulagement de mon propre cœur qui se berce de ses propres sanglots.

La passion de soi n'est plus une lâche complaisance ou une simple thérapie (« Pleurer, c'est déjà être consolé »), elle est une voie d'accès à l'universel. Le romantisme ne croit pas que le bonheur soit communicable, il ne veut pas se risquer à constater la faillite du langage et perdre cette intimité qu'il vient de se découvrir avec le peuple des hommes. D'où cette impasse que Stendhal, par exemple, confesse avec une surprenante franchise :

> Je craignais de déflorer les moments heureux que j'ai rencontrés, en les décrivant, en les anatomisant. Or, c'est ce que je ne ferai point, je sauterai le bonheur.
>
> *Souvenirs d'égotisme,* 1832.

▸ L'universalité des sentiments contre celle de la raison

L'Homme n'est-il vraiment homme que dans la souffrance ? Cette universalité que croient atteindre les poètes romantiques n'est-elle pas bien particulière ? Cette humanité logée au cœur du moi souffrant n'est-elle pas celle précisément que l'on voulait trouver ?

Il ne faut pas oublier que la quête de l'universel s'accompagne, chez les écrivains et les artistes du début du XIXe siècle, de la conscience de traverser une épidémie collective de l'âme, qui, du « mal du siècle » au « spleen baudelairien », ravage la jeunesse cultivée d'Europe. La souffrance n'est un principe de communion que pour les hommes qui souffrent. Mais l'homme se caractérise-t-il par la douleur et le déchirement ? Le malaise physique qui tourne parfois au « mal-être » métaphysique apparaît très clairement comme un trait dominant de la sensibilité romantique. Ceux qui sont nés avec le siècle et qu'ont bercés les récits des exploits paternels (ceux du général Hugo, par exemple) vivent leur vingtième anniversaire dans une société rétrécie. La Restauration et la Monarchie de Juillet ont tué l'héroïsme et l'imagination d'une jeunesse éprise d'idéal... Julien Sorel n'a pour rêver que la lecture du *Mémorial de Sainte-Hélène* de Las Casas qui forge le mythe napoléonien. Car quelles flammes peuvent allumer des Louis XVIII, avec sa goutte au pied et son accent perçu comme ridicule par les Parisiens, des Louis-Philippe, qu'un célèbre caricaturiste représente avec la tête en forme de poire ? L'épargne ? Guizot ne se lasse pas de le répéter (« Enrichissez-vous, enrichissez-vous par le commerce et par l'épargne... »). Bref, une chappe d'ennui tombe sur la société française et le « mal du siècle », comme on l'appelle, naît de l'insatisfaction. Les seuls territoires qui restent à conquérir sont ceux de l'art, les seules batailles à gagner ressemblent à la générale d'*Hernani,* la littérature apparaît alors comme la continuation de la Révolution « par d'autres moyens » ! L'ennui, le spleen, la désillusion seront donc les moteurs de cette nouvelle sensibilité artistique... Le désespoir apparaîtra moins comme une pose que comme une nécessité créatrice.

C'est donc ailleurs que dans la souffrance, dont la promotion romantique semble historiquement et artistiquement déterminée, qu'il faut trouver l'universel que le christianisme a permis de localiser en chaque homme particulier. Kant veut plutôt chercher du côté de l'amour du prochain, mais un amour détaché de toute motivation « pathologique », c'est-à-dire fondée sur le sentiment :

> Ainsi doivent être sans aucun doute compris les passages de l'Écriture où il est ordonné d'aimer son prochain, même son ennemi. Car l'amour comme inclination ne peut pas se commander ; mais faire le bien précisément par devoir, alors qu'il n'y a pas d'inclination pour nous y pousser, et même qu'une aversion naturelle et invincible

> s'y oppose, c'est là un amour pratique et non pathologique, qui réside dans la volonté, et non dans le penchant de la sensibilité, dans des principes de l'action, et non dans une compassion amollissante ; or cet amour est le seul qui puisse être commandé.
>
> *Les fondements de la métaphysique des mœurs.*

L'universalité que peut atteindre chaque homme particulier est celle de la loi morale dictée par la Raison. Seule la loi morale apparaît sous la forme d'un impératif catégorique [1], c'est-à-dire une contrainte nécessaire en elle-même. Ce que le philosophe trouve en chaque homme c'est la nécessité d'obéir à la loi morale, c'est-à-dire au devoir, pour être pleinement homme. Quel est le contenu de cette loi ? C'est précisément l'aspiration à l'universalité. Kant propose différentes formulations de cet impératif catégorique. On retiendra particulièrement la seconde :

> Agis de telle sorte que tu traites l'humanité, aussi bien dans ta personne que dans la personne de tout autre, toujours en même temps comme une fin et jamais simplement comme un moyen.
>
> *Les fondements de la métaphysique des mœurs.*

La morale, c'est donc cet appel de l'universel que chacun peut entendre, c'est la voix de la raison pratique qui s'impose indépendamment de toute expérience. Le caractère *a priori* du devoir apparaît d'ailleurs comme la preuve manifeste de la forme particulière de sa manifestation : parce qu'en chacun se trouve inscrite cette aspiration à l'universel, les modèles, les exemples sont absolument inutiles.

> Même le Saint de l'Évangile doit être d'abord comparé avec notre idéal de perfection morale avant qu'on le reconnaisse pour tel.
>
> *Les fondements de la métaphysique des mœurs.*

La raison pratique conduit les hommes à se découvrir en tant qu'hommes totalement libres, c'est-à-dire autonomes, aptes à suivre leur propre loi, une loi dont ils découvrent particulièrement qu'elle a l'universalité de la loi morale, impérative et catégorique.

II. La solitude du sujet

Si la terre tourne autour du soleil...

▸ La découvertte de Copernic soulève des enjeux astronomiques

Auguste Comte, pendant quinze ans, s'efforça de dispenser gratuitement, dans les locaux de la mairie du troisième arrondissement de Paris, un cours d'astro-

1. Les impératifs *hypothétiques* sont des contraintes imposées par la raison en vue de la réalisation d'une fin. La loi morale, en tant qu'impératif catégorique, se découvre être sa propre fin.

nomie populaire. Le philosophe attribuait à l'étude de cette science une valeur pédagogique considérable :

> L'astronomie est jusqu'ici la seule branche de la philosophie naturelle dans laquelle l'esprit humain se soit enfin rigoureusement affranchi de toute influence théologique et métaphysique, directe ou indirecte.
>
> *Cours de philosophie positive.*

En effet, expliquer rationnellement les mouvements des planètes, c'est à coup sûr expulser définitivement les dieux de leur logis, le ciel. Épicure ne fit pas autrement (cf. chapitre 6) lorsqu'il entreprit de comprendre les phénomènes météorologiques. L'astronomie est en première ligne dans le combat qui oppose la science à la religion. De fait, si la religion a su libérer l'homme de l'emprise de la Cité, reste à réaliser la libération de l'individu de toute forme de superstition pour que s'accomplisse totalement la révolution du sujet. La science va tenter de s'y employer.

Le premier véritable conflit éclate à propos de la publication des thèses d'un moine polonais, nommé Copernic, prétendant révolutionner la conception admise depuis l'Antiquité de l'univers. Avant les révélations de *Sur les révolutions des corps célestes,* en 1543, le système enseigné reste celui de Ptolémée : la terre est le centre immobile de l'univers, le Soleil et les autres planètes tournent autour avec une régularité qui permet de mesurer les saisons et les jours. La thèse est conforme à l'observation des sens et aux textes religieux qui font de l'homme le reflet du créateur. En effet, comment imaginer que Dieu ait installé la créature façonnée à son image ailleurs qu'au centre de l'univers ?

Copernic démontre par le calcul qu'une telle représentation n'est pas possible : la terre est mobile, elle tourne autour du soleil. La réaction des autorités religieuses est violente : une telle affirmation contredit les textes sacrés, en particulier les Psaumes, XCIII, 1 où l'on peut lire que « le monde est stable et ne chancelle point ». Les conséquences de la découverte de Copernic sont, à de nombreux égards, inacceptables.

Effectivement, outre le constat impossible que les Écritures se trompent, le mouvement de la terre laisse l'homme devant un chaos que tous les bouleversements politiques et religieux du XVIe siècle paraissent annoncer. Décrocher la planète du point central où l'imagination l'avait fixée, c'est retirer aux hommes toutes les possibilités de certitude, spécialement celles qui accordaient à l'humanité une position dominante dans l'univers. Se découvrir sur un simple satellite en mouvement, c'est comprendre son effrayante petitesse et la dérive à laquelle l'espèce semble désormais vouée. Il ne faut pas oublier que le XVIe siècle s'achève dans l'inquiétude et la fascination morbide pour le mouvement. Le siècle de Rabelais n'est plus celui de Montaigne : l'essor de la science, les guerres de religion et le schisme qui les a provoquées ont ébranlé toutes les certitudes, les hommes découvrent la relativité des jugements et l'instabilité des valeurs. Une esthétique nouvelle témoigne de cette nouvelle représentation du monde, le baroque. Le mot dérive d'un terme utilisé par les pêcheurs pour désigner les perles qui ne sont pas parfaitement sphériques, les perles irrégulières. De fait, l'homme baroque prend son parti de l'irrégularité des choses, du mouvement et des métamorphoses que celui-ci entraîne. Il valorise la fantaisie et l'art de la surprise que symbolise parfaitement l'utilisation du « trompe-l'œil » en peinture (on pensera particulièrement aux tableaux de Simon Vouet). Le vertige baroque apparaît très clairement comme une manifestation de l'angoisse des hommes qui ne semblent plus savoir où prendre appui... On découvrira bientôt que le sensible est un leurre. On a déjà compris la relativité des valeurs, bref l'homme baroque est égaré. Le critique Eugenio d'Orsa caractérise ainsi ce qu'il nomme « la catégorie du baroque » :

> Partout où nous trouvons réunies dans un seul geste plusieurs intentions contradictoires, le résultat stylistique appartient à la catégorie du Baroque. L'esprit baroque – pour nous exprimer à la façon du vulgaire – ne sait pas ce qu'il veut. Il veut, en même temps, le pour et le contre. Il veut – voici des colonnes dont la structure est un pathétique paradoxe – graviter et s'enfuir.
>
> *Du baroque.*

L'héliocentrisme est donc loin de dissiper la confusion, il aggrave une situation déjà extrêmement critique.

La découverte de Copernic est si menaçante que les ouvrages qui enseigneront que la terre tourne autour du soleil resteront à l'index jusqu'en 1835.

▶ Galileo Galilei justifie le doute de Descartes

Galilée, le très renommé professeur de l'université de Pise, l'illustre inventeur qui contribue à enrichir par ses brevets la République de Venise, ne laissera pas aux théologiens le loisir de faire de la découverte de Copernic une simple vue de l'esprit. En effet, grâce à la lunette télescopique, le *perspicillum,* il observe ce que le moine polonais avait seulement déduit. Ainsi, contrairement à notre expérience immédiate, sensible, la terre tourne bien autour du soleil. « Nos sens ne sont pas ajustés à l'univers », écrit H. Arendt à propos de la découverte de l'héliocentrisme. Nous sommes donc fondés à douter de nos sens. La perception sensible n'est plus fiable pour établir une connaissance du monde qui nous entoure. « La Nature, c'est ce qui se voit », affirmait Aristote dans la *Physique.* Il semble à présent évident que la vue ne suffit plus pour connaître les objets au milieu desquels nous évoluons.

Le doute radical de Descartes puise son principe dans cette défiance à l'égard du sensible. Descartes, pour lutter contre l'affirmation des sens, dispose d'une arme dont il est le premier à mesurer l'efficacité, la puissance de négation de la pensée :

> Je continuerai toujours sur ce chemin jusqu'à ce que j'aie rencontré quelque chose de certain, ou du moins, si je ne puis autre chose, jusqu'à ce que j'aie appris certainement qu'il n'y a rien au monde de certain.
>
> *Méditations métaphysiques.*

La force du doute, c'est d'être hyperbolique. Qu'est-ce qu'une hyperbole ? Une figure de rhétorique qui consiste à dire plus qu'on ne cherche à exprimer. L'hyperbole est une figure de l'excès, elle s'oppose exactement à la litote, figure de la retenue. Mais il s'agit avant tout d'une notion de rhétorique, une figure, laquelle se définit comme un écart conscient, recherché par rapport au langage commun. Le doute cartésien est hyperbolique parce qu'il se veut excessif et qu'il fait de l'excès même une épreuve, l'épreuve que la pensée impose à la sensation :

> Et enfin, considérant que toutes les mêmes pensées que nous avons étant éveillés nous peuvent aussi venir quand nous dormons, sans qu'il y en ait aucune pour lors qui soit vraie, je me résolus de feindre que toutes les choses qui m'étaient jamais entrées en l'esprit n'étaient non plus vraies que les illusions de mes songes. Mais, aussitôt après, je pris garde que, pendant que je voulais ainsi penser que tout était faux, il fallait nécessairement que moi qui le pensais fusse quelque chose...
>
> *Discours de la méthode.*

Le socle ferme que recherche la pensée pour construire des certitudes, c'est la pensée elle-même ! La seule chose dont je ne puisse douter alors même que je prends la résolution de douter de tout, c'est qu'il y a un doute, une pensée qui doute, précisément. La pensée ne trouve qu'elle-même. Mais elle découvre simultanément sa force, cette puissance négative qui la fonde comme indubitable, et sa solitude... Le chemin sera long pour établir la véracité du monde.

Les travaux de Galilée mettent au jour un semblable paradoxe : certes l'héliocentrisme a de quoi blesser les narcissismes, l'homme habite sur un satellite, une planète « secondaire » perdue dans la multitude. Mais grâce à lui, l'homme a pris conscience du pouvoir de sa pensée : grâce au seul usage de sa réflexion, il a pu établir ce que les sens réfutaient. Quel phénomène pourrait désormais résister à l'intelligence des hommes ? Y a-t-il à présent un objet qu'ils ne sauraient connaître ou une manifestation qui échapperait à leur compréhension ? Avec Galilée, puis Descartes, l'humanité apprend qu'elle détient un pouvoir quasiment divin, celui de rendre le sensible intelligible. La science part à la conquête de la nature et du monde, elle va formuler en équations mathématiques la raison des choses et faire de l'homme ce « rien » par quoi tout prend un sens.

La confirmation de l'héliocentrisme inaugure à la fois une ère du soupçon et l'âge de la conquête scientifique. H. Arendt souligne dans *La crise de la culture* que la science n'a pu prendre son essor qu'en renonçant aux certitudes sensibles et rappelle le rôle fondateur tenu par Descartes :

> Descartes devint le père de la philosophie moderne parce qu'il généralisa l'expérience de la génération précédente aussi bien que la sienne, la développa en une nouvelle méthode de pensée, et devint ainsi le premier penseur complètement formé à cette « école du soupçon » qui, selon Nietzsche, constitue la philosophie moderne. Le soupçon à l'égard des sens est resté le cœur de l'orgueil scientifique jusqu'à ce qu'il devienne de nos jours une source de malaise.
>
> *La crise de la culture,* « Le concept de l'histoire ».

...le sujet est comme condamné à tourner autour des objets.

▸ Kant et la philosophie de la connaissance

Kant tire les conséquences des découvertes scientifiques du siècle précédent : les objets ne peuvent être déterminés à partir d'une simple connaissance empirique. L'adjectif empirique – du grec *empeiria,* expérience, que l'on oppose à *epistèmè,* la science – caractérise une expérience sensible immédiate qui n'a pas été rigoureusement contrôlée. L'extraordinaire succès des sciences est en effet conditionné par un changement radical de méthode :

> Le premier qui démontra le triangle isocèle (qu'il s'appelât Thalès ou de tout autre nom) fut frappé d'une grande lumière ; car il trouva qu'il ne devait pas s'attacher à ce qu'il voyait dans la figure, ou même au simple concept qu'il en avait, mais qu'il avait à engendrer, à construire cette figure au moyen de ce qu'il pensait à ce sujet et se représentait a priori par concepts, et que, pour connaître avec certitude une chose *a priori,* il ne devait attribuer à cette chose que ce qui dérivait nécessairement de ce qu'il y avait mis lui-même, en conséquence de son concept.
>
> *Critique de la raison pure.*

Dans le vocabulaire kantien « a priori » renvoie à une connaissance indépendante de toute expérience sensible. On le comprend, Kant découvre que l'objet ne peut être posé comme une réalité à partir de laquelle la raison devrait se régler. C'est la raison qui au contraire intervient dans la construction de l'objet lorsque nous percevons celui-ci. Bref, l'objet ne peut être déterminé grâce à une connaissance empirique mais à partir d'une connaissance rationnelle. Or, poursuit Kant, « nous ne connaissons a priori des choses que ce que nous y mettons nous-mêmes ». Une telle découverte est proprement révolutionnaire, elle bouleverse notre univers mental aussi définitivement que l'avait fait l'héliocentrisme, c'est pourquoi Kant la désigne de l'expression « révolution copernicienne ».

La réflexion de Kant doit beaucoup à l'empirisme anglais en même temps qu'elle propose des analyses radicalement opposées. Le XVIIIe siècle est en effet très sensible à l'influence de David Hume. L'auteur du *Traité de la nature humaine* s'attache particulièrement à démontrer que la croyance en la causalité vient seulement de l'expérience et de l'habitude :

> Je hasarderai ici une proposition que je crois générale et sans exception ; c'est qu'il n'y a pas un seul cas assignable, où la connaissance du rapport qui est entre la cause et l'effet puisse être obtenue a priori ; mais qu'au contraire cette connaissance est uniquement due à l'expérience, qui nous montre certains objets dans une conjonction constante.
>
> *Essais philosophiques sur l'entendement,* 1748.

De son propre aveu, Kant prétend avoir été stimulé par la pensée du philosophe empiriste qui le fit sortir de son « sommeil dogmatique ». Hume innove en affirmant le caractère subjectif du jugement de causalité ; cependant il estime que, comme tout jugement, celui-ci ne saurait dériver que de l'expérience. Sur ce point Hume reprend à son compte l'héritage laissé par Locke. Pour les empiristes en effet, la vie psychique est uniquement constituée de perceptions qu'apporte l'expérience. Notre âme est une tablette de cire, une *tabula rasa* comme celle utilisée par les Anciens pour écrire, sur laquelle se gravent les expériences sensibles :

> Les observations que nous faisons sur les objets extérieurs et sensibles, ou sur les opérations intérieures de notre âme, que nous apercevons et sur lesquelles nous réfléchissons nous-mêmes, fournissent à notre esprit les matériaux de toutes ses pensées.
>
> J. Locke, *Essai philosophique concernant l'entendement humain,* 1690.

Si le jugement de causalité est subjectif, il est produit par la seule expérience. Kant retient l'idée du rôle fondamental joué par le sujet dans la perception de la chaîne causale qui relie pour nous les phénomènes. Mais le concept de cause...

> ... exige absolument que quelque chose A soit tel qu'une autre chose B s'ensuive nécessairement et suivant une règle absolument universelle.
>
> Or les phénomènes peuvent bien présenter des cas d'où l'on peut tirer une règle suivant laquelle quelque chose arrive ordinairement, mais on n'en saurait jamais conclure que la conséquence soit *nécessaire.* La synthèse de la cause et de l'effet a donc une dignité qu'il est impossible d'exprimer empiriquement : c'est que l'effet ne s'ajoute pas simplement à la cause, mais qu'il est produit par elle et qu'il en dérive. L'universalité absolue de la règle n'est pas non plus une propriété des règles empiriques.
>
> *Critique de la raison pure.*

Pour Kant, si l'expérience permet d'associer deux phénomènes qui se succèdent, elle ne peut assurer que ces deux phénomènes seront toujours liés, c'est-à-dire que leur liaison est à la fois nécessaire et universelle : l'idée de nécessité et celle d'universalité ne peuvent dériver de l'expérience. Il y a dans le jugement de causalité quelque chose qui échappe à l'empirisme et qui est a priori produit par la raison. Kant confirme donc l'analyse selon laquelle le sujet organise les phénomènes grâce aux jugements de causalité ; cependant ceux-ci relèvent non pas de l'expérience sensible mais d'un usage transcendantal de notre faculté de connaître. L'esprit intervient directement et de façon déterminante dans la manière dont nous percevons les phénomènes, c'est-à-dire les objets.

A partir de là, Kant peut distinguer deux types de jugements :

– les jugements analytiques sont des jugements qui ne font qu'expliciter un concept, une idée. Il s'agit de simples développements, de l'énoncé de propriétés comprises dans la définition même de l'idée ou du concept des jugements analytiques, mais on peut les formuler indépendamment de toute expérience. Si on affirme « les hommes meurent », le jugement est analytique, il est impliqué par la définition même de l'homme, il n'apporte sur celle-ci aucune information nouvelle ;

– les jugements synthétiques au contraire, en temps qu'ils sont des jugements d'expérience, permettent d'ajouter quelque chose au concept du sujet :

> Quand je dis tous les corps sont pesants, le prédicat est quelque chose de tout à fait différent de ce que je pense dans le simple concept de corps en général.
>
> *Critique de la raison pure.*

La « révolution copernicienne » permet de comprendre qu'il existe des jugements synthétiques a priori, c'est-à-dire des jugements universels et nécessaires, comme le jugement de causalité, et qui permettent d'étendre nos connaissances, alors que les jugements analytiques sont simplement explicatifs. Or, là où Kant rejoint les physiciens du XVIIIe siècle, c'est qu'il découvre, comme eux, que la science de la nature « contient des jugements a priori comme principes ». C'est dire à la fois qu'une véritable connaissance de la nature est désormais possible mais qu'elle révélera moins ce que sont en eux-mêmes les objets qui la constituent que l'étendue apparemment infinie des facultés cognitives du sujet.

▸ La notion même d'objectivité est dès lors remise en question

La « chose en soi » (c'est-à-dire la chose indépendamment de tout sujet percevant) échappe totalement à la connaissance du sujet parce que celui-ci ne peut s'extraire du processus cognitif. Certes la sensibilité reçoit les objets, elle nous en fournit des intuitions, explique Kant, mais ces intuitions sont ensuite transmises à l'entendement qui les représente, qui les ordonne selon des lois et des « catégories » qui sont des formes a priori. Bref l'entendement transforme le divers sensible en objets de connaissance, les choses sont alors connaissables non plus « en soi » mais « pour soi », c'est-à-dire pour un sujet régissant mais solitaire. Conséquence immédiate : il devient absurde de viser une connaissance objective, au sens courant de l'expression, il n'y a de connaissance que subjective. N'est-ce pas avouer dans ces conditions que le sujet ne peut guère connaître que ce qu'il met lui-même dans les objets qu'il perçoit ? Les seules lois de la nature que nous puissions découvrir ne sont-elles pas celles de notre entendement ?

Cette crise de l'objectivité apparaît comme l'élément moteur des progrès spectaculaires réalisés par la science dès le XVIe siècle. Kant l'avait compris qui souhaita transposer les acquis de la physique vers la métaphysique. C'est que la défiance à l'égard des sens a eu pour conséquence immédiate le constat par les physiciens de la Renaissance de l'insuffisance de la simple observation. On ne peut rester passif devant un phénomène physique pour le comprendre, il faudra désormais avoir recours à l'expérience. L'expérimentation est une intervention directe du sujet sur la nature :

> Les sciences de la nature admettent maintenant que l'expérience en mettant à l'épreuve des processus naturels dans des conditions prescrites d'avance, et l'observateur qui, en suivant l'expérience, devient l'une de ses conditions, introduisent un facteur « subjectif » à l'intérieur des processus « objectifs » de la nature.
>
> H. Arendt, *La crise de la culture.*

Le physicien interroge la nature, mais la réponse qu'il entendra sera dépendante non seulement de la question posée mais aussi de la façon dont celle-ci a été formulée. A titre illustratif – et pour comprendre la méthode suivie par les sciences physiques – on rappellera l'expérience de Torricelli.

« L'affaire » débute par une requête des fontaniers de Florence venus consulter Galilée pour comprendre pourquoi l'eau des puits ne monte jamais plus haut que 18 brasses (10 m 33), et cela malgré l'utilisation de nombreuses pompes aspirantes. Certes, Aristote a professé que la nature « a horreur du vide », mais comment expliquer que cette horreur disparaît à plus de 18 brasses ? Galilée ne parvient pas à formuler une réponse satisfaisante mais il découvre mathématiquement que cette hauteur limite de 18 brasses est inversement proportionnelle à la densité du liquide.

Fort de cette remarque, Torricelli décide de mettre à l'épreuve la nature et d'expérimenter la théorie sur un liquide plus lourd : le mercure. L'expérience est probante : le mercure monte dans le « tube de Torricelli » à une hauteur d'une brasse. Si le niveau varie avec la densité du liquide employé, il faut désormais inventer une hypothèse explicative. Après l'expérience, l'explication : Torricelli montre que l'air pèse sur le liquide, qu'il a par ailleurs lui-même une densité... Bref, en multipliant la hauteur connue de l'atmosphère par la densité connue de l'air on obtient un produit égal au produit de la densité du mercure par sa hauteur verticale au-dessus de la cuvette utilisée par Torricelli. L'expérience aboutit à une formule mathématique.

Troisième étape : le retour à l'expérimentation. C'est Pascal qui s'en charge et envoie des instructions dans ce sens à son beau-frère Florin Périer qui se trouve à Clermont-Ferrand. Si la formule de Torricelli est juste, une variation de la pression atmosphérique devra entraîner une variation proportionnelle du niveau du mercure. Périer gravit le Puy de Dôme avec le dispositif conçu par Pascal et constate que la colonne de mercure voit son niveau nettement baisser. L'expérience sera réitérée avec succès du haut de la tour Saint-Jacques à Paris... L'expérience vérifie la formule tirée d'une première expérimentation !

La méthode obéit à un rythme ternaire : le physicien part d'une expérience qu'il rend intelligible au moyen d'une formulation mathématique puis revient au sensible pour vérifier l'adéquation du rationnel au réel. Le procédé n'est pas sans évoquer l'allégorie de la Caverne telle que l'a imaginée Platon dans *La République*. Les hommes prisonniers de la Caverne, le visage tourné vers la paroi, ne perçoivent pour seule réalité que des simulacres :

> Figure-toi des hommes dans une demeure souterraine en forme de caverne, dont l'entrée, ouverte à la lumière, s'étend sur toute la longueur de la façade ; ils sont là depuis leur enfance, les jambes et le cou pris dans des chaînes, en sorte qu'ils ne peuvent bouger de place, ni voir ailleurs que devant eux ; car les liens les empêchent de tourner la tête ; la lumière d'un feu allumé au loin sur une hauteur brille derrière eux ; entre le feu et les prisonniers il y a une route élevée ; le long de cette route figure-toi un petit mur, pareil aux cloisons que les montreurs de marionnettes dressent entre eux et le public et au-dessus desquelles ils font voir leurs prestiges.
>
> *La République,* livre VII.

Le sensible enchaîne en même temps qu'il leurre. Il faudra qu'un des prisonniers se libère et qu'il suive le chemin difficile qui conduit à l'air libre où brille le soleil de la vérité – la route qui mène hors de la grotte est escarpée ! Là il découvre les choses telles qu'elles sont et non l'ombre projetée de leurs formes simulées. La contemplation achevée, l'homme doit retourner dans la caverne – au péril de sa vie, car les autres prisonniers tiennent à leurs chaînes et peuvent se défendre contre celui qui voudrait les en défaire – pour dévoiler la vérité, rendre le sensible intelligible :

> Il faut assimiler le monde visible au séjour de la prison, et la lumière du feu dont elle est éclairée à l'effet du soleil ; quant à la montée dans le monde supérieur et la contemplation de ses merveilles, vois-y la montée de l'âme dans le monde intelligible...
>
> *La République.*

La « révolution du sujet » – telle qu'elle triomphe dans la philosophie critique de Kant mais aussi sur la scène politique française, puisque le sujet autonome est le socle sur lequel la Cité doit se constituer, depuis *La déclaration universelle des droits de l'homme et du citoyen* – semble consacrer le triomphe de l'intelligible sur le sensible, triomphe dont bénéficie la science qui ne cesse plus de progresser. L'esprit paraît s'être affranchi de la matière...

Approfondir

LECTURES

- Attali Jacques, *1492,* Fayard, 1991, 379 p.

Un essai de circonstance mais qui rappelle l'ampleur des secousses qui agitèrent l'Europe dès la fin du XVe siècle. On lira, spécialement, toute la première partie intitulée « inventer l'Europe ». Cette lecture peut être complétée par celle du beau roman de Marguerite Yourcenar, *L'œuvre au noir,* véritable épopée de l'humanisme. Le personnage de Zénon apparaît comme une sorte de synthèse de tous les grands visages du XVIe siècle.

. Deleuze Gilles, *La philosophie critique de Kant,* PUF, 1987, 112 p.
Une synthèse claire et précise du « système kantien », c'est-à-dire un commentaire très stimulant de l'articulation des trois « Critiques » *(Raison pure, raison pratique, faculté de juger)* entre elles.

. Ferrier J.-L., *Anatomie d'un chef-d'œuvre : Holbein « Les Ambassadeurs »*, Denoël-Gonthier, 1977, 105 p.
Une collection remarquable conçue à partir d'une série d'émissions télévisées qui s'attache à rendre les chefs-d'œuvre de la peinture accessibles. Le tableau est situé dans son contexte historique, analysé, commenté... Le volume consacré aux *Ambassadeurs* d'Holbein permet de compléter précisément toutes les connaissances acquises sur l'humanisme et le baroque.
A noter, dans la même collection et dans une tout autre perspective, le volume sur *Guernica* de Picasso. Très utile.

. Poirier J.-L., *« Méditations métaphysiques » de Descartes,* Pédagogie moderne, 1980, 180 p.
Une lecture linéaire, très précise et très rigoureuse du texte de Descartes. A noter particulièrement pour notre propos le commentaire de la Méditation seconde.

. Russell Bertrand, *Science et Religion,* Gallimard, 1971. Également publié dans la collection Folio Essais, 187 p.
Les grandes étapes de la lutte menée par la science contre l'Église et plus spécialement contre le fondamentalisme. Les trois premiers chapitres sont éclairants, principalement celui consacré à la théorie de l'évolution.

SUJETS POSSIBLES

- Parler de soi
- Que pouvons-nous connaître ?
- Pleurer, est-ce déjà être consolé ?
- L'universel et le particulier.

Utiliser

Reality shows

Peter Falk, le comédien qui incarne dans la série télévisée du même nom l'inspecteur Colombo, a coutume de rapporter que fréquemment dans les lieux publics qu'il traverse on vient l'interroger et l'arrêter, non pour lui demander un autographe, mais pour l'aider dans son enquête ! Certains téléspectateurs ne font pas la différence entre la réalité et la fiction, pour eux Peter Falk n'existe pas, ils ne connaissent que l'inspecteur Colombo.

Le phénomène n'est pas nouveau, « prendre la fiction pour la réalité » cela s'appelle, dans notre tradition littéraire, le « bovarysme », du nom de l'héroïne de Flaubert, Emma Bovary, morte d'avoir cru qu'il lui était possible de vivre les romances sentimentales qu'elle avait pris l'habitude de lire dans sa jeunesse. Une telle aptitude participe de la névrose qui consiste à toujours prendre ses désirs pour la réalité.

Il faut toutefois préciser que la télévision aggrave singulièrement la situation et perturbe plus facilement que la lecture les esprits fragiles. L'écran de télévision met ainsi « à plat » toutes les images, il ne trie pas : aux images de guerre réellement filmées sur place et diffusées dans le cadre d'un reportage, succèdent les images d'un film de guerre, une fiction diffusée après le reportage... Qui sont les vrais ? Qui sont les faux ? Les uniformes se ressemblent, les situations sont les mêmes... La télévision paraît même tirer un plaisir pervers de cette confusion fiction/réalité qu'elle entretient dans les imaginaires. Ce que l'on appelle en effet les *reality shows* font ainsi pénétrer le spectateur dans une tierce réalité. Ces émissions se donnent comme des reconstitutions de la réalité vécue, revécue par conséquent sur le mode de la représentation par les acteurs du drame qui deviennent également d'efficaces commentateurs (voir *La nuit des héros*). On reconstruit fictivement la réalité.

Y a-t-il intention de nuire ? Sûrement pas. On ne saura cependant s'empêcher de remarquer à travers la prolifération d'émissions qui mêlent habilement réalité et fiction, reconstitution et témoignage, que la télévision cherche à produire un troisième type d'univers, celui de la confusion mentale.

Jeux de rôles et drôles de jeux

Il est des jeux de société faits pour prendre toute une société au jeu ; qu'on les appelle « jeux de rôles », « simulations », « wargames », qu'ils réclament un simple plateau de jeu avec des figurines et deux dés, une console branchée sur l'écran de télévision, ou même un ordinateur, le principe est toujours le même : faire vivre, par le jeu, au joueur une autre vie.

Le jeu de rôles le plus célèbre s'intitule *Donjons et dragons,* sa popularité est si grande que des clubs se sont constitués spontanément dans toutes les grandes villes. Quant à la firme Nintendo, spécialiste du jeu vidéo interactif, elle diffuse son propre journal mensuel pour informer les adeptes des nouveaux produits disponibles mais aussi pour leur donner quelques « trucs » pour mieux jouer. Le phénomène ne manque pas d'ampleur. Il serait évidemment simple d'attribuer ce succès aux désillusions, aux désenchantements auxquels la vie en société nous habitue. Devant l'insatisfaction qu'il éprouve dans le monde réel, le joueur se réfugie dans un monde imaginaire, plus excitant, plus coloré, où l'héroïsme est à sa portée... Nouvel opium du peuple, le jeu de rôles permet de supporter l'ennui et l'absence de réelles perspectives.

On peut aussi évoquer l'hypothèse d'un nouveau type de rapport à la réalité dont ces drôles de jeux seraient finalement la traduction : ne témoignent-ils pas plutôt que d'un dégoût du monde, d'une vision ludique de ce même monde ?

Les jeux de rôles font-ils vivre les jeux comme la réalité ou bien révèlent-ils que pour les joueurs la vie réelle est pareillement un jeu ? N'est-ce pas parce qu'ils vivent en stratèges que certains occupent leurs loisirs aux jeux de stratégie ? Car si le jeu peut devenir la vie, n'est-ce pas que préalablement la vie fut considérée comme un jeu ?

Le singe est-il un homme comme les autres ?

La révolution du sujet ramènera-t-elle celui-ci à son point de départ, le singe, auquel Darwin en 1871 prêtait déjà des aptitudes mentales différentes en degré mais non en nature à celles des hommes ?

Si la découverte par le sujet de sa position centrale – position autour de laquelle gravite désormais les « objets » – dérive d'une prise de conscience de ses aptitudes cognitives, il paraît clair que les progrès récents dans le domaine de l'identification de « l'intelligence animale » vont bouleverser notre perception de l'Humanité. L'aptitude de l'animal à l'apprentissage n'est pas une nouveauté, mais la reconnaissance d'une « protoculture simiesque » si !

Certains grands singes qui peuvent utiliser jusqu'à 200 signes abstraits semblent en effet dotés des capacités cognitives d'un enfant de deux ans. Ils sont ainsi capables d'élaborer des recettes de cuisine et de les transmettre d'une génération à l'autre. Cette « protoculture » (pour l'essentiel « culinaire ») est décrite avec précision par Frans de Waal dans un ouvrage récemment traduit en français sous le titre : *Quand les singes prennent le thé*. « On ne naît pas singe, on le devient. » L'existentialisme a donc encore de beaux jours devant lui…

Ceci dit, à quand la réalisation du *Grat Apes Project* qui réclame l'extension au singe des Droits de l'Homme ?

Vieux et jeunes aujourd'hui

Régulièrement les chiffres du vieillissement de la population européenne navrent les sociologues et les démographes, inquiètent les politiques qui voient régresser dangereusement la population active... bref, c'est un lieu commun désormais, relayé parfois par tel ou tel journaliste qui publie un article sur « les vieillards qui gouvernent le monde », que de dire que notre monde est vieux.

Pourtant, on assiste depuis le lendemain de la Seconde Guerre mondiale à une valorisation de la jeunesse sans aucun précédent dans la société. Parallèlement l'autorité des vieillards diminue, leur statut social est modifié : au sage, respecté du groupe, a succédé le « retraité », « le p'tit vieux » que l'on s'efforce le plus souvent d'oublier. De fait, la « culture-jeune » est devenue la culture dominante. C'est elle que l'on entend sur les ondes des radios, que l'on voit dans les vitrines des magasins... Bref, c'est elle qui « tire » comme une véritable locomotive la consommation. Jeans, rock-music, video games, etc. La liste est longue des « produits-jeunes » consommés par les adultes comme autant de potions rajeunissantes. Car est-ce véritablement la jeunesse en tant que telle qui est valorisée ? S'intéresse-t-on mieux qu'avant à la psychologie, aux aspirations, aux inquiétudes des jeunes ? Probablement pas. La jeunesse n'est séduisante que si elle conjure la peur de vieillir.

6

La matière et l'esprit

LA QUESTION DE L'ÊTRE

Connaître

I. Forme et matière

La matière est-elle sensible...

▸ Peut-on définir la matière ? *La matière, c'est à la fois ce que l'on peut mesurer et ce qui soutient (au sens de « ce qui se tient dessous ») toute réalité sensible.*
▸ La matière et la forme ne sont pas séparables. *Platon oppose matière et forme, dévaluant la première au profit de la seconde, alors qu'Aristote démontre qu'il n'y a pas de matière qui ne reçoive une forme ni de forme qui ne soit perceptible sans la matière.*

...ou bien intelligible ?

▸ L'épicurisme est un matérialisme. *Épicure explique les phénomènes ressentis par ses contemporains comme surnaturels par des causes purement matérielles.*
▸ La matière est constituée d'atomes. *Pour ce faire il imagine que la matière est composée d'unités invisibles, les atomes. Il y a donc dans le sensible quelque chose qui échappe aux sens.*

II. La matière première

Le matérialisme...

▸ Laïciser la nature. *Le matérialisme est perçu comme réalité intellectuelle au XVIIe et au XVIIIe siècle ; il apparaît comme une arme idéologique pour laïciser définitivement la nature.*
▸ Tout est matière. *Le matérialisme ouvre alors sur un sensualisme et affirme que tout, y compris l'esprit, dépend de la matière.*

...affirme que la pensée dérive de la matière.

▶ Helvétius et le matérialisme. *Helvétius formule de façon achevée ce « pan-matérialisme » militant qui s'enracine dans un relativisme absolu.*
▶ Le matérialisme historique. *Marx adopte ce matérialisme athée du* XVIII*e siècle à la philosophie de l'Histoire que lui enseigna Hegel.*
▶ Penser la vie ? *Grâce à la dialectique, il est désormais possible de penser la vie.*

III. Matière et vie

Le modèle mécaniste...

▶ L'étendue et le mouvement. *Descartes voit dans la vie le mouvement de corps définis par leur étendue.*
▶ La vie est un mécanisme.

...ne suffit pas pour percer le mystère de la vie.

▶ Pourtant le vivant n'est pas une machine. *Il y a pourtant dans le phénomène de la vie quelque chose qui résiste au schéma mécaniste et par conséquent à la raison.*
▶ L'explication par les fins. *En dernière instance la finalité des différents organes d'un organisme est interne, elle consiste à maintenir cet organisme dans son unité et son intégrité.*

La matière ou l'esprit ? Lequel l'emporte sur l'autre ? L'esprit n'est-il que matériel, la matière n'est-elle qu'une dégradation de l'idée ? Les enjeux sont d'importance, il y va du pouvoir de la religion et de la liberté des hommes, comme d'une véritable réflexion sur le devenir et le processus vital.

I. Forme et matière

La matière est-elle sensible...

▸ Peut-on définir la matière ?

> L'injustice gouverne l'univers. Tout ce qui s'y construit, tout ce qui s'y défait porte l'empreinte d'une fragilité immonde comme si la matière était le fruit d'un scandale au sein du néant.
>
> E. Cioran, *Précis de décomposition.*

Scandaleuse matière ! Ignoble instance de l'imperfection ! Jacques Lacarrière, qui cite ce propos en exergue de l'un des chapitres qu'il consacre, dans une étonnante étude, aux philosophes gnostiques, rappelle que pour ceux-ci la matière est identifiable au mal :

> Le mal, c'est l'existence de la matière elle-même, en tant que création parodique, ordonnance truquée des semences premières ; c'est l'existence de ce sommeil de l'âme qui nous porte à prendre pour réel ce qui n'est que le monde illusoire des songes ; ce sont toutes les données – on dirait aujourd'hui toutes les structures – de notre univers quotidien. Il exsude le mal par chaque pore et notre être pensant est lié au mal aussi inéluctablement que notre être physique l'est au carbone de nos noyaux.
>
> J. Lacarrière, *Les gnostiques,* 1973.

L'âme est tombée dans le corps comme Adam et Ève ont chu du Paradis. Le corps et le monde sont des prisons immondes au sein desquelles l'esprit ne peut que gémir et souffrir, « en proie aux longs ennuis » comme l'écrira Baudelaire, lui aussi fasciné par la Gnose, dans *Spleen.*

Qui sont ces gnostiques condamnés par l'Église à l'hérésie ? Ces philosophes des premiers siècles de notre ère nous sont connus par le témoignage des Pères de l'Église qui les combattaient – en particulier saint Épiphane : ils se nomment

Simon le Mage, Basilide, Valentin. On les trouve errant sur les routes d'Égypte et de Grèce, ou bien fondateurs d'une secte, celle des Ophites, des Séthiens ou des Pérates... Tous ces noms propres semblent surgir des minutes de ces longs procès en hérésie instruits pendant des siècles par les chrétiens orthodoxes. Ce qu'ils désignent c'est une même interprétation du monde : notre monde est composé de matières qui ont traversé plusieurs états antérieurs et se sont chargés progressivement d'obscurité, d'opacité, de pesanteur pour échouer au terme de cette chute depuis l'hypermonde originel, igné et supérieur.

> Tous les êtres vivants de notre monde sont, aux yeux des gnostiques, les sédiments d'un ciel perdu.
>
> (...)
>
> Et notre matière, parce qu'elle est pesante, parce qu'elle est obscure, la plus pesante, la plus obscure de toutes, est aussi la moins dynamique, la plus immobile, aussi figée et aussi lourde que des atomes réduits à leurs noyaux. Immobilité, froid glacial de la matière et de la chair privées du feu premier et qui s'acheminent inéluctablement vers ce zéro absolu qui est, dans le monde du froid, l'étape ultime de la mort matérielle.
>
> J. Lacarrière, *Les gnostiques.*

Influencée par le platonisme et le christianisme, la Gnose radicalise le mépris du sensible à quoi elle identifie la matière. Celle-ci n'est véritablement définie que par sa corruption. La matière s'oppose à l'idée dont elle est la dégradation ultime. Commencer par rappeler la haine de la matière, alors que notre société fondée sur la consommation des biens nécessairement périssables se dit volontiers matérialiste, ne relève pas seulement de la provocation. C'est garder en mémoire que l'hédonisme n'a pas toujours été la règle et qu'il peut apparaître même comme l'exception. Car le radicalisme des Gnostiques n'a pas cessé de fasciner jusqu'aux artistes et poètes les mieux reconnus de notre histoire, les Baudelaire, les Rimbaud, les Mallarmé, tous ceux dont l'œuvre s'est constituée en horreur du monde matériel et de la société mercantile.

Rien pourtant dans l'étymologie du mot ne laisse prévoir un tel déchaînement passionnel. Le terme matière dérive probablement du sanscrit *mâ,* qui signifie faire avec la main, donc mesurer, construire. Les connotations sont plutôt positives, elles suggèrent une activité créatrice. De fait, le latin oppose fréquemment *materia,* désignant le bois de construction, et *lignum,* le bois dont on se sert pour le chauffage, c'est-à-dire le bois destiné à la combustion.

Par extension le mot en vient rapidement à désigner la substance dont sont faits tous les corps perçus par les sens. Rousseau fixe définitivement cette acception dans *Émile :*

> Tout ce que je sens hors de moi et qui agit sur mes sens, je l'appelle matière ; toutes les portions de matière que je conçois réunies en des êtres individuels, je les appelle des corps.

La matière est substance, c'est rappeler qu'elle se tient dessous *(sub-stare),* qu'elle est par conséquent première et permanente, qu'elle est ce support nécessaire des qualités qui sont au contraire susceptibles de changements. Rien qui inquiète ou qui trouble par exemple les premiers philosophes grecs, ceux que l'on rassemble sous le terme de présocratiques. Ceux-ci attribuent en effet à un élément matériel l'origine du monde. Pour Thalès, par exemple, cette « matière première » paraît être l'eau, ou plutôt *okéanos,* à la fois ciel et océan.

> La plupart des premiers philosophes estimaient que les principes de toutes choses se réduisaient aux principes matériels. Ce à partir de quoi sont constituées toutes les choses, le terme premier de leur génération et le terme final de leur corruption (...) c'est cela qu'ils tiennent pour l'élément et le principe des choses ; (...) pour Thalès, le fondateur de cette conception philosophique, ce principe est l'eau (c'est pourquoi il soutenait que la terre flotte sur l'eau) ; peut-être admit-il cette théorie en constatant que toute nourriture est humide et que le chaud lui-même en tire génération et vie.
>
> Aristote, *Métaphysique.*

Aristote a l'habitude de rappeler la pensée de ses prédécesseurs. On lui doit ce commentaire sur Thalès qui suggère un point important : cette philosophie « matérialiste » de Thalès semble liée à une observation de la nature. Thalès a constaté que l'élément liquide est indispensable à la vie. Cette attitude est intéressante dans la mesure où elle révèle déjà un tempérament scientifique. S'interroger sur la nature de la matière première, la substance élémentaire en quelque sorte, c'est chercher à connaître la Nature. La matière est à l'origine du discours de la Science sur la Nature.

Gaston Bachelard a fait de cette constatation l'un des moteurs de sa réflexion. Il a rappelé l'importance jouée par la séduction exercée par la matière sur l'imagination des premiers scientifiques :

> Dans *La psychanalyse du feu,* nous avons proposé de marquer les différents types d'imagination par le signe des éléments matériels qui ont inspiré les philosophies traditionnelles et les cosmologies antiques. En effet, nous croyons possible de fixer, dans le règne de l'imagination, une loi des quatre éléments qui classe les diverses imaginations matérielles suivant qu'elles s'attachent au feu, à l'air, à l'eau ou à la terre.
>
> *L'eau et les rêves,* introduction.

A l'origine de cette recherche de l'origine Bachelard voit un rapport passionnel du philosophe ou du savant à la matière élémentaire. C'est par ce moyen qu'il expliquera dans *La psychanalyse du feu* les erreurs manifestes commises par les alchimistes du XVIIIe siècle, hantés par l'élément igné. En effet...

> ... Qu'on le veuille ou non, les métaphores séduisent la raison. Ce sont des images particulières et lointaines qui deviennent insensiblement des schémas généraux.
>
> *La formation de l'esprit scientifique.*

La naïveté et les « erreurs » des premiers scientifiques ne sont pas imputables à une prétendue enfance de l'esprit mais bien à l'emprise des passions sur la raison. Le scientifique va devoir lutter contre cette tendance à désirer retrouver à l'origine des phénomènes qu'il prétend expliquer la matière primitive !

Qu'elle soit donc substance de toute chose ou bien simple éternelle à l'origine de la passion de connaître, la matière a partie liée avec la science. Est-ce surprenant puisque conformément à l'étymologie tirée du sanscrit elle est ce qui se mesure ?

▸ La matière et la forme ne sont pas séparables

Mais la matière n'explique pas tout ! Pour Aristote, connaître une chose c'est en connaître les causes (voir lexique). Or une cause, c'est ce qui permet de répondre à la question « pourquoi », c'est-à-dire ce qui explique la production d'une chose. La matière n'est pas la seule réponse envisageable et dans un texte très célèbre de sa *Physique,* Aristote énonce quelles sont selon lui « les causes d'une chose » :

> En un sens, la cause, c'est ce dont une chose est faite et qui y demeure immanent, par exemple, l'airain est cause de la statue, et l'argent de la coupe, ainsi que les genres de l'airain et de l'argent.
>
> En un autre sens, c'est la forme et le modèle.
>
> (...)
>
> En un autre sens, c'est ce dont vient le premier commencement du changement et du repos, par exemple, l'auteur d'une décision est cause, le père est cause de l'enfant, et, en général, l'agent est cause de ce qui est fait, ce qui produit le changement de ce qui est changé.
>
> En dernier lieu, c'est la fin, c'est-à-dire la cause finale : par exemple, la santé est cause de la promenade ; en effet, pourquoi se promène-t-on ? C'est, dirons-nous, pour sa santé, et, par cette réponse, nous pensons avoir donné la cause.

Les causes sont donc au nombre de quatre, la cause matérielle, la cause formelle, la cause efficiente et la cause finale. Les présocratiques ont accordé à la cause matérielle un rôle prépondérant. Platon, au contraire, n'a pas voulu voir en elle autre chose que la manifestation dégradée d'une cause jugée par lui supérieure, la cause formelle, l'essence de la chose, ce que les théologiens du Moyen Age nommaient la quiddité de la chose. Aristote renvoie les adversaires dos à dos et affirme que les deux causes sont nécessaires ; d'ailleurs on ne peut les disjoindre. Cette analyse porte le nom d'hylémorphisme (*hylé :* matière – *morphè :* la forme). Pour lui, il n'y a pas de matière brute : celle-ci est en effet toujours plus ou moins organisée selon une forme. Parallèlement la forme se concrétise toujours dans un substrat matériel, même s'il ne s'agit alors que d'une représentation mentale. L'hylémorphisme refuse par conséquent de privilégier forme ou matière, l'une et l'autre s'interpénètrent et leur interpénétration, du reste, les caractérise l'une comme l'autre.

Aristote est beaucoup plus attentif à la quatrième cause, la cause finale. Car si la nature se comprend simultanément comme agent, matière et forme, elle se révèle par le *télos* (fin) vers lequel chacun de ses éléments constitutifs tend et se meurt. On ne connaît ainsi une chose que lorsque celle-ci a atteint son point d'achèvement, c'est-à-dire le repos, l'absence de tout mouvement, le terme étant compris dans l'acception la plus large (déplacement mais aussi croissance, devenir, développement). Aristote l'avait énoncé dans *La Politique* :

> La nature d'une chose, c'est sa fin ; ce qu'est chaque chose une fois sa croissance achevée.

Dès lors l'organisation du texte d'Aristote précédemment cité, extrait de la *Physique,* prend tout son sens. La première des causes définies est en effet la cause matérielle, parce qu'elle semble la plus évidente. On se souvient peut-être de la démonstration d'Antiphon que rapporte, pour la réfuter, Aristote au livre II de la *Physique* : si l'on enterre un lit en espérant le voir repousser tel quel, on sera vite déçu par le constat que ce n'est pas le lit qui réapparaît mais le bois du lit, sous la forme d'une nouvelle pousse. La matière revient éternellement, pas la forme. Il y a une sorte de « matière première » logée en chaque objet qui résiste et demeure quelles que puissent être les altérations subies par la forme. Aristote reprend l'argumentation d'Antiphon ainsi que l'exemple du lit (un classique dans la philosophie antique !). Antiphon veut montrer que la matière (le bois) est une cause plus déterminante que la forme (l'idée du lit). Or c'est bien la forme, l'idée, le plan conçu par l'artisan, qui est au principe du processus de transformation du tronc de l'arbre en objet domestique fabriqué pour le repos des hommes. La matière subit un « mouvement », ici une transformation, grâce à l'idée. La réponse d'Aristote à la question d'Antiphon est dans ce passage d'un état à l'autre de la matière par l'intermédiaire de la forme en vue d'une fin. On le conçoit, la cause finale vient nécessairement en quatrième lieu, parce qu'elle est ce vers quoi tendent les autres. L'hylémorphisme d'Aristote est dynamique, il a partie liée avec ce mouvement qui caractérise la nature et porte chaque chose vers son télos. Forme et matière ne sont plus opposables, elles collaborent nécessairement comme deux rouages solidaires de la machine « poétique », au sens propre, c'est-à-dire au service du processus de production des êtres.

...ou bien intelligible ?

▸ L'épicurisme est un matérialisme

> Alors qu'aux yeux de tous l'humanité traînait sur terre une vie abjecte, écrasée sous le poids d'une religion dont le visage, se montrant du haut des régions célestes, menaçait les mortels de son aspect horrible, le premier, un Grec, un homme osa lever ses yeux mortels contre elle...

Ce « héros », c'est Épicure et son chantre, Lucrèce. Le texte qui ouvre – ou presque – le poème de Lucrèce sur la Nature est significatif du projet qui préside à la constitution de la philosophie épicurienne, première pensée matérialiste aboutie. En effet, si Épicure est un homme exceptionnel, c'est qu'il a délivré les mortels de la superstition et de la crainte entretenue par la religion. La réflexion sur la nature de la matière n'est ainsi qu'un moyen au service d'une fin : libérer les hommes du joug de l'ignorance et des terreurs qu'elle laisse se développer. Le matérialisme doit calmer les esprits, donner à chacun les conditions morales et intellectuelles de vivre – à sa mesure – une vie tranquille, éloignée de l'agitation d'un monde que l'histoire a rendu chaotique.

De ce point de vue, le contexte dans lequel s'inscrit la naissance et la diffusion de l'épicurisme n'est pas indifférent : Épicure n'est pas né à Athènes mais il y séjourne à partir de 322 avant Jésus-Christ. Le spectacle qui s'offre à lui et à ses contemporains n'est plus celui d'une démocratie puissante et riche vers laquelle se presse tout ce qui compte en Grèce. Athènes a perdu son hégémonie après la bataille de Chéronée. Absorbée dans l'empire macédonien, elle subit désormais les troubles qui suivent la mort d'Alexandre en 323 : la Grèce dans son ensemble a cessé d'être un modèle pour le monde antique et cède peu à peu devant la montée d'une autre métropole méditerranéenne, Rome. Au cours de cette période de bouleversements et de déchéance, apparaît une pensée qui affirme la nécessité de parvenir désormais individuellement à un état d'apaisement et de satisfaction, qui insiste sur le repli nécessaire du public vers le privé, qui se détourne de l'agora et qui fait du jardin particulier le symbole du bonheur retrouvé. Il est clair qu'une telle pensée ne peut que séduire des Athéniens revenus de la politique et de la confrontation publique des idées.

L'entreprise de libération des esprits commence par une démystification des phénomènes jugés jusqu'alors inexplicables et représentés comme les manifestations des dieux :

> Si la crainte tient actuellement tous les mortels asservis, c'est qu'ils voient s'accomplir sur terre et dans le ciel maint phénomène dont ils ne peuvent aucunement percevoir la cause et qu'ils attribuent à la puissance divine.
>
> Lucrèce, *De la nature.*

La superstition repose sur le constat d'une absence de causes matérielles et par conséquent sur la croyance en une origine suprasensible, sur-naturelle, des phénomènes météorologiques. Épicure va montrer que si la cause n'est pas visible, n'est pas sensible, elle n'en reste pas moins matérielle. Par conséquent il rend accessibles à nouveau à la raison tonnerre, éclairs et vent. Le matérialisme d'Épicure commence par distinguer la matière du sensible : la matière, c'est ce qui se divise jusqu'à en devenir indiscernable. La cause des phénomènes météorologiques n'est pas perceptible par les sens, elle demeure toutefois matérielle et intelligible. Tel est l'objet de la lettre adressée par Épicure à Pythoclès. On peut y lire des analyses du type de celle-ci :

> Les nuages peuvent se former et se rassembler par suite soit du foulage de l'air sous la pression des vents, soit d'enchevêtrements d'atomes s'entre-tenant et propres à produire ce résultat, soit de la réunion des courants issus de la terre et des eaux ; et il n'est pas impossible que les formations nuageuses se produisent encore de beaucoup d'autres manières.

Le ciel n'est plus inaccessible à la raison des hommes, l'invisible – *to adèlon* – n'est plus effrayant, il apparaît au contraire familier et digne d'être étudié : « Il faut maintenant jeter un regard d'ensemble sur les choses invisibles », écrit encore Épicure dans la *Lettre à Hérodote.*

▸ La matière est constituée d'atomes

Du philosophe du jardin il ne nous reste que quelques lettres qui « résument » une doctrine que développaient trente-sept livres d'un ouvrage intitulé *Sur la nature.* L'essentiel en a été toutefois transmis par Lucrèce, et l'on constate qu'il s'agit d'une pensée cohérente qui repose sur la notion d'atome.

La *Lettre à Hérodote* annonce : « Les principes insécables sont la nature des corps ». L'intuition est remarquable. Les atomistes antiques établissent, sans avoir les instruments capables de vérifier leur théorie, que la matière fuit le regard de qui cherche à l'observer. Certes nous savons aujourd'hui que l'atome n'est pas la plus petite unité de matière. On a établi depuis Épicure que chaque atome est composé d'un noyau lui-même enveloppé d'un nuage d'électrons. Dans ce noyau on « distingue » neutrons, protons,... Une science n'a pas forcément l'âge de ses instruments de mesure, voilà ce qu'illustre l'atomisme antique. A cette invention de l'atome, il faut ajouter son corollaire, celle du vide. Aristote enseignait l'horreur éprouvée par la nature à l'égard du vide ; Épicure fait de ce dernier une nécessité pour le mouvement des atomes. Puisque ceux-ci constituent la plus petite unité matérielle, ils ne peuvent se mouvoir qu'à travers de la non-matière, le vide. Le non-être est désormais installé au cœur de l'être : la nature sera faite de vide et de matière.

On a saisi la dimension révolutionnaire de l'épicurisme. Il est juste toutefois de rappeler qu'Épicure n'est pas *stricto sensu* l'inventeur de l'atome. C'est à Démocrite, un contemporain de Socrate, qu'il faut attribuer la paternité du concept :

> Il y a deux formes de connaissances : l'une véritable, l'autre obscure. A la connaissance obscure appartiennent : la vue, l'ouïe, l'odeur, le goût, le toucher. La véritable connaissance est toute différente. Quand la première se révèle incapable de voir le plus petit, ou d'entendre, ou de sentir, ou de goûter, ou de toucher et qu'il faut pousser ses recherches sur ce qui est plus difficilement perceptible à cause de sa finesse, alors intervient la connaissance véritable qui, elle, possède un moyen de connaître plus fin.
>
> *Physique,* Fragments.

Marx a montré, dans la thèse de doctorat qu'il a soutenue sur les systèmes comparés d'Épicure et de Démocrite, que l'atome dans la pensée de Démocrite sert paradoxalement une dévalorisation du sensible. Dire que les corps sont composés d'atomes indiscernables c'est désigner une autre nature intelligible derrière la nature sensible qui se dissimule, comme se cache l'être derrière le paraître. La difficulté qu'il y a à percevoir cette nature inaccessible aux sens n'est pas sans évoquer le caractère escarpé du chemin qui conduit hors de la caverne platonicienne !

Pour Épicure l'existence des atomes a pour conséquence de fonder une représentation cohérente de la nature où rien ne naît de rien, où tout est infini, le vide comme le nombre des atomes qui connaissent un mouvement éternel et ininterrompu. Lucrèce va préciser sur ce point la doctrine d'Épicure. Car si les atomes sont en mouvement, c'est de haut en bas et selon un axe légèrement incliné qui leur évite la verticale qui leur interdirait toute possibilité d'agrégat (le monde se réduirait à une pluie continue d'atomes invisibles) :

> Les atomes, en se précipitant en ligne droite dans le vide, s'écartent un peu de la verticale par leur propre poids, sans aucune règle ni de temps ni de lieu, et seulement assez pour qu'on puisse dire que leur mouvement est changé.
>
> Sans cette déclinaison, tous les atomes tomberaient, à la manière des gouttes de la pluie, dans le vide sans fond ; nulle rencontre, nul choc n'aurait pu se produire ; et la nature n'aurait jamais rien enfanté...
>
> *De la nature.*

Cette déclinaison, ce *clinamen* comme le nomme Lucrèce, réintroduit le hasard dans la nature et délivre l'homme du déterminisme. Inutile de craindre désormais un pouvoir des dieux qui sont délogés du ciel. La matière devenue à la fois sensible et intelligible est une arme redoutable dirigée contre la religion, elle délie les hommes de leurs superstitions, libère les âmes en affranchissant les corps.

II. La matière première

Le matérialisme...

▸ Laïciser la Nature

Le mot « matérialiste » apparaît à la fin du XVIIe siècle, il est créé par le philosophe allemand Wolff pour désigner « les philosophes selon lesquels il n'existe que des êtres matériels ou corporels ». Le contexte est clairement défini : pour les matérialistes il s'agit de démontrer qu'il ne peut exister d'entités spirituelles, c'est-à-dire que Dieu et l'Esprit Saint ne sauraient être sous la forme, ou plutôt de la façon dont l'expose l'Église. Le matérialisme n'est donc pas nécessairement athée, il réclame dans tous les cas une remise en question de l'idée de Dieu telle que la promeut l'Église. Les matérialistes du XVIIIe siècle auront donc recours à la notion de matière, telle que l'a pensée Épicure, pour expliquer l'ensemble des phénomènes physiques afin d'éliminer tout mystère dans la nature. Il est désormais inutile de faire appel à un Dieu pour expliquer l'univers. Cela n'est possible que grâce aux découvertes de la physique et de la chimie comme à leur diffusion. À cette tâche, les plus grands noms du siècle se consacrent. Voltaire, pour ne citer que lui, rédige après l'Épître célèbre de 1736 (« Le compas de Newton, mesurant l'univers, lève enfin ce grand voile, et les cieux sont ouverts ») un opuscule de vulgarisation des découvertes de Newton, *Éléments de la philosophie de Newton.*

L'influence de Newton est en effet grande au début du siècle. Elle ne conduit pas à remettre en cause l'existence de Dieu (Newton lui-même était très croyant) mais à considérer la Divinité moins comme un créateur que comme un législateur :

> C'est de Newton que le XVIIIe siècle reçoit cette piété d'un caractère si particulier, dans laquelle Dieu apparaissait essentiellement comme le législateur, qui avait d'abord créé le monde, puis fixé des règles qui déterminaient tous les événements futurs, sans nécessiter son intervention personnelle.
>
> B. Russell, *Science et Religion.*

Les conséquences sont néanmoins redoutables pour l'Église. En effet, Newton réduit le surnaturel à un principe, c'est-à-dire un commencement. C'est l'origine du monde qui est un mystère, pas le monde lui-même qui obéit ensuite à des lois que la raison humaine est capable de découvrir. C'est donc contester la notion même de miracle puisque tout phénomène est explicable par la science. Le pamphlet célèbre du baron d'Holbach, en 1768, *La contagion sacrée,* s'engouffre dans la brèche ouverte. Les miracles sont matériels, l'Église qui les diffuse sent l'intérêt des Princes despotiques en entretenant la superstition. D'Holbach démonte le mécanisme :

> Un pouvoir sans bornes fut l'objet de tous leurs vœux (il s'agit des Princes), et, devenus les ennemis les plus cruels de leurs peuples, il fallut chercher les moyens surnaturels pour les contenir, pour les empêcher de résister au mal qu'on leur faisait éprouver, enfin pour éteindre dans les cœurs l'amour du bien-être et de la liberté. Il n'y eut que la religion pour opérer ces miracles...

S'il n'est pas nécessairement athée, le matérialisme conduit par contre sûrement au déisme, c'est-à-dire à l'idée que la véritable religion n'a pas encore été révélée.

▸ **Tout est matière**

Le matérialisme du XVIIIe siècle ne s'arrête pas à une condamnation de l'Église, il affirme – comme l'indique Wolff – que tout est matière. L'homme n'est qu'une combinaison matérielle parmi d'autres :

> Alors lorsqu'on demandera ce que c'est que l'homme, nous dirons que c'est un être matériel, organisé et conformé de manière à sentir, à penser, à être modifié de certaines façons propres à lui seul, à son organisme, aux combinaisons particulières des matières premières qui se trouvent rassemblées en lui.
>
> D'Holbach, *Système de la nature,* 1770.

Il n'y a dans la nature que des combinaisons d'atomes qui s'agrègent et se désagrègent. D'Holbach et Diderot prennent à leur compte l'héritage d'Épicure et de Lucrèce : rien ne se perd, la mort n'est pas une fin, elle est la continuation de la vie matérielle sous une autre forme :

> Naître, vivre et passer, c'est changer de formes... Et qu'importe une forme ou une autre ? Chaque forme a le bonheur et le malheur qui lui est propre. Depuis l'éléphant jusqu'au puceron... depuis le puceron jusqu'à la molécule sensible et vivante, l'origine de tout, pas un point de la nature qui ne souffre ou qui ne jouisse.
>
> Diderot, *Le rêve d'Alembert,* 1769.

On notera dans la première phrase de l'extrait le remplacement significatif du verbe mourir par le verbe passer. La mort est niée, abolie, le tragique de l'existence expulsé. Le texte de Diderot, qui est construit sur une savante mise en scène – Mademoiselle de l'Espinasse rapporte au médecin Bordeu les paroles de D'Alembert dans son sommeil fébrile – conduit à un véritable *hylozoïsme,* c'est-à-dire une conception de la matière *(hylé)* animale *(zoon),* douée de mouvements autonomes : la matière est vivante et la vie se manifeste par une incessante combinaison. La nature est une sorte de combinatoire mouvante.

L'idée mérite d'être précisée. Serge Moscovici s'y emploie dans un ouvrage important, *Essai sur l'histoire humaine de la nature.* On y peut lire tout d'abord une distinction décisive entre les notions de nature et de matière :

> La matière se réfère aux catégories d'éléments ou de mécanismes obéissant à des lois particulières, et la nature à la combinaison de ces éléments ou de ces mécanismes lorsqu'ils entretiennent des rapports directs nécessaires et déterminés.

L'homme a pour fonction de réaliser ces différentes combinaisons de matière, laquelle peut être alors définie et perçue comme ce qui s'offre à la combinaison, du fait même de son atomisation. C'est en quelque sorte ce que dit l'opinion lorsqu'elle évoque les transformations que l'homme fait subir à la nature. En réalité, il n'y a là qu'impropriété de vocabulaire : c'est la matière qui est transformée, le résultat s'appelle nature et ne cesse d'évoluer. Dès lors l'homme n'est bien qu'un élément matériel parmi d'autres, une composante motrice de la combinatoire qui constitue et défait constamment la nature par son action sur la matière :

> Plus l'homme, estime-t-on, accroît son pouvoir de fabrication, plus il concrétise ses intentions dans des ouvrages importants, et plus la nature reflue, échappe à son contact et disparaît.
>
> *Essai sur l'histoire humaine de la nature.*

Plus précisément, explique S. Moscovici, la nature ne disparaît pas, elle change d'état. Le philosophe distingue ainsi trois états de nature successifs qui correspondent à trois « attitudes » de l'homme à l'égard de la nature. Dans un **état organique** de la nature, l'homme a perçu la matière comme première. Il a su la façonner par son travail d'artisan habile, faire, par exemple, du bois un lit, des pierres une maison, etc. La matière était première, elle a servi l'homme sans avoir été par lui transformée. S. Moscovici cite alors Giordano Bruno :

> ... quand du bois est faite la statue, nous ne disons pas qu'au bois s'ajoute un être nouveau, car il reste bois ni plus ni moins qu'auparavant...

La transformation de la matière grâce à la libération d'une énergie contenue en elle instaure un nouvel état de nature, l'état mécanique. La matière est convertie en énergie (hydraulique, nucléaire) qui alimente des machines capables de démultiplier la puissance créatrice de l'homme. Le dernier état est qualifié de cybernétique, c'est celui d'une matière totalement créée par l'homme par synthèse. La matière n'est plus simplement transformée, elle est désormais développée... De nouvelles combinaisons d'atomes permettent la création d'une matière absolument inconnue auparavant... Le passage d'un état à l'autre s'accomplit au rythme de la capacité de l'homme à manipuler plus facilement la matière, c'est-à-dire à la saisir sous le rapport de sa plus petite unité.

L'homme grâce à la matière et en la combinant devient littéralement l'inventeur de la nature : « Découvrir revient, en définitive, à ajouter au fonds matériel pré-existant des contenus physiques ou intellectuels inconnus ; c'est provoquer une combinaison nouvelle sans y être conduit par un exemple et sans obéir à un modèle. Un lien absolument neuf en résulte sans qu'aucun autre lien soit caduc. »

...affirme que la pensée dérive de la matière.

▸ Helvétius et le matérialisme

De l'esprit, l'ouvrage majeur de l'ancien fermier général Helvétius, eut l'insigne honneur de brûler sur le même bûcher que l'*Encyclopédie.* Condamné par les théologiens de la Sorbonne, Helvétius doit signer une rétractation officielle et se retire définitivement dans sa propriété de Voré. Nous sommes en 1758. Que recèle un texte si scandaleux ?

Organisé en quatre discours, il synthétise et développe tous les éléments de la réflexion matérialiste du siècle. Le premier discours rappelle la primauté de la sensation. Tous nos jugements et toutes nos facultés en dépendent. Les facteurs physiques sont effectivement prédominants. Les circonstances, le milieu agissent de façon déterminante sur les hommes. On se souvient de la théorie des climats, développée par Montesquieu (cf. chapitre 3). Un tel constat aboutit à un relativisme radical. Le second discours se charge de montrer que les valeurs morales sont relatives, elles varient avec les civilisations. Le Bien est une notion fluctuante et la Religion qui prétend transmettre un message universel leurre ceux qui la suivent. La notion de Bien ne peut être acceptable qu'en tant que simple conformité à la loi (la thèse est latente dans l'*Esprit des lois*). Le troisième discours formule la conséquence des deux précédents : notre esprit est conditionné par le milieu dans lequel nous vivons. L'esprit est totalement produit par un environnement matériel. Le quatrième discours appelle à prendre en compte l'éducation, car l'homme – conformément à ce qui précède – est ce que l'on fait qu'il devient. L'ouvrage ne traite donc de l'esprit que pour l'assujettir à la matière, il établit la nature matérielle de l'homme, auquel toutefois Helvétius accorde un rôle privilégié – annonçant par là Moscovici –, celui de « créateur de la matière ».

▸ Le matérialisme historique

L'une des originalités de Marx réside dans la synthèse qu'opère sa pensée entre le matérialisme français des Lumières, dont Helvétius et Diderot sont les plus éminents représentants, et l'idéalisme allemand qui culmine dans la philosophie de Hegel. La réflexion marxienne porte sur l'homme et ses conditions d'existence. Il est vain de voir dans l'emprise que l'homme semble avoir sur son milieu naturel une supériorité de l'esprit sur la matière. L'homme est déterminé par les conditions matérielles de son existence, il ne s'en affranchit que de manière illusoire :

> Le mode de production de la vie matérielle conditionne le processus de vie sociale, politique et intellectuel en général. Ce n'est pas la conscience des hommes qui détermine leur être ; c'est inversement leur être social qui détermine leur conscience.
>
> Préface de la *Critique de l'économie politique,* 1859.

La structure économique de la société – dont dépend la vie réelle des hommes – dépend des rapports entre les différentes forces productives en présence et en conflit. La pensée et toutes ses manifestations sont soumises à cette structure qui attache les hommes à la réalité matérielle. La production matérielle conditionne donc les arts, les sciences mais aussi ce que les hommes considèrent être les plus hautes expressions de leur spiritualité, au nombre desquelles on retrouve la religion. A propos du Moyen Age et de l'Antiquité qui ont fait de la religion ou de la politique un absolu et l'apparente finalité de l'édifice social, Marx rappelle ainsi, dans *Le Capital* :

> Ce qui est clair, c'est que ni le premier ne pouvait vivre du catholicisme ni la seconde de la politique. La façon dont ils (les hommes) gagnaient leur vie explique au contraire pourquoi là le catholicisme et ici la politique jouaient le rôle principal.

La pensée dérivant de la matière, c'est-à-dire de la façon dont les hommes sont liés par leur travail productif à la nature, ne révèle rien d'autre que les affrontements de classes (cf. chapitre 7), lesquels selon un processus dialectique font l'Histoire. Le matérialisme de Marx associe ainsi les acquis des Lumières au schéma dialectique qui permit à Hegel de penser le mouvement et le devenir des êtres.

▸ Penser la vie ?

Marx commença par une lecture très précise de la philosophie hégélienne et une analyse du processus dialectique.

La définition exacte de la dialectique est fournie par Hegel dans une page célèbre de la *Science de la logique* :

> Nous appelons dialectique le mouvement rationnel supérieur dans lequel des termes en apparence tout à fait séparés passent l'un dans l'autre par eux-mêmes, par le fait même de ce qu'ils sont, et dans lequel la présupposition de leur séparation se supprime.

Il s'agit de penser le mouvement et par extension le devenir sous toutes ses formes. La particularité d'un être en mouvement tient à ce qu'il est simultanément lui-même et un autre. Passer de A en B suppose que A soit nié, alors qu'on s'y trouve encore, par le désir de B. Vivre en un temps T1 puis en un temps T2 suppose qu'en T2 le vivant ne soit plus le même qu'en T1 (sinon il n'y aurait pas de T2) alors qu'il reste pourtant identique à lui-même... Le mouvement dans l'espace et dans le temps ne se conçoit que dans la rupture et la continuité. Or la logique ne permet pas de penser simultanément les contradictoires, il faut proposer une nouvelle méthode d'appréhension de la réalité pour penser la vie. En effet, l'entendement qui est à l'œuvre dans la logique parvient certes à mettre en évidence les contradictions mais il s'accroche à l'un des deux contraires : la logique exige l'exclusion de l'un des deux termes (« Il n'est pas logique de dire une chose et son contraire »). C'est la nature où tout est mouvement, devenir, apparitions et disparitions des êtres, que la logique est alors impuissante à penser :

> Dans la progressivité du surgir, ce qui se trouve au fondement, c'est la représentation que ce qui surgit est présent déjà sensiblement ou en général effectivement, seulement

> qu'à cause de sa petitesse il n'est pas encore perceptible, de même que dans la progressivité du disparaître, que le non-être ou l'autre qui prend sa place est également présent, seulement pas encore susceptible d'être remarqué ; – et, certes, présent non dans le sens que l'autre serait contenu en soi dans l'autre qui est présent, mais qu'il est présent comme être-là, seulement ne pouvant être remarqué.
>
> *Science de la logique.*

Marx retient cette nécessité de passer par le schéma dialectique pour penser la réalité matérielle et la vie réelle des hommes. On ne peut saisir le devenir de la société sans établir l'importance du conflit des intérêts contraires perceptibles dans les rapports de production. La matière est première mais elle est aussi l'enjeu d'une lutte que se livrent des groupes sociaux à travers l'histoire.

III. *Matière et vie*

Le modèle mécaniste...

Le matérialisme semble utiliser la notion de matière pour penser la vie. En tout état de cause la distinction paraît parfois floue (« L'homme est matière agissant sur la matière » affirme-t-il) et mérite d'être éclaircie. Peut-on faire de la vie un simple agencement spécifique de la matière ? Ou bien y a-t-il dans la vie quelque chose qui résiste à la raison qui sait si bien faire de la matière son affaire ?

▸ L'étendue et le mouvement

Dans le *Traité de l'homme* Descartes affirme :

> Je suppose que le corps n'est autre chose qu'une statue ou machine de terre, que Dieu forme tout exprès, pour la rendre la plus semblable à nous qu'il est possible : en sorte que, non seulement il lui donne au-dehors la couleur et la figure de tous nos membres, mais aussi qu'il met au-dedans toutes les pièces qui sont requises pour faire qu'elle marche, qu'elle mange, qu'elle respire, et enfin qu'elle imite toutes celles de nos fonctions qui peuvent être imaginées procéder de la matière, et ne dépendre que de la disposition des organes.

Le corps vivant est une machine dont on perçoit l'extension et qui se meut parce qu'il est structuré comme une machine faite de rouages et de pièces assemblés pour le mouvement. Les textes sont sans équivoques et la représentation mécaniste du vivant n'épargne pas l'homme (même si on retient plus spécialement l'extrait des *Discours de la méthode* consacré aux « animaux-machines »). L'article 203 des *Principes de la philosophie* est encore plus explicite et déjoue par avance les contradicteurs ; si le corps ne semble pas être tel que le décrit Descartes, il faut à nouveau incriminer nos sens défectueux :

> Je ne reconnais aucune différence entre les machines que font les artisans et les divers corps que la nature seule compose, sinon que les effets des machines ne dépendent que de l'agencement de certains tuyaux ou ressorts ou autres instruments qui sont toujours si grands que leurs figures ou mouvements se peuvent voir, – au lieu que les tuyaux ou ressorts qui causent les effets des corps naturels sont ordinairement trop petits pour être aperçus de nos sens.

L'invention du ressort, par Huygens, permet utilement ici de parfaire l'illusion selon laquelle le vivant peut être comparable à un mécanisme d'horlogerie. En effet, grâce au ressort qui sert à « remonter » la montre, celle-ci semble douée d'une parfaite autonomie. Le mouvement des aiguilles s'observe ainsi sans avoir été, apparemment, provoqué de l'extérieur. Ce mécanisme devient alors un véritable modèle et son succès sera accompagné d'un engouement de toute l'Europe pour les automates. L'horloge mécanique permet de mesurer le temps sans passer par des images matérielles comme le sable ou l'eau (pour le sablier et la clepsydre), elle produit un temps abstrait, purement intelligible. En outre sa forme circulaire abolit la linéarité du temps, produisant un temps cyclique (« La treizième revient, c'est encore la première » écrit Nerval) qui correspond à la cyclicité naturelle. Bref, l'horloge convient parfaitement à qui cherche à penser la vie par le biais des mathématiques (pour Galilée en effet « le grand livre de la nature est écrit en langage mathématique »).

Si les corps sont définis par leur étendue, ils sont mesurables, grâce à la géométrie ; la vie est parallèlement intelligible grâce au modèle mécaniste (il y a mouvement par interactions de différents corps). La pensée peut par conséquent appréhender, c'est-à-dire quantifier, mathématiser, la vie et la matière. Descartes et Galilée ont permis de formuler une idée qui a un avenir : il y a quelque chose de mécanique dans la vie et par conséquent une science du vivant devient possible qui ne soit pas seulement descriptive mais aussi explicative.

▸ La vie est un mécanisme

La physiologie va connaître trois grandes étapes qui vont sembler confirmer la théorie cartésienne et permettre de comprendre le mécanisme de la vie. Harvey découvre d'abord en 1628 la circulation du sang : le corps est traversé par des tuyaux qui conduisent un liquide, le sang, à partir d'une pompe, le cœur, jusqu'aux extrémités de tous les membres. Au XVIIIe siècle, Lavoisier et Laplace établissent que les animaux sont dotés d'une propriété particulière qui leur permet de maintenir égale la température de leur corps, et cela malgré les variations thermiques du milieu. On prendra dès lors l'habitude de distinguer le milieu extérieur du milieu intérieur : ce dernier obéit à des lois physico-chimiques qui lui sont propres. Le physiologiste a désormais la tâche d'établir précisément la nature de ce déterminisme purement organique. C'est à Claude Bernard, un siècle plus tard, qu'il reviendra de montrer que la matière vivante est organisée de façon spécifique mais que les éléments qui la composent sont exactement les mêmes que ceux qui forment la matière brute (le carbone, l'azote, l'hydrogène, l'oxygène jouent un rôle fondamental). Derrière le phénomène de la vie se profile donc un déterminisme puissant.

Cette découverte de Claude Bernard a fasciné Zola au point de lui inspirer le principe théorique de son œuvre :

> Nous venons de voir l'importance décisive donnée par Claude Bernard à l'étude du milieu intra-organique dont on doit tenir compte, si l'on veut trouver le déterminisme des phénomènes chez les êtres vivants. Eh bien ! dans l'étude d'une famille, d'un groupe d'êtres vivants, je crois que le milieu social a également une importance capitale (...) Nous n'en sommes pas à pouvoir prouver que le milieu social n'est, lui aussi, que chimique et physique. Il l'est à coup sûr, ou plutôt il est le produit variable d'un groupe d'êtres vivants qui, eux, sont absolument soumis aux lois physiques et chimiques qui régissent aussi bien les corps vivants que les corps bruts. Dès lors, nous verrons qu'on peut agir sur le milieu social, en agissant sur les phénomènes dont on se sera rendu maître chez l'homme. Et c'est là ce qui constitue le roman expérimental....
>
> *Le roman expérimental.*

Le romancier cherche à faire de son roman un laboratoire : des individus que prédéterminent les lois de l'hérédité sont injectés dans un tissu social spécifique. Le romancier n'a plus qu'à laisser réagir et à observer. L'imagination est réduite à un minimum, elle doit se soumettre à la science. Zola propose ici une variation scientiste sur le thème de la rencontre d'un individu et d'une société (formule du roman aux XVIIIe et XIXe siècles). Mais de la même façon que le roman naturaliste ne peut être un simple avatar de plus du réalisme, il y a dans la vie quelque chose qui échappe à ce strict mécanisme, de l'aveu de Claude Bernard lui-même :

> Dans tout germe vivant, il y a une idée créatrice qui se développe et se manifeste par l'organisation. Pendant toute sa durée l'être vivant reste sous l'influence de cette force vitale créatrice, et la mort arrive lorsqu'elle ne peut plus se réaliser.
>
> *Introduction à l'étude de la méthode expérimentale.*

Cette « force vitale créatrice » réintroduit l'irrationnel dans le corps vivant et arrache la vie au déterminisme des lois physico-chimiques.

...ne suffit pas pour percer le mystère de la vie.

▸ Pourtant le vivant n'est pas une machine

L'être vivant est structuré comme une machine mais on ne peut le réduire à un simple agencement de rouages. Cette « force vitale créatrice » à laquelle

Claude Bernard fait allusion commence par se manifester dans la reproduction. Une montre ne se reproduit pas elle-même. L'argument est développé par Kant contre Descartes :

> Un être organisé n'est donc pas une simple machine n'ayant que la force motrice ; il possède en lui une vertu formatrice et la communique aux matières qui ne l'ont pas (en les organisant), et cette vertu formatrice qui se propage ne peut être expliquée par la seule force motrice (par le mécanisme).
>
> *Critique de la faculté de juger.*

Le vivant se caractérise également par une tendance à maintenir sa formule d'organisation et à la reconstituer si besoin est. Elle se manifeste dans ce que les anciens nommaient la *vis medicatrix naturae,* c'est-à-dire la puissance restaurante de la nature (reconstitution des tissus, réduction des fractures, etc.). Il y a un principe de sauvegarde qui semble à l'œuvre dans un organisme (qui apparaît également dans l'institution). En un mot l'être vivant semble animé d'une force interne qui vise à réaliser son unité. Cette unité intérieure qui est si forte que les parties périssent quand le tout disparaît. Hegel l'identifie à ce qu'il nomme « l'idéalisme de la vie » :

> Le processus vital comporte une double activité : d'une part, il assure l'existence sensible des différences réelles de tous les membres et de toutes les déterminations de l'organisme et, d'autre part, lorsque ces membres et déterminations manifestent une tendance à s'isoler et à s'immobiliser de leur indépendance les uns par rapport aux autres, il leur imprime une idéalité générale qui les vivifie. C'est l'idéalisme de la vie.
>
> Hegel, *Philosophie de la nature.*

La vie, en tant que processus, semble requérir une tout autre explication que la matière même si elle anime de la matière organique.

▸ L'explication par les fins

Comment penser l'effort du vivant à persévérer dans son être ? Qu'on l'appelle idéalisme de la vie à l'instar de Hegel, ou élan vital comme Bergson, il y a quelque chose qui résiste à l'investigation par les causes, par conséquent qui résiste à la science. Ainsi, on expliquera le vivant tant qu'on pourra ramener la vie à des processus chimiques. On le dit fréquemment, les faits de catagenèse (qui concernent le fonctionnement des organes) comme les faits d'anagenèse (qui renvoient à la croissance et à la création de ces organes) s'expliquent par une cause (les hormones). Par contre, certains organes sont capables de suppléer dans leur fonction d'autres organes, mutilés ou malades, afin de maintenir l'unité de l'organisme, c'est-à-dire de se mettre au service d'une finalité interne. C'est une connaissance par les fins que le physiologiste doit en dernière instance affronter, c'est-à-dire une explication des faits par l'idée directrice dont l'organisme est porteur... Cela n'est évidemment plus du ressort de l'homme de science.

Approfondir

LECTURES

. Aubenque Pierre, *Le problème de l'être chez Aristote,* PUF, 1962, 551 p. Réédition dans la collection Quadrige.
L'ouvrage de référence sur Aristote. On le lira particulièrement pour penser la relation physique-métaphysique (toute la première partie intitulée « La science recherchée »).
. Dagognet François, *Le vivant,* Bordas, 1988, 192 p.
Ouvrage extrêmement didactique et très efficace qui s'adresse à un public étudiant. Le second chapitre, intitulé « Essai d'une définition du vivant », est très utile. A lire également pour l'information scientifique précise et accessible à des non-spécialistes.
. Lacarrière Jacques, *Les gnostiques,* coll. Idées, Gallimard, 1973, 158 p.
Une curiosité. Pour découvrir une pensée oubliée et pourtant très influente. L'ouvrage est bref et mérite le détour.
. Lenoble Robert, *Histoire de l'idée de Nature,* Albin Michel, 1969, 446 p.
Le chapitre III de la première partie, consacré aux atomistes, et le chapitre IV de la seconde partie qui traite des conséquences de la révolution mécaniste sont éclairants. L'histoire de l'idée de nature, c'est évidemment l'histoire de la science. Précis et documenté.
. Moscovici Serge, *Essai sur l'histoire humaine de la nature,* Flammarion, 1977, 560 p.
A chaque siècle sa question à laquelle trouver impérieusement une réponse : le XVIIIe siècle eut à résoudre les problèmes posés par la question politique, le XIXe siècle dut se débattre avec la question sociale, le XXe siècle devra répondre à la question naturelle... Serge Moscovici propose pour éclairer cette question une longue réflexion sur l'idée de matière et le rapport matière-nature.
. Pichot André, *La naissance de la science,* Folio Essais, 1991, 474 p.
Volume 2. *La Grèce présocratique.*
Tous les présocratiques, des milésiens aux atomistes, sont examinés individuellement dans cet ouvrage d'histoire des sciences et de la philosophie. Les doxographies choisies sont extrêmement précieuses. L'ouvrage rend plus accessible la volumineuse édition établie par Jean-Paul Dumont des textes présocratiques (*Les écoles présocratiques,* 1988, Pléiade – 1991 Folio Essais).
. Rodis-Lewis Geneviève, *Épicure et son école,* Gallimard, 1975, 408 p.
Une synthèse claire et essentielle.

SUJETS POSSIBLES

. La matière est-elle vivante ?
. Le matérialisme conduit-il au relativisme ?
. Qu'est-ce qu'un être vivant ?
. L'animal et la machine.
. A quoi bon mépriser le sensible ?

Utiliser

La carte de crédit : sommes-nous vraiment matérialistes ?

Il est commun de stigmatiser le caractère matérialiste de la société dans laquelle nous vivons. Mais cette société-là est-elle vraiment matérialiste ? Ne tend-elle pas au contraire à dématérialiser la matière ? L'argent offre un exemple saisissant de ce processus naturellement lié aux progrès technologiques. La monnaie « matérielle », le métal précieux, l'a cédé au billet de banque (par l'intermédiaire de la lettre de change inventée en Occident par les Templiers), puis au chèque et à la carte bancaire dont l'emploi généralisé finira peut-être par rendre inutiles pièces de monnaie et billets. Qui mettra bientôt encore la main à son portefeuille ? Les salaires et traitements sont virés de banque à banque, tout passe par des jeux d'écriture d'un terminal informatique à l'autre. Les achats sont aussi réglés de façon totalement abstraite... La carte téléphonique a marqué, dans cette banalisation du processus de dématérialisation de l'argent, une étape déterminante. Je peux acheter avec une carte bancaire une carte téléphonique... Les cartes se renvoient l'une à l'autre, et la circulation de l'argent a lieu sans que quiconque s'en rende compte... Les terminaux s'appellent les uns les autres, l'informatique édifie entre nous et la matière pécuniaire un mur invisible et abstrait.

L'exemple est éloquent, ce n'est que l'arbre qui cache la forêt. Nous n'avons plus affaire à des choses matérielles mais à des symboles, ce sont eux que l'on perçoit, que l'on échange et que l'on respecte. Notre société produit désormais moins des objets que des signes qui renvoient à ces objets dont la matérialisation est virtuelle. Le possible gagne chaque jour un peu plus sur le réel.

Le préservatif : l'obsession de la prévention

Le préservatif existe depuis longtemps et pas seulement pour protéger des maladies sexuellement transmissibles. Le sida a rendu l'objet indispensable et voyant. Le petit morceau de latex n'est pourtant qu'une des applications les plus modestes – celle qui touche à la vie intime des individus –, le procédé est couramment utilisé par la société, de façon moins visible mais tout aussi efficace.

En effet, la capote peut apparaître comme l'emblème d'un monde qui ne cesse de vouloir se protéger contre l'agression extérieure. Les digicodes à l'entrée des immeubles, les caméras video qui scrutent les magasins, les loyers élevés des habitations du centre des grandes villes françaises (aux États-Unis, c'est la périphérie qui est protégée), les maîtres chiens, les alarmes posées sur les automobiles des particuliers, etc. La liste est longue de ces dispositifs récents qui servent moins à la surveillance qu'à la protection. On se trompe en effet, peut-être, d'analyse lorsqu'on dénonce une société « de contrôle » où la vie des individus serait soumise au regard inquisiteur du Big Brother imaginé par Orwell dans *1984*. Il s'agit moins de surveiller que de préserver. Car le maître mot de notre modernité semble être le mot *prévention*. Comme on ne peut plus guérir, il ne nous reste qu'à prévenir... On ne peut plus guérir de cette méfiance à l'égard du réel et du coût d'un contact trop violent avec cette réalité (celle des corps, de la violence, du désir, de la force, etc.) que l'on s'efforce de fuir. La rencontre avec le réel menace de heurter trop violemment le confort « durement » conquis depuis deux siècles, nous avons encore le « réalisme » de ne pas l'ignorer.

7

Arraisonner la nature

SCIENCE, TECHNIQUE ET TRAVAIL

Connaître

I. Par la science

S'agit-il pour le scientifique de connaître la nature...

▶ Mettre la raison sous surveillance. *La raison ne peut être mise en œuvre que sous l'effet de la passion – ne serait-ce que la passion de la connaissance ! Le scientifique doit par conséquent se défier de cet élément passionnel à l'origine même de sa vocation.*
▶ Le vertige des possibles : la science découvre tout ce qui pourrait être. *Rendu méfiant, le scientifique préfère découvrir le champ du possible plutôt que de prendre le risque d'être le jouet d'une illusoire réalité.*

...ou bien de proposer une théorie du réel ?

▶ Science et contemplation. *Le scientifique propose donc des théories du réel, qui sont au sens étymologique des « visions ».*
▶ Non dantur fatum et casus. *Mais la vision fondamentale de la nature que parvient à formuler la science reste celle du déterminisme. Il ne faut toutefois pas confondre déterminisme et fatalisme.*

II. Par la technique et le travail

La technique permet l'action...

▶ Achever la nature. *Par la technique l'homme achève ce que la nature a négligé de mener à son terme.*
▶ Dévoiler la nature. *Ce faisant, la technique dévoile véritablement la nature de la nature, comme l'expose Martin Heidegger dans* La question de la technique.

...de l'homme sur la nature par le travail.

▸ **Aménager la nature.** *La technique permet aussi une action efficace de l'homme sur la nature, un aménagement en quelque sorte, de l'habitat naturel.*

▸ **Le travail servile.** *Mais le travail n'a pas seulement cette fonction utile (aménager la nature pour en faire la maison de l'homme), il peut devenir une violence, une contrainte qui dénature la nature humaine plus qu'elle ne la réalise.*

Quelle étrange destinée que celle de l'homme qui doit se détacher, s'abstraire de son milieu naturel pour mieux l'investir !

La contemplation scientifique est indispensable à l'action technicienne. Mais une fois la nature arraisonnée, c'est-à-dire, selon le mot d'Heidegger, investie par la raison, l'homme s'est-il vraiment accompli ? La technique moderne ne menace-t-elle pas de l'instrumentaliser à son tour ? Le travail aliéné ne risque-t-il pas de le transformer en simple bête de somme ?

I. Par la science

S'agit-il pour le scientifique de connaître la nature...

▸ Mettre la raison sous surveillance

« Avant l'intuition, il y a l'étonnement », rappelle Bachelard dans *La Psychanalyse du feu.* C'est dire à nouveau que la science tire son origine d'une passion (cf. chapitre 6) à laquelle Descartes attribue la première place. Cet étonnement, le traité des *Passions de l'âme* le nomme *admiratio* (le verbe latin *admirari* signifie être surpris, être étonné mais aussi admirer au sens contemporain du terme) ; il s'agit de cette attitude de l'âme qui se trouve arrêtée, saisie par ce qu'elle perçoit et se prépare à se tourner vers l'objet de son admiration pour le connaître :

> Lorsque la première rencontre de quelque objet nous surprend, et que nous le jugeons être nouveau, ou fort différent de ce que nous connaissions auparavant ou bien de ce que nous supposions qu'il devait être, cela fait que nous l'admirons et en sommes étonnés ; et parce que cela peut arriver avant que nous connaissions aucunement si cet objet nous est convenable ou s'il ne l'est pas, il me semble que l'admiration est la première de toutes les passions...
>
> Descartes, *Les passions de l'âme.*

La science naît d'une passion pour le réel, d'un désir de le connaître au service desquels elle mobilise la raison. Mais du fait de son origine passionnelle la démarche scientifique doit se méfier d'elle-même :

> Dans la culture scientifique, les intuitions ne peuvent être utiles que si elles sont surveillées, discutées, mises en ordre.
>
> Bachelard, *La Formation de l'esprit scientifique.*

La raison devra donc contrôler en permanence son propre travail, en éliminer les résultats fautifs que provoque l'impatience des passions :

> Une connaissance objective immédiate, du fait même qu'elle est qualitative, est nécessairement fautive. Elle apporte une erreur à rectifier. Elle charge fatalement l'objet d'impressions subjectives, il faudra donc en décharger la connaissance objective, il faudra la psychanalyser.

Le sous-titre de l'ouvrage d'où est extrait ce texte-programme de Bachelard, *La Formation de l'esprit scientifique,* paraît désormais clair : « contribution à une psychanalyse de la connaissance objective ». De fait, Bachelard commence par s'intéresser à l'histoire des erreurs scientifiques. Elle lui semble plus significative que celle des succès de la science. Une fausse découverte en dit long sur le processus de formation d'un esprit scientifique. Si les errements de la science prêtent aujourd'hui à sourire, ils ne sont pas pour autant le fait d'intelligences naïves vis-à-vis desquelles l'homme du XXe siècle se sentirait supérieur. Ceux que Bachelard nomme les pré-scientifiques ont seulement laissé leur passion dominer l'exercice de leur raison. L'auteur de *La Psychanalyse du feu,* dans le chapitre V de ce même ouvrage, s'attache ainsi à étudier « l'histoire des embarras que les intuitions du feu ont accumulés dans la science ». A travers l'examen des textes laissés par les alchimistes du XVIIIe siècle, on constate que l'animisme, c'est-à-dire la croyance selon laquelle le feu a une âme, qu'il est vivant, a constitué ce que Bachelard appelle un « obstacle épistémologique », lequel a surgi du fait d'une trop grande proximité affective entre l'observateur pré-scientifique et son expérience de la réalité. La tâche du véritable scientifique qui soumet sa démarche cognitive au contrôle de la raison consistera peut-être à oublier ce qu'il tient pour réel.

▸ Le vertige des possibles : la science découvre tout ce qui pourrait être

Cette défiance à l'égard de la réalité tire évidemment son origine du doute cartésien (Bachelard ne refuse pas la filiation, au contraire il la revendique). Elle conduit désormais le scientifique à se soupçonner lui-même et à établir des conditions d'expérience qui sauront éviter le retour du refoulé passionnel ou affectif. Peu à peu, piqué par la méfiance, le scientifique va constituer un monde à la mesure de ce qu'il veut mesurer. C'est-à-dire qu'il va localiser ses expériences dans un monde fabriqué par lui, purifié en quelque sorte et qui ne ressemble plus que de très loin à la réalité sensible. Imaginant une expérience qui fait intervenir l'eau, il pensera utiliser l'eau distillée... Mais cette eau distillée existe-t-elle ailleurs que dans les laboratoires ? Quelle source alimente ses flacons et ses tubes sinon celle de la puissance inventive de sa raison ? La chimie offre ainsi un exemple parfait de cette réalité créée par le scientifique pour son expérimentation. Les cases vides du tableau périodique des éléments de Mendeleïev sont autant d'incitations pour le chimiste à trouver par synthèse ce qu'il n'aurait pas découvert spontanément dans la nature.

Le paradoxe de la science, c'est qu'elle est tentée de créer le réel pour mieux l'étudier. Dans *La Philosophie du non,* Bachelard d'une formule exprime parfaitement l'ambiguïté de la démarche :

> Il faut forcer la nature à aller aussi loin que notre esprit.

De fait, le scientifique vit dans deux réalités, dans deux natures, distinctes et pourtant pour lui identiques. L'exemple le plus évocateur nous est fourni par la microphysique. En effet, pour le physicien qui étudie la matière, il n'est pas possible de localiser avec exactitude un électron. Cette localisation dépend de celle du photon, lequel est une particule en perpétuel mouvement. Il y a donc une incertitude, une indétermination – comme l'a démontré Heisenberg – à la base de toutes les mesures exigées par la microphysique. Or cette incertitude disparaît sitôt que la matière prend de la masse, et de fait, à notre échelle il n'est pas douteux de mesurer le mouvement et l'étendue des corps. Le microphysicien vit donc, en tant que scientifique, dans une réalité instable, imprévisible du moins rigoureusement, alors que l'homme ne doute pas de la place qu'occupent les objets qu'il a disposés sur son bureau. Ce débordement du possible sur le réel, c'est-à-dire cette démultiplication de la réalité scientifique, n'a été rendu effectif que par la mathématisation de la science (cf. chapitre 5) :

> L'information mathématique nous donne plus que le réel, elle nous donne le plan du possible, elle déborde l'expérience effective de la cohérence ; elle nous livre le compossible.
>
> Bachelard, *L'expérimentation de l'espace dans la physique contemporaine.*

Bref, la science propose moins une connaissance de la nature qu'une théorie du réel.

...ou bien de proposer une théorie du réel ?

▸ Science et contemplation

Affirmer comme Martin Heidegger, dans une conférence prononcée à Munich en août 1953, que la science est une théorie du réel oblige à revenir au sens propre du mot théorie. La *theoria* grecque est en effet une vision, non pas vision de l'esprit comme l'acception moderne du mot le suggère mais bien vision des yeux. *Theoria* est formé par l'union de deux termes : *thea* (que l'on retrouve dans l'étymologie du mot théâtre), c'est-à-dire « l'apparence sous laquelle quelque chose se montre, la vue dans laquelle il s'offre », écrit Heidegger. Le second composant peut être traduit par le verbe considérer. Martin Heidegger propose donc de transcrire le verbe *theorein*, construit sur *theoria,* par : « regarder l'aspect sous lequel apparaît la chose présente et, par une telle vue, demeurer voyant près d'elle ». La théorie se propose donc comme une vision et une adhérence du sujet voyant à la chose vue. C'est cette adhérence qui est la source du savoir. La science est-elle, dans ces conditions, une véritable théorie du réel ? On a montré que le scientifique refuse de voir ce qui s'offre à sa vue et qu'il cherche au contraire à se séparer de l'objet de son investigation. En fait, Martin Heidegger montre que le glissement conceptuel a lieu lors de la traduction du grec au latin. Si la science est une théorie du réel, c'est moins au sens grec du mot théorie qu'au sens de sa traduction latine, *contemplatio.*

Contemplare renvoie ainsi à l'action de séparer. Le verbe est lui-même dérivé d'un étymon grec qui suppose une tout autre expérience que celle dite par le verbe *theorein.* Heidegger insiste sur ce point et rapproche le *contemplare* latin du *temein* grec signifiant couper, séparer et qui donnera le mot atome. La contemplation sépare ce qu'elle observe et ce faisant se sépare de la chose observée. On retrouve ici, dans l'étymologie même du mot, l'histoire de la physique atomiste : une pulvérisation de la matière qui aboutit à la connaissance d'une réalité désormais intelligible mais totalement séparée de la réalité sensible. Gaston Bachelard dans *La Philosophie du non* insiste sur le caractère formateur et essentiel de l'atomistique :

> L'atomistique est la science prestigieuse par excellence : elle nous fait penser ce que jusque-là nous étions bornés à voir.
>
> G. Bachelard, *Philosophie du non.*

Mais cette rupture n'a-t-elle pas aussi pour fin de nous rapprocher de la nature ? La mathématisation de la science, qui est l'instrument de la contemplation scientifique et qui seule permet de théoriser le réel, n'offre-t-elle pas aux hommes la possibilité d'intervenir avec confiance sur leur environnement en éliminant de la nature le destin et le hasard ?

▸ Non dantur fatum et casus

Le principe fondamental que la science permet d'établir est celui du déterminisme. Encore faut-il définir précisément le mot. Dans l'*Introduction à la méthode expérimentale* Claude Bernard explique :

> Chez les êtres vivants, aussi bien que dans les corps bruts, les conditions d'existence de tout phénomène sont déterminés d'une manière absolue.

Cela signifie qu'un phénomène ne peut être observé que si des phénomènes simultanés ou antérieurs ont été relevés. Les conditions d'apparition d'un phénomène sont donc déterminées (d'où le substantif déterminisme) ; c'est dire qu'elles ne peuvent varier, elles sont fixées de manière absolue, bref, le phénomène ne peut se produire que si et seulement si elles sont réalisées.

Il ne faut donc pas confondre fatalisme et déterminisme. Celle-ci apparaît même comme la négation de celle-là. En effet, le fatalisme – tel qu'il est représenté, par exemple, dans la tragédie grecque – affirme la nécessité d'un événement sans prédétermination. L'événement s'impose détaché de tout autre phénomène, il apparaît dans la fracture de la chaîne causale. J.-M. Domenach note ainsi dès les premières pages du *Retour du tragique* :

> Ainsi le tragique apparaît-il d'emblée comme le pressentiment d'une culpabilité sans causes précises et dont pourtant l'évidence n'est à peu près pas discutée...

Le déterministe ne s'intéresse pas au phénomène en lui-même, il cherche à penser plutôt une relation, celle qui unit l'événement et ses conditions d'existence. On conçoit, par la même occasion, combien le déterminisme s'accommode mal du hasard.

Qu'est-ce que le hasard ? L'origine du mot reste douteuse : s'agit-il d'un mot arabe signifiant les dés ou bien du nom d'un château dans la Syrie franque et dont le siège fut, du temps des croisades, si long que les assiégeants n'eurent pour se distraire d'autre recours que le jeu des dés ? Dans les deux cas l'idée renvoie à celle du jeu, un jeu où il n'y a pas de rapports de nécessité entre les différents événements qui le constituent : telle combinaison ne dépendrait pas du lancer ou de la surface sur laquelle roulent les dés. La science nie ce hasard, pour elle il est clair que le maniement des dés, leur poids, leur vitesse, la qualité de la surface de jet, etc., bref que chacun de ces éléments intervient dans le résultat final.

On a pu croire que la science reconnaissait la part du hasard à cause d'une interprétation fautive du calcul des probabilités. En réalité, les probabilités ne calculent pas le hasard mais établissent un déterminisme partiellement inconnu, grâce aux éléments que l'on peut connaître. Il s'agit d'évaluer les chances de mesurer une relation. Car c'est bien cette idée de relation qui est le nerf de la science. C'est d'ailleurs pourquoi les mathématiques se sont révélées l'outil indispensable pour permettre à la science de se développer. Il faut en effet rappeler ici que la relation est un objet mathématique, pensé pour la première fois par Euclide (l'*analogia,* c'est-à-dire la proportion, devient ainsi un outil mathématique décisif). Or cette relation, qui permet de caractériser la science, va servir à formuler le déterminisme des phénomènes grâce au relativisme qui fait des lois de la nature des fonctions mathématiques, lesquelles nous débarrassent du hasard, de la fatalité et du destin. Il ne s'agit plus simplement de « chasser les dieux du ciel » ni de « laïciser la nature » (cf. chapitre 6) mais bien de signifier que la nature n'échappe plus à la raison des hommes, qu'elle lui est désormais livrée ; nulle (mauvaise ou bonne) surprise n'est plus à craindre, la théorie du réel ouvre le champ à la libre action sur le réel. La contemplation permet l'action. Le scientifique cherchant à rendre raison de la nature permet au technicien d'arraisonner le vaisseau et aux hommes d'embarquer sur un navire dont ils seront à présent certains de tenir le gouvernail.

II. *Par la technique et le travail*

La technique permet l'action...

▸ Achever la nature

La réflexion antique sur la technique s'intègre plus généralement dans une réflexion portant sur la poétique, c'est-à-dire la production des êtres.

On se souvient de la théorie aristotélicienne des quatre causes (cf. chapitre 6) et de la volonté de connaître la chose par ses causes. Aristote l'utilise pour distinguer les êtres naturels des êtres artificiels. Les premiers apparaissent spontanément, c'est dire que la nature est pour elle-même sa propre cause efficiente. Lorsqu'un agent extérieur est nécessaire, que la cause efficiente est identifiable à l'artiste ou à l'artisan, bref à un homme détenteur d'un art, au sens de savoir-faire, on dira de la chose qu'elle est artificielle. La cause efficiente est alors technicienne. L'étymologie grecque est ici sans équivoque, *technikos* se traduit par qui concerne un art. L'homme agit en technicien lorsqu'il produit quelque chose qui n'existe pas naturellement. Aristote énonce :

> La technique d'une part exécute ce que la nature est impuissante à réaliser, d'autre part l'imite.
>
> *Poétique.*

L'imitation (qui va surtout servir de guide aux artistes occidentaux du XVIe et du XVIIe siècle) est avant tout celle du processus de création. L'artisan fait comme la nature. Plus intéressante à commenter nous apparaît le premier membre de la définition : qu'est-ce à dire que la nature est impuissante ? Pierre Aubenque dans *Le problème de l'être chez Aristote* commente cette curieuse reconnaissance de la défaillance de la nature :

> Là où la nature n'a pu faire pénétrer son harmonie, sa régularité, son telos, la technique intervient pour reconstituer, par le détour de l'artifice, le substitut d'une spontanéité défaillante. L'idéal de la technique reste donc la nature : il ne s'agit pas de créer une surnature, ni même d'humaniser la nature, mais de naturaliser la nature, de l'aider à réaliser sa propre essence.

La nature est exubérante, elle ne fait pas très attention à toutes ses productions, emportée qu'elle apparaît aux Grecs par le mouvement incessant de la génération et de la corruption. Il appartient donc à l'homme d'être attentif et par la technique d'achever son entreprise.

L'exemple scolaire nous en est fourni par Théophraste, le disciple d'Aristote et accessoirement l'auteur des *Caractères* que traduira La Bruyère : il s'agit de la vigne. La nature produit la vigne mais le raisin, laissé à l'état naturel, ne donne pas le meilleur de lui-même. Il faut l'intervention de l'homme pour que la vigne trouve dans le vin son véritable telos, sa finalité : l'homme répare les défaillances de la nature. Pierre Aubenque insiste bien sur le caractère naturel de ce processus technicien d'achèvement de la nature. Il sera absurde par conséquent d'opposer la nature à l'artifice, car par l'artifice, produit de l'homme, la nature ne fait pas autre chose que d'intervenir sur elle-même. L'homme est en effet un être naturel déterminé par la nature pour l'activité technicienne. En un mot, la nature se sert de l'homme et de la technique pour atteindre ses fins.

▶ Dévoiler la nature

Dans une conférence demeurée célèbre, Martin Heidegger reprend le questionnement aristotélicien sur la technique et le radicalise.

La technique, rappelle l'auteur de *L'être et le temps,* fait partie de la poétique, elle a à voir avec la production. Mais selon quel rapport précis ? Pour Heidegger la lecture d'Aristote permet de penser la technique en tant qu'une modalité du dévoilement. Par la technique la nature se dévoile, elle n'est plus cachée, elle se découvre et apparaît dans sa vérité. Il s'agit donc moins d'un achèvement que d'une révélation :

> La technique déploie son être dans la région où le dévoilement et la non-occultation, où aletheion, où la vérité a lieu.
>
> *La question de la technique.*

Mais dans l'Antiquité, ce dévoilement est le fait de la nature elle-même qui naturellement pousse l'homme à fabriquer des outils pour accomplir cet achèvement nécessaire. L'outil n'est qu'un prolongement musculaire de l'homme, il s'oppose à la machine (*mexos :* engin) qui étymologiquement en tant qu'invention ingénieuse suppose plus un savoir qu'un savoir-faire. Dès lors Heidegger distingue un état primitif d'un état moderne de la technique. Le premier correspond à une acception qui oppose science et technique comme savoir et savoir-faire. Et cela correspond à la définition désormais classique qu'en propose Alain dans *Humanités* :

> Quel est donc le propre de cette pensée technicienne ? C'est qu'elle essaie avec les mains au lieu de chercher par la réflexion.

La technique moderne rompt avec ce premier état en se servant de la science et en utilisant non plus des outils mais des machines. Par ces machines on peut dire que le dévoilement devient pro-vocation. La nature est sommée de se dévoiler, elle est appelée à libérer cette énergie logée en elle et que l'homme souhaite à présent accumuler pour lui :

> Le dévoilement qui régit la technique moderne est une provocation par laquelle la nature est mise en demeure de livrer une énergie qui puisse comme telle être extraite et accumulée.
>
> Heidegger, *La question de la technique.*

L'homme n'est donc plus agi par la nature mais il agit sur elle avec violence. Heidegger nomme ce renversement « arraisonnement ». Il faut à présent brusquer la nature, la pousser dans ses retranchements et la libérer en fin de compte d'elle-même. Il y a en effet dans la nature, la *physis* telle que la pensent les Grecs et que s'efforce de restaurer Heidegger, une tendance à l'ombre, un goût pour l'obscurité. Heidegger commente ainsi longuement le fragment d'Héraclite « La nature aime à se cacher », la nature a pour nature de tendre à disparaître. Elle est tout entière dans cette tension de l'être au non-être : la technique moderne l'affranchit de cette aspiration à s'engloutir en elle-même. Mais cette libération est aussi une prise de possession de la nature par l'homme au moyen de la science. La technique moderne n'est devenue possible que grâce à l'essor des sciences au XVIe siècle, et Heidegger de préciser ce point essentiel :

> C'est parce que l'essence de la technique moderne réside dans l'arraisonnement que cette technique doit utiliser la science exacte de la nature. Ainsi naît l'apparence trompeuse que la technique moderne est de la science naturelle appliquée.
>
> *La question de la technique.*

De fait, c'est la technique qui se sert de la science, et non l'inverse, pour agir sur la nature.

...de l'homme sur la nature par le travail.

▸ Aménager la nature

Par son travail et grâce à ses outils l'homme aménage la nature et en fait sa maison. La technique, au sens primitif du terme, transforme la nature en habitat mais de façon naturelle, réalisant par là une collaboration harmonieuse.

On se souvient du beau symbole que représente le lit d'Ulysse dans les derniers vers de l'*Odyssée.* Après vingt ans l'étranger qui se présente à Ithaque ne ressemble guère à l'image que Pénélope a gardée de son mari. Certes, l'homme qui prétend être Ulysse a passé victorieusement des épreuves destinées à lui faire prouver son identité (la cicatrice, l'arc), mais Pénélope hésite. Elle tend alors un ultime piège à Ulysse en demandant, en sa présence, à sa servante de déplacer le lit conjugal. Ulysse se trouble, il explique que c'est impossible, que lui-même a taillé le lit dans la souche d'un olivier et que la chambre a ensuite été construite autour de ce lit qui plonge ses racines dans la terre. Pénélope reconnaît son mari : il était le seul à savoir le secret du lit royal. Le symbole est fort. Il fait du travail d'Ulysse sur la souche d'olivier un acte fondateur (la chambre, le palais sont édifiés à partir de lui) en même temps que le moyen de la reconnaissance de l'autre et de soi-même. Cette dimension homérique et noble du travail n'a guère échappé à Hegel qui note dans les *Leçons sur la philosophie de l'histoire* :

> Les Grecs ont embelli les débuts de la culture et les ont vénérés comme des dons divins ; ils attribuent l'invention du feu à Prométhée, l'élevage des chevaux à Poséidon, la culture des oliviers et l'invention du tissage à Pallas. Ainsi on confère le plus grand honneur à l'invention humaine en tant qu'elle subjugue les choses naturelles et se les approprie pour l'usage.

La métaphore latente est celle du dressage ; l'homme au moyen d'outils et d'une technique domestique la nature. Cela s'appelle le travail. On objectera peut-être que certains animaux aménagent pareillement leur territoire (le nid, la ruche, etc.). La différence essentielle tient à ce que l'homme conçoit ce qu'il réalise. Marx rappelle ironiquement dans *Le Capital* que le plus mauvais architecte se distingue de l'abeille la plus habile en ce qu'il a su construire « la cellule dans sa tête avant de la construire dans la ruche ». De fait, ce que l'homme manifeste et contemple dans son travail, c'est son esprit :

> C'est par la médiation du travail que la conscience vient à soi-même.
>
> Hegel, *Phénoménologie de l'esprit.*

▸ Le travail servile

Tant que l'homme est un simple faiseur d'outils, qu'il aménage et cultive la nature, son travail ne le détruit pas, grâce à lui il se constitue. On préférera parler alors de labeur et non de travail (l'étymologie du mot travail renvoie en effet au *tripalium,* instrument de torture redoutablement efficace. Le sens de torturer pour travailler se trouve encore maintenu, par exemple, dans des expressions telles que travailler le métal, être travaillé par les remords). Hannah Arendt propose ainsi de distinguer l'*animal laborans*, celui qui n'a que des outils rudimentaires, de l'*homo faber,* le fabricant de machines et l'inventeur du travail :

> L'*animal laborans* qui, au moyen de son corps et avec l'aide d'animaux domestiques nourrit la vie, peut bien être le seigneur et maître de toutes les créatures vivantes, il

> demeure serviteur de la nature et de la terre ; seul, l'*homo faber* se conduit en seigneur et maître de la terre.
>
> H. Arendt, *La condition de l'homme moderne.*

La distinction produite par H. Arendt retrouve le passage de la technique primitive à la technique moderne, le passage de l'outil, ruse de la nature, à la machine, ruse de l'homme :

> Dans la machine, l'homme supprime même cette activité formelle qui est sienne et fait complètement travailler cette machine pour lui.
>
> Hegel, *Première philosophie de l'esprit.*

Avec la machine l'homme triche. Mais la machine se venge et finit par absorber son utilisateur qui, s'identifiant à elle, se laisse totalement réifier, c'est-à-dire transformer en objet, en chose (*res,* la chose). Il ne s'agit pas nécessairement de passer par le caricatural et inévitable *Temps modernes* de Chaplin mais simplement d'entendre l'adjectif pour ce qu'il dit dans le titre. De la même façon, Céline avait montré dans le *Voyage au bout de la nuit* comment la machine parvenait à consommer ses utilisateurs et ce qu'un univers de machines pouvait avoir d'effrayant. Bardamu, le personnage principal, se trouve à Detroit, dans le temple du taylorisme :

> Tout tremblait dans l'immense édifice et soi-même des pieds aux oreilles possédé par le tremblement, il en venait des vitres et du plancher et de la ferraille, des secousses, vibré de haut en bas. On en devenait machine aussi soi-même à force et de toute sa viande encore tremblotante dans ce bruit de rage énorme qui vous prenait le dedans et le tour de la tête...

Il n'y a pas de limite au processus de transformation du monde en machines. C'est que pour l'*homo faber* la maîtrise de la nature passe par une instrumentalisation incessante de son environnement. Or pour H. Arendt « instrumentalisation signifie que tout se dégrade en moyens ». Qu'est-ce qu'un instrument ? L'*instrumentum* latin c'est l'équivalent de l'outillage. Il s'agit d'un ensemble cohérent d'outils, c'est-à-dire d'outils qui ont une fonction les uns par rapport aux autres, bref qui constituent un véritable dispositif : chacun est un rouage d'une immense machine. L'instrumentalisation apparaît comme un processus de construction mécanique. Dès lors l'homme et sa machine sont instrumentalisés quand ils constituent l'un et l'autre les deux rouages d'un nouvel assemblage. L'instrumentalisation culmine lorsque la société tout entière devient une machine gigantesque où chacun se place et réalise une fonction bien précise pour la bonne marche du tout (cf. chapitre 3, l'organisation saint-simonienne de la société). Si le travail use le travailleur c'est bien parce qu'il l'intègre dans une grande machine à produire et que cette instrumentalisation efface progressivement son humanité, en même temps qu'elle amenuise sa faculté de réfléchir. Est-ce pour autant à dessein que la société moderne célèbre le culte du travail et réifie peu à peu ses membres ? Nietzsche, dans *Aurore,* n'en doute pas. La société se donne ainsi la sécurité d'éliminer toute forme de contestation et les moyens de durer :

> Ainsi une société où l'on travaille sans cesse durement jouira d'une plus grande sécurité et c'est la sécurité que l'on adore maintenant comme divinité suprême.

Mais de quelle sécurité s'agit-il ? De celle de la société tout entière ou bien de ceux qui la dirigent ? Il ne faut pas oublier ainsi l'origine servile du travail. Dans l'Antiquité, c'est l'affaire de l'esclave, dans les temps modernes, celle du prolétaire (les marxistes font allusion par l'emploi de ce mot aux *proletarii* qui constituaient à Rome la classe la plus pauvre de la plèbe). L'analyse que propose Marx du travail aliéné, dans les *Manuscrits de 1844,* est désormais célèbre et dégage une double aliénation qui caractérise, selon lui, le travailleur moderne. D'une part, condamné à travailler toute son existence pour parvenir seulement à assurer ses fonctions organiques, l'homme perd de son humanité et devient une bête. Sa vie se réduit à n'être que le moyen de sa subsistance :

> On en vient donc à ce résultat que l'homme (l'ouvrier) ne se sent plus librement actif que dans ses fonctions animales, manger, boire et procréer, tout au plus encore dans l'habitation, la parure, etc., et que, dans ses fonctions d'homme, il ne se sent plus qu'animal. Le bestial devient l'humain et l'humain devient le bestial.

Quand l'animal produit, c'est toujours sous l'emprise d'un besoin immédiat. L'homme s'en distingue parce qu'il est capable de produire, même libéré du besoin physique. Il est dans sa nature d'aménager, de modifier, de perfectionner par son travail la nature. Or si le travail du prolétaire est si prenant physiquement et si appauvrissant qu'il ne lui permet pas d'autre activité que celle de la satisfaction de ses seuls besoins, l'homme perd ce qui fait sa spécificité :

> Une conséquence immédiate du fait que l'homme est rendu étranger au produit de son travail, à son activité vitale, à son être générique, est celle-ci : l'homme est rendu étranger à l'homme.

Le prolétaire pour reproduire seulement sa vie est contraint de vendre sa force de travail, et enclenche lui-même un processus de déshumanisation.

De fait, l'aliénation revêt un second visage. Le travailleur est dépossédé du produit de son travail. Il a vendu sa force de travail parce qu'il était incapable de l'utiliser lui-même à son profit. C'est donc un autre qui en bénéficiera. Le prolétaire s'est découvert inutile à lui-même, il se retrouve séparé de ce qu'a produit son travail, ce produit ne lui appartient pas. A lire de près l'analyse marxienne du travail prolétarien on constate que celui-ci mène à la solitude des bêtes du troupeau. Le travailleur à l'usine est animalisé plus qu'il n'est véritablement mécanisé. Le temps libre qui lui reste n'est pas un temps de licence ou de loisir (*licet :* il est permis, en latin), c'est un temps de récupération nécessaire de la force de travail, un temps de restauration.

C'est au-delà de ce temps qu'il faudrait comptabiliser le temps libre. Car le couple travail / loisir est un couple extrêmement uni, chaque terme est solidaire. On évoquera alors cet état tierce que les Latins désignaient du mot *otium* et dont jouissaient les plus privilégiés des hommes libres. C'est, au sens strict de l'expression, la liberté de vaquer à ses occupations. Le patricien (qui est au sommet de la pyramide sociale à la base de laquelle on trouve le prolétaire) n'est pas inactif, il est au contraire dans la conscience d'agir pleinement sur son environnement, de le faire en toute autonomie et de contempler par le moyen de cette activité totalement détachée du besoin animal sa propre liberté à l'œuvre. L'*otium* est la seule alternative possible au travail. Il permet à l'homme de réaliser sa nature :

> La nature a voulu que l'homme tire entièrement de lui-même tout ce qui dépasse l'agencement mécanique de son existence animale, et qu'il ne participe à aucune autre félicité ou perfection que celle qu'il s'est créée lui-même, indépendamment de l'instinct par sa propre raison.
>
> Kant, *Idée d'une histoire universelle au point de vue cosmopolitique.*

L'*otium* [1] installe l'homme dans cette pure félicité qu'évoque ici, dans la troisième proposition, E. Kant. Mais à quel prix ? L'*otium* des uns ne s'achète-t-il pas au prix du travail des autres ? On renoue alors avec le schéma bien connu de la dialectique du maître et de l'esclave. L'esclave, dépossédé du monde, travaille pour le bien-être du maître (pour le libérer de ses besoins vitaux) mais ce faisant il aménage le monde, il le transforme en un monde autre où le maître se trouve un jour étranger. En perdant sa liberté l'esclave prend possession de la nature, il lui imprime sa marque. Comment peut-on s'emparer du monde sans perdre de son humanité ? En étant peut-être à la fois le maître et son valet, tour à tour travailleur et oisif, en s'efforçant de vivre deux vies pour une seule.

Approfondir

LECTURES

- Arendt Hannah, *La condition de l'homme moderne,* Calmann-Lévy, 1963, 400 p.
Essai particulièrement dense qui s'efforce de penser le rapport moderne de l'homme à la technique. Les références sont extrêmement nombreuses. A lire en priorité le chapitre III sur le travail.
- Domenach J.-M., *Le retour du tragique,* Éditions du Seuil, 1967, 296 p.

1. *Otium :* les Latins désignent de ce mot l'activité libre d'un homme qui n'est pas lié par le besoin à une activité laborieuse. Celui qui ne connaît pas l'*otium* vit dans le *nec-otium* (*nec* : négation). Le négoce. Seuls les riches patriciens romains expérimentent ce mode de vie. La journée d'un Cicéron (qui certes n'est pas issu d'une illustre et ancienne famille, c'est un *homo novus*) est à cet égard exemplaire : elle est rythmée par des séances au Sénat, des heures d'écriture, la réception de ses clients quotidiennement, et la gestion de son patrimoine. Cicéron est un homme extrêmement actif (l'*otium* n'est pas le loisir), il ne « travaille » pourtant pas.

Sur le mode de courts chapitres autonomes, une réflexion sur le sens de la vie dans les sociétés modernes où l'atomisation des anciennes structures et le vertige nouveau de la consommation ont redonné à l'homme un destin tragique. Très brillant.

. Farouki Nayla, *La relativité,* Flammarion, Dominus, 1993, 125 p.
Un exposé de vulgarisation particulièrement bien mené. La conclusion de l'ouvrage intitulée *Le réel en question* propose une réflexion achevée qui ne peut que dynamiser le travail de l'étudiant.

. Lafargue Paul, *Le droit à la paresse* (1883), Climats, 1992, 95 p.
Les éditions Climats viennent de rééditer le célèbre pamphlet du gendre de Karl Marx. Pour Lafargue, la paresse est la seule vertu. L'amour du travail est une folie, « une passion moribonde » qui est, dans les sociétés capitalistes, « poussée jusqu'à l'épuisement des forces vitales de l'individu et de sa progéniture ».

. Rosset Clément, *L'anti-nature,* PUF, 1973, 330 p.
Pour penser l'artifice. On insistera particulièrement sur la seconde partie de l'ouvrage, intitulée « Le monde comme artifice ». Une analyse très utile des textes décadents de Baudelaire à Mallarmé, en passant par Villiers et Huysmans.

. Stengers Isabelle et Schlanger Judith, *Les concepts scientifiques,* Éditions La Découverte, 1988. Parution Folio Essais, 1991, 187 p.
Une synthèse qui porte sur le mécanisme d'invention dans les sciences et sur le pouvoir que confèrent ces concepts scientifiques nouvellement « inventés ». L'interrogation scientifique procède bien d'une négation et d'une volonté de rupture : nier l'opinion, rompre avec l'expérience sensible immédiate. Dans le prolongement de *La Formation de l'esprit scientifique* de Bachelard.

. Thom René, *Prédire n'est pas expliquer,* Flammarion, Champs, 1991, 175 p.
Ce sont les entretiens du grand mathématicien français avec le journaliste Émile Noël, enregistrés pour Radio-France, qui sont publiés ici. Un dialogue vivant et souvent éclairant. Une manière agréable d'aborder un sujet parfois ingrat, la philosophie des sciences.

SUJETS POSSIBLES

. La passion de connaître.
. Le possible et le réel
. A qui sert la technique ?
. Travail et loisir.
. Comment l'homme aménage-t-il son territoire ?

Utiliser

Dans la jungle urbaine

Les dernières images du film *King Kong* montrent le grand singe juché au sommet de l'Empire State Building, semblant grogner à sa manière : « A nous deux, New York ». On vit dans ces dernières séquences le choc de la nature la plus sauvage (*silva :* la forêt, en latin) avec la culture symbolisée par l'une de ses réalisations les plus prestigieuses (à l'époque) : le gratte-ciel. Mais ne s'agissait-il pas plutôt de montrer au spectateur à quel point les deux univers, celui de la ville et celui de la forêt tropicale, étaient au contraire compatibles ? La ville n'est-elle pas devenue aussi une jungle aussi dangereuse, aussi peu sondable – pour qui lui est un étranger – que les immenses étendues boisées qui se déploient à partir du fleuve Amazone ? La violence, l'insécurité, l'anonymat dans lequel on se trouve plongé sitôt qu'on y pénètre, mais aussi l'extraordinaire variété des objets qu'on y rencontre font de la ville un lieu à explorer et à défricher avec précaution. « La ville tentaculaire » du XIXe siècle est devenue aujourd'hui « la jungle urbaine » mais la métaphore reste identique : la sauvagerie est naturelle à l'homme, aucune enceinte ne saurait le protéger contre lui-même.

Un clone, des clowns, la loi des séries

La science égalise, dit-on... Elle uniformise, à coup sûr et vient de se donner les moyens de nous rendre, à terme, tous semblables. Évidemment, la naissance le 23 février 1997 de Dolly la brebis, clonée à partir d'une cellule de mamelle – on appréciera l'hommage ainsi rendu à la chanteuse mamelue Dolly Parton. L'époque est humoristique ! – a quelque chose d'effrayant. Le laboratoire de Ian Wilmut à Édimbourg ressemble peut-être à celui de Victor Frankenstein... On imagine les terribles questions d'éthique que soulève cet « exploit » technique et on se prend à regretter que nos savants n'aient pas su lire Descartes d'assez près pour y découvrir la nécessité d'une « morale par provision » (*Discours de la méthode*, Troisième partie). C'est en effet avant de chercher qu'il convient de peser la nature de la responsabilité scientifique (« par provision ») et non après avoir « trouvé ». Le fait accompli, nul doute qu'il servira l'accomplissement d'usages dérivés plus ou moins atroces, où l'hypothèse d'un clonage humain devient certitude. L'événement paraît, au-delà des inquiétudes légitimes qu'il fait naître, symbolique d'une époque où la création se limite à un exercice assez fastidieux de re-création, répétition du même. Car le « clonage » est devenu un principe. Produits et images sont désormais reproduits à l'infini d'un système d'exploitation commerciale parfaitement rationnel, on n'ose pas dire « scientifique ».

Le seul domaine de la variété musicale suffit à convaincre. Les compilations se multiplient, ces groupes qu'on appelle « Boys bands » par une sorte de biologie monstrueuse prolifèrent, donnant à voir ces mêmes garçons, pareillement lisses et juste lascifs comme il faut, s'agiter sur les mêmes cadences jusqu'à l'auto-parodie... dans l'enthousiasme général. Le phénomène n'est pas circonscrit au seul domaine de l'industrie du disque. Il pourrait être cruel d'aller visiter les librairies où trône à présent un pastiche de Balzac, primé jusqu'à la nausée et qui, peut-être, pourrait faire la misère de la littérature contemporaine... De quoi rendre criminel, au risque à nouveau d'être rattrapé par la loi des séries, celle qui transforme précisément un de ces garçons lisses et sans histoire, délicieusement installé dans la routine d'une existence morne, en... serial killer !

8

La connaissance historique

LE DISCOURS DE LA MÉMOIRE

Connaître

I. Pourquoi des historiens ?

L'histoire est-elle...

▸ ***Historie*** ou ***Geschichte*** ? *L'ambiguïté du mot « histoire » en français est levée par les distinctions opérées par l'allemand.*
▸ Histoire et mémoire. *Écrire l'histoire est-ce seulement se souvenir ?*
▸ L'histoire originale. *Les premiers historiens sont des témoins.*
▸ L'histoire réfléchie et l'histoire philosophique. *A qui la charge de penser l'histoire ? A l'historien ou bien au philosophe ?*

...une science ?

▸ Un pôle de scientificité. *L'histoire n'est pas une science exacte.*
▸ Une impossible objectivité ? *L'historien peut-il être « objectif » ? Ou bien est-il voué à multiplier les objets pour palier cette défaillance originelle ?*

II. Le sens de l'histoire

Le moteur de l'histoire lui est extérieur...

▸ Le plan caché de la nature. *Kant imagine que l'histoire réalise un plan caché de la nature qui est le développement de l'espèce humaine.*
▸ L'autre nom de la Providence. *Ce plan caché n'est-il pas celui de Dieu ?*

...ou bien intérieur ?

▸ **La ruse de la raison.** *Pour Hegel au contraire, le moteur de l'histoire est interne à l'histoire elle-même.*
▸ **Le travail du négatif.** *L'histoire progresse par la confrontation d'aspirations contradictoires.*
▸ **La fin de l'histoire ?** *Une société sans conflits permettrait-elle d'abolir l'histoire et de plonger ses membres dans un bonheur temporel mais anhistorique ?*

Historiens et philosophes se partagent l'histoire : aux premiers le discours constitutif (*die Historie,* en allemand), aux seconds les interprétations du sens du devenir de l'humanité *(die Geschichte)...* La répartition des rôles est-elle si simple ? Les uns comme les autres sont-ils en mesure de faire du passé des hommes l'objet d'un savoir ? Le discours qu'ils produisent parvient-il à échapper à la catégorie de la représentation ? Que peut-on connaître de l'histoire ?

I. Pourquoi les historiens ?

L'histoire est-elle...

▸ Historie ou Geschichte ?

Là où le français semble confondre, l'allemand distingue les deux acceptions du mot histoire. D'une part on appellera *Historie* le discours des historiens, celui qu'ils s'efforcent de tenir pour rendre compte d'une réalité sociale en devenir, que l'on nommera, d'autre part, *Geschichte.* La médiation de la langue allemande est utile et fort répandue, elle s'impose, en particulier, depuis Heidegger qui explique :

> Le mot *Historie* signifie « apprendre en s'informant et rendre visible » et désigne ainsi un mode de représentation. Au contraire le mot *Geschichte* signifie ce qui arrive pour autant qu'il est préparé et commis de telle et telle manière, c'est-à-dire mis en ordre et envoyé.
>
> *Sciences et méditation,* in *Essais et conférences.*

Le rapport entre les deux acceptions est évident, l'*Historie* est une représentation de la *Geschichte* :

> L'histoire que nous écrivons, l'histoire rétrospective *(die Historie),* est rendue possible par l'histoire qui s'est faite *(die Geschichte).*
>
> P. Ricœur, *Histoire et vérité.*

L'évidence de la relation ne doit pas toutefois occulter les nombreuses questions que suscite la double acception du mot histoire : quelle valeur accorder à ce qui demeure de l'ordre de la représentation et du discours ? Comment l'historien peut-il prétendre rendre compte de l'histoire ? En un mot, l'histoire qu'écrivent les historiens est-elle une science ? Quelle utilité pouvons-nous tirer du savoir qu'elle établit ? Si la langue française demeure ambiguë (elle semble nous faire entendre la coïncidence parfaite des deux acceptions), cela n'élimine pas les difficultés, et en particulier celles que fait naître le rapport de l'histoire *(die Historie)* à l'idéologie, sans que l'historien en soit nécessairement conscient. Engels rappelle ainsi dans une lettre adressée à F. Mehring, en date du 14 juillet 1893, le caractère incontrôlé du processus de représentation idéologique :

> L'idéologie est un processus que le soi-disant penseur accomplit bien avec conscience, mais avec une conscience fausse. Les forces motrices qui le meuvent lui restent inconnues, sinon ce ne serait point un processus idéologique.

De fait, l'historien devra se méfier de l'idéologie comme le scientifique de ces obstacles épistémologiques (cf. chapitre précédent) identifiés par G. Bachelard. L'obstacle « idéologique », appelons-le ainsi par commodité et analogies, est provoqué par une irruption passionnelle dans le champ de la raison. L'historien se laisse alors gagner par la passion de défendre l'image ou l'intérêt du groupe auquel il appartient ou bien croit appartenir. On a pu apprécier particulièrement la difficulté à lever cet obstacle idéologique lors des cérémonies récentes du bicentenaire de la Révolution française, certains refusant de célébrer 89 au nom de 93 (la Terreur), les autres « oubliant » de rappeler les crimes commis, par exemple en Vendée, au nom de la liberté.

Étymologiquement, le mot histoire dérive du grec *histôr,* celui qui sait. Il devrait être, par conséquent, synonyme de savoir. Or peu à peu le sens s'est spécialisé pour ne rendre compte que d'un savoir particulier, celui du passé humain. N'oublions pas que longtemps le mot histoire associé à l'adjectif naturelle n'a pas été ressenti comme impropre. Il s'agissait d'établir le savoir dont nous disposions à l'égard de la nature. Pline rédige ainsi une *Histoire naturelle,* comme Buffon au XVIIIe siècle. Aujourd'hui, on évoquera les sciences naturelles. Cette permutation est-elle un désaveu ? Elle permet assurément de mesurer l'évolution d'un mot dont le sens se trouve à présent limité. L'histoire cherche donc aujourd'hui « seulement » à établir la connaissance du passé des hommes. Pourquoi ?

▸ Histoire et mémoire

> L'historien compose en un tout ce qui appartient au passé, ce qui s'est éparpillé dans le souvenir subjectif et contingent et ne se maintient que dans la fluidité de la mémoire ; il le dépose dans le temple de Mnémosyne et lui confère une durée immortelle.
>
> Hegel, *La raison dans l'histoire.*

Hegel met l'historien au service de la déesse Mnémosyne, fille d'Ouranos et de Gaïa, allégorie de la Mémoire. Mnémosyne donna naissance aux neuf muses après avoir passé neuf nuits consécutives avec Zeus. Au nombre de ces Muses, on reconnaît Clio, patronne de l'histoire. Son nom dérive d'un mot grec signifiant fêter, célébrer. Clio a pour mission de chanter et de célébrer les exploits des guerriers grecs, elle est ainsi représentée avec une trompette dans la main droite (pour proclamer les exploits) et une clepsydre, c'est-à-dire une horloge à eau, dans la main gauche, qui symbolise l'ordre chronologique des événements : l'historien apparaît d'abord comme le grand prêtre de la Mémoire. Hérodote commence d'ailleurs son œuvre consacrée aux guerres Médiques par une sorte d'avertissement au lecteur, au cours duquel il est rappelé que le sens de son entreprise est de conserver le souvenir des actions des Grecs et des Barbares, afin qu'il ne s'évanouisse pas avec le temps. Pour les contemporains, il s'agit là d'une tâche sacrée, comme le souligne H. Arendt :

> Pour nous, le souci de l'immortalité ne va pas de soi, et Hérodote, puisqu'il allait de soi pour lui, ne s'explique guère à son sujet. Sa compréhension de la tâche de l'histoire – sauver les actions humaines de l'oubli – était enracinée dans le concept et l'expérience grecs de la nature : celle-ci comprenait toutes les choses qui naissent et se développent par elles-mêmes sans l'assistance d'hommes ou de dieux et, par conséquent, sont immortelles.
>
> *Le concept d'histoire,* in *La crise de la culture.*

Hérodote adopte pour ce faire les méthodes de l'enquêteur qui recueille des témoignages pour la postérité. *Historein,* au sens où l'emploie celui que nous considérons comme le premier historien, signifie en effet témoigner et s'enquérir.

Cette approche initiale de la fonction de l'historien permet de dégager deux conditions essentielles pour qu'il y ait discours sur l'histoire *(Historie) :* d'une part la conscience d'événements exceptionnels qui se sont déroulés, d'autre part la reconnaissance d'une dimension sacrée de cette mission de collecteur. L'histoire, à son origine, ne s'intéresse pas à la recherche des petits faits insignifiants, le quotidien n'est pas son terrain d'investigation, elle ne veut pas rendre intelligibles de longues périodes, elle s'attache à l'événement. Celui-ci se définit comme un fait auquel la collectivité donne une importance toute particulière et qu'elle veut célébrer. Il relève évidemment déjà d'une interprétation de la réalité, c'est-à-dire d'un choix, et par conséquent de l'idéologie, au sens où celle-ci se plaît à développer une histoire mythique. Plus l'importance accordée par l'historien à l'événement sera grande, plus l'histoire *(Historie)* tendra à retrouver le mythe (avec lequel elle partagera une dimension sacrée). Ce dernier a par ailleurs une fonction équivalente, puisqu'il permet de garder en mémoire l'événement fondateur et semble issu de ce que l'on pourrait appeler la pensée collective. Mircea Eliade définit ainsi le mythe :

> Un mythe est une *histoire vraie* qui s'est passée au commencement du temps et qui sert de modèle aux comportements des humains.
>
> *Mythes, rêves et mystères.*

Certes l'événement n'est pas mythique par nature (il n'intervient pas à l'origine du temps et ne réclame pas nécessairement à être imité). Il peut toutefois le devenir. La fête nationale tend ainsi à transformer un événement historique en événement mythique, c'est-à-dire fondateur. La prise de la Bastille, où n'était retenu qu'un nombre dérisoire de prisonniers ce 14 juillet 1789, acte symbolique au moment des faits, devient l'acte de naissance de la République de célébration en célébration. Elle incarne véritablement l'origine de la chute « matérielle » de l'Ancien Régime. La disparition de toute trace de la forteresse donne en outre à l'événement la dimension surnaturelle indispensable au sacré : la Bastille semble s'être volatilisée. Sur la table désormais rase il devient logique de construire une société nouvelle.

▸ L'histoire originale

Hegel fait d'Hérodote un historien original. Il en est même l'archétype et symbolise la première approche historique aux yeux de l'auteur de *La raison dans l'histoire* :

> Il s'agit d'historiens qui ont surtout décrit les actions, les événements et les situations qu'ils ont vécus, qui ont été personnellement attentifs à leur esprit, qui ont fait passer dans le royaume de la représentation spirituelle ce qui était événement extérieur et fait brut.

L'historien original est un témoin, une sorte de journaliste, mais il manque de recul sur l'événement qu'il rapporte. De fait, il peut difficilement s'abstraire d'intérêts et d'enjeux dont il est même parfois partie prenante. Joinville ne relate pas innocemment la vie de Saint Louis : l'historien de biographe se fait hagiographe. Les Robert de Clari ou Geoffroi de Villehardoin se contenteront par contre du rôle d'historiographe. Un des premiers historiens à chercher à pénétrer de façon rigoureuse les causes politiques des faits qu'il relatait fut probablement Philippe de Commynes, à la fin du XVe siècle. Mais Commynes est le conseiller de Louis XI, trop proche du pouvoir pour n'en pas subir l'influence. Il a toutefois su mesurer le danger d'une histoire partisane qui obéit plus à l'esprit du temps qu'elle ne s'efforce de le comprendre. Il faut très clairement que l'histoire se dégage de l'épopée. Au Moyen Age, c'est une nécessité.

L'épopée transforme sciemment la réalité historique afin de proposer à une époque ou une nation un idéal, un héros. *La chanson de Roland,* sur ce point, paraît édifiante. Il s'agit d'un épisode de la vie de Charlemagne. L'histoire *(Historie)* nous apprendra que cet épisode fut de relative jeunesse (l'empereur a trente-six ans). De retour d'une expédition punitive à Saragosse, l'arrière-garde, qui transportait le butin de l'armée, est attaquée par des montagnards basques, des chrétiens. L'épopée nous montrera un autre visage, tout d'abord celui d'un prince fatigué par sept années de croisade et pour lequel son arrière-garde se sacrifie lors d'une embuscade préparée par les Sarrasins... L'épopée sert à promouvoir l'idée de vassalité et exalte la croisade... Rien d'historique dans les deux cas.

Pour se distinguer des poètes épiques, les historiens vont opérer un choix formel déterminant. Laissant aux premiers l'octosyllabe et par conséquent le vers (si commode pour la mémorisation mais trop artificiel), ils vont opter pour la prose, expression plus naturelle et par conséquent beaucoup plus réaliste. Avec Philippe de Commynes, l'écriture devient fluide, nerveuse, apte à se saisir de façon convaincante de l'immédiat. C'est pourtant cette spontanéité, recherchée stylistiquement pour asseoir la crédibilité de l'œuvre, que l'historien original devra abandonner s'il veut accéder à l'histoire réfléchie.

▸ L'histoire réfléchie et l'histoire philosophique

Pour l'histoire réfléchie, il s'agit de transcender l'actualité rapportée par l'histoire originale, d'établir des relations, des connexions, bref de rendre le passé intelligible. L'histoire réfléchie correspond à l'image que nous avons des historiens aujourd'hui. Mais le souci de donner cohérence à un fouillis de faits, d'événements, de témoignages n'élimine pas le risque de l'interprétation et les séductions de l'idéologie. L'exemple de Michelet demeure intéressant, de ce point de vue.

Les conditions dans lesquelles Michelet dit avoir formé son projet d'*Histoire de France* rendent d'ailleurs son travail significatif. Il aurait été, explique-t-il, frappé par « l'Éclair de juillet » – comprendre « la révolution de 1830 ». C'est alors qu'il aurait conçu le principe selon lequel il allait pouvoir mener cette entreprise gigantesque : rendre compte du passé des Français : « Cette œuvre laborieuse, écrit-il, fut conçue d'un moment de l'Éclair de juillet. Dans ces jours mémorables, une grande lumière se fit et j'aperçus la France. » Nouvelle version du chemin de Damas, cette genèse de l'œuvre l'enracine dans une actualité (1830), comme si l'histoire originale accouchait de l'histoire réfléchie, et trahit un mysticisme nationaliste qui ne présage rien de très rigoureux. La grande révélation de Michelet, c'est que « la France est une personne » dont l'histoire n'a qu'à rédiger la biographie.

> Contre ceux qui poursuivent cet élément de race et l'exagèrent aux temps modernes, je dégageai de l'histoire elle-même un fait moral énorme et trop peu remarqué. C'est le puissant *travail de soi sur soi* où la France, par son progrès propre, va transformer tous ses éléments bruts. De l'élément romain municipal, des tribus allemandes, du clan celtique, annulés, disparus, nous avons tiré à la longue des résultats tout autres et contraires même, en grande partie, à tout ce qui les précéda.
>
> (...)
>
> La France a fait la France, et l'élément fatal de la race m'y semble secondaire. Elle est fille de sa liberté. Dans le progrès humain, la part essentielle est la force vive, qu'on appelle homme. *L'homme est son propre Prométhée.*
>
> *Histoire de France,* préface de 1869.

Partant de là, Michelet va consacrer onze années à cette extraordinaire résurrection du passé qui donna à la littérature française certaines de ses plus belles pages. L'historien devient parfois romancier (comme au XIXe siècle, le romancier se fait volontiers historien. Voir le Flaubert de *Salammbô* qui ressuscite Carthage en se rendant sur place et en accumulant des milliers de fiches à la Bibliothèque nationale. Voir pareillement Stendhal qui donne à son roman *Le Rouge et le Noir* le sous-titre « Chronique de 1830 »).

L'érudition est impressionnante et l'on voit la France grandir ; d'abord enfant elle devient majeure en 1789. A force de réfléchir sur l'histoire, Michelet donne un sens à son histoire, celui du progrès qui n'est pas sans rappeler l'idéal des Lumières. Significativement, Michelet interrompt l'entreprise au début du XIXe siècle, non pas parce qu'il croit manquer de recul, mais parce que la Restauration lui paraît aller à rebours de l'Histoire... L'historien devient muet lorsque l'histoire *(Geschichte)* ne satisfait plus à son interprétation, à son histoire *(Historie)*.

L'exemple est évidemment unique en son genre mais il permet de comprendre pourquoi, selon Hegel, l'histoire réfléchie doit être dépassée. Ce dépassement, il le nomme « histoire philosophique ». Il exige qu'on oublie toutes les interprétations particulières pour saisir, à travers le développement de l'histoire universelle, l'avènement de l'esprit. Pour Hegel en effet chaque époque ou chaque peuple obéit à une logique propre en contradiction avec celle qui précède ou qui suit. Grâce à ces contradictions dialectiques, il est possible pour le philosophe de comprendre le devenir de l'esprit. La dialectique, c'est-à-dire la méthode par laquelle la vie, les faits sont interprétés sous leur forme contradictoire, permet de comprendre comment l'esprit, la plus haute manifestation des aptitudes de l'humanité, se constitue dans le conflit.

Hegel considère, par exemple, que l'esprit se manifeste au XVIIIe siècle de la façon la plus achevée dans l'esprit français. La France des Lumières est détentrice de l'esprit du temps, c'est dire que tout ce qui se pense, tout ce qui s'invente de plus exceptionnel en Europe, s'effectue dans la langue française, sur le territoire de la France. Un homme saura incarner cette réussite : Napoléon. On connaît la réflexion du philosophe qui voyant passer l'Empereur à la tête de son armée reconnaît « l'Esprit » sur son cheval ! Parce que son action individuelle va dans le sens de l'esprit d'un peuple qui est lui-même l'expression de l'Esprit absolu, rien ne résiste à Napoléon Ier. Jusqu'au jour où le « miracle » cesse d'opérer (il y a véritablement une dimension mystique à cette interprétation de l'histoire). L'Esprit change de « camp » et fait triompher les coalisés européens. De retour de l'île d'Elbe, Napoléon n'a pas compris qu'il ne représente plus rien d'autre que ses ambitions et celles de quelques nostalgiques : il est défait. L'esprit du temps, l'esprit romantique, parle désormais l'allemand.

Qu'en est-il aujourd'hui ? En quel lieu s'est déposé l'esprit ? Où se joue le devenir de l'Humanité ? En Asie du Sud-Est ?

...une science ?

▸ Un pôle de scientificité

Comme toujours, Hegel donne le fin mot au philosophe, seul capable, apparemment, d'expliquer au spécialiste sa spécialité... L'histoire *(Historie)* se révèle être le moyen du savoir absolu, c'est-à-dire l'absolu. Le problème est contourné. Pour le philosophe l'histoire ne peut être une fin. Mais pour l'historien ? Si l'histoire n'est pas une science, une fin en soi, un savoir autonome, à quoi bon des historiens ? Pourquoi ne pas se contenter de ces « prêtres de la mémoire » (Hérodote) ou de ces « romanciers populaires » (Michelet) ?

Henri Irénée Marrou a consacré à la connaissance historique une longue réflexion (de fait, notre siècle a vu se multiplier les interrogations portées par les historiens sur leur activité : F. Braudel et Paul Veyne, en particulier) au terme de laquelle il réaffirme que l'histoire ne peut être considérée comme une science exacte. Certes, elle prétend établir une vérité et fonder une connaissance. Mais les faits historiques ne sont jamais donnés, il faut aller les chercher. On pourrait alors établir un parallèle entre l'historien qui va au-devant de l'histoire en recherchant des documents, en les triant, et le physicien qui, par l'expérience, va au-devant de la nature (cf. chapitre 7).

La différence essentielle tient à ce que le physicien va chercher à définir des lois, ce que l'historien ne peut réaliser, sauf à admettre une vision totalement déterministe de l'histoire qui suppose à un moment ou à un autre un acte de foi. Dans *De la connaissance historique,* H.I. Marrou propose l'expression « pôle de scientificité » pour définir l'histoire. L'histoire n'est pas une science exacte, à cause de la part trop grande laissée à l'interprétation, mais elle tend à l'être.

▸ Une impossible objectivité ?

On ne peut contester à l'historien le souci de l'impartialité. Celle-ci apparaît dès les premiers écrits d'Hérodote, où les mérites des Grecs et des Perses sont également reconnus, comme dans les textes de Thucydide où les propos de tous les contradicteurs sur l'agora sont rapportés sans que le scripteur en privilégie aucun en particulier. Mais l'impartialité, explique H. Arendt dans *La crise de la culture,* exige que les faits relatés s'imposent d'eux-mêmes comme notables :

> L'impartialité homérique reposait sur l'hypothèse que les grandes choses sont évidentes d'elles-mêmes, brillent par elles-mêmes, que le poète (ou plus tard l'historiographe) a seulement à préserver leur gloire...

Cette impartialité suppose un terrain d'investigation historique limité à ce qui a, pour le groupe, une valeur reconnue. Elle implique un accord sur cette valeur et plus simplement des valeurs. Dans un monde que les bouleversements de la science ont rendu instable (cf. chapitres 5, 6 et 7), où l'individualisme est désormais la règle (cf. chapitre 14) et d'où le sacré semble avoir été expulsé (cf. chapitre 13), quelles valeurs peuvent fixer cette impartialité que l'on pouvait prendre naguère pour de l'objectivité ? Comment entretenir encore cette même objectivité que les sciences exactes ont contribué à réduire ?

On remarque à présent que l'objet du discours historique est loin de réaliser l'unanimité (certains faits valorisés par les uns sont oubliés par les autres...) et en même temps qu'il n'est plus de terrain d'investigation qui soit interdit aux historiens. En abandonnant l'événementiel, par souci de s'affranchir définitivement de l'interprétation, liée au caractère nécessairement discontinu d'une histoire purement factuelle, nos historiens ont découvert la longue durée. Les nouveaux historiens mettent en avant le caractère trompeur d'une temporalité trop courte :

> A la première appréhension, le passé est cette masse de menus faits, les uns éclatants, les autres obscurs (...) Mais cette masse ne constitue pas toute la réalité, toute l'épaisseur de l'histoire sur quoi peut travailler à l'aise la réflexion scientifique.
>
> F. Braudel, *Écrits sur l'histoire.*

Se débarrassant du pointillisme traditionnel, les historiens découvrent qu'ils peuvent saisir des évolutions sur la plus grande échelle. Pourvu qu'elles portent sur un phénomène humain, ou ayant des conséquences sociales, elles deviennent des objets historiques. On écrira alors une *Histoire du climat depuis l'an mil* (Le Roy Ladurie), une histoire des odeurs (*Le miasme et la jonquille,* Alain Corbin), une *Histoire de la Méditerranée* (F. Braudel), une histoire du commerce (*De l'or et des épices,* J. Favier) ou même des passions (*Histoire des passions françaises,* Th. Zeldin)... Michelet avait donné l'exemple avec *La mer* et *La femme.* Tout mérite d'être rapporté, plus rien ne s'impose... A l'interprétation de l'événement succède celle de l'évolution. Mais ne change-t-on pas seulement d'échelle ? La multiplication des objets peut-elle remplacer l'impossible objectivité ? Ne peut-on pas dire alors que l'on cède à la fois à la démesure du temps et à l'atomisation des valeurs par la prolifération des entreprises gigantesques ?

II. Le sens de l'histoire

Le moteur de l'histoire lui est-il extérieur...

▸ Le plan caché de la nature : philosophie kantienne de l'histoire

Le déterminisme peut seul donner unité à la multitude des démarches historiennes, mais il ne saurait être à l'origine d'un savoir, tout au plus peut-il encourager la réflexion. Quel sens attribuer alors à la question du sens de l'histoire ? Kant, dans l'*Idée d'une histoire universelle du point de vue cosmopolitique,* oppose l'histoire comprise empiriquement (celle qui relate des faits humains) à l'histoire philosophique, laquelle s'organise selon une idée, c'est-à-dire un horizon pour la réflexion, qui permet de penser de façon cohérente les actions des hommes en fonction du développement naturel de l'espèce humaine. La représentation que propose Kant diffère de celle qu'élabore ensuite Hegel en ce que la réalisation de l'humanité est menée selon un plan « caché » de la nature, « extérieure » à l'histoire. Hegel reprochera à Kant cette situation « transcendante ». Kant remplace le Dieu des providentialistes du XVIIe siècle par l'idée de nature, le moteur de histoire lui demeure toutefois absolument extérieur. N'oublions pas cependant que le plan caché de la nature qui se manifeste dans l'histoire n'est qu'une idée directrice, une idée de la raison qui renvoie à l'usage du jugement réfléchissant. C'est une réflexion, non une connaissance.

Il s'agit bien d'établir un jugement réfléchissant sur l'histoire, c'est-à-dire un jugement qui ne prétend pas être un jugement de connaissance.

Cette histoire montrera comment la nature utilise les passions humaines pour un dessein particulier, la réalisation de l'espèce. Ces passions sont en effet une source de conflits (ce que nous apprend en réalité l'histoire empirique) :

> Voici ce qui caractérise par excellence l'espèce humaine : la nature a placé en elle le noyau de la discorde et voulu que sa propre raison en tire la concorde.

On a déjà évoqué le caractère dynamique de cette insociable sociabilité (cf. chapitre 3). Elle permet de rendre intelligible la succession des événements contradictoires, des conflits, des déchirements qui font l'histoire *(Geschichte)* mais aussi de les intégrer dans une interprétation progressiste. Seules les passions peuvent mobiliser efficacement à leur service la raison. Les hommes croient donc utiliser la raison pour la satisfaction de leurs passions, alors que c'est la Nature qui utilise celles-ci pour permettre de façon indirecte à la raison de résoudre telle ou telle difficulté. Pendant les périodes de guerre sont réalisés les plus grands progrès scientifiques ; des inventions développées à des fins militaires deviennent, la paix rétablie, des découvertes déterminantes pour le confort des individus ; l'histoire de la médecine a montré l'importance qu'il faut accorder aux champs de bataille pour comprendre certaines innovations décisives : de l'avion à réaction au pansement, la liste est longue de ces acquis guerriers. L'histoire apparaît ainsi comme « la réalisation d'un plan caché de la nature », elle a pour moteur l'insociable sociabilité et suit le sens du progrès du genre humain :

> Le genre humain a toujours été en progrès et continuera toujours de l'être à l'avenir ; ce qui, si l'on ne considère pas seulement l'événement qui peut se produire chez un peuple quelconque, mais encore l'extension à tous les peuples de la terre, qui peu à peu pourraient y participer, ouvre une perspective à perte de vue dans le temps.
>
> Kant, *Le conflit des facultés.*

▸ L'autre nom de la Providence

Ce plan caché est une idée directrice, une idée de la raison pour penser l'histoire. Elle suppose une vision très particulière de la nature qui relève à la fois de l'anthropomorphisme (la nature conçoit un plan, elle met en œuvre une intelligence supérieure) et du providentialisme.

La lecture du texte kantien n'est pas sans rappeler en effet celle du *Discours sur l'histoire universelle* de Bossuet. Le cours des événements y est présenté comme dirigé par l'action de Dieu, la providence (du latin *providere,* voir en avant). Dieu agit de l'extérieur, en quelque sorte, sur l'histoire des hommes. Ceux-ci ne peuvent guère pénétrer ses desseins, c'est pourquoi ils doivent se remettre aveuglément à cette providence, qui veille par ailleurs sur eux, car Dieu ne peut avoir voulu l'injustice : tout ce qui advient selon la providence est l'expression de la justice de Dieu (la théodicée – *Theos,* Dieu – *dikè,* justice) :

> Une véritable providence de Dieu demande non seulement qu'il ait tout prévu, mais aussi qu'il ait pourvu à tout par des remèdes convenables préordonnés : autrement il manquera ou de sagesse pour le prévoir, ou de puissance pour y pourvoir.
>
> Leibniz, *Second écrit contre Clarke.*

Sous la plume de Voltaire on sait ce que devient cette philosophie de l'histoire. Si tout est bien dans le meilleur des mondes comment justifier le mal et la souffrance ? Le tremblement de terre de Lisbonne, en 1755, est l'occasion d'une véritable prise de conscience et d'un rejet violent de la Théodicée que proposait Leibniz :

> Quel crime, quelle faute ont commis ces enfants
> sur le sein maternel écrasés et sanglants ?
> Lisbonne, qui n'est plus, eût-elle plus de vices
> que Londres, que Paris, plongés dans les délices ?
>
> Voltaire, *Poème sur le désastre de Lisbonne,* 1756.

Les tenants de l'action divine sur l'histoire, selon la plus grande justice, les Leibniz et les Wolff, que représente Pangloss dans *Candide,* expulsent le mal de l'histoire au nom de la bienveillance de Dieu et de la myopie des hommes. Dieu ne peut vouloir le mal, ce sont les hommes qui interprètent les faits et qui les tournent en maux. Il ne s'agit là que d'une interprétation fautive de ces hommes à la vue basse qui ne savent pré-voir. Tel événement ressenti comme un mal à l'instant où il est vécu se révélera par ses conséquences, connues évidemment de Dieu, un bien.

Le plan caché de la nature ressemble aux fins divines. En réalité, Kant se contente de laïciser la providence, mais l'histoire obéit toujours à une finalité externe. Elle a donc un sens, mais parce que la nature ou bien Dieu le lui donne. Il est remarquable de noter, à propos de l'*Idée d'une histoire universelle...*, que le philosophe partage tout à fait avec les métaphysiciens dogmatiques qui font l'objet de ses critiques le présupposé d'une finalité infinie et transcendante. Hegel ne manquera pas de relever la contradiction.

...ou bien intérieur ?

▸ La ruse de la raison

Au « plan caché de la nature », Hegel oppose la « ruse de la raison » :

> On peut appeler « ruse de la raison » le fait que celle-ci laisse agir à sa place les passions, en sorte que c'est seulement le moyen par lequel elle parvient à l'existence qui éprouve des pertes et subit des dommages. Car c'est seulement l'apparence phénoménale qui est en partie nulle, en partie positive.
>
> Le particulier est trop petit en face de l'Universel : les individus sont donc sacrifiés et abandonnés. L'idée paie le tribut de l'existence et de la caducité non par elle-même, mais au moyen des passions individuelles.
>
> *La raison dans l'histoire.*

Les passions conservent dans cette analyse de l'histoire et de son sens une fonction motrice. Pour Kant comme pour Hegel, l'histoire ne se fait pas sans passions. Dans un premier cas les passions sont agies par la nature pour le bénéfice de la raison (parce que l'homme est par nature un être de passions et que de cette façon la nature s'inscrit en lui), alors que dans le second schéma explicatif la raison elle-même se sert des passions particulières. L'universel ruse alors avec le particulier puisqu'il l'utilise et qu'il l'use parfois jusqu'à la destruction. Précisément la ruse passe par la figure du héros, du grand homme, on l'a noté avec l'exemple de Napoléon. En effet, Hegel montre comment la raison se sert des passions en faisant coïncider chez le héros sa passion individuelle (le particulier) avec l'esprit du peuple (l'universel). En servant ses intérêts personnels, le héros sert ceux de la collectivité, la partie s'identifie au tout, l'organe à l'organisme, le personnage historique à l'esprit du temps. Dès lors chaque action du héros favorise l'avènement de l'Esprit absolu, chacune de ses interventions dans le cours de l'histoire est une étape de l'esprit. Hegel nomme « universel concret » cette manifestation de l'universel dans le particulier que représente le grand homme. De fait, on comprend mieux ce qui oppose radicalement Kant à Hegel : par l'intermédiaire de cet universel concret la raison agissante se trouve logée au cœur du devenir historique, la raison fait corps avec l'histoire :

> Il y a quelque chose d'animal dans la manière dont l'esprit dans sa particularité subjective s'identifie avec l'idée.
>
> *La raison dans l'histoire.*

On l'aura saisi, le moteur n'est plus transcendant, il est immanent à l'histoire, c'est la raison. L'histoire *(Geschichte)* est rationnelle, elle échappe par conséquent au regard de l'historien pour être un objet d'étude philosophique. On demeure toutefois en droit de se demander si ce glissement de la transcendance vers l'immanence permet de comprendre le sens de l'histoire. Comment la raison s'accommode-t-elle de ces événements apparemment contradictoires, souvent confus, de ce chaos qui semble résulter d'une histoire qui part dans tous les sens, s'il n'y a plus de plan caché à découvrir dans la nature ou de desseins impénétrables et divins à sonder ?

▸ Le travail du négatif

Michelet fut le premier à montrer que l'histoire donnait au Mal ses lettres de noblesse : c'est le négatif qui fait avancer l'histoire et lui permet de se constituer. En effet, dans *La sorcière* l'historien montre que la lutte de la religion contre les « forces du Mal » est la manifestation d'un conflit entre deux conceptions de la société. En chargeant de négativité l'action de certains membres de la collectivité (médecins, herboristes, rebouteux, savants...), en les désignant comme les ennemis du groupe, l'Église a dramatisé le conflit science-religion. La chasse aux sorcières en est l'une des conséquences les plus spectaculaires (B. Russell, dans *Science et Religion,* cite le chiffre de 100 000 sorcières brûlées vives en Allemagne entre 1450 et 1550). Or ces « forces du Mal » gagnant du terrain dans la société finissent par incarner inversement le Bien et le progrès social. A partir du XVIIIe siècle, les démons d'autrefois deviennent les héros du moment. Ce qui était condamné est encouragé, la recherche scientifique n'est plus suspecte, elle apparaît au contraire comme une activité hautement prestigieuse. L'histoire, c'est en quelque sorte cette alchimie capable de transmuter le Mal en Bien, de transformer le négatif en positif.

Il convient de préciser le sens de l'expression « avancée de l'histoire ». Cette avancée ne peut être identifiée à l'écoulement du temps. Pour qu'il y ait histoire au sens de *Geschichte,* il faut qu'il y ait devenir. Or le devenir se pense par l'intermédiaire de la dialectique et suppose le dépassement des contradictions, c'est-à-dire le dépassement d'un conflit. La négation, le non, est le pivot du processus. Il représente le second moment (antithèse) sans lequel les deux autres ne peuvent exister. Le négatif est au travail dans l'histoire, qu'on l'identifie particulièrement à la lutte des classes (comme Marx, dans *L'Idéologie allemande*) ou plus généralement comme Albert Camus dans *L'Homme révolté* :

> L'histoire des hommes, en un sens, est la somme de leurs révoltes successives.

Le caractère moteur du négatif était déjà perceptible dans l'analyse que proposent Kant puis Hegel du rôle des passions dans l'histoire. Rappelons, en effet, que les passions sont pensées négativement par l'ensemble de la philosophie antique. Le rôle de la sagesse consiste à nous soigner des passions : la philosophie est une médecine de l'âme. Le mot passion renvoie par son étymologie à la souffrance (*pathos :* souffrance) ; ce que permet la sagesse c'est de la surmonter, d'atteindre ce calme, ce repos de l'âme qui ressemble alors à la mer que n'agite plus aucun vent, l'ataraxie, l'absence de trouble. Mais le désir de dominer ses passions, ne procède-t-il pas lui-même d'une passion ?

On peut tirer de cela deux conséquences. D'une part, le caractère dynamique de l'histoire qui progresse d'un conflit à l'autre, d'une négation à son affirmation, interdit de penser pouvoir tirer des leçons de l'histoire. Le rôle de l'historien n'est pas de donner au politique et aux citoyens des leçons. L'histoire ne se répète jamais, sauf peut-être, suggère Marx, de façon caricaturale (le second Empire serait la caricature du premier) ; or la caricature échoue à reproduire le modèle.

> Chaque époque, chaque peuple se trouve dans des conditions si particulières, forme une situation si particulière, que c'est seulement en fonction de cette situation comique qu'il doit se décider : les grands caractères sont précisément ceux qui, chaque fois, ont trouvé la solution appropriée.
>
> Dans le tumulte des événements du monde, une maxime générale est d'aussi peu de secours que le souvenir des situations analogues qui ont pu se produire dans le passé, car un pâle souvenir est sans force dans la tempête qui souffle sur le présent : il n'a aucun pouvoir sur le monde libre et vivant de l'actualité.
>
> Hegel, *La raison dans l'histoire.*

On comprend toujours après coup un processus dialectique qui n'est pas autre chose que l'expression d'un vitalisme historique. Les sociétés humaines vivent comme les individus, et il y a dans cette vie quelque chose qui échappe à la saisie immédiate (cf. chapitre 6).

« La chouette de Minerve, écrit Hegel, se lève à la tombée de la nuit. » La dialectique, la philosophie (Minerve est déesse de la sagesse) ne peut en effet rendre compte de la réalité historique qu'une fois celle-ci vécue. La nature des contradictions ne se révèle qu'une fois celles-ci dépassées. Le philosophe est ainsi voué au rôle d'observateur, de « spectateur engagé » (selon la formule célèbre de R. Aron) qui donne « après coup » du sens, un sens à l'histoire.

Marx reproche à Hegel cette « passivité », pour lui la dialectique est « pratique », elle autorise une vision « scientifique » de l'avenir. Puisque le moteur de l'histoire est la contradiction, on peut discerner dans la réalité des conflits latents qui, une fois manifestes, sont mécaniquement appelés à être dépassés. La dialectique marxienne autorise presque la prophétie (cf. chapitre 3) :

> Le matérialisme historique part de principes réels qu'il n'abandonne à aucun moment. Ses principes, ce sont les hommes, non point dans un fantastique isolement, dans une fantastique immobilisation, mais dans leur développement réel, soumis à des conditions définies, empiriquement clair. Dès que ce processus vital est exposé, l'histoire cesse d'être un amas de faits morts, comme chez les empiristes abstraits, ou l'action imaginaire de sujets imaginaires, comme chez les idéalistes.
>
> *L'idéologie allemande.*

Ces sujets imaginaires, la nature ou la raison, par leur autonomie imaginaire permettent de voir dans l'histoire une liberté à l'œuvre. Pour Marx l'histoire obéit à un strict déterminisme qui conduit à sa propre disparition (cf. chapitre 3). L'horizon des marxistes reste la société sans classes, c'est-à-dire une société sans conflits : l'histoire disparaît par euthanasie dialectique... On a vu ce que cette idée doit au mythe (cf. texte de M. Eliade cité et commenté au chapitre 3).

▸ La fin de l'histoire ?

Plus généralement que signifie l'annonce, faite par certains penseurs contemporains fortement médiatisés, d'une fin de l'histoire ? Pour certains, comme récemment Francis Fukuyama, la « fin de l'histoire » est liée à une mort du politique et des conflits politiques, au profit d'une gestion purement économique dégagée de toute conscience de classe. La revue *Commentaire* publia en 1989 un article de F. Fukuyama intitulé « La fin de l'histoire ? » dans lequel on lisait :

> Les causes profondes de l'inégalité économique n'ont pas tant à voir avec la structure légale et sociale, qui demeure fondamentalement égalitaire et modérément redistributive, qu'avec les caractéristiques culturelles des groupes qui constituent la dite société, et celles-ci sont l'héritage historique de conditions prémodernes.

Le contexte est celui d'une analyse des phénomènes de pauvreté qui touchent les populations noires aux États-Unis. S'il y a disparités sociales, explique Fukuyama, ce n'est pas de la volonté de tel groupe dominant qui utiliserait l'appareil d'État à son profit. Il n'y a plus de luttes des classes mais simplement des vestiges d'un passé. De fait dans la société libérale occidentale plus personne ne conteste le modèle social qui s'est progressivement imposé (enrichissement individuel, consommation, etc.). Même les exclus adhèrent à une logique qui pourtant mène à leur exclusion. Dès lors la notion de conflits de classe perd son sens. La formule est relancée récemment, avec la conversion de la plupart des anciens États communistes à l'économie de marché et au modèle libéral. C'est la fin de l'affrontement idéologique. Est-ce pour autant la fin de l'histoire ?

Il faut revenir à la notion même d'idéologie pour la dégager du préjugé qui paraît l'identifier à des modèles de représentation du monde exclusivement économiques. On oppose ainsi, de façon très rigide et manichéenne, l'idéologie libérale à l'idéologie communiste, comme deux véritables dogmes. Le « déclin des idéologies » se pense alors dans le contexte d'une débipolarisation des affrontements internationaux. La définition que les marxistes donnent de l'idéologie est pourtant loin d'être aussi limitée. On citera pour référence celle que propose Louis Althusser dans *Pour Marx* :

> Une idéologie est un système (possédant sa logique et sa rigueur propres) de représentations (images, mythes, idées ou concept selon les cas) doué d'une existence et d'un rôle historiques au sein d'une société donnée. Sans entrer dans le problème des rapports d'une science à son passé (idéologique), disons que l'idéologie comme système

de représentations se distingue de la science en ce que la fonction pratico-sociale l'emporte en elle sur la fonction théorique (ou fonction de connaissance).

On comprend aisément pourquoi les idéologies sont loin d'être mortes ! Le retour du phénomène religieux, la poussée des revendications nationalistes mettent sur la scène sociale des systèmes d'interprétation du monde qui entrent en conflit. L'histoire, si elle procède par le moyen de la contradiction, a de beaux jours devant elle, même dans les pays industrialisés d'Occident que les chocs ethniques et l'internationalisation des échanges rendent vulnérables, voire perméables, à ces idéologies. L'histoire ne peut s'éteindre ici et reprendre là, comme un feu mal éteint, dans un monde où toutes les nations sont désormais interdépendantes.

Approfondir

LECTURES

. Arendt Hannah, *La crise de la culture,* Gallimard, 1972 pour la traduction française, 380 p.
Le chapitre 2, intitulé « Concept d'histoire », où H. Arendt analyse la crise de l'objectivité historique. Indispensable.
. Corbin Alain, *Le miasme et la jonquille,* Aubier Montaigne, 1982 ; Champs Flammarion, 1986 (Édition poche), 338 p.
Une histoire des odeurs. Bel exemple d'investigation historique inattendue. A. Corbin traque l'évolution de l'odorat occidental et découvre une entreprise – non de culture – mais de dé-culturation du nez qui retrouve la distinction du pur et de l'impur.
. Grosser Alfred, *Le crime et la mémoire,* Flammarion, 1989, 272 p.
Une réflexion de l'auteur de la célèbre *Politique extérieure de la Ve République* sur le rôle de l'historien face au désir collectif d'oublier le crime. L'historien doit alors lutter contre tous les non-lieux de la mémoire. Actuel.
. Le Roy Ladurie, *Histoire du climat depuis l'an mil,* Flammarion, 1986, 288 p.
Une réussite de la « nouvelle histoire » : de l'influence du temps qu'il fait sur le temps qui passe. Pour notre propos, on s'intéressera particulièrement au chapitre 1 intitulé « Objectifs de l'enquête ».
. Meyer Michel, *Le philosophe et les passions,* Librairie Générale Française, 1991, 413 p.
Pour le chapitre VI (« Les miroirs de la sensibilité : morale, esthétique et histoire ») et particulièrement sa quatrième section, « Histoire et Esthétique ». Sur le rôle tenu par les passions dans le discours philosophique sur l'histoire.
. Veyne Paul, *Comment on écrit l'histoire,* Éditions du Seuil, 1971, 352 p.
D'un spécialiste de l'Antiquité gréco-latine, une réflexion sur les méthodes de l'historien. A lire en même temps que *Les Grecs ont-ils cru à leurs mythes* (Éd. du Seuil, 1983), à titre indicatif.

SUJETS POSSIBLES

. La chouette de Minerve se lève-t-elle toujours à la tombée de la nuit ?
. La fin de l'histoire.

- Faut-il perdre la mémoire ?
- Quelles leçons tirer de l'histoire ?

Utiliser

« Nos ancêtres les Gaulois... »

Le manuel scolaire d'histoire et de géographie joue dans notre société un rôle d'importance : il forge les cadres chronologiques du futur citoyen mais il dépose surtout des images plus ou moins pittoresques, des clichés qui sont destinés à nous rattacher de façon affective à l'enfance (Vercingétorix se rendant à César, Napoléon à Austerlitz, etc.). Les auteurs de ces ouvrages, des professeurs d'histoire dont certains sont devenus de véritables « stars » (voir Mallet et Isaac), sont donc investis d'une lourde responsabilité.

On a su suffisamment gloser sur les ouvrages expédiés dans les territoires de l'empire colonial français où les petits Africains ou les petits Tonkinois pouvaient lire : « Nos ancêtres les Gaulois... » L'absurdité fait sourire ou le projet idéologique inquiète (il s'intègre parfois à l'idéal nationaliste « subjectif » hérité de Sieyès et de Renan – cf. chapitre 9). L'anecdote symbolise toutefois le décalage entre le livre et ses lecteurs, comme elle rappelle qu'il ne peut y avoir de programme scolaire innocent. On remarquera ainsi que l'histoire à l'école privilégie la période contemporaine (étudiée jusqu'à trois reprises au cours d'une scolarité) au détriment de l'histoire ancienne aperçue par les petits enfants des classes de sixième. N'est-ce pas là leur rendre la mémoire courte ?

L'historien raconte...

L'histoire, au sens du discours des historiens sur l'histoire, fait recette. Le succès commercial de revues souvent d'une belle longévité *(Historia),* des best-sellers signés Alain Decaux, André Castellot, ou récemment sur le mode biographique, Henri Troyat, des émissions de télévision (« Alain Decaux raconte... ») témoignent de l'intérêt du public pourvu que l'historien se fasse conteur. « Écrire l'histoire » se transforme en « raconter des histoires », des contes pour adultes. L'événementiel et l'anecdotique sont privilégiés, le ton adopté est celui de la familiarité, l'historien-conteur revêt l'habit du barde, du troubadour ou du fabulateur de village. Il s'agit en effet de faire rêver en révélant des destins exceptionnels, de faire trembler par le récit d'horreurs monstrueuses et d'actes aberrants (quand le fou s'empare du pouvoir... l'histoire ouvre une belle galerie de portraits d'autocrates déments, de Caligula à certains dirigeants contemporains). Bref, il faut transfigurer la réalité, produire du fantastique et du merveilleux.

A force de nourrir les imaginations, les raconteurs d'histoire finissent souvent par façonner de véritables contes : la figure historique de Vlad l'empaleur, le seigneur roumain vainqueur des Turcs, se transforme peu à peu en celle, légendaire, de Dracula, popularisée au XIXe siècle par le romancier Bram Stoker et de nos jours par le cinéaste Francis Ford Coppola. Ironie de l'histoire et retour de celle-ci sur la légende, N. Ceauşescu était surnommé par les Roumains eux-mêmes Dracula.

Le roman historique

Le genre est ambigu, en effet les deux mots qui composent l'expression s'excluent par le sens. Le « roman » avoue une fiction que l'adjectif « historique » récuse.

La mode du roman historique naît d'une période ambiguë, elle aussi, parce que transitoire. La France qui restaure sa monarchie au XIXe siècle découvre avec délice les romans de Walter Scott, les *Waverley novels*. Ce sont des récits de chevalerie propres à faire rêver et à ennoblir le présent d'un passé merveilleux.

Le succès populaire du roman historique (toujours très lié au Moyen Age : Jeanne Bourin, *La chambre des Dames* et les désormais classiques *Rois maudits* de Maurice Druon) témoigne de l'équivoque d'une histoire qui fait rêver la majorité et ne donne à penser qu'à une minorité.

Le fait divers

Le fait divers est un anti-événement. L'événement s'impose en effet par son caractère exceptionnel, le fait divers n'est connu que pour son appartenance au quotidien, à l'univers de l'ordinaire ; l'événement est chargé de sens, le fait divers est insignifiant, il est destiné à n'alimenter qu'une information quotidienne, sitôt donnée, sitôt perdue. L'événement enfin va faire l'objet de commentaires interprétatifs, il enclenche un discours savant ; le fait divers ne peut faire naître au contraire que des commérages, des conversations horrifiées de paliers. Pourtant, certains faits divers cristallisent une attention générale de la société, ils passionnent toute la population, ils opèrent une sorte de catharsis comparable à celle que suscitaient les tragédies antiques.

Chaque génération a, de la sorte, semble-t-il, « son » fait divers. Landru, Petiot, Violette Nozières, l'affaire Dominici naguère ont joué leur rôle. Aujourd'hui nous avons « l'affaire » Simone Weber et « l'affaire » Grégory (qui mobilise à ce point la société qu'une romancière connue, Marguerite Duras, lui consacra un long article dans *Paris Match*). Ces faits divers sont des crimes atroces. Que révèlent-ils sinon une complaisance morbide pour l'horreur qu'on expulse à peu de frais en feuilletant les pages de quelques journaux spécialisés ? On peut probablement voir autre chose que ce défouloir collectif dans l'intérêt exceptionnel porté par l'ensemble de la population à ces épisodes sanglants. En effet, ces faits divers-là, ceux qui deviennent par leur importance sociale des événements, mettent en scène des acteurs à l'apparence ordinaire... Violette Nozières ressemble à une « gentille fille », Simone Weber à une « mamie » inoffensive... bref, nul ne pouvait imaginer en elles parricide et femme fatale... Et pourtant... Le fait divers laisse apercevoir que derrière la surface plane et ordinaire du quotidien se cache parfois la démesure ; il est, non la part du rêve, mais celle du cauchemar dont nous avons besoin pour vivre la banalité de l'existence.

9

Je, nous et l'autre

QUEL COLLECTIF LOGER DANS L'INDIVIDUEL ?

Connaître

I. Qu'est-ce qu'une nation ?

Le sentiment national...

▶ « Nationalisme est acceptation d'un déterminisme » (M. Barrès). *La nation est-elle ce* nous *qui s'exprime toutes les fois que l'on dit* je *?*
▶ Y a-t-il une raison nationale ? *Ce* nous *se manifeste à travers des préjugés qui sont utiles à la communauté et qui constituent la raison nationale.*

...repose-t-il sur des facteurs subjectifs...

▶ Vouloir vivre en commun. *La thèse française fait de la nation le résultat d'un contrat librement passé entre des associés, sur le modèle du contrat social de Rousseau.*

...ou objectifs ?

▶ Être en commun. *Pour la thèse allemande, celle qui s'affirme à la fin du* XIXe *siècle, la nation n'est pas fondée sur des critères subjectifs, elle procède de critères totalement objectifs (la langue, en particulier).*
▶ Trouver ses racines. *La thèse des nationalistes allemands va lancer les romantiques à la recherche de leurs racines.*

II. Quel autre en moi ?

Suffit-il d'expulser l'autre...

▶ L'étranger ou le barbare ? *La nation est-elle un principe d'exclusion ? Est-ce un moyen de discriminer ? Le collectif logé dans l'individuel est-il sélectif ?*

▸ **Choisir l'exil.** *Le barbare et l'étranger ne se laissent pas toujours désigner à l'exclusion. Ils s'autoproclament parfois l'un ou l'autre et revendiquent dans le choix de l'exil leur différence. La littérature du* XIXe *siècle en offre de très nombreux exemples. Est-ce un hasard ?*

...pour se trouver soi-même ?

▸ **L'inquiétante étrangeté.** *Freud et la psychanalyse montrent que l'étrangeté et le sentiment d'une altérité inquiétante, voix menaçante, ne sauraient renvoyer qu'à des menaces familières qui sont celles que nous identifions en nous-mêmes pour nous-mêmes.*
▸ **L'inconscient collectif.** *Est-ce dire alors que l'inconscient élimine toute « présence collective » dans l'individu ? Le sentiment de l'altérité peut-il être réduit à une crise d'identité ? Ou bien ne peut-on concevoir, avec Jung, logé au plus profond de l'inconscient individuel un fonds inconscient et collectif qui l'anime ?*

Y a-t-il un Autre qui dort en moi ? Et cet Autre a-t-il mille visages ? Bref, quelle est la part du collectif logée dans l'individuel ? C'est demander si l'individu est totalement indépendant du groupe dans lequel il vit, mais aussi de l'ensemble des autres hommes qui, d'une manière ou d'une autre, vivent ou bien ont vécu comme lui, sur le même territoire et sous les mêmes traditions.

L'homme peut-il exister sans sa nation ? Quel déterminisme fait-elle peser sur lui ? Dans quelle mesure lui permet-elle de trouver, voire conquérir, son identité ?

I. *Qu'est-ce qu'une nation ?*

Le sentiment national...

▸ « Nationalisme est acceptation d'un déterminisme » (M. Barrès)

> Il n'y a point d'homme dans le monde. J'ai vu dans ma vie – écrit Joseph de Maistre – des Français, des Italiens, des Russes. Je sais même grâce à Montesquieu qu'on peut être Persan ; mais quant à l'homme, je déclare ne l'avoir rencontré de ma vie ; s'il existe c'est bien à mon insu.

Les philosophes de la réaction, à l'instar du plus célèbre d'entre eux, raillent le goût des révolutionnaires pour l'abstraction et la fascination exercée sur eux par l'universel. Prétendre déclarer des « droits de l'homme » universels c'est affirmer une idée de l'homme qui transcende tous les hommes particuliers, une humanité commune à tous les hommes (cf. chapitre 5). Or pour de Maistre, l'homme ne peut être que l'ouvrage de sa nation, le fruit particulier d'un sol déterminé, conformément à l'étymologie qui fait dériver nation de *nascor,* naître : la nation est un lieu de naissance.

Ce n'est pas que l'idée de nation soit absente de la pensée des révolutionnaires, au contraire. Mais la nation telle que l'invente la révolution de 1789 définit les individus qui la composent par leur humanité commune et non par leur lieu de naissance. Au nom de cette humanité et du premier des droits fondamentaux de l'homme, la nation révolutionnaire reconnaît à chacun de ses membres une véritable autonomie. C'est dire que la nation est l'œuvre des hommes et non l'inverse. On connaît la célèbre définition de l'abbé Sieyès :

> La nation est un corps d'associés vivant sous une loi commune et représentés par la même législature.
>
> *Qu'est-ce que le Tiers État ?*

A quoi Joseph de Maistre répond : « Une assemblée quelconque d'hommes ne peut constituer une nation ». De fait, les positions sont irréductibles : l'une affirme l'emprise de la nature humaine sur la nature, l'autre l'inverse. Les enjeux restent ceux d'une évaluation juste de la liberté des hommes. L'idée de nation servira aux uns à la promouvoir, aux autres à la limiter.

La question du déterminisme que formule la définition même de l'idée de nation est, par exemple, posée avec acuité par Maurice Barrès dans le texte célèbre, *La terre et les morts* :

> Nous ne sommes pas les maîtres des pensées qui naissent en nous. Elles ne viennent pas de notre intelligence ; elles sont des façons de réagir où se traduisent de très anciennes dispositions physiologiques. Selon le milieu où nous sommes plongés, nous élaborons des jugements et des raisonnements.

Bref le « Moi », auquel tenait pourtant Barrès au point d'affirmer lui vouer un culte, est le produit d'un terrain et d'une filiation, il s'enracine dans un lieu de naissance et s'intègre dans le devenir des générations. Comment concevoir dans de telles conditions le début d'une volonté libre : « Il n'y a pas de liberté de penser. Je ne puis vivre que selon mes morts », note-t-il dans *Scènes*. On comprendra qu'il définisse alors la nation dans ces termes : « c'est la possession en commun d'un antique cimetière... ». La nation ne saurait être un libre contrat passé entre des associés, elle apparaît plutôt comme le lien entre l'individu, sa terre et ses morts, un lien si fort qu'il interdit toute autonomie. La nation est-elle dans ce cas la part du « nous » logé si profondément dans le « je » qu'elle lui retire toute spécificité ? Doit-elle être la menace en chacun de voir dissoudre ses particularités dans un grand fonds collectif qui serait la seule réalité humaine ?

▸ Y a-t-il une raison nationale ?

Joseph de Maistre est le premier à identifier cette raison collective qui dort dans la raison individuelle :

> Tous les peuples connus ont été heureux et puissants à mesure qu'ils ont obéi plus fidèlement à cette raison nationale qui n'est autre chose que l'anéantissement des dogmes individuels et le règne absolu et général des dogmes nationaux, c'est-à-dire des préjugés utiles.

A quoi peut être utile un préjugé ? Que produit cette raison nationale hormis des lieux communs ? Joseph de Maistre reprend à son compte une idée développée en 1790 par Edmund Burke dans ses *Réflexions sur la révolution de France* que Taine et Barrès rendront populaire (« Revêtons nos préjugés – disait

Barrès – ils nous tiennent chaud »). Le « préjugé utile » pour ces penseurs de la contre-révolution, c'est celui qui renvoie au fonds national commun constitué par l'histoire, la langue, les traditions, etc. – on l'aura compris, dans le contexte, le mot « préjugé » est exempt de toute connotation péjorative. Il est utile parce qu'il rattache l'individu à une communauté. Pour ces penseurs de la fin du XVIIIe siècle, l'individualisme apparaît déjà dans le sillage des *Droits de l'homme* et de leur abstraction formelle. Il est utile enfin parce qu'il délivre du doute le sujet entraîné dans une succession de bouleversements depuis le XVIe siècle :

> Le préjugé est d'une application soudaine dans l'occasion ; il détermine, avant tout, l'esprit à suivre avec constance la route de la sagesse et de la vertu, et il ne laisse pas les hommes hésitant au moment de la décision ; il ne les abandonne pas au danger du scepticisme, du doute et de l'irrésolution.
>
> Burke, *Réflexions sur la Révolution française.*

Le préjugé de la raison nationale tire le sujet cartésien de l'effrayante solitude du *cogito*. Le dilemme semble alors être formulé ainsi : libre mais seul ou lié mais entouré. Pour ces penseurs du préjugé utile la solitude n'apporte que des châtiments, l'épisode révolutionnaire – disent-ils – l'a bien montré.

...repose-t-il sur des facteurs subjectifs...

Deux thèses sont donc en présence ; elles s'opposent et se complètent à la fois. Toutes les deux reconnaissent l'importance de la nation. Mais, pour les uns, la nation se construit au présent, le regard tourné vers l'avenir, alors que pour les autres la nation s'impose à nous par le passé. La première thèse est habituellement qualifiée de française, elle est un legs de l'idéal révolutionnaire. La seconde est dite allemande et correspond à l'essor des nationalismes en Europe qui accompagna le romantisme.

▸ Vouloir vivre en commun

Rendant hommage au texte de Sieyès en intitulant le sien *Qu'est-ce qu'une nation ?,* Ernest Renan formule de façon extrêmement claire la thèse française :

> Une nation est une grande solidarité constituée par le sentiment des sacrifices que l'on a faits et de ceux qu'on est disposé à faire. Elle suppose un passé. Elle se résume pourtant dans le présent par un fait tangible : le consentement, le désir clairement exprimé de continuer la vie commune. L'existence d'une nation est un plébiscite de tous les jours.

Certes la thèse de Renan fait du sentiment national une expression de la subjectivité. Il procède du désir de vivre en commun et s'inscrit dans le prolongement de la philosophie du contrat que l'on connaît bien depuis Rousseau (cf. chapitre 2). Mais l'approche volontariste de l'idée de nation n'est pas à extraire de son contexte historique : le conflit territorial avec l'Allemagne. (L'Allemagne annexe en effet à la suite de la guerre de 1870 avec les Français l'Alsace et la Lorraine.) Fustel de Coulanges est encore plus net :

> Ce qui distingue les nations, ce n'est ni la race, ni la langue. Les hommes sentent dans leur cœur qu'ils sont un même peuple lorsqu'ils ont une communauté d'idées, d'intérêts, d'affections, de souvenirs et d'espérances.
>
> *L'Alsace est-elle allemande ou française ?,* 1870.

Après la volonté, le sentiment et l'affectif. Il s'agit bien sûr de contrer les arguments pangermanistes qui plaident en faveur d'un rassemblement des populations de langue allemande (critère objectif). Malraux, dans un contexte différent mais tout aussi belliqueux, trouve la formule qui caractérise ce nationalisme subjectif : « L'esprit donne l'idée d'une nation ; mais ce qui fait sa force sentimentale, c'est la communauté de rêve. » Le « vouloir-vivre-en-commun » n'est possible que pour un idéal commun, un projet, « un vouloir-rêver-en-commun ». La nation est bien le cadre dans lequel s'affirme le sujet et non celui où il disparaît.

...ou objectifs ?

▸ Être en commun

Ce sont des critères objectifs qui fondent la nation. Ce peut être la race (voir Rauschning : « En partant du principe de nation, la France a conduit sa grande révolution au-delà des frontières. Avec la notion de race, le national-socialisme conduira sa révolution jusqu'à l'établissement d'un ordre nouveau »), ce peut être l'espace, vital ou non... Les philosophes allemands de la seconde moitié du XVIIIe siècle et du début du XIXe, Herder et Fichte privilégient la langue :

> Ceux qui parlent la même langue forment un tout que la pure nature a lié par avance de mille liens invisibles.
>
> Fichte, *Discours à la nation allemande,* 1807.

Le texte a beau être de commande, dans le cas précis du discours de Fichte, il s'inscrit néanmoins dans une longue tradition issue du luthéranisme. En effet, Luther traduisant en allemand parlé la Bible latine (la *Vulgate*), elle-même traduite du grec, cherche à sacraliser la langue nationale : les schismatiques se rassembleront aussi autour d'une langue. De fait, Herder en 1767, dans les *Fragments sur la nouvelle littérature allemande* et à nouveau en 1772, avec *De l'origine des langues,* fait du culte rendu à une langue germanique purifiée de tout apport extérieur un principe fédérateur. L'Allemagne, fragmentée par la politique et l'histoire, trouve son unité nationale dans sa langue et sa littérature, bref elle enracine chaque Allemand dans un « territoire culturel » que nulle querelle de princes ne peut partager d'une frontière artificielle.

Le nationalisme allemand promeut donc l'idée de culture qu'il oppose à la civilisation : l'une est un ciment pour la nation allemande quand l'autre tend naturellement au cosmopolitisme. Ainsi se superpose à l'opposition nationalisme subjectif (« à la française »)-nationalisme objectif (« à l'allemande ») une nouvelle antithèse civilisation-culture. Un texte extrait des *Considérations sur l'histoire* de Burckhardt est, à cet égard, éclairant :

> Nous appelons culture *(Kultur)* la somme des activités de l'esprit qui ont lieu spontanément et ne prétendent pas à une valeur universelle ni à un caractère obligatoire (...) La culture est le processus aux mille faces par lequel l'activité élémentaire et naïve de la race se transforme en savoir réfléchi et aboutit à son stade le plus élevé à la science et à la philosophie, enfin à la pensée pure.

La culture, parce qu'elle est nécessairement particulière, ne peut s'exporter, elle n'a pas vocation à être un modèle au contraire de la civilisation :

> Le premier fait qui soit compris dans le mot de civilisation, c'est le fait de progrès, de développement...
>
> F. Guizot, *Civilisation européenne.*

Derrière l'idée d'une civilisation, on peut discerner cette prétention à réaliser l'universalité de l'homme, et par conséquent à dépasser les particularismes nationaux. La culture est du côté de la nature, la civilisation procède au contraire d'une affirmation de la primauté de l'esprit. Une culture nationale est prête à l'affrontement d'une autre culture nationale, alors qu'un peuple qui se veut détenteur de l'idéal civilisateur fait de l'annexion, de la digestion en quelque sorte, des peuples auxquels il s'oppose le principe de son impérialisme.

L'exemple romain paraît à cet égard très démonstratif : si le monde est romain, c'est que Rome offre un modèle de civilisation destiné à se répandre. La facilité relative avec laquelle était attribuée la citoyenneté romaine découle de cette logique. Les provinces finissent même par peser d'un poids écrasant sur le centre du pouvoir. L'Empire romain parvient à réaliser l'idéal cosmopolite des stoïciens. L'ordre cosmique instauré par une apparente *pax romana* trouve même un protecteur-philosophe en la personne de l'empereur Marc Aurèle :

> Toutes choses s'enchaînent entre elles et leur connexion est sacrée et aucune, peut-on dire, n'est étrangère aux autres, car toutes ont été ordonnées ensemble et contribuent ensemble au bel ordre du même monde. Un, en effet, est le monde que composent toutes choses ; un le Dieu répandu partout ; une la substance, une la loi, une la raison commune à tous les êtres intelligents ; une la vérité, car une aussi est la perfection pour les êtres de même famille et participant de la même raison.
>
> Marc Aurèle, *Pensées.*

Pour les stoïciens, en effet, la nature est un cosmos qu'ordonne un logos, un principe de rationalité. Le monde donne le spectacle d'une « sympathie universelle » :

> N'as-tu pas l'impression que toutes les choses sont unies les unes aux autres ? Que celles de la terre sont en sympathie avec celles du ciel ?
>
> Épictète, *Entretiens*.

L'empereur-philosophe Marc Aurèle et l'esclave phrygien Épictète font de la philosophie stoïcienne, inventée quatre siècles auparavant par le Grec Zénon, une doctrine parfaitement adaptée aux réalités de l'Empire romain : le stoïcisme connut d'ailleurs, du Ier au IIe siècle après Jésus-Christ, un véritable effet de mode. C'est qu'il permettait de penser le gigantisme de l'empire et de fonder cet impérialisme désormais incontrôlable sur une rationalité. L'empire ne faisait qu'épouser au plus près les dimensions de ce cosmos au sein duquel les particularités ne pouvaient que se fondre. Le stoïcisme fixe chaque partie du tout à sa place et fait de la subordination de la partie à ce même tout la condition du bonheur.

L'antagonisme culture-civilisation qu'exacerbent les rivalités territoriales est précisément exposé par Thomas Mann dans un article célèbre publié en septembre 1914 :

> Civilisation et culture sont des contraires (...) La culture n'est assurément pas l'opposé de la barbarie. Bien souvent, elle n'est au contraire qu'une sauvagerie d'un grand style – et parmi les peuples de l'Antiquité, les seuls, peut-être, qui fussent civilisés étaient les Chinois. La culture est fermeture, style, forme, attitude, goût, elle est une certaine organisation du monde, et peu importe que tout cela puisse être aventureux, bouffon, sauvage, sanglant et terrifiant (...) La civilisation, de son côté, est raison, lumières, douceur, décence, scepticisme, détente, esprit. Oui, l'esprit est civil, bourgeois : il est l'ennemi juré des pulsions, des passions, il est antidémoniaque, antihéroïque – et ce n'est qu'un semblant de paradoxe de dire qu'il est aussi antigénial.

A la civilisation française s'oppose la culture allemande, l'une se veut assimilatrice, l'autre est discriminante et recherche l'expulsion des corps étrangers : une logique de l'assimilation contre une logique de l'exclusion pour résoudre un conflit territorial multiséculaire.

▸ Trouver ses racines

On conçoit l'importance du rôle joué par les élites dans la prise de conscience de l'idée de nation. La langue, l'histoire, l'art de chaque peuple sont systématiquement valorisés par des initiatives qui surgissent dans tous les pays. Sous l'impulsion du romantisme, on s'intéresse à nouveau aux folklores (qui se manifestent dans la recherche systématique de la « couleur locale » chez les romanciers), à la philologie (en 1821 est fondée, par exemple, à Paris l'École des Chartes)... En France, des historiens comme Augustin Thierry *(Récits des temps mérovingiens),* Hippolyte Taine *(Les origines de la France contemporaine)* ou Jules Michelet partent à la recherche d'une spécificité française. Taine, dans *La Fontaine et ses fables,* identifie même un « esprit gaulois » que manifestent les œuvres de Rabelais, Molière, La Fontaine :

> Telle est cette race, la plus attique des modernes, moins poétique que l'ancienne, mais aussi fine, d'un esprit exquis plutôt que grand, douée plutôt de goût que de génie, sensuelle, mais sans grossièreté ni fougue, point morale, mais sociable et douce, point réfléchie, mais capable d'atteindre des idées, toutes les idées, et les plus hautes, à travers le badinage et la gaieté. Il me semble que voilà La Fontaine presque tout entier décrit, et d'avance. Vous êtes remonté à la source de l'esprit gaulois, vous y avez vu le grand réservoir primitif d'où tous les courants sortent, et vous avez trouvé que l'eau est la même dans le réservoir et dans les courants.

Ce désir de remonter à la source de la culture et de l'identité des peuples anime toute l'Europe du XIXe siècle d'une fièvre créatrice autant qu'exploratrice qui fait naître les projets les plus fous.

Parti ainsi d'Allemagne, le négociant Schliemann ouvre les deux plus prestigieux chantiers archéologiques du siècle : il retrouve, sous la colline d'Hissarlik, en Turquie, l'antique ville de Troie (1873), il exhume ensuite la cité d'Agammemnon, Mycènes. Du coup, Homère et les tragiques grecs se trouvent être les chantres d'une origine commune aux peuples d'Europe. Le berceau culturel grec est définitivement aménagé (la guerre d'indépendance de la Grèce avait déjà dans les années vingt mobilisé les artistes romantiques : Lord Byron part y mourir, Delacroix, Hugo rendent un vibrant hommage aux insurgés). Les exemples abondent et ne cessent de se multiplier pendant tout le siècle.

On retiendra, parce qu'elle est unique en son genre, la démarche du compositeur hongrois Béla Bartók. Très significativement, celui-ci consacre sa première œuvre symphonique au révolutionnaire magyar Kossuth, qui s'insurgea contre les Habsbourg en 1848. Mais auparavant – c'est-à-dire avant même de rédiger ses premières partitions – Bartók décide de sillonner la Hongrie et de recueillir le plus grand nombre de chants folkloriques possible. Il va transcrire ainsi plus de 10 000 mélodies populaires, comme s'il lui fallait reconstituer le terreau national dans lequel enraciner son œuvre à venir...

II. *Quel autre en moi ?*

Suffit-il d'expulser l'autre...

▸ L'étranger ou le barbare ?

L'affirmation de l'unité nationale passe aussi par la désignation de ceux qui ne sauraient y participer. Le repli sur la culture nationale, la recherche d'une langue authentique (cf. chapitre 10) et de celui qui pourra « donner un sens plus pur aux mots de la tribu », la volonté de marquer le tracé des frontières, tout cela vise à l'expulsion du corps ressenti comme étranger. Il faut noter que la notion de nation permet autant la fédération que le rejet, la constitution d'une identité que la reconnaissance d'une altérité. De fait, les deux attitudes sont solidaires. On connaît la formule de Spinoza, *« omnis determinatio est negatio »*, « toute détermination est une négation ». Dire ce que l'on est, c'est dire aussi ce que l'on n'est pas. La constitution de l'identité nationale est aussi établissement des limites reconnues à cette identité. Les formes de ce rejet, lors d'événements catalyseurs des peurs et des angoisses collectives, peuvent être évidemment à la fois intolérables et grotesques. Tzvetan Todorov relève ainsi, dans *Nous et les autres,* quelques « perles » signées Barrès, à situer dans le contexte de « l'affaire » : « Que Dreyfus est capable de trahir, je le conclus de sa race », « Qu'est-ce que M. Émile Zola ? Je le regarde à ses racines : cet homme n'est pas un Français »... Les exemples de ce type sont légion, ils témoignent assurément de cette logique du rejet à laquelle semble conduire le sentiment national.

Il n'en a pas toujours été ainsi ; qu'on se réfère, par exemple, au monde grec, longtemps accueillant pour l'étranger. Les premières « émigrées » sont les Danaïdes, contraintes de fuir l'Égypte pour échapper aux époux qu'on leur promettait. Le poète tragique, Eschyle, les représente à leur arrivée dans la ville d'Argos dans une tragédie intitulée *Les Suppliantes.* L'asile politique est accordé à ceux et celles qui prennent devant les autels l'attitude du suppliant. Le roi d'Argos place donc sous sa protection celles-là qui incarnent le refus même de la socialisation et de l'intégration : les Danaïdes refusent le mariage, ce refus est à l'origine de leur fuite et leur interdit de s'agréger à la Cité qui les accueille. Les Grecs désignaient d'ailleurs un citoyen dont la charge était de servir de tuteur aux étrangers, le proxène.

Ce sont les guerres Médiques qui ont fait évoluer ces habitudes hospitalières, en imposant à l'imaginaire grec une figure nouvelle et inquiétante, celle du barbare. La formation du mot est éclairante. On y voit à l'origine une onomatopée, « blablabla » – « barabara », dont se servaient les guerriers athéniens pour désigner ceux dont la langue leur était inintelligible, voire inaudible. Le barbare, c'est celui qu'on ne peut comprendre, l'autre irréductible. On sait l'importance accordée par les Grecs au dialogue, à la confrontation des opinions... Désigner pour eux le barbare revient à constater l'échec de toute forme de communication. Avec le barbare, au sens propre, on ne peut guère s'entendre. Aucune compréhension, aucune sympathie n'est concevable. Des étrangères on parvenait à écouter les suppliques, du barbare on ne saurait dire que la sombre différence. On accueille l'étranger, on maintient le barbare à l'écart, hors de l'enceinte de la Cité. Il y a en effet quelque chose de bestial dans ce bafouillage insensé, quelque chose que la raison ne peut maîtriser, quelque chose qui semble en rapport avec le pulsionnel. Le rejet paraît à la fois inévitable et fasciné. Associant l'étranger au barbare, Julia Kristeva, dans *Étrangers à nous-mêmes,* dégage l'élément inconscient de cette trouble expulsion :

> Dans le rejet fasciné que suscite en nous l'étranger, il y a une part d'inquiétante étrangeté au sens de la dépersonnalisation que Freud y a découverte et qui renoue avec nos désirs et nos peurs infantiles de l'autre – l'autre de la mort, l'autre de la femme, l'autre de la pulsion immaîtrisable.

En créant le barbare, les Grecs poursuivent leur entreprise cathartique de purification (cf. chapitre 1). Est-ce alors absolument hasardeux de noter que le même homme est à l'origine du développement de la tragédie et des premières mesures politiques de protection de la Cité contre les étrangers ?

> Et la troisième année qui suivit, sous Antidotes, à cause du nombre croissant des citoyens et sous la proposition de Périclès, on décida de ne pas laisser jouir des droits politiques quiconque ne serait pas né de deux citoyens.
>
> Aristote, *Constitution d'Athènes.*

Une génération seulement sépare Eschyle et ses *Suppliantes* de Périclès, l'ami et le collègue en stratégie de Sophocle. Athènes, partie à la conquête des mers et du monde, se referme sur ses richesses et sa puissance, choisissant d'expulser avec Dionysos (lui-même divinité errante) tous les étrangers de la communauté politique.

▸ Choisir l'exil

On désigne le barbare... Pas si sûr : et si certains choisissaient de se faire le barbare de la communauté nationale ? On songera aux premières lignes d'*Une saison en enfer* d'Arthur Rimbaud, qui sous le titre emblématique « Mauvais sang » construisent une origine barbare au poète :

> J'ai de mes ancêtres gaulois l'œil bleu-blanc, la cervelle étroite, et la maladresse dans la lutte. Je trouve mon habillement aussi barbare que le leur. Mais je ne beurre pas ma chevelure.
> Les Gaulois étaient les écorcheurs de bêtes, les brûleurs d'herbes les plus ineptes de leur temps.
> D'eux, j'ai : l'idolâtrie et l'amour du sacrilège ; – oh ! tous les vices, colère, luxure, – magnifique, la luxure ; – surtout mensonge et paresse.

Rimbaud s'affirme en digne descendant des barbares gaulois, quand Baudelaire se constitue peu à peu en étranger au monde. Le premier texte des *Petits poèmes en prose,* intitulé « L'étranger », présente ainsi au lecteur un « homme énigmatique » ayant pour seule passion les nuages : « J'aime les nuages... les nuages qui passent... là-bas... là-bas... les merveilleux nuages ! » Au royaume de l'imaginaire, il est un « Prince des nuées », superbe albatros, bel oiseau blanc que l'envergure de ses ailes rend majestueux. Mais sitôt qu'il est captif des matelots, il devient maladroit, ridicule : « Ses ailes de géant l'empêchent de marcher ». L'allégorie est facile à lire : dans le monde des autres hommes, le poète est handicapé, son mépris des réalités et son absence de sens pratique font de lui un exilé. Contraint de vivre, « ici-bas », il est pourtant appelé par cet horizon, « là-bas », ce lointain vertige que Mallarmé nomme l'azur et que Baudelaire appelle l'idéal. Maurice Blanchot, dans l'*Espace littéraire,* formule cette nature d'exilé qui est la sienne :

> Le poète est en exil, il est exilé de la Cité, exilé des occupations réglées et des obligations limitées, de ce qui est résultat, réalité saisissable, pouvoir.

Cet exil est nécessaire à son être poétique. Étranger ou barbare, qu'importe... Dans les deux cas, il ne parle pas la langue des autres hommes. Sa parole est entendue par eux comme ce « bara-bara » dont se moquaient les Grecs lorsqu'ils écoutaient parler les Perses. Maurice Blanchot poursuit : « Le poème est l'exil, et le poète qui, lui, appartient à l'insatisfaction de l'exil est toujours hors de lui-même, hors de son lieu natal... ». Si le poème est l'exil, c'est bien qu'il se donne comme la recherche de l'expression de la singularité absolue.

Le poème fait entendre une voix étrange et étrangère aux autres hommes. Paul Valéry expliquait dans son cours de *Poétique* au Collège de France que le poète était tenu de réaliser le miracle d'une parole unique, inimitable – car expression d'une singularité, d'une âme à nulle autre semblable – avec des mots et une syntaxe qui appartiennent à tous. Le poème est un exil du langage qui entraîne le poète « hors de son lieu natal », c'est-à-dire sa langue, celle que parlent ses proches. Choisissant de dire ce qui pour les autres hommes demeure l'indicible, il se condamne volontairement à la solitude, à l'abandon, à l'incompréhension. Ce choix fondamental, ce risque insensé fait du poème une arme redoutable. L'acte poétique se découvre être ainsi un acte a-social, le refus d'utiliser les « mots de la tribu » comme la tribu a l'habitude de les entendre. Par là, le poème remet en cause – à travers les bouleversements et les torsions qu'il inflige au langage – l'ordre des choses. Antonin Artaud ne s'y trompe pas lorsqu'il affirme à la Sorbonne en décembre 1931 :

> La poésie est anarchique dans la mesure où elle remet en cause toutes les relations d'objet à objet et des formes avec leurs significations.
>
> Conférence publiée dans *Le théâtre et son double.*

On conçoit désormais la rage avec laquelle les Rimbaud, les Verlaine, les Baudelaire cherchent à détruire leur identité sociale. L'acharnement de Baudelaire est à la démesure de sa haine du monde. Fils d'un collectionneur fortuné, beau-fils du gouverneur militaire de Paris, Charles Baudelaire est issu du milieu le plus protégé, le plus privilégié qui soit, celui du cercle étroit des fidèles de Napoléon III. Baudelaire va édifier provocation après provocation sa marginalité : débauches, ruine financière, drogues, scandales littéraires... Il y a du systématisme dans la recherche de ce qu'il appelle « le plaisir aristocratique de déplaire »...

Ce choix volontaire de l'exil, cette renaissance de l'artiste en barbare, n'auraient qu'un intérêt très limité à la réflexion sur la genèse et les fonctions de l'œuvre d'art, si dans une telle attitude toute une génération ne s'était reconnue.

En 1884, un romancier peu prisé du public qui écrit dans l'ombre de Zola, Joris-Karl Huysmans, publie un texte énigmatique, *A rebours,* qui va connaître une fortune surprenante (on retrouve même l'ouvrage au chevet de Dorian Gray dans le roman d'Oscar Wilde). Ce roman sans intrigue qui relate le déménagement hors de Paris d'un aristocrate, épuisé par le poids de ses luxures passées et celui de ses prestigieux ascendants, qui choisit donc de s'enfermer dans une villa achetée à Fontenay-aux-Roses, loin du bruit parisien, devient en quelques semaines le « bréviaire » de la décadence et fait connaître, du jour au lendemain, un obscur professeur d'anglais qui publie, à ses heures perdues, dans des revues confidentielles, des poèmes hermétiques. Il s'agit de Stéphane Mallarmé.

Que disent Huysmans et Mallarmé sinon le mur infranchissable qui les sépare désormais d'une société qui leur paraît étrangère, vis-à-vis de laquelle ils ne sont plus que d'aristocratiques barbares. La génération « décadente », celle qui surgit des décombres du second Empire et qui voit se construire peu à peu la troisième République, fait de ces poètes de l'exil intérieur des symboles, ceux d'une ultime et vaine résistance. La décadence aura ses héros, les dandies, (Baudelaire voit dans leur existence le « dernier éclat d'héroïsme des décadences »), ses martyrs témoignant d'un singulier « progrès » de la civilisation qui change la culture en barbarie. Jean-Paul Sartre, analysant ce qui dépasse largement le phénomène de mode, a pour ces esthètes « fin de siècle » des mots cruels :

> Leur aristocratie, toute négative, s'élève sur les ruines de toute aristocratie réelle. Ils décorent du nom de noblesse leur vain regret d'une noblesse anéantie ; et leur singularité irremplaçable n'est au fond que la négation de l'universalité.
>
> J.-P. Sartre, *Mallarmé. La lucidité et sa face d'ombre,* 1986
> à partir d'un article rédigé en 1952.

Pour Mallarmé l'exil est moins volontaire qu'infligé par une société marquée du sceau de la banalité, de l'uniformité et de la médiocrité. Certes l'isolement dans lequel se réveille le poète est le moteur de son acte créatif, certes son exclusion demeure celle du langage commun, mais il s'agit là d'une contrainte semblable, par sa violence, à celle qu'exerce la glace sur les ailes de ce cygne dont il fait l'image du poète dans « Le vierge, le vivace... ». Le couple civilisé/barbare fonctionne selon une logique de l'expulsion qui varie seulement avec l'objet qu'elle doit expulser. Être désigné comme un barbare, se choisir barbare ou bien se sentir entouré de barbares, seul et ultime représentant de la civilisation : les « décadents » de la « fin du siècle » vont connaître les trois cas de figure, avec une préférence pour le dernier.

> Je suis l'Empire à la fin de la décadence
> Qui regarde passer les grands barbares blancs,
> En composant des acrostiches indolents
> D'un style d'or où la langueur du soleil danse.
>
> Verlaine, *Langueur.*

C'est le désaccord entre l'art et la société qui est désormais scellé.

...pour se trouver soi-même ?

▸ L'inquiétante étrangeté

> L'artiste, comme le névropathe, s'était retiré loin de la réalité insatisfaisante, dans ce monde imaginaire, mais à l'inverse du névropathe il s'entendait à trouver le chemin du retour et à reprendre pied dans la réalité. Ses créations, les œuvres d'art, étaient les satisfactions imaginaires de désirs inconscients, tout comme les rêves, avec lesquels elles avaient d'ailleurs en commun le caractère d'être un compromis, car elles aussi devaient éviter le conflit à découvert avec les puissances de refoulement.
>
> Freud, *Ma vie et la psychanalyse.*

A de nombreuses reprises, Freud va montrer que la culture, au sens de ce qui relève de la production des œuvres d'art, est issue d'un mécanisme de refoulement. L'artiste expulse dans l'œuvre ce qu'il ne peut affronter de lui-même. De fait, l'œuvre d'art rend étranger, autre, inquiétant – barbare ? – ce qui était dans la vie psychique au contraire très familier. La tâche du psychanalyste va consister à retrouver derrière l'insolite le familier, à identifier ce sentiment « d'inquiétante étrangeté » que suscite la contemplation de certaines œuvres, bref à comprendre comment se manifeste ce « retour du refoulé ».

> Cet *Unheimlich* (inquiétante étrangeté) n'est en réalité rien de nouveau ou d'étranger, mais quelque chose qui est pour la vie psychique familier de tout temps, et qui ne lui est devenu étranger que par le processus de refoulement.
>
> Freud, « L'inquiétante étrangeté », *Essais de psychanalyse appliquée.*

Cette immanence de l'étrange dans le familier et la découverte qui suit en inversant la proposition, l'art nous les rend sensibles. Elles peuvent toutefois se manifester à tout moment dans la vie de quiconque. Un genre littéraire évidemment se prête volontiers à l'analyse du processus puisqu'il en est directement issu, le genre fantastique. De fait, Freud dégage cet *Unheimlich* à partir de l'étude d'un conte nocturne d'Hoffmann, *L'homme au sable,* à la lecture duquel on ne saurait que renvoyer. Il faut bien sûr rappeler que le ressort principal du conte fantastique – et à quoi tient principalement le succès du genre – consiste à faire découvrir sous le quotidien l'extraordinaire, voire le surnaturel et l'effrayant. Un seul romancier, de façon délibérée, part d'une situation effrayante qu'il banalise ensuite au cours de son récit. Il s'agit de Kafka, et de *La Métamorphose,* en particulier. Là, Franz Kafka dénude, en quelque sorte, le processus que masquent les écrivains du fantastique ou du merveilleux.

La situation initiale est surnaturelle ; un jeune homme, Gregor, se réveille un matin transformé en insecte gigantesque. Il continue à penser et à communiquer comme un être humain, mais il a désormais l'apparence d'un gros cafard. Cette métamorphose va provoquer dans sa famille un électrochoc. Non que quiconque s'inquiète du sort de Gregor (on ne juge pas cette transformation mystérieuse et proprement extraordinaire) ; en réalité tous les membres de la famille se trouvent dans la situation de devoir se prendre eux-mêmes à nouveau en charge (Gregor faisait vivre par son travail toute la famille). Leur souci n'est donc pas de « guérir » Gregor mais de remplacer les revenus qu'il apportait et de le dissimuler, de le tenir au secret de sa chambre, pour que personne ne puisse apprendre la nouvelle honteuse. On le constate, un événement extraordinaire engendre des réactions bien ordinaires. Ce qui est effrayant chez Kafka, ce n'est pas le surgissement de l'extraordinaire sous le familier, mais au contraire la banalité qui s'impose toujours, l'ordinaire, le médiocre, le connu prêts à s'emparer du surnaturel et du merveilleux. Ce que l'on croyait étrange tourne toujours à la banalité.

Le seul étranger qui demeure en soi, c'est par conséquent soi-même. Le malaise que suscite une situation, un objet, une rencontre ou un autre individu ne saurait renvoyer qu'au malaise éprouvé au spectacle du retour, rendu sensible, d'un sentiment refoulé par l'inconscient. Les mécanismes d'exclusion sociale peuvent être souvent l'objet d'interprétation de ce type. L'autre qui répugne donne à voir le plus souvent ce qui en nous-mêmes fait peur ou suscite notre dégoût. La crainte de l'autre révèle une crainte de soi-même ; derrière l'étranger honni, il y a fréquemment le familier qu'on voudrait oublier.

Quel autre en moi sinon moi-même ?

▸ L'inconscient collectif

Cet autre redoutable, c'est évidemment l'inconscient tel que Freud le découvre au cours de son étude des cas d'hystéries, de névroses obsessionnelles, à partir desquels il élabore sa méthode, la *talking cure* (conduire le patient à exprimer, c'est-à-dire expulser, l'événement traumatique vécu dans l'enfance et qui est à l'origine de la souffrance de l'adulte). Cet inconscient se manifeste dans les rêves, dans les lapsus (cf. chapitre 10), dans les mots d'esprit, les œuvres d'art, etc. Il est singulier, c'est-à-dire constitué à partir d'une histoire individuelle (seul le « complexe d'Œdipe » est universel, selon Freud). L'autre qui vit en chacun de nous, cet inconscient est un double particulier. Freud ne conçoit donc pas la notion d'inconscient collectif, l'expression lui semble même totalement dépourvue de signification.

C'est à Jung, le disciple admiré, que l'on doit d'avoir dégagé la notion, au risque de se brouiller avec Freud.

En 1907, les deux hommes se sont rencontrés à Vienne. Freud croit voir en Jung le disciple brillant capable de donner à la psychanalyse une audience internationale (Jung est suisse et connaît de nombreux médecins aux États-Unis, il fera « sortir » les théories freudiennes de leur ghetto viennois). Pourtant cinq ans plus tard, la rupture intervient, et de façon spectaculaire, à propos de la publication d'un ouvrage de Jung intitulé *Métamorphoses et symboles de la libido.* Jung cherche, dans ce texte, à détacher la sexualité de l'histoire personnelle que Freud ne manque pas de lui attribuer. Il analyse à ce sujet le mécanisme de l'inceste. Pour Jung, les pulsions incestueuses d'un individu ne sauraient trouver leur origine dans le récit personnel d'une histoire vécue individuellement dans l'enfance. Car l'inceste a un contenu religieux. Il symbolise en effet le retour vers la mère, à travers le désir de ce qui provient de la mère. Il s'agit de l'expression de la nostalgie de l'origine. Le désir incestueux fait par conséquent partie d'un fonds collectif, un « inconscient collectif », que Jung définit dans *La dialectique du moi et de l'inconscient* en ces termes :

> un dépôt constitué par toute l'expérience ancestrale depuis des millions d'années, l'écho des événements de la préhistoire.

L'accès au contenu de cet inconscient collectif nous est facilité par l'étude des mythes. En effet :

> Il existe une couche de l'inconscient qui fonctionne exactement comme la psyché archaïque d'où naquirent les mythes.
>
> Jung, *Dialectique du moi et de l'inconscient.*

Le rêve apparaît ainsi comme le retour, sous une forme particulière et individuelle, du mythe.

Pour le patient la différence entre la psychanalyse freudienne et la psychanalyse jungienne est considérable. En effet, Jung parvient, par le moyen de la découverte de l'inconscient collectif, à montrer que la souffrance individuelle est un problème collectif. Le malade ne l'est pas ou bien avec tous les autres hommes. La culpabilité que fait naître la découverte de certains désirs est désormais partagée par tous.

Approfondir

LECTURES

. Finkielkraut Alain, *La défaite de la pensée,* Gallimard, 1989, 168 p.
Un exposé très clair des enjeux et de l'affrontement des deux nationalismes (allemand et français), en rapport avec l'opposition culture/civilisation. Une analyse particulièrement intéressante des positions variables de Goethe sur le sujet.
. Kristeva Julia, *Étrangers à nous-mêmes,* Arthème Fayard, 1988, 180 p. Existe en Folio-Essais.
Une interrogation sur la notion d'étranger à la lumière du mythe, de l'histoire et de la psychanalyse. Une synthèse utile.
. Nataf André, *Jung,* M.A. Éditions, 1985, 205 p.
Conçu sous la forme d'un répertoire, cet ouvrage élucide les principaux concepts de la psychanalyse de Jung et met en lumière ses divergences avec Freud. A lire en priorité l'article « Rêve ».
. Sartre Jean-Paul, *Mallarmé, la lucidité et sa face d'ombre,* Gallimard, 1986, 171 p.
Un texte méconnu de J.-P. Sartre consacré à Mallarmé et à « l'engagement » de l'écrivain. Sartre y analyse le sens de l'exil intérieur et volontaire que l'auteur d'*Un coup de dés n'abolira jamais le hasard* a cherché à mettre en scène. Il y voit une sorte d'engagement « en creux », un silence aussi éloquent que tous les discours de Zola et de Barrès.
. Todorov Tzvetan, *Nous et les autres,* Seuil, 1989, 453 p.
Le critique T. Todorov traque l'image de l'étranger, du barbare et du primitif dans notre espace littéraire. Montaigne, Rousseau et tous les autres sont passés au crible de la citation et de son commentaire. Particulièrement brillant et riche.

SUJETS POSSIBLES

. La peur de l'autre
. L'État de la nation
. « Je » est-il un « autre » ?
. Altérité, identité, universalité.

Utiliser

Droit du sol et droit du sang

Le droit français reconnaît le *jus soli,* droit du sol, et le *jus sanguinis,* droit du sang, pour accorder ou non la nationalité française. Il s'agit là de deux conceptions différentes de la nation, et même de l'étymologie du mot (*nascor,* signifie naître en latin). Quelle est la question la plus importante : où naît-on ? ou de qui naît-on ? La règle du *jus sanguinis* est formulée par l'article 17 du code de la nationalité :

> Est français l'enfant légitime ou non dont l'un des parents au moins est français.

Le critère de nationalité est objectif et ne fait guère l'objet de polémiques. Il en va autrement du *jus soli,* le droit du sol, c'est-à-dire le droit d'obtenir la nationalité française à la seule condition de naître sur le territoire français. En théorie, le *jus soli* est limité et ne peut pas susciter l'octroi automatique de la nationalité française à des enfants d'immigrés nés en France. Le *jus soli* n'est appliqué rigoureusement que pour éviter l'apatridie. Le code de la nationalité ne déclare, *jure soli,* français que des enfants nés en France de parents inconnus ou de parents apatrides. Pour les autre cas, l'article 23 stipule :

> Est français l'enfant, légitime ou naturel, né en France lorsque l'un de ses parents au moins y est lui-même né.

Le problème dans le cas français est que cette règle s'applique aux enfants nés en France de parents algériens, considérés comme Français jusqu'en 1962. La République hérite ainsi logiquement des problèmes posés par la conception républicaine de la colonisation qui entendait faire des indigènes de futurs Français attachés aux valeurs de 1789. Derrière le *jus soli,* c'est toute une conception de la nation qui se dessine : elle n'est ni un sang, ni même un sol, mais une idée.

Black is beautiful

L'image de l'homme noir ne choque plus (elles sont loin les provocations de Charles Baudelaire au bras de Jeanne Duval, la Vénus noire), au contraire elle rassure, en particulier sur les intentions, nécessairement bonnes, d'une société capable d'afficher ainsi son multiracialisme. Car c'est bien d'affichage publicitaire dont il s'agit ici, et non de véritable intégration sociale, évidemment. De fait le corps noir est à la mode, les médias l'exhibent sur la couverture des magazines, au cinéma ou sur les rings. Beau et bien portant, le corps athlétique ou redessiné par la chirurgie esthétique permet d'oublier celui, difforme, de tous les affamés d'Afrique. De fait, le corps de Carl Lewis nous sécurise quand celui du petit Soudanais anonyme nous effraie. Toutefois les deux images vont ensemble. La première semblant conforter un système économique que la seconde condamne, la première voulant signifier la victoire d'une Amérique sur elle-même alors que la seconde exprime son échec et sa responsabilité.

Aujourd'hui, *black is beautiful,* mais passé à la machine occidentale à blanchir les intentions et les consciences. Le corps noir n'est beau et désirable que s'il est sage comme une image.

Le franglais

Peut-on lutter contre l'invasion ? Les mots empruntés à l'anglais ont toujours été nombreux dans la langue française (ce n'est parfois qu'un juste retour des choses puisque l'anglais les avait préalablement captés, à la faveur de l'invasion – une vraie ! – de l'Angleterre par Guillaume le Conquérant. Ainsi en est-il par exemple du mot « sport »). Il est vrai toutefois qu'ils tendent à se multiplier et que les équivalents proposés par l'Institution (Académie française et ministère de la Culture) ont quelque difficulté à s'imposer (quel animateur de radio emploie le mot « sonal » à la place du fameux « jingle » ?). Faut-il s'en indigner ? Oui, si l'indignation s'accompagne de la condamnation d'une domination économique et culturelle. Car le mot ne fait que suivre la chose. La lutte contre le franglais, si elle reste dans les pauvres limites de la linguistique, fait quelquefois office de triste substitut et paraît comme l'indice même d'une pathétique impuissance.

Le week-end : ne pas travailler !

Que dit-on quand on emploie l'expression « week-end » pour désigner les deux jours non ouvrés de la semaine ?

On dit d'abord l'Amérique. Le « week-end » n'est pas menacé par la « fin de semaine » dans l'usage qu'en font régulièrement les Français. Dire l'Amérique, ce n'est pas dans ce cas nécessairement réaffirmer notre sujétion à l'égard du monde anglo-saxon. C'est plutôt prononcer le rêve américain à voix haute : « week-end » est alors synonyme de loisir, de richesse, de bonheur, de vie nouvelle, comme l'Amérique pour les premiers émigrants européens était le symbole d'un espoir de bonne fortune et de résurrection. Chaque fois que je dis « week-end », je prononce alors le sésame de la Terre Promise.

On dit aussi le soulagement. Le mot « end », la fin, évoque de façon plus ou moins tragique le caractère pénible de la semaine de travail. Étranges habitudes qui nous font vivre deux jours sur sept ! Étranges habitudes qui nous font vivre entre parenthèses deux journées dont l'une est traditionnellement morne. Qui n'a pas au moins une fois dans sa vie détesté ces dimanches d'ennui... Tout semble suspendu, les commerces sont fermés, les passants ne passent plus mais se « promènent » sans but... C'est la fin, week-end !

10

Les moindres mots

POUVOIRS ET IMPUISSANCES DU LANGAGE

Connaître

I. Langage et nature humaine

La langue primitive...

▸ **Le langage est une convention.** *Le langage est une convention liée à l'institution sociale, c'est ce que montre Rousseau dans l'*Essai sur l'origine des langues.
▸ **Communication n'est pas communion.** *Rousseau imagine une histoire de la langue dans laquelle il oppose le langage figuré, langage de la passion, au sens propre qui consacre l'emprise de la raison sur l'expression.*

...est une langue de la passion...

▸ **Présence et absence.** *La langue orale dit la présence de l'autre, la langue écrite témoigne de son absence cruelle.*
▸ **« La forme seule conserve les œuvres de l'esprit » (Mistral).** *L'écriture est une arme à double tranchant, explique Platon dans le mythe de Teuth, mais la formalisation poétique peut seule conjurer l'oubli et l'absence.*

...dont seuls les peuples libres ont encore la mémoire.

▸ **Les langues, leur géographie....** *Plus les langues sont chantantes et orales, plus les peuples qui les parlent sont proches de l'origine : le Sud est par conséquent valorisé par rapport au Nord.*
▸ **...et leur politique.** *De la même façon, il y a des langues pour hommes libres, celles qui s'entendent haut et fort sur l'agora, et des langues serviles.*

II. Comprendre, c'est traduire

Traduire...

▸ **Structures.** *La communication est un exercice complexe de traduction d'un système de signes dans un autre système de signes.*
▸ **La langue dans la langue.** *Pour chaque langue, il est désormais nécessaire d'évaluer l'usage particulier que chaque utilisateur en fait. Le passé, la littérature creusent des écarts de langage qui produisent à l'intérieur d'un système linguistique général une infinité de systèmes particuliers.*

...à en perdre le sens.

▸ **L'infidèle traduction.** *L'homme qui communique est ainsi condamné à l'éternel traduction qui s'avère une perpétuelle trahison.*
▸ **L'inévitable glose.** *Pour combler ce manque de sens, la traduction doit être toujours suivie d'une glose, d'un commentaire. Le risque n'est-il pas d'étouffer désormais le sens premier sous le poids de ses interprétations ?*

Rien ne semble aller plus facilement de soi que la communication, particulièrement à un âge où les moyens technologiques mis à sa disposition sont exceptionnels (minitel, satellite, téléphone optique, etc.). Est-il pourtant si facile de communiquer ? La seule diversité des langues devrait nous convaincre du contraire, quant aux difficultés à entendre et à dire sa vérité, elles suffiraient à nous décourager.

La communication, si différente de la vraie communion – expliquera Rousseau –, ne nous condamne-t-elle pas à l'incompréhension mutuelle ou à l'épuisement par l'exercice indispensable et toujours répété de la traduction et de son interprétation ?

I. Langage et nature humaine

La langue primitive...

▸ Le langage est une convention

« La parole distingue l'homme entre les animaux... », tel est l'incipit de l'*Essai sur l'origine des langues* que rédige Rousseau, en appendice au *Discours sur l'origine de l'inégalité parmi les hommes*. Ce n'est pas nier évidemment l'existence d'une communication animale, mais c'est réserver à l'homme l'usage des mots « parole », « langage » et « langue ». Le linguiste Émile Benveniste consacre à la distinction un court article, intitulé « Communication animale et langage humain », où il examine le résultat des travaux de Karl von Frisch sur la communication des abeilles (et auquel on renverra le lecteur pour le détail). Ses conclusions sont précises :

> L'abeille ne construit pas de message à partir d'un autre message. Chacune de celles qui, alertées par la danse de la butineuse, sortent et vont se nourrir à l'endroit indiqué reproduit quand elle rentre la même information, non d'après le message premier, mais d'après la réalité qu'elle vient de constater. Or le caractère du langage est de procurer un substitut de l'expérience apte à être transmis sans fin dans le temps et dans l'espace, ce qui est le propre du symbolisme et le fondement de la tradition linguistique.
>
> *Problèmes de linguistique générale.*

On ne saurait parler proprement de langage que si cette fonction « déréalisante » est effective. Le langage suppose bien ce schisme entre le sujet qui s'exprime et le monde qu'il exprime. C'est précisément cette coupure que Rousseau incrimine et qu'il voit à l'origine même de l'acte social. De fait, le texte célèbre du *Discours sur l'origine de l'inégalité* est loin d'être indifférent :

> Le premier qui ayant enclos un terrain s'avisa de dire : *Ceci est à moi,* et trouva des gens assez simples pour le croire, fut le vrai fondateur de la société civile.

Le langage apparaît donc comme la toute première institution sociale : il permet l'acte d'appropriation et creuse d'emblée un écart impossible à combler entre la nature et la convention sociale, entre l'être et le paraître. La parole symbolique du premier propriétaire lui sert à fausser la réalité, elle dit ce qui n'est pas et impose *un paraître pour être social.* Le langage est donc du côté de la convention, il fonde lui-même la convention (la société) à l'origine de laquelle Rousseau localise l'inégalité parmi les hommes. Le langage penche alors irrémédiablement vers le mal et entraîne les hommes vers leur chute.

Le caractère conventionnel du langage n'est pas une nouveauté au XVIIIe siècle : Rousseau connaît le débat engagé par les sophistes du Ve siècle avant Jésus-Christ, il a lu *Cratyle* de Platon. Dans *Cratyle ou de la rectitude des mots,* Platon expose, par l'intermédiaire d'Hermogène, ce qu'il convient d'appeler la thèse « conventionnaliste » (par opposition à la thèse « naturaliste » qui attribue par nature à chaque chose un nom. Si le nom adhère ainsi à la chose, s'il en est en quelque sorte une propriété, il devient impossible de mentir. Dire, c'est dire ce qui est) :

> Le fait est que, de nature et originellement, aucun nom n'appartient à rien en particulier, mais bien en vertu d'un décret et d'une habitude, à la fois de ceux qui ont pris cette habitude et ceux qui ont décidé cette appellation.
>
> Platon, *Cratyle.*

Le langage, parce qu'il est le fruit d'une convention, peut défendre et fonder toutes les conventions : l'appropriation sociale que souligne Rousseau est aussi arbitraire que la relation qui unit le mot à la chose.

Dans la perspective sophistique, le conventionnalisme ouvre grand les portes des écoles de rhétorique : le langage étant radicalement séparé de la vérité, il est vain de chercher à dire *la* vérité. On peut par contre apprendre à bien exprimer *sa* vérité et donc imposer sa parole sur l'agora. Si les noms sont de pure convention, on sait désormais qu'il est possible de tout dire : l'art est dans la manière.

Le conventionnalisme des sophistes rend par conséquent soupçonneux ; les mots ne sont pas fiables, ils peuvent dire arbitrairement une chose et son contraire, ils disent ce qui n'est pas, ils trompent (« la parole – écrira plus tard Stendhal – a été donnée à l'homme pour dissimuler sa pensée »). Ils font écran entre les hommes, ils ne les rapprochent pas, ils les séparent.

Avant de poursuivre l'analyse rousseauiste, il convient de noter l'extrême modernité du discours d'Hermogène. La linguistique, telle que l'a conçue

Saussure au début du siècle, insiste sur l'arbitraire du signe en général, et du signe linguistique en particulier. Saussure montre en effet que le signe est l'association d'un « signifiant » et d'un « signifié », association qui n'a rien de naturel (qui procède donc d'une convention) et que l'on ne peut rompre sans détruire en même temps le signe :

> Le lien unissant le signifiant au signifié est radicalement arbitraire.
>
> Saussure, *Cours de linguistique générale.*

Dans le cas du signe linguistique, le signifiant est une « image acoustique » et le signifié un concept :

> Le signe linguistique unit non une chose et un nom, mais un concept et une image acoustique. Cette dernière n'est pas le son matériel, chose purement physique, mais l'empreinte psychique de ce son, la représentation que nous en donne le témoignage de nos sens ; elle est sensorielle, et s'il nous arrive de l'appeler « matérielle » c'est seulement dans ce sens et par opposition à l'autre terme de l'association....
>
> Saussure, *ibid.*

C'est ainsi l'arbitraire qui distingue par exemple le signe du symbole. Dans le symbole, le signifié peut être déduit (par une relation métonymique de contiguïté, c'est-à-dire un lien logique unissant deux éléments) du signifiant. La balance symbolise la justice lorsque je reconnais dans l'image de la balance (signifiant) l'idée de pesée, d'évaluation, d'équilibre qui caractérise la fonction de la justice (signifié). Le symbole procède bien d'une correspondance. Le courant symboliste à la fin du XIXe siècle reconnaîtra ainsi au poète le pouvoir de transformer les signes en symboles, de « voir dans les choses plus que les chocs », bref de sortir les hommes de leur indifférence sourde :

> La nature est un temple où de vivants piliers
> Laissent parfois sortir de confuses paroles ;
> L'homme y passe à travers des forêts de symboles
> Qui l'observent avec des regards familiers.
>
> Baudelaire, *Les fleurs du Mal.*

Le poète symboliste est alors un déchiffreur de hiéroglyphes, un interprète.

▸ Communication n'est pas communion

Si l'arbitraire du signe ne rend pas totalement vaine la communication entre les hommes, il en fait la forme inauthentique de la relation à autrui. Dès lors on saura opposer communication, impossible sans la médiation du langage, à la communion entre les êtres, impensable dans la médiation du langage.

L'homme à l'état de nature, tel que l'imagine Rousseau, vit dans le silence, à l'écoute de la voix de la nature. C'est un *infans*, il ne parle pas (du latin *fari,* parler, l'enfant est celui qui ne sait pas parler), dépendant non des autres mais de la seule « mère-Nature » (cf. chapitre 2). Le langage ne devient une nécessité que lorsque cette solitude privilégiée est rompue, sous l'empire du besoin et du manque :

> Ainsi l'on s'aperçoit que pour Rousseau l'évolution du langage n'est pas séparable de l'histoire du désir et de la sexualité, elle se confond avec les étapes de la socialisation ; elle entretient des rapports étroits avec les divers modes de subsistance et de production.
>
> J. Starobinski, *La transparence et l'obstacle.*

L'accès au langage marque le passage symbolique d'une enfance de l'humanité, mythique, édénique, dont chacun conservera la nostalgie, à l'âge adulte. Il s'agit toutefois de penser cette évolution qui n'a pu se produire brutalement. Entre le silence de l'origine, extrêmement valorisé, et le langage rationnel, dévalué, Rousseau imagine une « langue primitive », langue de la passion, musicale, poétique, « figurée ». C'est sur ce paradoxe qu'est construit l'*Essai sur l'origine des langues :*

> Le langage figuré fut le premier à naître, le sens propre fut trouvé en dernier.

Cette « langue figurée » est tout entière composée d'images. L'image n'est pas un écart, contrairement à ce qu'enseigne la rhétorique. Elle permet aux hommes d'exprimer leur subjectivité et leur adhérence au monde, elle fait entendre encore la singularité, c'est-à-dire la vérité du sujet. Cette langue de la passion ne peut être qu'orale : la voix donne aux mots une inflexion particulière, elle suppose la présence physique de l'interlocuteur. Avec l'écriture, les hommes perdent cette langue de la passion pour laisser la raison accomplir son travail d'abstraction. Plus une langue est dominée par les règles de l'écrit, plus elle s'éloigne de la langue primitive ; plus elle gagne en précision et en efficacité rationnelle (rendre compte du plus grand nombre d'expériences vécues), plus elle perd en authenticité.

La haine que Rousseau manifeste à l'égard du théâtre trouve également ici son origine. La scène est le lien où triomphe le langage, sous sa forme la plus « écrite », la plus artificielle – l'alexandrin classique en est l'expression extrême. Au théâtre on célèbre, en quelque sorte, la faillite du naturel, la mort de la spontanéité : les rôles ne sont-ils pas répétés ? Rousseau, on le sait, préfère la fête où communient les participants à travers des chants, des mélodies qui les rattachent à la langue primitive. On se souvient de la lettre qu'adresse Saint-Preux, le héros de *La nouvelle Héloïse,* à Milord Édouard pour lui faire relation de la fête des vendanges qui unit la communauté de Clarens :

> Tout vit dans la plus grande familiarité, tout le monde est égal, et personne ne s'oublie. Les dames sont sans air, les paysannes décentes, les hommes badins et non grossiers. C'est à qui trouvera les meilleures chansons.

La musique et le langage figuré sont nécessairement de la fête car ils permettent la communion des êtres, c'est-à-dire l'immédiateté de l'expression du sentiment, les hommes se retrouvent cœur à cœur.

> ...le plaisir de la mélodie et du chant est un plaisir d'intérêt et de sentiment qui parle au cœur.
> C'est de la seule mélodie que sort cette puissance invisible des accents passionnés ; c'est d'elle que dérive tout le pouvoir de la musique sur l'âme.
>
> J.-J. Rousseau, *La nouvelle Héloïse.*

Si Rousseau valorise les anciennes mélodies, les chansons populaires, c'est qu'elles renvoient à une origine du langage que la société a oubliée, un moment intermédiaire entre la vérité de l'état de nature et le mensonge de l'état civil.

...est une langue de la passion...

▸ Présence et absence

Dans cette histoire imaginaire du langage, l'invention de l'écriture est une ultime étape qui achève de rendre les langues parfaitement néfastes. Claude Hagège, dans *L'homme de paroles,* note par exemple que certaines civilisations ont fait de l'écriture un tabou. Il relève dans le *Talmud de Babylone* l'avertissement suivant :

> Quiconque confie à l'écrit les *halakot* (il s'agit des règles pratiques de conduite du judaïsme) est comparable à celui qui jette la Torah aux flammes.

On peut s'interroger sur le sens de cette défiance et sur la menace que semble faire peser sur les hommes l'apparition de l'écriture, telle que nous le rapporte Platon dans *Phèdre* et le mythe de Theuth.

Le dieu Theuth, inventeur du calcul, de l'astronomie et de l'écriture, vient proposer au pharaon Thamous ses découvertes, en insistant sur la dernière dont il est particulièrement fier :

> Voici, ô Roi, dit Theuth, une connaissance qui rendra les Égyptiens plus savants, et leur donnera plus de mémoire : mémoire et science ont trouvé leur remède.

Mais Thamous refuse le présent :

> Toi, à présent, comme tu es le père de l'écriture, par bienveillance, tu lui attribues des effets contraires à ceux qu'elle a. Car elle développera l'oubli dans l'âme de ceux qui l'auront acquise, par négligence de la mémoire ; se fiant à l'écrit, c'est du dehors, par des caractères étrangers, et non du dedans, et grâce à l'effort personnel, qu'on se rappellera ses souvenirs.
>
> Platon, *Phèdre.*

Le mythe platonicien met en évidence le caractère ambivalent de l'écriture et souligne, paradoxalement, ses méfaits. Mais ce que signifie l'écriture, c'est moins la faillite de la mémoire des hommes, ou la prise de conscience de ses limites, que l'absence de celui à qui l'on s'adresse. L'écriture manifeste un manque, une absence rendue soudainement présente et que l'on s'efforce de surmonter. Contrairement à la langue primitive et passionnelle qui fait entendre la voix d'un homme à un autre homme, et qui, par conséquent, indique une présence, la langue écrite suppose l'absence... Absence de mémoire, certes, mais aussi absence d'interlocuteur.

La naissance de Madame de Sévigné comme épistolière ne manque pas d'être, de ce point de vue, significative. La marquise ne commence à écrire régulièrement, et à devenir l'écrivain extraordinaire que ses lettres révèlent, qu'en 1671, date à laquelle, sa fille, Madame de Grignan, quitte Paris pour la Provence et le domaine du comte de Grignan. La marquise de Sévigné éprouve alors les désespoirs de l'absence. Sa fille lui manque, il lui faut rétablir par l'écriture les liens de la conversation que le départ a rompus. Écrire pour se rendre présente aux yeux de celle qui n'est plus, écrire pour se la représenter au moment de l'écriture, écrire enfin pour lui faire vivre les événements de la Cour auxquels elle ne peut plus assister. L'écriture procède d'un effort désespéré pour ramener l'autre à la présence et calmer l'inquiétude suscitée par le vide laissé par l'absente :

> Songez que j'aurai une de vos lettres tous les vendredis, mais songez aussi que je ne vous vois plus, que vous êtes à mille lieues de moi, que vous être grosse, que vous êtes malade. Songez... non, ne songez à rien, laissez-moi tout songer dans mes grandes allées, dont la tristesse augmentera la mienne.
>
> Lettre du 23 mai 1671.

Peu à peu, la marquise de Sévigné va découvrir la nécessité d'une écriture qui soit « vivante ». C'est dire naïvement l'effort sur le style qu'elle s'impose désormais pour séduire, amuser, peindre de la façon la plus réaliste telle scène de la vie de Cour, etc. Bref, la cruauté de l'absence pousse à la recherche, par l'écriture, de la plus grande expressivité mais celle-ci ne peut s'obtenir qu'en dévoyant le langage, en lui imprimant ces torsions que les professeurs de rhétorique appellent des tropes (du grec *tropos,* la torsion) : en un mot, la marquise de Sévigné se fait écrivain.

La littérature ouvre en effet un nouvel écart salutaire pour qui a pris conscience de cette coupure initiale entre le monde et le langage. Certes, par le langage, je prends ma distance avec la nature (et par conséquent avec moi-même), je perds la chance d'une expression de ma subjectivité en tombant dans le langage commun que l'on dit objectif ; ainsi le veut cette convention que l'arbitraire du signe a rendu indispensable. Mais, grâce à la littérature, je m'écarte à nouveau de ce langage objectif et commun, pour trouver dans la subversion de ce lexique et de cette syntaxe irrémédiables la possibilité de dire enfin ma singularité. Le mot cesse d'appartenir à la langue, il intègre alors ma parole pour constituer mon discours :

> Or la langue est structure socialisée, que la parole asservit à des fins individuelles et intersubjectives, lui ajoutant ainsi un dessein nouveau et strictement personnel. La langue est système commun à tous ; le discours est à la fois porteur d'un message et instrument d'action. En ce sens, les configurations de la parole sont chaque fois uniques, bien qu'elles se réalisent à l'intérieur et par l'intermédiaire du langage. Il y a donc antinomie chez le sujet entre le discours et la langue.
>
> Émile Benveniste, *Problèmes de linguistique générale.*

De fait le nom, prononcé (ou même écrit), pourvu qu'il soit arraché à la langue pour se faire entendre dans la voix du poète (de l'écrivain) trouve sa puissance évocatrice et ressuscite la réalité évanouie. Stéphane Mallarmé, dans *Crise de vers,* explicite le charme :

> Je dis : une fleur ! et, hors de l'oubli où ma voix relègue aucun contour, en tant que quelque chose d'autre que les calices sus, musicalement se lève, idée même et suave, l'absente de tous bouquets.

▸ « La forme seule conserve les œuvres de l'esprit » (Mistral)

C'est donc moins l'écriture que la parole poétique, la littérature, qui conjure l'oubli, moins la transcription matérielle que la formalisation du message. On saura rappeler évidemment que l'écriture est apparue dans des civilisations sédentaires et agricoles, fondées sur l'idée de conservation. Le paysan prévoyant qui garde dans les jarres de sa cave des grains pour les semailles prochaines a souhaité pareillement conserver dans « ses tablettes » le récit des événements mémorables du passé (mythique ou historique).

La mémoire n'est pourtant pas défaillante chez les peuples qui ne connaissent pas l'écriture, ou chez qui l'écriture n'est pas divulguée ; ces peuples n'en sont pas moins poètes. Les premières grandes œuvres de notre littérature *(l'Iliade, l'Odyssée)* sont nées de tradition orale (les rhapsodes qui les composèrent apprenaient par cœur des épisodes de l'épopée d'Achille ou d'Ulysse)... Les grands textes sacrés se communiquent d'abord de bouche à oreille... On le comprend, la mémorisation n'a été rendue possible que par une formalisation inhabituelle du récit ou du message transmis. En disposant les mots différemment (inversions, répétitions), en appelant un sens figuré, surprenant (tropes), en mesurant les rythmes, en comptant les syllabes, en jouant sur le rappel de sonorités identiques (assonances, allitérations), les poètes ont su extraire leur parole de la langue et l'imprimer dans la mémoire des autres hommes. C'est pourquoi le vers a pu apparaître comme l'instrument privilégié de cette « mise en forme » poétique, faisant du poème un texte mémorable (et parfois même le mémorial d'un prince, d'une femme, d'un événement). Il est clair que grâce à son formalisme le poème arrache de l'oubli un moment du passé. Un seul exemple que commente

Michel Butor dans les *Essais sur le roman* : Lamartine fait revivre dans *Le lac* un moment qui a été exceptionnel, il s'agit de composer le poème pour faire en sorte que ce moment ne soit jamais oublié. Butor conclut de cette formule :

> La poésie se déploie toujours dans la nostalgie d'un monde sacré perdu.

Le poète marseillais Mistral avait par conséquent trouvé l'expression juste lorsqu'il affirmait : « la forme seule conserve les œuvres de l'esprit ».

...dont seuls les peuples libres ont encore la mémoire.

▸ Les langues ont leur géographie...

La typologie des langues ouvre une géographie des langues : Rousseau opposait les peuples qui parlent la langue de la passion à ceux qui se laissent entraîner par les séductions séparatrices de la raison. Rousseau distingue le processus de formation des langues dans les pays chauds de celui des pays froids :

> Voilà, selon mon opinion, les causes physiques les plus générales de la différence caractéristique des langues primitives. Celles du Midi durent être vives, sonores, accentuées, éloquentes, et souvent obscures à force d'énergie. Celles du Nord durent être sourdes, rudes, articulées, criardes, monotones, claires à force de mots plutôt que par une bonne construction.
>
> J.-J. Rousseau, *Essai sur l'origine des langues.*

Le déterminisme physique, cher aux philosophes du XVIIIe siècle (cf. chapitre 3), joue à nouveau son rôle. Dans les pays chauds, les hommes se réunissent plus volontiers le soir autour de la fontaine du village : « Les jeunes filles venaient chercher de l'eau pour le ménage, les jeunes hommes venaient abreuver leurs troupeaux » ; la fontaine est un lieu symbolique de contact, où par conséquent les sentiments peuvent éclore favorablement. On y parlera d'amour. La langue sera plus naturellement celle de la passion – la chaleur permet la convivialité villageoise, les intempéries tiennent par contre chacun chez soi. Le mode de vie, institué par le climat, est à l'origine des spécificités linguistiques.

▸ ...et leur politique

Le mérite de ces fictions qu'imagine l'auteur du *Discours sur l'origine de l'inégalité* est principalement d'associer la formation des langues à la vie sociale. Les conséquences politiques sont alors évidentes et il n'est guère surprenant de noter que l'*Essai* s'achève sur un court chapitre intitulé « Rapport des langues au gouvernement » :

> Il y a des langues favorables à la liberté ; ce sont les langues sonores, prosodiques, harmonieuses, dont on distingue les discours de fort loin. Les nôtres sont faites pour le bourdonnement des divans.

Rousseau songe évidemment à la langue des orateurs grecs et latins qu'il oppose au français, certes précis mais atone, propre à une politique de cabinets (une politique cachée) et non au débat public. Les langues musicales – proches de la langue primitive – sont favorables à la transparence politique. Les autres sont faites pour le secret, le complot, le discours murmuré à l'oreille.

> Or, je dis que toute langue avec laquelle on ne peut pas se faire entendre au peuple assemblé est une langue servile ; il est impossible qu'un peuple demeure libre et qu'il parle cette langue-là.

Les discours de Mirabeau devant l'Assemblée constituante, ceux de Danton devant la Convention viendront infirmer cette condamnation.

Il faut toutefois reconnaître à Rousseau la lucidité d'avoir su discerner les rapports entre langue et pouvoir. Mais son analyse demeure superficielle, elle ne va pas traquer dans la langue – quelle qu'elle soit – cette aptitude à servir d'instrument de domination. Il faut attendre la lecture structuraliste des années soixante-dix pour dégager en quoi dans la langue, comme l'explique Roland Barthes dans la *Leçon,* « je suis à la fois maître et esclave ». La langue installe en effet son utilisateur à la fois dans « l'autorité de l'assertion » et dans « la grégarité de la répétition » : elle est un instrument de domination sur les choses et le monde, en même temps qu'elle se révèle un moyen de nivellement :

> Dès qu'elle est proférée, fût-ce dans l'intimité la plus profonde du sujet, la langue entre au service d'un pouvoir.
>
> Roland Barthes, *Leçon.*

Par la langue je m'affirme comme sujet en même temps que j'abdique toute véritable autonomie puisque je ne puis que répéter des mots utilisés et répétés éternellement par d'autres. La langue a donc à voir moins avec la politique qu'avec le pouvoir et la seule résistance possible pour l'auteur du *Degré zéro de l'écriture,* c'est la littérature, seule issue pour « tricher la langue », c'est-à-dire la subvertir.

II. Comprendre, c'est traduire

Traduire...

▸ Structures

Les langues sont légion, l'arbitraire du signe rend possible cette multiplication : Claude Hagège relève ainsi plus de 4 500 langues parlées ou comprises aujourd'hui sur la surface du globe *(L'homme de paroles)*. L'homme se trouve donc jeté au milieu d'elles, condamné à se faire un éternel traducteur s'il veut voyager librement dans l'espace du monde et de sa bibliothèque :

> Chaque langue dit le monde à sa façon. Chacune édifie des mondes et des antimondes à sa manière. Le polyglotte est un homme plus libre.
>
> G. Steiner, *Réelles Présences.*

C'est que ces langues ne reposent pas seulement sur l'arbitraire du signe, perceptible évidemment dans le lexique, mais aussi sur une syntaxe qui elle n'est pas de pure convention et renvoie à un mode spécifique d'appréhension du monde.

La linguistique saussurienne a mis en évidence la notion de structure, essentielle pour penser la langue. En effet, les signes ne fonctionnent que les uns par rapport aux autres : « Leur plus exacte caractéristique – écrit F. de Saussure – est d'être ce que les autres ne sont pas. » Chaque signe ne vaut donc que de façon différentielle, c'est-à-dire en comparaison avec les autres signes. La structure doit être définie comme une construction (*structura* en latin) dans laquelle chaque partie n'existe qu'en fonction d'un tout et solidairement avec les autres parties : si les langues diffèrent particulièrement, elles sont toutes structurées. La structure se révèle être cet universel latent dans la diversité des langues.

L'articulation des signes entre eux, les règles qui permettent cette structuration, varient d'un peuple à l'autre et témoignent par contre d'une relation spécifique au monde. Pour dire la possession, le français fera du possesseur le sujet de la phrase (« *J*'ai un livre ») et utilisera le verbe *avoir* ; le latin choisira au contraire pour sujet l'objet possédé *(Liber est mihi)* et passera par le verbe *être*. Pour celui-ci le possesseur est moins important que pour celui-là. Le monde n'est pas interprété de la même façon, il n'est pas vu du même regard, selon qu'on le dit en français ou en latin.

La traduction est ainsi nécessaire et l'on peut espérer trouver des équivalences, des « correspondances » d'un système à l'autre, en acceptant de perdre dans la translation ce qui pourrait relever d'un « esprit du peuple » logé de façon latente dans la syntaxe de chacun.

▸ La langue dans la langue

La recherche de la bonne traduction n'est pas seulement nécessaire d'une langue à l'autre, elle s'impose également à qui se trouve confronté à des textes produits par le passé.

C'est qu'une langue vit, vieillit, meurt parfois, renaît souvent, évolue presque toujours et que la valeur des mots varie avec le temps. L'usage éloigne en effet les mots de leur valeur étymologique et le lecteur saura saisir la langue dans laquelle est rédigé l'ouvrage au juste moment de son évolution.

Les linguistes ont ainsi identifié un processus de déperdition ou de glissement du sens initial de certains termes qu'ils nomment « subduction ». Un mot « subduit », c'est un mot qui a perdu de sa charge sémantique, quitte à signifier parfois à quelques siècles d'intervalle deux idées contraires. L'exemple le plus spectaculaire est probablement fourni par le mot « rien ». Son étymon latin, *rem,* a pour signification chose. Un rien c'est donc d'abord une chose (cette acception est d'ailleurs encore perceptible dans l'expression « un petit rien », « un petit quelque chose ») ; aujourd'hui cependant le même terme renvoie à l'absence de chose. « Rien » a désormais un sens subduit. Le plus souvent, la subduction met en évidence un affaiblissement du sens d'origine : « Être navré » au Moyen Age, c'est avoir subi une grave blessure physique. Aujourd'hui le mot appartient au lexique de la mondanité et témoigne simplement d'une sympathie distante et conventionnelle.

Le temps creuse donc un écart entre le texte et son lecteur parfois si grand qu'une traduction est alors indispensable pour accéder au sens (une page de Rabelais demande ainsi aujourd'hui un soin tout particulier). Antonin Artaud tirera les conclusions de ce décalage :

> Les chefs-d'œuvre du passé sont bons pour le passé, ils ne sont pas bons pour nous.
>
> *Le théâtre et son double.*

Car à cette inévitable subduction s'ajoute un contexte social et historique perdu, des allusions qu'il faut nécessairement élucider, des objets désignés mais à présent disparus ; bref, la lecture devient une véritable entreprise de restauration du sens et de traduction de l'œuvre. Faut-il pour autant refermer tous les livres ? Pourquoi ne pas s'accommoder de ce nécessaire passage par la traduction ? Est-ce qu'au fond comprendre une œuvre ce n'est pas toujours la traduire ?

La traduction est un « mal » d'autant plus nécessaire qu'il est au centre même du schéma de communication. Comprendre, comme auditeur, ce que vient de me dire l'autre, le locuteur, c'est traduire son langage dans mon langage, c'est reconstituer à travers mon système de pensée la pensée qu'il vient d'exprimer à travers le système qui lui est propre. Dans une page célèbre de *L'idiot de la famille* Jean-Paul Sartre analyse le processus :

> Le langage du locuteur se dissout immédiatement, en général, dans l'esprit de l'auditeur ; reste un schéma conceptuel et verbal, tout à la fois, qui préside à la **reconstitution** et à la reconstruction.

De fait, comprendre est un verbe d'action. La compréhension du sens n'est pas simple réception passive du message de l'émetteur, elle réclame un travail de transposition, d'interprétation, de désagrégation de la parole dans la langue et de reconstruction d'une nouvelle parole, la mienne, la seule qui me soit intelligible. Le mécanisme ressemble à celui que met en œuvre la lecture d'un texte poétique par lequel le lecteur est convié à collaborer à la constitution du sens. Dans une conférence prononcée à Londres, le 24 juin 1936, Paul Eluard précise ainsi :

> Le poète est celui qui inspire bien plus que celui qui est inspiré. Les poèmes ont toujours de grandes marges blanches, de grandes marges de silence où la mémoire ardente se consume pour récréer un délire sans passé.
>
> (...)
>
> La compréhension, comme le désir, comme la haine est faite de rapports entre la chose à comprendre et les autres, comprises ou incomprises.

...à en perdre le sens.

▸ L'infidèle traduction

Ne pas pouvoir échapper à la traduction ne serait guère une fatalité si la traduction était véritablement possible. Mais le glissement d'un système linguistique à l'autre ne se fait pas sans pertes.

Dans un colloque sur la traduction poétique, organisé par l'Institut de Littérature générale et comparée de la Sorbonne en 1972, R. Étiemble a insisté sur l'impossibilité absolue de retrouver, d'un système phonétique à l'autre, les mêmes effets sonores suggestifs. Le vers de Verlaine « les sanglots longs des violons de l'automne » ne peut être traduit en japonais, par exemple. Certes, on pourra proposer une phrase littéralement équivalente qui transmettra dans la langue japonaise les informations explicitement fournies par la langue française, on saura retranscrire les images utilisées par le poète, mais la charge puissamment suggestive du vers ne sera pas conservée dans une langue qui ne possède pas de voyelles nasales. Ce sont en effet les nasales « an », « on » qui produisent cet effet de mélancolie sourde et ennuyeuse qui caractérise, selon Verlaine, l'automne. Les perdre, c'est perdre non le sens mais la puissance évocatrice du texte, sa valeur poétique.

La confrontation des différentes langues et de leurs spécificités conduit à ne voir la traduction que comme un exercice d'infidélité obligé, ou plus précisément de réduction contrainte. Claude Hagège formule ainsi l'improbabilité de toute translation :

> Les langues diffèrent non parce qu'elles peuvent ou non exprimer, mais pas ce qu'elles obligent ou non à dire.
>
> *L'homme de paroles.*

Les exemples sont nombreux et nous entraînent aussi hors du champ particulier de la traduction poétique. L'imperfection marque en effet toute forme de traduction. Comment dire ainsi – un détail parmi une infinité – en français le chinois *Yī-zhī-qiānsi,* mot à mot, « objet-(en-forme-de-bâton)-crayon » ? La traduction « crayon » perd l'indication de la forme pourtant essentielle parce qu'elle rend l'objet sensible. Pour conserver tout ce que dit le mot chinois, il faudra non pas traduire, c'est-à-dire trouver une correspondance pareillement performante, mais plutôt gloser, commenter et critiquer la traduction proposée, palliant ses insuffisances par de longues notices rectificatives.

▸ L'inévitable glose

Le commentaire sur le texte, le commentaire de la lecture de ce texte, le commentaire du commentaire... Sans fin la glose peut combler ces vides que les traductions creusent entre les discours sur le monde et notre compréhension. La littérature offre ici encore des exemples spectaculaires et significatifs (mais cela reste vrai pour toute autre expression, dans une moindre mesure) : George Steiner relève en effet depuis 1780 plus de 25 000 critiques (essais ou articles) de la pièce de Shakespeare, *Hamlet.* Il rappelle également que le centenaire de la mort de V. Hugo a été célébré en 1985 par plus de 35 congrès à travers le monde... Cette glose prolifique cherche évidemment à nous rapprocher des œuvres du passé, mais l'effet n'est-il pas inverse ? Ne peut-on dire avec Steiner que désormais « l'arbre se meurt sous le poids d'un lierre avide » ?

Montaigne, au chapitre XIII du livre troisième des *Essais,* remarque déjà l'étrange phénomène :

> Il y a plus affaire à interpréter les interprétations qu'à interpréter les choses, et plus de livres sur les livres que sur autre subject : nous ne faisons que nous entregloser.

Montaigne sait bien de quoi il parle, lui qui fit de ses *Essais* un long dialogue avec sa bibliothèque. De fait, la glose est devenue un art, l'herméneutique (du grec *herméneus,* interprète), pour les savants et les érudits. Mais dans l'ordre du langage parlé quotidiennement par des hommes ordinaires qui ne sont pas des écrivains et des philosophes (et qui, par conséquent, ne sont guère poussés à parler « contre », en « s'appuyant sur » et en contestant), « l'entreglose » n'est pas absente. Combien de fois sommes-nous conduits dans le dialogue à préciser notre pensée ou à faire répéter à l'interlocuteur ce qu'il vient de nous dire. La parole, pour être bien comprise, demande fréquemment à être commentée. Un « tic » de langage est révélateur de ce souci, l'expression « Je veux dire » (variante : « Tu vois ce que je veux dire ? ») manifeste un écart entre la volonté et le discours, de même qu'une inquiétude que cet écart ne rende le discours infidèle à la pensée.

L'entreglose savante et l'entreglose ordinaire témoignent d'une angoisse moderne liée à la conscience que le sens se perd. Tous ces discours sur le discours ne disent-ils pas autre chose que le vide du sens, l'absurdité des mots si détachés des choses qu'ils ne sont plus que l'instance d'une communication perdue ? *La cantatrice chauve,* d'Eugène Ionesco, illustre ce spectre d'un langage automatique et vain. Les personnages répètent sur scène des phrases que le dramaturge a empruntées, au hasard, à une méthode d'apprentissage de l'anglais. Le décalage est permanent, le sens absent, le dialogue aussi absurde que le titre sans aucun rapport, même lointain, avec l'objet de la pièce.

Approfondir

LECTURES

. Benveniste Émile, *Problèmes de linguistique générale,* Gallimard, 1966, 356 p.
Un recueil d'études et d'articles fondamentaux par le plus célèbre grammairien français de l'entre-deux-guerres. On lira particulièrement la seconde partie du volume 1 consacrée à la communication.
. Eco Umberto, *Le signe,* Livre de poche, biblio Essais, 1988, 276 p.
. Foucault Michel, *Les mots et les choses,* Gallimard, 1966, 400 p.
Le maître livre de Michel Foucault qui analyse comment à l'âge classique s'est réalisée la séparation du langage et du monde, comment les mots se sont définitivement éloignés des choses. Un texte de référence.
. Gadet Françoise, *Saussure, une science de la langue,* PUF, 1987, 128 p.
Une introduction extrêmement maniable de la linguistique saussurienne. On y trouvera une lecture précise du *Cours de linguistique générale,* publié par ailleurs chez Payot.
. Hagège Claude, *L'homme de paroles,* Arthème Fayard, 1985, 314 p. Publié dans la collection Folio-Essais.
Un ouvrage qui synthétise l'ensemble de nos connaissances anthropologiques concernant spécialement le langage. Claude Hagège argumente à partir de faits et de textes précis et donne à son lecteur une vision d'ensemble des questions soulevées par la linguistique depuis le début du siècle. Indispensable.
. Steiner George, *Après Babel,* Albin Michel, pour la traduction 1978, 470 p. *Réelles présences,* Gallimard, 1989, 287 p.
Dans ces deux ouvrages George Steiner dégage le rôle tenu par la traduction dans la communication, et par les critiques et la glose dans l'interprétation du sens de l'œuvre littéraire. Les exemples et les analyses abondent au service d'une théorie originale du langage. Un modèle du genre, en particulier pour observer une culture au service d'une pensée.

SUJETS POSSIBLES

. La parole n'est-elle que d'argent ?
. Communication et communion
. Les mots et les choses
. Peut-on tout dire ?

Utiliser

La langue de bois

Les journalistes ont inventé une expression nouvelle pour désigner le langage bien particulier des hommes politiques condamnés à parler (parce qu'il faut qu'on les entende pour qu'on ne les oublie pas) pour ne rien dire (parce qu'il faut demeurer consensuel, dans une démocratie où la chasse aux voix est un exercice difficile) : la langue de bois. C'est elle qu'on utilise quand on remercie l'interlocuteur d'avoir su poser une question si pertinente dont on développera la réponse en trois points ; c'est encore elle qui vient au secours du ministre dont les propos contredisent ceux d'un collègue du même gouvernement ; c'est enfin elle qui permet de noyer dans un exposé technique des mesures dont l'application pourra n'être pas si populaire...

Bref, si la rhétorique était enseignée par les sophistes à Athènes pour donner aux citoyens les moyens de convaincre sur l'agora et d'exposer de la façon la plus séduisante leur opinion (jusqu'à rendre séduisante une thèse indéfendable : on sait que Protagoras se plaisait à imaginer des plaidoiries provocatrices, par exemple celle de Pâris, pour convaincre ses clients potentiels de son efficacité), la langue de bois au contraire sert à endormir l'auditoire, à lui faire relâcher une attention qui serait par ailleurs dangereuse pour l'homme politique qui parle. L'une était un art de plaire, l'autre est un art de décourager. L'une servait à relever la singularité d'un discours, l'autre a pour effet de banaliser et de neutraliser l'entretien.

« Comment ça va ? »

A la question « Comment ça va ? » répondez un matin d'un air grave : « Mal ». Voyez ensuite si votre interlocuteur est encore devant vous pour écouter le récit de vos infortunes et de vos états d'âme... C'est peu probable. La phrase a été lancée sans attente de réponse en retour, sans réflexion, presque par réflexe, comme le signal d'une courtoisie minimale qu'il faut bien entretenir. La conversation est ainsi nourrie de phrases et de mots dont le sens n'est plus pensé ni par celui qui les prononce, ni par celui qui les entend. Souhaitons-nous, par exemple, vraiment une bonne journée à tous ceux que nous saluons d'un « bonjour » ? L'indifférence des utilisateurs à l'égard du langage, ou plutôt à l'égard du sens réel des mots, a rendu celui-ci soit hyperbolique (c'est-à-dire excessif par rapport à ce qui est véritablement pensé), soit absurde. On rappellera ainsi ces phrases-questions redondantes et parfois ridicules qui rythment la vie quotidienne et dont certains humoristes se plaisent à relever le caractère insensé. Au restaurant, combien de fois ne sommes-nous pas accueilli par un maître d'hôtel qui demande : « Vous désirez manger ? » Que peut-on souhaiter faire d'autre dans un restaurant ?

Paul Valéry notait qu'un homme intelligent était vraiment intelligent dans l'usage de ses facultés intellectuelles cinq à dix minutes par jour. Le reste du temps, il se laisse aller au conformisme de la pensée. De la même façon, on peut se demander si « un homme de paroles » parle vraiment plus de cinq minutes par jour, c'est-à-dire s'il pense ce qu'il dit, au sens qu'il est conscient de la signification forte des mots qu'il emploie, plus de cinq à dix minutes quotidiennement.

Le slogan et l'euphémisme : le discours vide

Le slogan publicitaire est destiné à frapper l'imagination et la mémoire de celui qui l'écoute. Par sa forme, extrêmement concise et le plus souvent syntaxiquement incorrecte, il promeut un usage minimal de la langue et par conséquent nécessairement équivoque. Formellement, sous l'influence du slogan publicitaire, l'énoncé aura par conséquent tendance à « rétrécir ». Parallèlement, dans un monde où l'on s'efforce de masquer les événements déplaisants, où la violence des mots semble devoir être atténuée (parce que ainsi les choses qu'ils désignent paraîtront plus supportables), les médias et les pouvoirs publics pratiquent avec enthousiasme l'euphémisme. C'est le fond – et non plus la forme – qui est alors minimisé. On dira en effet volontiers « demandeur d'emploi » pour « chômeur », « personnes âgées » pour « vieillards », « disparu » pour « mort », etc. La concision du slogan et la pudeur de l'euphémisme militent ainsi ensemble pour un amoindrissement de l'efficacité du langage, comme si l'idéal était à présent avoué : parler pour ne rien dire !

L'orthographe : un jeu de société ?

Bernard Pivot a remis récemment à l'honneur un jeu de société fort prisé de la cour de Napoléon III et de l'entourage d'Eugénie de Montijo, l'impératrice : la dictée ! Prosper Mérimée s'y est illustré, comme auteur, en rédigeant un texte désormais classique où les *cuissots* s'écrivent *cuisseaux* quand ils désignent une partie du cerf et non plus du chevreuil. Chaque année des championnats sont organisés et hautement médiatisés, alors que parallèlement les rapports des jurys de tous les grands concours déplorent le niveau misérable des candidats et leur incapacité à rédiger correctement du point de vue de la syntaxe comme de l'orthographe.

Les deux phénomènes, loin de s'opposer, se complètent : l'orthographe n'est plus qu'un jeu, peu compatible avec le sérieux exigé par les examens et concours.

On ira traquer les curiosités du type « Ce sont les meilleur*es* gens que j'aie conn*us* », en ignorant en même temps les accords les plus simples des participes passés. Dans ces conditions, une réforme de l'orthographe, si ardemment souhaitée par certains syndicats d'enseignants, est-elle bien nécessaire ? Pourrait-on jouer encore à un jeu privé de règles ?

11

Le beau est-il toujours bizarre ?

LA BEAUTÉ IDÉALE ET LA BEAUTÉ RELATIVE

Connaître

I. Beauté libre

La beauté...

▸ Le beau est-il idéal ou relatif ? *La beauté est-elle ou non relative ? A chacun sa beauté comme à chacun sa vérité ? Platon en opposant le beau intelligible au beau sensible semble suggérer une double réalité en même temps qu'une hiérarchie.*
▸ Universellement et sans concept. *Mais Kant montre que la particularité du jugement esthétique tient à ce qu'il se donne comme universel alors qu'il ne peut être réglé sur un concept du beau. La beauté est un relatif qui se prend pour un idéal.*

...est toujours une surprise.

▸ Libre ou adhérente. *Parce qu'il est sans concept, le jugement esthétique nous place face à notre liberté. Il nous la rend sensible.*
▸ La beauté surréaliste : la convulsion. *La beauté peut faire naître alors des séismes intérieurs pour celui qui la nomme. C'est la beauté « convulsive » des surréalistes.*

II. L'imitation

L'art imite-t-il la nature...

▸ Mimesis. *La doctrine de l'imitation de la nature fut longtemps la règle de l'art. Elle se nourrit de l'idée que la nature est une norme.*
▸ Le réalisme est-il possible ? *Pourtant le réalisme absolu – véritable horizon de la mimesis – n'est qu'un leurre.*

...ou bien est-ce la nature qui imite l'art ?

▸ Interactions. *On peut plutôt se demander, par un renversement qui n'est pas rhétorique, si notre regard d'homme de culture ne voit pas dans la nature le reflet de l'art.*

▸ Quand l'art l'emporte sur la vie : le « complexe de Swann ». *Le dandy, à l'instar du personnage de Swann dans* A la recherche du temps perdu, *laisse l'art dévorer sa vie.*

Que dit-on d'un objet quand on dit qu'il est beau ? Que manifeste-t-on par cette affirmation ? Notre liberté de goût ? La conformité de l'objet à un idéal moral ou esthétique ?

« La beauté est dans l'œil de celui qui la voit », écrit Stendhal.

A-t-elle donc la fragilité et la fugacité d'un regard ? Si le beau nous semble toujours bizarre, n'est-ce pas simplement qu'il est difficile à définir ?

I. *Beauté libre*

La beauté...

▸ Le beau est-il idéal ou relatif ?

> Demandez à un crapaud ce que c'est que la beauté, le grand beau, le *to kalon ?* Il vous répondra que c'est sa crapaude, avec deux gros yeux ronds, sortant de sa petite tête, une gueule large et plate, un ventre jaune, un dos brun.

L'article « Beau » du *Dictionnaire philosophique* de Voltaire semble renvoyer le jugement esthétique au relativisme absolu. Ce qui est jugé beau ici ne l'est plus là-bas, le jugement varie même d'un individu à l'autre et, comme des goûts et des couleurs, il n'y a pas à disputer, la beauté, caractère de ce qui est beau, échappe à toute véritable définition sinon celle du plaisir incertain qu'un objet donne au sujet qui le perçoit. Mais Voltaire poursuit :

> Il y a des actions que le monde entier trouve belles.
> (...)
> Un ami se dévoue à la mort pour son ami, un fils pour son père... l'Algonkin, le Français, le Chinois diront tous que cela est fort beau, que ces actions leur font plaisir, qu'ils les admirent... Le beau qui ne frappe que les sens, l'imagination, et ce qu'on appelle l'esprit, est donc incertain ; le beau qui parle au cœur ne l'est pas.

Il faudrait donc distinguer un beau immuable, reconnu universellement car dépendant d'une disposition morale inscrite en chaque être humain, d'une beauté relative, superficielle (et probablement trompeuse !), identifiée par nos seuls sens et notre imagination. A la beauté morale s'oppose ainsi la beauté sensible, dévaluée parce que changeante. L'article de Voltaire laisse évidemment percevoir des influences platoniciennes. Le beau éternel et immuable est cependant accessible à chacun parce qu'il est révélé par une faculté immanente. Platon affirme aussi l'existence d'un beau idéal, mais sa reconnaissance réclame de l'exercice, car l'âme a oublié, prisonnière du corps, ce qui lui permettrait de l'identifier.

Platon ne nie pas que la beauté d'un corps particulier puisse procurer un véritable plaisir esthétique, mais c'est parce qu'elle est la manifestation sensible d'un ordre intelligible que l'âme naguère a contemplé. La beauté renvoie à une idée d'harmonie et de justesse des proportions, elle est par conséquent perceptible par l'âme ou l'esprit. Une telle conception participe de l'entreprise générale de promotion de l'esprit contre la matière. Il n'est donc pas surprenant d'en entendre longuement l'écho du Moyen Age aux Temps modernes. On se souviendra, par exemple, de la définition célèbre que Bossuet donne de la beauté :

> La beauté c'est-à-dire la justesse, la proportion et l'ordre, ne s'aperçoit que par l'esprit, dont il ne faut pas confondre l'opération avec celle des sens, sous prétexte qu'elle l'accompagne.
>
> Ainsi, quand nous trouvons un bâtiment beau, c'est un jugement que nous faisons sur la justesse et la proportion de toutes les parties, en les rapportant les unes aux autres ; et il y a dans ce jugement un raisonnement caché que nous n'apercevons pas à cause qu'il se fait fort vite.
>
> *De la connaissance de Dieu.*

L'esthétique classique, qui caractérise en partie la seconde moitié du XVIIe siècle, doit ainsi beaucoup au platonisme dont il est comme la résurgence christianisée. La reconnaissance de la beauté sensible est comme la reconnaissance d'un ordre intelligible dans le sensible. Il demeure donc essentiel de rechercher cette beauté sensible, y compris sous sa forme la plus particulière et la moins stable. Aimer les « belles choses », c'est apprendre à aimer la beauté absolue et idéale, de la même façon que savoir apprécier les magnificences de la nature et les prouesses de l'art, ce sera, plus tard, honorer le Créateur à travers les perfections de ses créatures.

Les disciples de Socrate sont, par conséquent, invités dans *Le Banquet* à effectuer une véritable dialectique ascensionnelle : l'amour d'un beau corps les conduira à l'amour de tous les beaux corps, puis à l'amour de la belle forme en soi, à celui des belles vertus et des belles sciences, enfin à l'amour du beau en soi, l'absolu, la perfection :

> Celui qu'on aura guidé jusqu'ici sur le chemin de l'amour, après avoir contemplé les belles choses dans une gradation régulière, arrivant au terme suprême, verra soudain une beauté d'une nature merveilleuse, celle-là même, Socrate, qui était le but de tous ses travaux antérieurs, beauté éternelle, qui ne connaît ni la naissance, ni la mort, qui ne souffre ni accroissement ni diminution, beauté qui n'est point belle par un côté, laide par un autre (...) ; beauté qui, au contraire, existe en elle-même et par elle-même, simple et éternelle, de laquelle participent toutes les autres belles choses, de telle manière que leur naissance ou leur mort ne lui apporte ni augmentation, ni amoindrissement, ni altération d'aucune sorte.
>
> *Le Banquet,* Discours de Diotime.

L'amour, *Éros,* est donc le moteur de cette dialectique. C'est un élément passionnel qui ne souffre aucune forme de compromission ou de leurre : la passion de la beauté qui devient passion de la vérité dit l'aspiration du sujet à fondre dans l'objet de son admiration. Elle est transport naïf et spontané vers l'Être. Cette affirmation de la beauté idéale trouve confirmation dans l'art byzantin et l'art médiéval : l'artiste ne saurait se contenter d'imiter la réalité qu'il perçoit et de copier les belles choses auxquelles il est sensible. Inutile de reproduire les illusions d'un simple paraître, il faut montrer les choses telles qu'elles sont, c'est-à-dire illuminées par la présence de Dieu. On comprend mieux le refus d'utiliser la perspective et de tracer des lignes d'horizon. La perspective et l'horizon rendraient certes l'œuvre plus réaliste en séparant le ciel de la terre et en situant les différents objets représentés les uns par rapport aux autres. Ils établiraient cependant une frontière entre l'esprit et la matière, séparant irrévocablement l'idéal de ses manifestations.

La beauté sous sa forme idéale est donc moins perceptible dans l'harmonie des corps (trop sensible) que dans la lumière qui donne vie à ces corps :

> La beauté est plutôt une lumière qui joue sur la symétrie des choses que la symétrie elle-même, et dans cela consiste son charme. Car pourquoi la lumière de la beauté apparaît-elle plutôt sur un visage vivant, alors que c'est seulement une trace de cette beauté qui apparaît sur celui d'un mort, bien que sa figure ne soit pas encore défigurée dans l'harmonie de sa substance ?
>
> Plotin, *Ennéades,* livre IV.

▸ Universellement et sans concept

Kant, dans la *Critique du jugement* publiée en 1790, refuse l'idée d'un beau en soi : « La beauté séparée du sujet n'est rien en soi », annonce-t-il au début du texte. Pour le montrer, l'auteur de la *Critique de la raison pure* va s'efforcer d'analyser le beau en tant que cause du jugement esthétique, lequel procède d'un accord entre un objet de la nature et nos facultés. Cet accord est à la source d'un plaisir.

Le jugement esthétique est précisément défini dans la *Critique du jugement* :

> Ce qui, dans la représentation d'un objet, est simplement subjectif, c'est-à-dire ce qui constitue son rapport au sujet, non à l'objet, c'est sa nature esthétique.

Le jugement esthétique porte sur la nature esthétique des objets, il s'opère selon la qualité (il détermine alors si l'objet est beau) ou bien selon la quantité (il pourra évaluer le caractère sublime de l'objet perçu). La beauté ou le sublime [1]

1. Kant définit le sublime comme le beau dans *La critique de la faculté de juger.* Si le sublime est semblable au beau en ce qu'il plaît par lui-même, de façon désintéressée et universellement, il s'en distingue

ne peuvent nous apparaître comme des qualités d'un objet en soi, ne serait-ce que pour la raison dégagée dans la *Critique de la raison pure* : les choses en soi nous sont inaccessibles (cf. chapitre 5).

Kant commence par distinguer l'idée du beau de celles de l'agréable et du bon. Ces dernières procèdent de jugements pratiques, c'est dire qu'elles révèlent un intérêt, soit des sens (l'agréable), soit de la raison (le bon et l'utile). Sans rapport avec l'utile et l'agréable, le goût est désintéressé. La satisfaction esthétique ne provient donc pas de la satisfaction d'un appétit ou d'un désir. Elle survient sans avoir été recherchée.

En outre, le jugement de goût – ou jugement esthétique – n'est pas conceptuel. En effet, reconnaître la beauté d'une chose ce n'est pas connaître mieux cette chose. Le jugement esthétique ne nous apprend rien, pas plus qu'il ne permet de communiquer une information ou faire l'objet d'une démonstration. Dire que l'on trouve beau tel tableau, est-ce divulguer à son interlocuteur autre chose qu'une indication sur soi-même ? Tout jugement de goût en effet est particulier parce qu'il n'y a pas de concept du beau sur qui régler ce jugement. Toutefois, et paradoxalement, alors que je suis parfaitement conscient du caractère subjectif de mon jugement, je postule, en le formulant, qu'il est universellement partagé. Le beau, objet d'un jugement sans concept, se prétend aussi universel et nécessaire :

> Le jugement de goût exige l'adhésion de tous, et celui qui déclare une chose belle prétend que chacun doit donner son approbation à cette chose et la déclarer belle à son tour.

Le jugement de goût révèle une prétention à une universalité subjective, indice d'un désir de communion inscrit au plus profond du sujet. Cette ambition qui, selon Kant, est la première caractéristique du jugement esthétique n'exprime-t-elle pas la nostalgie d'une communauté à présent éclatée ?

La seconde caractéristique, entrevue dès le début de l'analyse, résulte de la première en même temps qu'elle permet de préciser la nature du bonheur que suscite la reconnaissance de la beauté.

> Une représentation qui, toute seule et sans être comparée à d'autres, se trouve pourtant en concordance avec les conditions de l'universalité – qui constitue la fonction de l'entendement en général –, une telle représentation établit entre les facultés de connaissance cet état d'harmonie que nous exigeons dans toute connaissance et que par

à propos des objets sur lesquels il porte nécessairement.

En effet, le beau porte toujours sur un objet limité alors que le sublime renvoie à l'illimité :

« Est sublime ce qui, du fait même qu'on le conçoit, est l'indice d'une faculté de l'âme qui surpasse toute mesure des sens. »

Le sublime est donc un sentiment qui nous place dans une situation d'apprécier quantitativement le sensible : on se sent envahi par l'infini, submergé par une force qui excède les nôtres. Le sublime a une dimension spirituelle du fait de cette conscience d'une présence suprasensible :

« Le vrai sublime ne peut se trouver dans aucune forme sensible ; il n'atteint que des idées de la raison ; celles-ci, quoique toute représentation adéquate en soit impossible, sont justement mises en mouvement et évoquées à l'esprit par ce défaut de convenance qui peut se présenter sous forme sensible. »

> suite nous regardons comme valable pour tout être qui se trouve appelé à juger par l'entendement uni aux sens, c'est-à-dire pour tout homme.

Le beau réconcilie en effet, spontanément, librement, la faculté de sentir et la faculté de comprendre. Habituellement ces deux facultés s'opposent comme l'universel s'oppose au particulier. En effet, si la faculté de sentir vise à imposer des jugements particuliers, singuliers, empiriques, la faculté de comprendre exige que le jugement se règle sur des concepts, des universaux. Mais lorsque je dis belle cette statue de Rodin j'affirme également l'expression de ma subjectivité et mon aspiration à juger de façon universelle.

Or si l'objet beau est à même de réaliser cette harmonie des facultés, cela tient à sa forme, c'est-à-dire aux rapports qui ordonnent en lui le sensible, sans que ni le sensible, ni le conceptuel ne puissent être séparés. Tout se passe « comme si » le sensible avait été ordonné en vue de provoquer en moi un plaisir... Il aurait fallu pour cela qu'il fût réglé sur un concept, celui de l'objet pouvant satisfaire ma sensibilité ; or cela n'est pas possible... J'ai été moi-même surpris par le plaisir suscité en moi par ma perception de l'objet, un plaisir que je n'ai pas recherché et qui apparaît pleinement désintéressé. La finalité de cet objet me semble en outre à la fois subjective mais aussi universelle, puisque je postule que n'importe quel sujet pourrait la percevoir. Bref, l'analyse kantienne converge vers la définition suivante :

> La beauté est la forme de la finalité d'un objet en tant qu'elle y est perçue sans la représentation d'une fin.

La beauté atteint une finalité qu'elle ne cherche pas et le plaisir qu'elle fait naître vient de la surprise que nous ressentons devant cette improbable harmonie entre le sujet libre que je suis (qui éprouve sa liberté grâce à son imagination) et l'objet perçu selon les lois strictes de l'entendement (cf. chapitre 5). L'idée de finalité subjective s'explique donc par le fait que l'objet jugé beau m'apparaît organisé de telle sorte qu'il provoque un plaisir (finalité), mais cette finalité ne se rapporte pas à une fin définie objectivement par concept (elle est donc subjective) :

> Quand on éprouve du plaisir à saisir simplement la forme d'un objet d'intuition sans que cette appréhension soit rapportée à un concept en vue d'une connaissance déterminée, la représentation est rapportée alors non à l'objet mais uniquement au sujet, et le plaisir ne peut être autre chose que la conformité de cet objet aux facultés de connaître qui sont en jeu dans le jugement réfléchissant et en tant qu'elles y sont contenues et qu'elles expriment par conséquent une pure finalité formelle subjective de l'objet.

...est toujours une surprise.

▸ Libre ou adhérente

La beauté nous place donc en face de notre propre liberté. De fait, le propos de Baudelaire peut être aussi compris à la lumière de l'analyse kantienne. (« Le beau est toujours bizarre »), s'il en est ainsi c'est qu'il renvoie toujours à la liberté du sujet, singulier, inclassable. Comme il n'existe pas de concept du beau [2], la surprise peut venir à tout moment, surgir là où personne ne l'attend, là où, par exemple, les poètes ne s'aventurent pas à sa recherche. Baudelaire négligera ainsi la belle nature, traversée pendant plus de cinquante ans par les poètes romantiques, pour la ville :

> Dans les plis sinueux des vieilles capitales,
> Où tout, même l'horreur, tourne aux enchantements,
> Je guette, obéissant à mes humeurs fatales,
> Des êtres singuliers, décrépits et charmants.
>
> « Les petites vieilles », *Les Fleurs du Mal.*

Kant évidemment ne partagea pas avec Baudelaire cet amour de la ville. Et c'est dans la nature qu'il éprouve le plus pleinement sa liberté telle que la révèle le jugement de goût, cette autonomie du jugement qui se dégage de l'*hétéronomie* des lois de l'expérience.

Le philosophe distingue en effet la « beauté libre » de ce qu'il nomme la « beauté adhérente » :

> La première ne suppose aucun concept de ce que doit être l'objet ; la seconde suppose ce concept ainsi que la perfection de l'objet d'après lui.

L'objet « le plus purement beau » est celui dans la contemplation duquel l'entendement chavire totalement et ne trouve aucune prise conceptuelle à laquelle se raccrocher : c'est dans la nature que l'on trouve de tels objets. L'art, parce qu'il s'agit bien d'une activité volontaire orientée selon l'idée de produire un objet esthétique, suppose un concept plus ou moins affirmé. Quiconque contemple une œuvre d'art, désignée comme telle par l'artiste, suppose que ce dernier a cherché à « faire beau ». Qu'il y soit parvenu ou qu'il ait échoué, cela ne dépend pas de lui mais bien du sujet et du jugement universel et sans concept qu'il rendra. Mais ce jugement sera comme entaché de l'intention esthétique de l'artiste. Dans la nature, la surprise sera au contraire pure, parfaite et le jugement absolument désintéressé.

2. Cela ne signifie pas que certains artistes n'aient cherché à le formuler, dans des écrits théoriques ou par le biais d'« arts poétiques ». Mais leur démarche est illusoire. La simple multiplicité de ces tentatives suffit à le montrer.

▸ La beauté surréaliste : la convulsion

On peut affirmer, sans rechercher le paradoxe, que le surréalisme et l'art moderne ont retenu la leçon du kantisme qui fait de l'expérience esthétique la manifestation de la liberté humaine. Mais la beauté libre dépend moins de la nature, pour Breton et ses compagnons, que de ce qu'ils nomment le « hasard objectif ».

Dans *Nadja,* publié par André Breton en 1928, on trouve cette définition-programme de la beauté :

> La beauté sera convulsive ou ne sera pas.

C'est que pour les membres du groupe surréaliste, tout peut être source de beauté pourvu que cela procède de la secousse violente, la convulsion. Celle-ci est donnée par le hasard des rencontres (« Beau comme la rencontre fortuite sur une table de dissection d'un parapluie et d'une machine à coudre », écrit Lautréamont dans *Les chants de Maldoror*) ou les sursauts de l'inconscient que révèle l'écriture automatique. Dans le domaine pictural cette démarche ouvre sur la technique du collage, pratiquée par Max Ernst et Dali. La beauté est si peu conceptuelle qu'elle échappe à toute forme de logique, elle est le catalyseur de la liberté vraie, étouffée par la raison, à l'œuvre dans le rêve et manifestation pure de la vitalité psychique.

> Une telle beauté ne pourra se dégager que du sentiment poignant de la chose révélée, que de la certitude intégrale procurée par l'irruption d'une solution qui, en raison de sa nature même, ne pouvait nous parvenir par les voies logiques ordinaires.
>
> (...)
>
> J'ai pu désirer voir construire un objet très spécial, correspondant à une fantaisie poétique quelconque. Cet objet, dans sa matière, dans sa forme, je le prévoyais plus ou moins. Or il m'est arrivé de le découvrir, unique sans doute parmi d'autres objets fabriqués (...) Le plaisir est ici fonction de la dissemblance même qui existe entre l'objet souhaité et la *trouvaille.* Cette trouvaille, qu'elle soit artistique, scientifique, philosophique ou d'aussi médiocre utilité qu'on voudra, enlève à mes yeux toute beauté à ce qui n'est pas elle.
>
> A. Breton, *L'amour fou.*

La beauté apparaît bien à l'artiste comme une prime donnée par le hasard, mais un hasard qui le renvoie à lui-même, qui lui révèle à lui-même son moi profond. La beauté est une notion miroir qui nous réfléchit notre singularité propre. Refuser de le reconnaître c'est donc se retirer la liberté de se connaître : la beauté du monde ou des choses qui nous entourent est comme une mise à l'épreuve de nous-mêmes, elle aussi détient le pouvoir de rendre étrange ce qui était pourtant familier (cf. chapitre 9). Loin de réveiller un ordre transcendant dont notre âme n'aurait gardé que le vague souvenir, la beauté ne nous livret-elle pas au désordre intérieur de notre moi profond ? A cette question l'art apporte la réponse que l'on souhaite entendre : outrage ou bien agrément, selon que l'on souhaite se révéler ou bien s'assoupir.

II. L'imitation

L'art imite-t-il la nature...

▸ Mimesis

> Aie un miroir qui réfléchisse en même temps ton œuvre et ton modèle, et juge-toi de cette façon. La peinture doit paraître une chose naturelle vue dans un grand miroir.
>
> L. de Vinci, *Traité de la peinture* (1490).

La doctrine de l'imitation – la *mimesis* – fut pendant des siècles la règle de l'art : de Boileau (« Que la nature donc soit votre étude unique ») à Ingres (« L'art n'est jamais à un si haut degré de perfection que lorsqu'il ressemble si fort à la nature qu'on peut le prendre pour la nature elle-même »), en passant par Chapelain qui, en 1630 dans la *Lettre sur la règle des vingt-quatre heures,* écrivait à propos de la tragédie :

> Je pose donc pour fondement que l'imitation en tous poèmes doit être si parfaite qu'il ne paraisse aucune différence entre la chose imitée et celle qui imite...

On peut aisément multiplier les déclarations d'intention mimétique. Toutes procèdent d'Aristote et de la *Poétique* :

> Le fait d'imiter est inhérent à la nature humaine dès l'enfance ; et ce qui fait différer l'homme d'avec les autres animaux, c'est qu'il en est le plus enclin à l'imitation...

L'attitude artistique la plus humaine et la plus naturelle consiste bien à imiter la nature. C'est dire aussi que la pratique de l'imitation humanise et qu'il n'y a, par conséquent, rien de dégradant – contrairement aux allégations de Platon – à ne pas se lasser d'admirer Zeuxis ou Apelle. Les raisins que peignait le premier étaient – disait-on – si bien imités, que les pigeons s'y trompaient et venaient « picorer » les murs sur lesquels l'artiste les avait représentés. Quant au peintre Apelle, on lui attribuait un portrait d'Alexandre si fidèle que Bucéphale, le cheval du prince, se mettait à hennir chaque fois qu'il passait devant. Les Grecs apprécient ce type d'anecdotes qui tournent à la légende. Elles sont ici l'indice d'un véritable culte rendu à l'imitation.

Encore faut-il préciser ce que l'on entend exactement par « imitation »...

Copier la nature ? Le spectacle que nous offre la nature ? Ou, plus subtilement, copier le processus par lequel la nature est productrice, créatrice ? Il faut en effet distinguer l'imitation de ce que les philosophes du Moyen Age appelaient « la nature naturée » (le donné sensible) de l'imitation de la « nature naturante » (le principe de venue de l'être à l'être). La première attitude révèle une ambition artistique spécifique – et probablement vaine : le réalisme. La seconde participe de l'essence même de l'activité artistique.

▸ Le réalisme est-il possible ?

Le mot réalisme s'impose dans l'histoire de l'art avec Gustave Courbet et l'exposition de ses toiles intitulée en 1855 *Le réalisme.* C'est *L'enterrement à Ornans,* toile gigantesque de 1849, qui symbolise cette aspiration à ne peindre que ce qui est tenu pour réel, le « vrai ». Le réalisme s'oppose ainsi à l'idéalisme qui offre du monde une représentation revisitée par l'idéal. Dans la préface du catalogue de son exposition, Courbet s'explique :

> Savoir pour pouvoir, telle fut ma pensée. Être à même de traduire les mœurs, les idées, l'aspect de mon époque, selon mon appréciation ; être non seulement un peintre mais encore un homme ; en un mot faire de l'art vivant, tel est mon but.

Courbet se refuse donc à peindre des allégories ou des tableaux de genre évoquant tel épisode de l'Antiquité et qui font la gloire des peintres académiques (comme Puvis de Chavannes, par exemple, à qui l'on doit la décoration de la Sorbonne). *L'enterrement à Ornans* représente un pauvre cimetière désolé (la toile est aujourd'hui exposée au Musée d'Orsay à Paris). Les couleurs sombres des vêtements des hommes et des femmes endimanchés qui appartiennent visiblement au monde paysan contrastent avec la bande blanchâtre des falaises qui, à l'arrière-plan, dessinent l'horizon. Un crucifix domine la pauvre assemblée et transforme la scène en nouveau Golgotha. La solitude, la pauvreté et la mort sont ici la seule condition de l'homme. Le sujet fit évidemment scandale par sa violence brutale. L'art n'était pas habitué à montrer avec une telle franchise la réalité du destin des hommes. Courbet fut qualifié, à la suite de cette œuvre, de « chef de file de l'école du laid ». On reproche d'ailleurs pareillement à Zola ses complaisances pour le sordide. Bref, le réalisme heurtait la sensibilité romantique éprise de rêve et d'idéaux que synthétise parfaitement la phrase relevée dans le *Journal d'un poète* d'Alfred de Vigny : « A quoi bon les arts s'ils n'étaient que le redoublement de l'existence ? »

Mais la réalité, telle que la reproduit l'artiste, est nécessairement une réalité déformée et subjective (Courbet ne le nie d'ailleurs pas). L'art réaliste glisse insensiblement à la caricature s'il prétend être détenteur d'une fonction pédagogique (« savoir pour pouvoir »). Le Monsieur Homais de Flaubert, dans *Madame Bovary,* est moins un personnage réaliste, correspondant à un homme précis et connu du romancier, que l'archétype du bourgeois entiché de modernisme et imbu de lui-même. Proust opposera ainsi une littérature impossible qui serait une simple photographie, un misérable relevé de lignes et de surface, à une littérature qui radiographierait le réel et donc le comprendrait mieux.

Faire de l'œuvre un miroir de la réalité relève donc tout simplement de l'illusion. On connaît le propos attribué par Stendhal à Saint-Réal et qu'il place en exergue de l'un des chapitres du *Rouge et le Noir* :

> Un roman : c'est un miroir que l'on promène le long du chemin.

Saint-Réal, romancier du XVIIe siècle, rappelle évidemment les ambitions réalistes du roman, mais il avoue également que ce réalisme est orienté. En effet, le miroir est promené par le romancier ; ce dernier choisit ainsi de refléter tel ou tel aspect du paysage que traverse le chemin. En aucun cas il ne saurait embrasser la totalité du paysage, il fait des choix qui ne sont pas innocents même si parfois il cherche à donner l'illusion de rendre compte de cette totalité. Maupassant l'a rappelé dans la préface de *Pierre et Jean* : les réalistes sont des « illusionnistes de talent ».

L'imitation de la nature telle qu'elle se laisse percevoir comme réalité n'est qu'un leurre, un trompe-l'œil. Alors pour quelle raison tant d'artistes se sont-ils accrochés à ce dogme de l'imitation, et ce de la façon la plus naïve ?

> Quel but l'homme poursuit-il en imitant la nature ? Celui de s'éprouver lui-même, de montrer son habileté et de se réjouir d'avoir fabriqué quelque chose ayant une apparence naturelle. La question de savoir si et comment son produit pourra être conservé et transmis à des époques à venir ou être porté à la connaissance d'autres peuples et d'autres pays ne l'intéresse pas. Il se réjouit avant tout d'avoir créé un artifice, d'avoir démontré son habileté et de s'être rendu compte de ce dont il était capable ; il se réjouit de son œuvre, il se réjouit de son travail par lesquels il a imité Dieu, dispensateur de bonheur et démiurge.
>
> Hegel, *Esthétique*.

L'homme est donc fier de sa technique, de son savoir-faire, non de son génie. Or c'est par le génie que l'artiste est véritablement créateur, il ne se contente pas de recopier il innove, il imprime le cachet de son esprit à la nature. L'imitation postule en réalité la supériorité du beau naturel sur le beau artistique, par l'imitation l'artiste avoue son infériorité par rapport à la nature...

Pour Hegel, il ne peut en être ainsi. L'art, au contraire, doit avoir pour fonction de dénaturer le matériau naturel pour lui faire exprimer l'esprit. L'homme est ainsi poussé à se manifester, en tant qu'homme, dans un sensible nouveau, qui n'est pas donné, qui n'est pas naturel. Pour le travail progressif de l'art sur la nature l'esprit apparaît objectivement aux hommes. L'architecte arrache ainsi en premier lieu le matériau massif à sa forme naturelle, puis la sculpture le détache de son contexte naturel, enfin la peinture élimine définitivement sa massivité en le réduisant à deux dimensions. Musique et poésie achèveront l'entreprise de dématérialisation de la matière par l'esprit. Hegel organise selon ce principe de spiritualisation de la matière l'histoire de l'art dont son *Esthétique* rend aussi compte. L'architecture correspond au moment « symbolique », la sculpture à l'art « classique », peinture, poésie et musique caractérisent évidemment l'art « romantique ». Cette esthétique qui valorise le beau artistique sur le beau naturel s'intègre dans une interprétation générale de l'activité humaine comme aménagement de la nature qui ne distingue guère art et technique. Il s'agit pour l'homme de faire de la nature « une vaste demeure sous le grand ciel ».

De fait, Hegel retrouve l'analyse d'Aristote. Car ce que l'homme imite dans la nature, c'est moins son aspect naturé que sa fonction naturante. L'art imite le caractère poétique (au sens de *poiesis*) de la nature.

...ou bien est-ce la nature qui imite l'art ?

▸ Interactions

On l'a noté, le passage de Kant à Hegel suppose un renversement dans l'ordre du beau. Si pour l'auteur de la *Critique du jugement* la nature est à l'origine de toute beauté, pour le philosophe romantique c'est l'art qui, en transformant la nature, dévoile la beauté supérieure de l'esprit. Il faut toutefois nuancer et reconnaître chez Kant la conscience d'une interaction essentielle de l'art sur la nature et de la nature sur l'art :

> La nature était belle lorsqu'en même temps elle avait l'apparence de l'art ; et l'art ne peut être dit beau que lorsque nous sommes conscients qu'il s'agit d'art et que celui-ci nous apparaît cependant en tant que nature.
>
> *Critique du jugement.*

L'art imite la nature mais la nature semble parfois imiter l'art. De fait, le regard que le promeneur ou l'observateur porte sur la belle nature n'est jamais vraiment vierge. Il verra la beauté lorsqu'il reconnaîtra dans la nature des analogies avec l'art. C'est aussi la culture qui permet de développer le sens esthétique dans la nature. On se souvient du mot d'Oscar Wilde à propos du brouillard londonien, si parfaitement rendu par Turner ou Monet : « Là où un homme cultivé saisit un effet, un homme sans culture attrape un rhume. »

Victor Hugo décrit par exemple ainsi une grotte sous-marine, dans *Les travailleurs de la mer* :

> Une des merveilles de cette caverne, c'était le roc. Ce roc, tantôt muraille, tantôt cintre, tantôt étrave ou pilastre, était par place brut et nu, puis, tout à côté, travaillé des plus délicates ciselures naturelles. On ne sait quoi, qui avait beaucoup d'esprit, se mêlait à la stupidité massive du granit. Quel artiste que l'abîme ! Tel pan de mur, coupé carrément et couvert de rondes-bosses ayant des attitudes, figurait un vague bas-relief ; on pouvait, devant cette sculpture où il y avait du nuage, rêver de Prométhée

ébauchant pour Michel-Ange. Il semblait qu'avec quelques coups de marteau, le génie eût pu achever ce qu'avait commencé le géant.

Serions-nous sensibles à la beauté naturelle si la beauté artistique n'avait éveillé notre goût ? Pour Kant, cette action de l'art sur la nature n'apporte qu'une satisfaction supplémentaire. Il s'agit de s'émerveiller, au fond, de la sympathie profonde qui unit l'artiste à la nature. Mais si nous sommes émus par la beauté naturelle du chant du rossignol parce qu'il évoque telle mélodie humaine que nous croyons reconnaître, lorsque nous découvrons, par exemple, que c'est un homme qui imitait en fait l'oiseau, la même mélodie nous semblera décevante et peut-être ridicule. Il faut, pour que le plaisir soit pur, que notre sentiment que la nature imite l'art soit assuré qu'il n'en est rien et que l'analogie est produite par notre liberté.

▸ Quand l'art l'emporte sur la vie : le « complexe de Swann »

En réalité, la culture peut totalement étouffer ce sentiment de la beauté naturelle et l'art finir par se substituer à la vie si l'on ne prend garde au démon de l'analogie. Le dandy qui prétend faire de sa vie une œuvre d'art – à l'image de Dorian Gray, le héros d'Oscar Wilde, qui échange sa vie contre la beauté éternelle du tableau qui le représente – s'expose à ne plus éprouver d'émotions naturelles sans passer par la médiation de l'art et à devenir, peut-être, à son tour un simple bibelot :

> En se faisant dandy, un homme devient un meuble de boudoir, un mannequin extrêmement ingénieux qui peut se poser sur un cheval ou sur un canapé, qui mord ou tète habilement le bout d'une canne ; mais un être pensant... jamais !
>
> H. de Balzac, *Traité de la vie élégante.*

Balzac fait du dandy une caricature, un pantin, un automate qui n'a que l'esthétique pour ressort. L'image est excessive, on lui préférera celle que Swann, le personnage de Proust, donne de lui-même au cours de son aventure amoureuse avec Odette de Crécy. On connaît le cri intérieur que pousse ce riche amateur d'art, ami du père du narrateur de la *Recherche,* à la fin d'*Un amour de Swann* :

> Dire que j'ai gâché des années de ma vie, que j'ai voulu mourir, que j'ai eu mon plus grand amour, pour une femme qui ne me plaisait pas, qui n'était pas mon genre !

En effet, lorsque pour la première fois, au théâtre, Swann est présenté à Odette par un ami commun, celle-ci lui apparaît :

> ...d'un genre de beauté qui lui était indifférent, qui ne lui inspirait aucun désir, lui causait même une sorte de répulsion physique, de ces femmes comme tout le monde a les siennes, différentes pour chacun, et qui sont l'opposé du type que nos sens réclament.

Swann lui trouve la mine défaite, un air de mauvaise humeur et son regard glisse avec indifférence sur cette jeune femme qui pourtant semble s'accrocher à lui. Or Swann ne devient véritablement amoureux d'Odette que par la grâce d'une ressemblance avec le visage de Zéphora, la fille de Jéthro, tel que l'a représentée Botticelli dans la chapelle Sixtine. Alors qu'habituellement Swann ne réussissait pas à la trouver jolie, il voit en elle ce chef-d'œuvre admiré par lui.

> Swann avait toujours eu ce goût particulier d'aimer à retrouver dans la peinture des maîtres non pas seulement les caractères généraux de la réalité qui nous entoure, mais ce qui semble au contraire le moins susceptible de généralité, les traits individuels des visages que nous connaissons.

Le visage d'Odette est désormais transfiguré par l'art, comme si la vie s'était calquée sur l'art et que, ce faisant, elle autorisait Swann à désirer Odette :

> Swann se reprocha d'avoir méconnu le prix d'un être qui eût paru adorable au grand Sandro, et il se félicita que le plaisir qu'il avait à voir Odette trouvât une justification dans sa propre culture esthétique.

Swann place alors sur sa table de travail, non pas la photographie d'Odette, la femme dont il est amoureux, mais une reproduction de Zéphora. L'art a mangé la vie, et la nature n'a plus d'attrait qu'autant qu'elle se risque à imiter l'art. Ce « complexe de Swann » est l'envers du « complexe de Pygmalion ». Le roi de Chypre rêvait de donner la vie à sa statue Galatée, Swann fixe Odette vivante dans son musée imaginaire et fait de la femme un objet d'art. Si le premier peut, grâce à une intervention divine, connaître le bonheur (celui d'être ainsi l'égal d'un Dieu-créateur, puisque Galatée est son œuvre), Swann, par contre, se condamne à la désillusion. Odette ne peut être Zéphora, la réalité rattrape toujours le rêve. On pourrait d'ailleurs montrer que ce que nous avons nommé par commodité le « complexe de Swann » est une forme, certes plus cultivée, qui suppose une véritable éducation du goût, du bovarysme. Emma Bovary, comme Swann, laisse en effet le rêve, nourri par des lectures romanesques, l'emporter sur la réalité.

Approfondir

SUJETS POSSIBLES

- Le laid.
- Pourquoi imiter la nature ?
- L'art et la vie.
- Tous les goûts sont-ils dans la nature ?

Utiliser

L'armée du rire

Vivons-nous le temps du rire « forcé » ? A regarder et entendre certaines émissions comiques sur lesquelles des rires pré-enregistrés ont été mixés, on le croirait. « Riez ! » semble-t-on nous ordonner alors, à la manière dont les animateurs conditionnent leurs publics lors des émissions en direct (des panneaux lumineux s'éclairent pour intimer au public invité l'ordre de rire ou d'applaudir). Il faut rire ! Il faut s'amuser, certains professionnels qui savent ce qu'ils font sont payés pour nous y aider.

Pourquoi cette tyrannie du rire et du sourire ? C'est qu'il s'agit évidemment d'un signe extérieur de bonheur, un signe de reconnaissance pour une société de l'hédonisme et du loisir, un signe de convivialité... Ne pas rire, est-ce s'exclure de la communauté ? Pas nécessairement, car les médias aiment aussi faire pleurer, particulièrement dans ces émissions en direct où les parents montrent leur chagrin d'avoir « perdu de vue » un enfant fugueur. « Reviens, je t'aime ! ». Bref, c'est moins le rire qui est commandé que l'expressivité. Il faut manifester son émotion, c'est un ordre ! La télévision ne nous renvoie-t-elle pas alors – et bien malgré elle – l'image de notre apathie ? Si rire et pleurer sont désormais des commandements, c'est qu'il faut donner le change dans une société indifférente et plate. Rire n'est plus le propre de l'homme, c'est le propre du téléspectateur !

Le pica du goût

Le romancier français J.K. Huysmans analyse avec fascination, à la fin du XIXe siècle, cette perversion du goût qui consiste à se délecter d'aliments en décomposition. Cette passion de la poire blette et de la viande pourrie s'appelle le « pica ». Huysmans, à l'instar de tous les artistes « décadents », ne cache pas sa curiosité pour la corruption sous toutes ses formes qui lui semble révélatrice des âges décadents. Quand le goût tourne et qu'il devient « mauvais », et les tenants du « bon goût » passent pour des médiocres à la traîne de leur époque, est-ce vraiment là le signe que nous sommes entrés en décadence ?

De fait, si chaque période de l'histoire, chaque civilisation produit son idéal de beauté, rares sont celles qui font de la laideur et de la décomposition leur choix esthétique. Car se complaire dans l'ordure et l'immonde relève bien d'un véritable choix. Ce n'est pas faire varier à nouveau les goûts et les couleurs ; celui que la pomme tavelée fait saliver ne prétend pas qu'elle est saine ou mûre.

De la même façon la passion du laid ne consiste pas à transmuter le plomb en or, elle est authentique affirmation de la laideur.

Le spectacle qu'offre parfois l'art contemporain semble laisser croire que, de ce point de vue, les « queues de siècles » se ressemblent. Que nous disent ces sculptures réalisées à partir de concrétions de déchets industriels ? Ces cubes de ferraille réalisés à partir de carcasses automobiles compressées ? Ces poubelles dont le contenu est entièrement recouvert de résine transparente pour que des « esthètes » les exposent dans leur salon ? Nous sommes loin des provocations auxquelles l'art moderne nous avait habitués. On assiste parfois à une promotion du déchet, à une mise en scène de la laideur pour ne pas dire de l'horreur. L'esthétique punk – qui loin d'être moribonde renaît avec le phénomène « crustie » [3] – contribue à diffuser ce goût pour le rebut et la dégradation. Il s'agit d'une tentative d'esthétisation, c'est-à-dire de représentation et de sublimation, de la déchéance. Ce retour du pica établit-il une « correspondance » d'une décadence à l'autre ? Une différence s'impose évidemment : l'esthétique décadente du XIXe siècle était le fait d'un petit groupe de lettrés, épuisés par la culture, celle de notre XXe siècle semble produite certes par des marginaux mais que la culture a d'emblée rejetés.

L'excès comme le manque de culture, c'est-à-dire d'une éducation du goût, conduisent à sa négation violente.

3. Les crusties sont des clochards qui errent en bande. Leur apparence est volontairement repoussante (saleté, crânes rasés, épingles plantées dans les narines, etc.). Elle évoque les films apocalyptiques du type *Mad max*.

12

L'artiste dans la Cité

L'ART : OUTRAGE OU AGRÉMENT ?

Connaître

I. Au cœur ou en marge ?

Expulsé ou honoré par la communauté...

▸ Dehors ! *Platon chasse certains artistes de sa Cité idéale. Pourquoi ? Est-ce écarter de la société un danger ou reconnaître la nature* marginale *des grands créateurs ?*
▸ Valeurs actuelles. *Notre société de consommation réinstalle les artistes naguère maudits au cœur de la Cité, mais la Cité marchande.*

...l'artiste est toujours engagé...

▸ L'art engagé. *Pourtant certains artistes choisissent de s'engager dans les grands débats de leur temps en faisant de leur art une véritable arme.*
▸ L'art peut-il être un désengagement ? *L'art n'est-il pas, par nature, engagé ? C'est ce que montre Sartre à propos de Mallarmé dont l'apparent repli sur son activité artistique apparaît comme un authentique engagement.*

...dans un processus fondamental de dévoilement.

▸ Faire voir. *L'artiste doit faire voir aux habitants de la Cité ce que l'habitude a fait disparaître.*
▸ Dévoiler même la vérité de l'être. *Ce faisant il dévoile la vérité, c'est-à-dire l'essence même des choses.*

II. Vanité ?

Les pouvoirs cathartiques de l'art...

▸ **Les enjeux.** *L'art est un moyen d'exprimer la douleur et le mal-être mais pleurer, est-ce vraiment être consolé ?*
▸ **Catharsis.** *L'art agit en fin de compte comme une catharsis, elle purge et purifie à la fois, c'est dire que sa fonction est autant curative que sacrée.*
▸ **L'artiste, « puceau de l'horreur ».** *De fait l'artiste trouve souvent sa vocation devant le spectacle de l'horreur. Il lui faut dire pour réduire.*

...savent-ils toujours réduire ceux de l'horreur ?

▸ **L'impossible expression.** *N'y a-t-il pas cependant un risque à vouloir exprimer l'objet, celui de perdre la voix ?*
▸ **« Quelle vanité que la peinture ? »** *Ce risque encouru par l'artiste révèle-t-il aux hommes la vanité suprême de l'œuvre d'art ? Devant le Mal, peut-on encore parler ?*

L'artiste a-t-il un rôle politique ? C'est-à-dire une place dans la Cité ? Son activité se limiterait-elle à l'embellissement du cadre de vie et au divertissement des citoyens ? Décorateur et amuseur ?

Évidemment, il n'en est rien ; l'acte créateur implique l'artiste dans un processus de dévoilement du monde qui demeure essentiel pour la communauté. N'y a-t-il pas toutefois des situations qui ramènent l'activité artistique à cette vanité que Pascal évoque pour la peinture ? Vaine fonction ou activité essentielle ?

I. *Au cœur ou en marge ?*

Expulsé ou honoré par la communauté...

▸ Dehors !

> Dès lors, à ce qu'il semble, un homme ayant le pouvoir, conditionné par un talent, de se diversifier et d'imiter toutes choses, un tel homme, s'il parvenait à entrer dans notre Cité avec l'intention d'y présenter au public et sa personne et ses poèmes, nous lui ferions profonde révérence comme à un personnage sacré, hors pair, délicieux, et, d'autre part, nous lui dirions qu'il n'y a pas chez nous d'homme comme lui dans la Cité, et qu'il n'est point permis qu'il en vienne s'y produire ; nous l'éloignerions en direction d'une autre cité, après avoir sur son chef répandu du parfum et l'avoir couronné de laine !
>
> Platon, *République,* livre III.

Ce texte de Platon reste l'un des textes les plus connus de la *République,* on y peut lire le bannissement de certains artistes de la Cité idéale, ce que ne saurait évidemment comprendre un lecteur contemporain, vivant dans une société où l'activité artistique est extrêmement valorisée (l'objet d'art y devient même la valeur, au sens de valeur marchande). Il faut toutefois interpréter cet extrait avec prudence et précision. D'une part, Platon ne chasse pas *tous* les artistes de la Cité. Il confiera ainsi l'éducation de ses gardiens aux musiciens et reconnaîtra pour la communauté le besoin d'un « faiseur de fictions pour un motif d'utilité ; qui (pour nous) imiterait la façon de s'exprimer de l'homme de bien ». L'art a droit de cité s'il est formateur, c'est-à-dire s'il est utile, aux gardiens pour apprendre grâce à l'étude de l'harmonie et l'ordre, aux citoyens pour contempler des modèles sur lesquels se régler. Inutile de rappeler ici que cet art officiel a peu de chances de susciter une émotion esthétique, la beauté visée par lui est évidemment idéale.

Mais si Platon expulse les autres, c'est peut-être précisément parce qu'il leur reconnaît un talent que les artistes à demeure n'ont pas : celui de tromper par la qualité de leur imitation, de faire prendre le faux pour le vrai, l'apparence pour la réalité, ce qui n'est pas tolérable dans la Cité du Juste.

C'est bien avouer une action subversive de l'artiste authentique dont l'activité est dissolvante et génératrice de désordre. L'artiste défait l'ordre des choses, il est – selon le mot d'Antonin Artaud – anarchiste (au sens propre) « dans la mesure où il remet en cause les relations d'objet à objet ». De fait, créateur d'un autre monde, il ne saurait apparaître comme le défenseur de celui dans lequel il vit. Platon rend donc hommage à son pouvoir mais fermement l'expulse, comme rituellement est expulsé de la cité grecque le culte de Dionysos à la fin des fêtes célébrées en son nom (cf. chapitre 1).

▸ Valeurs actuelles

Platon, en chassant les poètes imitateurs de la Cité, leur reconnaît, outre ce pouvoir de dissolution de la réalité, une responsabilité au regard de la communauté et une influence sur cette dernière. Car le péril que représente l'artiste vient aussi de sa capacité séductrice à détourner les citoyens des occupations réglées de la Cité. La fascination trouble qu'ils exercent sur le peuple participe peut-être de cette attirance sombre et pulsionnelle pour le chaos, ce chaos dont Nietzsche dit précisément qu'il est indispensable si l'on veut « enfanter une étoile dansante » (une œuvre).

Paradoxalement les plus grands poètes et artistes du XIXe siècle, par exemple, auraient, sinon accepté, du moins compris le bien-fondé de l'attitude platonicienne, conformément à la logique politique du philosophe. C'est notre modernité qui demeure stupéfaite. Hannah Arendt, dans *La crise de la culture,* relève le paradoxe d'une société de consommation qui idolâtre des artistes du passé qui n'ont cessé de se définir dans le mépris et le dégoût de cette même société alors naissante. Que l'on se souvienne de la violence d'un Flaubert à l'égard de ces bourgeois (nécessairement « étroniformes » sous sa plume) qu'il nomme philistins. Le mot est utilisé pour la première fois par Brentano pour désigner un esprit matérialiste et utilitariste. Nous vivons, en quelque sorte, la revanche du philistin qui a fini par transformer ceux-là qui le combattaient en « valeurs culturelles ajoutées ». Le phénomène est évidemment particulièrement spectaculaire dans le domaine de la peinture. Devrait-on bientôt parler, comme le suggère Jean-Joseph Goux dans un article que publia *Art-Press* en janvier 1992, d'« iconomie politique » ? La peinture apparaît en effet aujourd'hui comme une véritable monnaie qui présente le double caractère d'être thésaurisable (on peut l'accumuler comme le père Grandet ses jaunets) et de permettre un pari sur le futur puisqu'on peut aussi spéculer sur des hausses rapides et considérables de la valeur de cette monnaie.

Que Modigliani, Van Gogh ou Monet soient aujourd'hui les seules valeurs sûres de la *City* montre à quel point la Cité a su ramener l'artiste le plus maudit de la société en son centre.

Subversif et chassé, honoré mais totalement trahi, l'artiste n'a-t-il pas d'autre destinée dans la Cité que celle de se soumettre à l'ordre politique ou de collaborer, à son corps défendant, au marché économique ? N'attend-on pas de l'artiste qu'il s'engage dans les débats qui agitent sa Cité ?

...l'artiste est toujours engagé...

▸ L'art engagé

Une œuvre d'art est engagée lorsqu'elle est désignée comme telle par son auteur et devient ainsi une prise de position. Il n'y a, dans le premier sens du mot, engagement que lorsqu'il y a combat.

Les châtiments de V. Hugo demeure à cet égard absolument exemplaire. C'est d'ailleurs dans ce recueil poétique que l'auteur lance son célèbre « Et s'il n'en reste qu'un, je serai celui-là ! ». Seul contre tous, mais surtout contre le coup d'État et la dictature de Louis-Napoléon Bonaparte, Hugo a recours à tout son art pour faire partager au lecteur l'horreur et le dégoût que lui inspire le second Empire. Il mélange les genres, alternant la satire et l'évocation pathétique des victimes *(Souvenir de la nuit du Quatre),* désignant même l'empereur à la dérision générale :

> Prince qu'aucun de ceux qui lui donnent leur voix
> Ne voudrait rencontrer le soir au fond d'un bois.

Il fait feu de tous les artifices poétiques, l'éloquence et l'humour sont ses armes. L'art passe clairement au service du combat de l'artiste, lequel occupe dans la Cité la même place que n'importe lequel des autres citoyens. Ce qui distingue alors l'artiste engagé du militant c'est bien l'art et la manière : la littérature engagée, par exemple, exprime clairement un parti pris par l'auteur et cherche à emporter la conviction, mais pour ce faire elle dispose d'un projet esthétique. C'est ainsi par le ton qu'il sait donner à ses contes que Voltaire met à coup sûr le lecteur de son côté. L'art engagé, s'il oublie qu'il est art, se transforme en militantisme didactique. C'est pour en avoir probablement pris conscience que Sartre abandonne ses *Chemins de la liberté* et que Louis Aragon réduit considérablement les dimensions initialement prévues pour son roman, *Les communistes.*

L'engagement de l'artiste n'est pas seulement dépendant de ses engagements de citoyen. Il est aussi inhérent à son activité. Zola, par exemple, ne s'engage pas seulement en rédigeant *J'accuse* mais bien toutes les fois qu'il publie un roman. Sartre montre ainsi, pour la littérature, que l'écriture est en soi une action qui engage de façon spécifique l'écrivain. Dans *Qu'est-ce que la littérature ?* il précise : « La fonction de l'écrivain est de faire en sorte que nul ne puisse ignorer le monde et que nul ne s'en puisse dire innocent ».

Lorsqu'il décrit les conditions de vie des mineurs, Zola s'engage autant qu'en défendant Dreyfus. De la même façon, *Le Rouge et le Noir* est une œuvre profondément engagée car le miroir que promène Stendhal sur les traces de Julien réfléchit l'image d'une société ossifiée, repliée sur elle-même. Et dans ce monde qui ressemble à un tombeau (la province, le séminaire) ceux qui ont l'énergie de vivre, de respirer l'air de leurs passions (Mathilde, Madame de Rênal et Julien), ceux-là doivent se battre.

L'œuvre d'art, polémique ou non, ne reproduit pas ce qui est, elle donne à voir et à sentir ce qui, avant qu'elle ne surgisse, passait inaperçu. Dans le domaine pictural, l'exemple de *Guernica,* toile gigantesque présentée à Paris au pavillon républicain de l'Exposition internationale, est significatif. Le tableau dévoile à une opinion – en 1937 pas nécessairement acquise à la cause républicaine – l'horreur de la guerre. Ces corps éclatés, ces membres que semble disproportionner la douleur, cette mêlée enfin d'où l'on ne distingue plus hommes et bêtes, rendent sensible la détresse d'un peuple. Mais bien au-delà du bombardement du village de Guernica, c'est l'atrocité de tout un siècle qui est découverte, en noir et gris, comme dans les photographies de presse publiées alors.

▸ L'art peut-il être un désengagement ?

Les exemples que l'on vient de rappeler sont des regards que porte l'artiste sur le monde qui l'entoure. Mais toutes les œuvres ne nous apparaissent pas comme des miroirs que l'artiste oriente, dans des directions négligées. Certaines refusent précisément cette dimension sociale et manifestent de la part de l'artiste un refus de voir le monde par le repli sur l'œuvre considérée comme monde en soi. Or, selon Sartre, refuser de prendre parti, c'est encore prendre parti : se taire, c'est encore parler :

> Ce silence est un moment du langage ; se taire, ce n'est pas être muet, c'est refuser de parler, donc parler encore.
>
> J.-P. Sartre, *Qu'est-ce que la littérature ?*

Cette forme d'engagement inavoué de Mallarmé a retenu Sartre (cf. chapitre 10). De façon provocante, il intitule la première partie de *La lucidité et sa face d'ombre* : « L'engagement de Mallarmé ». Dans cette poésie tournée sur elle-même, attentive à son seul mouvement de production, et soucieuse de préserver son caractère difficile, Sartre voit le repli d'une catégorie de la bourgeoisie, dépossédée peu à peu de tout pouvoir, de toute influence par les bouleversements de la révolution industrielle. Refusant d'accepter l'irruption du peuple et le retour de la République, les symbolistes et décadents se sont inventé une langue et une esthétique destinées à les protéger. « Donner un sens plus pur aux mots de la tribu », c'est désigner par le biais du langage l'impureté de cette tribu. Détaché du vulgaire, le poète se représente allégoriquement comme « un cygne d'autrefois », dont la blancheur qui rappelle celle du lys symbolise la pureté reconquise. Mallarmé, comme Huysmans qui a contribué à le promouvoir, se détourne de la société en haine de celle-ci et s'enferme dans sa poésie comme Des Esseintes dans sa demeure. Leur silence sur les grands débats publics de leur temps (ne serait-ce que l'affaire Dreyfus) est éloquent.

Il n'est pas d'œuvres d'art qui ne sont engagées. Les projets esthétiques les plus exigeants livrent aussi le sens de leur exigence. Et l'aspect déconcertant qu'ils revêtent parfois désigne plus qu'il ne masque cet engagement. Le XXe siècle a ainsi connu des expériences picturales ou littéraires dont le public n'a souvent retenu que l'aspect formel de la démarche mais qui se voulaient aussi résolument engagées. Roland Barthes a, par exemple, bien montré que le souci obsessionnel d'un Robbe-Grillet pour les objets trouve son sens dans une société de consommation qui précisément fait proliférer les objets. Nous sommes ainsi semblables à l'héroïne de Beckett, dans *Oh, les beaux jours !,* aspirés par la matière. Le « nouveau théâtre », comme le « nouveau roman », dévoile ce processus de réification de l'homme moderne.

Nell et Nagg, les parents de Hamm, le personnage principal de *Fin de partie,* de Beckett, sont deux culs-de-jatte qui vivent dans deux poubelles dont ils soulèvent parfois les couvercles lorsqu'ils veulent s'exprimer. Le public, en 1957, a-t-il mesuré alors ce que cette représentation de la vieillesse pouvait avoir de prémonitoire, dans une société qui aujourd'hui cache ses vieillards dans des hospices et transforme ses membres les moins productifs en déchets ?

...dans un processus fondamental de dévoilement.

▸ Faire voir

Cristo enveloppe le Pont-Neuf d'une immense toile synthétique qu'il fait fixer sur chacun des piliers du plus vieux pont de Paris, celui que le roi Henri IV édifia. Certains Parisiens crient à la provocation, d'autres restent indifférents à une entreprise qui leur paraît particulièrement vaine, d'autres enfin remarquent les plis du long drap qui recouvre le pont, ils s'aperçoivent alors que l'eau de la Seine plaque le tissu contre la pierre dont les formes deviennent comme plus saillantes. Alors qu'il est entièrement recouvert, le pont se laisse voir à eux, comme jamais auparavant. L'édifice n'a jamais été aussi visible et autant regardé que lorsqu'il fut caché. Cristo réactualise en fait une très ancienne technique de la statuaire qui utilise les linges humides pour rendre plus sensibles les formes prises par la glaise pendant qu'on la sculpte. Mais ce qui nous retient ici, c'est bien le sens de la démarche de l'artiste : faire voir (au prix du paradoxe qui consiste à retirer de la vue) ce que l'habitude ou l'usage a peu à peu rendu invisible. Combien de passants inattentifs d'ordinaire à l'architecture du pont se sont mis ensuite à l'observer ?

Bergson ne dit pas autre chose dans *Le rire,* lorsqu'il analyse la fonction dévoilante de l'œuvre d'art :

> Ainsi, qu'il soit peinture, sculpture, poésie ou musique, l'art n'a d'autre objet que d'écarter les symboles pratiquement utiles, les généralités conventionnellement et socialement acceptées, enfin tout ce qui nous masque la réalité, pour nous mettre face à face avec la réalité même.

C'est que la vie quotidienne recouvre d'un voile opaque le monde qui nous entoure, ce voile qui est celui de l'utile. Bergson décrit très précisément la façon dont notre mode de vie nous aveugle inévitablement :

> Mes sens et ma conscience ne me livrent donc de la réalité qu'une simplification pratique. Dans la vision qu'ils me donnent des choses et de moi-même, les différences inutiles à l'homme sont effacées, les ressemblances utiles sont accentuées, des routes me sont tracées à l'avance où mon action s'engagera.
>
> H. Bergson, *Le rire.*

A passer tous les jours sur le Pont-Neuf celui-ci n'est plus devenu pour la plupart des Parisiens qu'un moyen de traverser la Seine. Il faut l'intervention de l'artiste pour que le pont ne soit plus un instrument. La fonction de l'artiste dans la Cité consiste bien à réveiller ses concitoyens, à fabriquer ce que Marcel Duchamp appelait des « objets-dards » qui sont autant d'aiguillons enfoncés dans l'habitude. Là où – par défense ? ignorance ? indifférence ? lucidité ? – certains contemporains ne voient que provocations et mercantilisme, il faut souvent percevoir l'intention dévoilante de l'artiste. L'argument sempiternellement répété reste celui-ci : on défigure un site, on mutile un monument... Mais ne vaut-il pas mieux prendre le risque de « défigurer » un lieu plutôt que de se résigner à le laisser disparaître dans l'usure des regards ? Ainsi des pyramides posées au centre de la cour carrée du Louvre on peut juger « universellement sans concept »... et puisqu'il n'y a pas de concept du beau toute forme de dispute sur cette appréciation peut faire « long feu »... On ne saurait nier, par contre, que désormais cette cour austère, naguère abandonnée, est visitée. La nuit, jets d'eau, formes de verre et lumières la font même briller d'un éclat singulier. Certains objecteront toutefois que la forme et les matériaux des pyramides ne s'intègrent pas dans le style de la cour de l'ancien palais des rois de France, que la réalisation du projet original « défigure » en quelque sorte le passé. De fait, le passé, la culture, l'histoire ont-ils besoin de tuteurs ? Ne s'imposent-ils pas d'eux-mêmes à ceux-là qui sauront les apprécier ? L'art doit-il venir au public ou bien est-ce le contraire ?

▸ Dévoiler même la vérité de l'être

L'action dévoilante de l'artiste ne se limite pas à nous faire sortir de la torpeur dans laquelle la vie de la Cité nous a installés. L'œuvre d'art nous entraîne au cœur des choses, elle nous révèle leur obscure intimité. Dans *L'origine de l'œuvre d'art,* conférence rédigée en 1935, Martin Heidegger cherche à saisir ce qui est « à l'œuvre dans l'œuvre ». Pour sa démonstration, il s'attache à une toile de Van Gogh, datée de 1886, et intitulée par l'artiste *Les souliers.* On peut y voir en effet la représentation d'une paire de chaussures à lacets, usagées, recouvertes et marquées par la terre. C'est une paire de souliers de paysan. La représentation qu'en a faite Van Gogh détache cet objet de son utilité. Pour nous qui regardons le tableau ce ne sont pas des souliers faits pour marcher dans les champs. L'objet, détaché de son contexte utilitaire, peut alors nous parler, ou plutôt c'est le tableau qui nous parle et nous dit la vérité de l'objet :

> A travers ce produit repasse la muette inquiétude pour la sûreté du pain, la joie silencieuse de survivre à nouveau au besoin, l'angoisse de la naissance imminente, le frémissement sous la mort qui menace. Ce produit appartient à la *terre,* et il est à l'abri dans le monde de la paysanne. Au sein de cette appartenance protégée, le produit repose en lui-même.
>
> Heidegger, *L'origine de l'œuvre d'art.*

L'art nous dévoile un monde, radicalement autre que celui que nous connaissons, et construit autour de cette paire de chaussures qui laisse voir, devant nous qui la contemplons, ce qu'elle est absolument. L'artiste accomplit donc par son acte créateur un dé-voilement, il découvre ce qui était caché, l'être de l'objet, sa vérité. Heidegger conclut donc que ce qui est à l'œuvre dans l'œuvre, c'est bien l'avènement de la vérité.

La fonction de l'artiste est ontologique, dans la Cité, c'est lui qui permet l'ouverture des objets à leur être.

II. Vanité ?

Les pouvoirs cathartiques de l'art...

▸ Les enjeux

L'œuvre est essentielle pour qui la pense une fois présente à lui. Mais n'y a-t-il pas dans l'espace de la Cité des circonstances qui rendent vaine, pour ne pas dire dérisoire, l'activité de l'artiste ? Jean-Paul Sartre dans les colonnes du journal *Le Monde* affirmait ainsi en 1964 : « En face d'un enfant qui meurt, *La Nausée* ne fait pas le poids. » La formule est devenue célèbre parce qu'elle renvoie l'artiste à la contingence. Pourtant, l'art comme expression de la douleur peut aider à l'expulsion du mal. « Pleurer, c'est déjà être consolé », écrivait Hegel dans l'*Introduction à l'esthétique*. Certes, mais il est aussi des consolations impossibles qu'aucune larme ne saurait apporter, quand l'horreur étouffe toute velléité expressive, que sa réalité abolit toutes les fictions. Que faire alors de cet artiste devenu bel inutile ? Rien, répond le philosophe Theodor Adorno : « Après Auschwitz, il est impossible d'écrire un poème. » Pour lui, Auschwitz, symbole de la négation radicale de l'homme par l'homme, rend vaine toute tentative de sublimation de son humanité par un homme désormais condamné au silence. L'horreur fige la main de l'artiste, elle ne l'anime pas, et c'est peut-être un des mensonges du romantisme que d'avoir fait croire à une souffrance créatrice.

▸ Catharsis

« Deux grandes familles de héros dominent la tragédie, rappelle J. de Romilly dans *La tragédie grecque* : celle des Atrides et celle des Labdacites. Et toutes deux enferment dans leur sein des crimes monstrueux. » La tragédie grecque représente en effet des actions d'une violence extrême (cf. chapitre 1) que Shakespeare saura d'ailleurs réactualiser au XVIIe siècle *(Titus Andronicus)* ainsi que l'ensemble des dramaturges élizabéthains de Ben Johnson à John Ford *(Dommage qu'elle soit une putain)*. L'expression de cette horreur, on l'a vu, permet au spectateur athénien de se libérer, par la terreur et la pitié que lui inspirent les personnages qu'il contemple, de ses hantises. Il se purifie de la violence qui l'habite en la regardant se manifester hors de lui-même sur une scène.

C'est la fonction cathartique de la tragédie. Julia Kristeva commente ainsi cet acte de purification poétique dans *Pouvoirs de l'horreur* :

> L'abject, mimé avec du son et du sens, est répété. Pas question de le liquider, mais le faire être une deuxième fois, et différemment de l'impureté originelle.

Le poème « rejoue » l'horreur, l'abjection originelle dans la mesure où il la mime et permet par l'acte même du mime et de l'imitation d'éloigner de soi cette horreur ou cette abjection. La répétition esthétique purifie donc le spectateur comme le poète, elle fait « tourner » le mal en bien, la dissolution de l'individu en principe de fusion de la communauté.

▸ L'artiste, « puceau de l'horreur »

De fait, le spectacle traumatisant d'une guerre, de la mort, est fréquemment à l'origine de l'acte créateur. Comme si l'œuvre devait exorciser définitivement ce qu'a vécu l'artiste. Agrippa d'Aubigné, l'auteur des *Tragiques,* cherche ainsi à chasser ses cauchemars de capitaine protestant, acteur et spectateur des guerres de religion. Dans le livre premier des *Tragiques,* intitulé « Misères », le poète multiplie ces visions d'horreurs qui sont celles de la guerre :

> Là de mille maisons on ne trouva que feux,
> Que charognes, que morts ou visages affreux.

S'il est également un romancier qui a été particulièrement manqué par la guerre et le spectacle qu'elle offre, c'est Louis-Ferdinand Céline : la Première Guerre mondiale dans le *Voyage au bout de la nuit* et la retraite des troupes allemandes en 1945 que relate la trilogie *D'un château l'autre, Nord* et *Rigodon.*

L'œuvre romanesque de Céline exhibe les stigmates de cette violence contemplée, absorbée puis vomie. Le roman permet là aussi d'expulser l'horreur et d'affirmer en creux cette recherche du plaisir que la vie s'ingénie à rendre impossible :

> Le bonheur sur terre ça serait de mourir avec plaisir dans du plaisir... Le reste, c'est rien du tout, c'est de la peur qu'on n'ose pas avouer, c'est de l'art.
>
> *Voyage au bout de la nuit.*

Dans un texte extrait du *Pont de Londres,* Céline met encore plus nettement en rapport l'activité créatrice et l'activité destructrice de l'homme.

> Les hommes n'ont pas besoin d'être saouls pour ravager ciel et terre ! Ils ont le carnage dans les fibres ! C'est la merveille qu'ils subissent depuis le temps qu'ils essaient de se réduire à rien. Ils pensent qu'au néant, méchants clients, graines à crime ! Ils voient rouge partout ! Faut pas insister, ce serait la fin des poèmes...

De fait, c'est l'abjection du monde qui rend l'art nécessaire.

...savent-ils toujours réduire ceux de l'horreur ?

▸ L'impossible expression

A mesure que l'œuvre célinienne se développe et que l'écriture se fait plus rageusement exorcisme, la phrase du romancier devient de moins en moins complexe, elle devient même le lien d'une désarticulation du langage. Dans les derniers romans, les phrases nominales se multiplient, les exclamations, les onomatopées syncopent les pages d'un livre d'où le sens semble avoir fui :

> De traverse en traverse à peut-être encore cinq cents mètres quelqu'un d'assis sur le rail... et encore un autre... un peu plus loin... nous nous approchons... je fais... hi ! hi !... Je touche l'épaule là... J'appuie... Oh ! pas fort ! Toc !... Ce quelqu'un bascule !...

> à la renverse !... Jambes à l'air... vloc !... aux cailloux... je vais à l'autre... Je le touche à peine... bascule aussi !
>
> *Rigodon.*

Il s'agit de cadavres mitraillés par l'aviation le long d'une voie de chemin de fer. On remarque la multiplication des points de suspension et des points d'exclamation. La phrase a éclaté, comme ces corps qu'elle décrit. En réalité, à lire tous les romans de Céline, on a le sentiment d'assister à une progressive désagrégation du langage, des phrases qui se brisent, tant la douleur qu'elles tentent d'exprimer est lourde, et qui meurent dans le silence. L'œuvre du romancier se laisse envahir par le silence. La tâche est si terrible, le spectacle si monstrueux qu'un homme ne peut avoir la force de l'exprimer.

▸ « Quelle vanité que la peinture ! »

L'horreur scandaleuse, comme toute manifestation du mal, pose la question de l'existence de Dieu, dont la réponse ne s'entend que dans le silence.

Au silence de la prière – l'appel à Dieu face à l'horreur du monde est si fort qu'il excède la parole humaine – correspond le silence de la déréliction... Mais dans les deux cas, c'est le silence qui étouffe la parole, car l'expérience du mal échappe à toute rationalité, à toute parole. Le mal dissout même jusqu'à l'identité de celui qui l'éprouve. De fait, l'holocauste rend désespérément futile l'expression artistique lorsqu'elle croit pouvoir laisser agir ses vertus cathartiques, pour expulser la douleur. Le croyant se livre alors à la prière et son poème est une célébration, l'autre se terre dans le silence et se décompose comme Vladimir et Estragon, les deux éternels clochards de Beckett, confrontés à l'absurde, dans l'attente infinie d'un « sauveur » qui retarde toujours sa venue (cf. chapitre 13).

L'acte créateur semble ainsi pris entre l'impossible et le nécessaire, entre l'être et le non-être, entre l'exigence du témoignage et l'indécence à prétendre exprimer l'inexprimable. L'écrivain israélien Yechiel de Nur a résolu la contradiction. Rescapé du camp, il fait le serment de décrire l'enfer vécu, mais d'une main anonyme. Le poème (l'œuvre) est urgent, mais il ne peut avoir d'auteur. Il n'est plus ni parole, ni silence mais une tierce réalité artistique, surgie de l'horreur elle-même, à elle-même son propre exorcisme. Yechiel de Nur ne peut donc signer *La Salamandre* (publié en 1945, sans nom d'auteur), il choisit pour pseudonyme Ka Tzetnik 135 633, du « nom » de cet autre lui-même, sa négation, qui aurait dû voir la mort dans l'abomination concentrationnaire. Si « Après Auschwitz, il est impossible d'écrire un poème », c'est que nul poète ne pourrait porter un tel poème. Une voix, celle de toutes les victimes, peut en revanche s'élever qui dira la mort de l'homme, celle qui hante l'inspiration de tous les grands créateurs de la seconde moitié du siècle, de Beckett à Giacometti.

Approfondir

LECTURES (communes aux chapitres 11 et 12)

. Alain, *Système des Beaux-Arts,* Gallimard, 1926, 362 p.
Des pages rapides et pénétrantes organisées en dix livres qui décrivent l'ensemble des Beaux-Arts de la danse à la prose. On lira, peut-être, de préférence le livre huitième consacré à la peinture.
La simplicité du style d'Alain et la profondeur de la réflexion font de l'ouvrage un passage quasiment obligé.
. Blanchot Maurice, *Le livre à venir,* Gallimard, 1959, 341 p.
Une interrogation sur l'avenir de l'art qui s'appuie sur la lecture de Beckett, Mallarmé, Proust et Musil. A lire particulièrement la dernière section intitulée « Où va la littérature ? »
. Ferry Luc, *Homo Aestheticus,* Grasset, 1990, 441 p. Publié également dans la collection de poche Biblio Essais.
Une analyse extrêmement précise et fondée de la philosophie du goût de Kant, Hegel et Nietzsche. A lire particulièrement : le cinquième chapitre consacré à Nietzsche.
. Kempf Roger, *Dandies, Baudelaire et compagnie,* Éd. du Seuil, 1977, 182 p.
Un essai divertissant sur le phénomène du dandysme : mouvement de résistance aux progrès du siècle ? Culte de l'art ? Attitude sublime ou bien grotesque ? Pour illustrer le conflit de l'art et de la vie.
. Lacan Jacques, *Le séminaire,* livre XI, Éd. du Seuil, 1973, 256 p.
Pour la neuvième section intitulée « Qu'est-ce qu'un tableau ? ». Quelle est la nature du regard de l'amateur qui contemple un tableau ? Comment définir la relation d'échange qui s'établit alors entre le sujet et l'objet ?
. Pleynet Marcelin, *Les modernes et la tradition,* Gallimard, 1990, 276 p.
Une introduction à l'art moderne et en particulier à l'idée de « rupture » dans l'histoire de l'art. Deux articles sont très intéressants dans la perspective des chapitres précédents, l'article consacré à Courbet et celui rédigé à propos des rapports de Monet avec le naturalisme.

SUJETS POSSIBLES

. Faut-il expulser l'artiste ?
. L'art et le sacré.
. L'art engagé.
. L'art et la violence.

Utiliser

Johnny intello ?

Dans le célèbre *Plaidoyer pour les intellectuels,* Jean-Paul Sartre définit l'intellectuel comme un homme qui s'occupe de ce qui ne le regarde pas. C'est dire évidemment que l'intellectuel est celui qui sort de la sphère de compétence que lui reconnaît la société pour peser du poids de sa popularité et de sa notoriété dans le débat public : Péguy, Zola, Anatole France, Marcel Proust sont ainsi des intellectuels lorsqu'ils plaident en faveur de Dreyfus tout autant que Barrès dans l'autre camp. L'artiste, le scientifique ne peuvent être véritablement des intellectuels que s'ils font l'objet d'une adhésion populaire, il n'y a pas d'intellectuels sans un peuple pour leur accorder du crédit. De la sorte les intellectuels ont pu incarner le peuple, ses aspirations ou bien se donner comme son « avant-garde ».

Or le contrat tacite liant les intellectuels d'hier au peuple d'aujourd'hui paraît rompu. Dès 1955, Raymond Aron dans *L'opium des intellectuels* le suggère dans les dernières lignes de l'ouvrage :

> Les Occidentaux, les intellectuels surtout, souffrent de la dispersion de leur univers. L'éclatement et l'obscurité de la langue poétique, l'abstraction de la peinture, isolent poètes et artistes du grand public qu'ils affectent de mépriser, du peuple pour lequel au fond d'eux-mêmes ils rêvent d'œuvrer.

L'art et la science sont devenus inaccessibles à la majorité des citoyens, sous l'effet soit du formalisme avant-gardiste, soit de la complexité des savoirs mis en œuvre. De ce fait, le grand public s'est détourné de ceux en qui naguère il avait une confiance fondée sur un sentiment d'admiration et de reconnaissance. Qui aujourd'hui a la notoriété de Victor Hugo de son vivant ? Combien de Français connaissent le nom du seul romancier contemporain à avoir reçu le prix Nobel de littérature ? Ils sont encore moins nombreux à avoir lu l'une de ses œuvres ! De fait, l'écriture de Claude Simon jouant sur l'épaisseur d'une narration double, voire triple, déconcertera plus d'un lecteur peu habitué aux recherches inaugurées par le Nouveau Roman des années cinquante. Qui saura citer ne serait-ce qu'un seul nom de poète d'aujourd'hui ? Qui connaît Henri Thomas ? Yves Bonnefoy ? Qu'importe alors au peuple que ceux-ci décident de « peser » dans le débat public ! La signature du plus navrant des présentateurs de télévision aura plus d'impact au bas d'une pétition que celle du plus génial de nos écrivains. Qui dispose à présent de la notoriété suffisante pour s'impliquer efficacement dans la vie de la Cité ? Qui est assez « reconnu » pour s'offrir le luxe de s'occuper de ce qui ne le regarde pas ? Balavoine, Coluche, Montand, Renaud... Si c'était eux les intellectuels de notre temps ? Demain, pourquoi pas Johnny ?

L'art et l'argent

Qu'est-ce qui nous scandalise dans l'avant-garde ? La question mérite d'être posée parce que nombreuses sont les attitudes qui manquent sur ce point de clarté. En effet, par quoi sont véritablement choqués les visiteurs du Centre G. Pompidou lorsqu'ils s'arrêtent devant l'« Infiltration homogène pour piano à queue », « sculpture » de Joseph Beuys, acquise par le musée dès son origine, et qui représente un piano entièrement recouvert de feutrine sur laquelle est collée une large croix rouge. Par l'œuvre elle-même ? Elle pourrait tout au plus prêter à rire. Par le fait qu'un tel objet soit exposé dans un musée ? On pourrait goûter l'ironie de la situation ou passer simplement devant « l'œuvre » avec indifférence... Il faut être franc, c'est sa valeur marchande qui choque le public. Il en va de même pour les monochromes d'Yves Klein (des toiles totalement blanches ou bleues) : ce qui heurte avec violence nos consciences, c'est que cela coûte de l'argent, beaucoup d'argent. Or ne comprenons-nous pas que c'est notre attitude outrée qui donne à ces « objets-dards » leurs prix exorbitants ?

Si l'art a aussi pour fonction de déranger, d'outrager, de remettre en cause les certitudes socialement acquises, comment peut-il être efficace sans violenter la société jusque dans l'intimité des « valeurs » qui la fondent, c'est-à-dire l'argent ? Comment scandaliser aujourd'hui dans une société absolument permissive pourvu qu'on mette le prix nécessaire à l'obtention de la permission ? Ce qui paraît choquant dans l'attitude outrée de tel ou tel qu'offense le prix affiché des pseudo-œuvres artistiques qu'il vient voir au musée, c'est que l'argent seul est à présent capable de provoquer un électrochoc... Ce ne sont pas ces objets, dérisoires le plus souvent, qui ne valent rien, c'est probablement notre indignation.

13

Le sacré et le profane

RESSORTS DU RELIGIEUX

Connaître

I. Le phénomène religieux

Dieu a-t-il oublié les hommes...

▶ Déréliction : En attendant Godot. *Au lendemain de la Seconde Guerre mondiale, la pièce de Samuel Beckett,* En attendant Godot, *traduit le désarroi d'un monde qui découvre l'absurdité.*
▶ Vere tu es Deus absconditus. *Est-ce Dieu qui s'est caché ? Le théâtre du* XVII*e siècle représente déjà, sous l'influence du jansénisme, ce cache-cache auquel semble se livrer le créateur avec ses créatures.*
▶ Dieu est-il mort ? *Et si Dieu avait disparu, non de son plein gré, mais parce que nous l'aurions tué ? Pour Nietzsche, les hommes ont mis la divinité à mort.*

...ou bien la religion n'est-elle qu'une illusion sans avenir ?

▶ Religion. *La religion a pour fonction de maintenir entre les dieux et les hommes des liens qui ont été desserrés.*
▶ Déisme et théisme. *Il ne faut toutefois pas confondre religion naturelle et religion révélée. Avons-nous vraiment besoin d'une structure intermédiaire entre nous le divin ?*
▶ Soupçon d'illusion. *Cette structure intermédiaire, que nous nommerons l'Église, ne se joue-t-elle pas de nous ? Et la religion qu'elle promeut n'a-t-elle pas pour unique finalité de nous faire prendre nos désirs pour la réalité ?*

II. L'irréductible sacré

Le sacré n'est pas synonyme du religieux...

▶ La religion « administre » le sacré. *La religion « met en forme » une disposition naturelle de l'homme pour le sacré.*

▸ **Le mythe est une machine à produire du sacré.** *Le mythe a pour fonction de transformer le profane en sacré.*

...mais il fait de celui-ci le phénomène social majeur.

▸ **Totem et tabou.** *Cette disposition universelle pour le sacré est la trace logée en chaque homme du meurtre du père dans la horde primaire. C'est, du moins, l'hypothèse formulée par Freud dans* Totem et tabou.

▸ **La violence fondatrice.** *Ce meurtre primitif à partir duquel s'organise le groupe et qu'il célèbre rituellement fait du sacré le principe d'explication de toute réalité sociale.*

Les maîtres du soupçon, Nietzsche, Marx et Freud ont-ils définitivement achevé la grande profanation engagée au XVIIIe siècle ? Ne voit-on pas au contraire dans l'intérêt que porte notre modernité au sacré un retour ferme du religieux considéré comme la clé unique pour pénétrer l'origine de toute forme de société ?

Malmenée par l'histoire et par la science, la religion n'est-elle pas aujourd'hui sauvée par le sacré ?

I. Le phénomène religieux

Dieu a-t-il oublié les hommes...

▸ Déréliction : En attendant Godot

« Monsieur Godot m'a dit de vous dire qu'il ne viendra pas ce soir mais sûrement demain. » Le garçon a récité d'un trait sa réplique aux deux vagabonds incrédules. Vladimir et Estragon, les deux personnages principaux de la pièce de S. Beckett, *En attendant Godot,* semblent donc condamnés à une nouvelle attente. Monsieur Godot, qui visiblement leur a fixé rendez-vous sur cette route désolée où ne subsiste qu'un seul arbre, viendra demain : fin de l'acte premier.

Second lever de rideau : rien n'a changé apparemment pendant la nuit, si ce n'est l'arbre qui porte à présent quelques feuilles (signe d'espoir ?). Vladimir et Estragon poursuivent leur dialogue mécanique et répété depuis longtemps, quand survient un autre garçon. Celui-là n'est porteur d'aucun message, il ne connaît même pas Monsieur Godot et son ignorance renvoie les clochards à leur éternelle attente. Le rideau se baisse définitivement sur l'immobilité des personnages, figés dans l'obscurité de leur étrange rendez-vous manqué.

Sommes-nous donc les clones de ces deux clowns pitoyables qui ne trouvent sens à leur vie que dans l'espoir d'une improbable rencontre avec ce personnage invisible qu'ils s'imaginent tout-puissant et dont ils attendent leur salut ? Certes Beckett a toujours récusé la lecture simpliste visant à faire de sa pièce une fable de la condition humaine. Godot, ce n'est pas God (c'est-à-dire Dieu), affirmait le dramaturge, et Vladimir et son compagnon n'incarnent pas l'humanité. On doit toutefois rappeler les circonstances dans lesquelles la pièce est composée, en 1953. Le monde sort à peine d'un conflit généralisé où jamais les puissances de destruction et de négation de l'humanité n'ont été si largement sollicitées.

De l'entreprise nazie d'extermination du peuple juif à l'usage de l'arme nucléaire par les Américains et aux massacres staliniens, les facultés « d'invention » des hommes n'ont pas manqué de ressources... Le décor crépusculaire que Beckett imagine pour son œuvre n'est pas sans évoquer un événement particulièrement atroce et destructeur : seul un arbre a résisté. Quant aux hommes, on en rencontre fort peu sur cette scène déserte, et ceux-là ressemblent soit à des épaves humaines, soit à des monstres qui tiennent en laisse leurs semblables (Pozzo et son valet Lucky). Le monde de Beckett, à l'image de celui qui naît de la Seconde Guerre, est un monde ravagé. Dans ce chaos, les survivants, absolument livrés à eux-mêmes, semblent n'attendre qu'une chose : une planche de salut, un espoir à quoi se raccrocher pour expliquer l'horreur qui vient d'être vécue. Mais l'horreur elle-même, par son existence, annihile toute sauvegarde. Dans cet univers de décombres, et du fait de ces décombres, l'homme se croit abandonné... Il attend un signe, il attend du sens, rien ne se laisse percevoir... Comme si Dieu s'était caché, ou pire, était mort.

▶ Vere tu es Deus absconditus

C'est en ce sens que l'on peut dire – à l'instar de Jean-Louis Barrault – de Beckett qu'il est un grand auteur tragique. De fait, Georg von Lukàcs, cité par Lucien Goldmann dans *Le dieu caché,* définit ainsi l'homme tragique, c'est-à-dire dans le contexte, aussi bien le dramaturge que ses personnages et son public :

> Il espère de la lutte entre les forces adverses un jugement de Dieu, une sentence sur l'ultime vérité. Mais le monde autour de lui suit son propre chemin, indifférent aux questions et aux réponses. Les choses sont toutes devenues muettes et les combats distribuent arbitrairement, avec indifférence, les lauriers ou la défaite.
>
> *Die Seele und die Formen,* traduction L. Goldmann.

Dans la tragédie classique, telle que l'analyse Goldmann, celle de Racine en particulier, Dieu a disparu. Il n'apporte plus au héros aucun secours, il ne lui délivre aucun signe lui permettant d'évaluer ou de régler son action, il se cache (*Deus absconditus,* « Dieu caché » écrira Pascal), laissant les hommes livrés à eux-mêmes et à leurs propres valeurs. D'où l'affrontement de ces valeurs à l'intérieur de l'espace tragique. Mais pour les jansénistes du XVIIe siècle qui ont fait Pascal et Racine, Dieu n'est pas caché pour tous les hommes, certains élus, détenteurs de la grâce, l'aperçoivent :

> S'il n'avait jamais rien paru de Dieu, cette privation éternelle serait équivoque, et pourrait aussi bien se rapporter à l'absence de toute divinité qu'à l'indignité où seraient les hommes de la connaître ; mais de ce qu'il paraît quelquefois, et non pas toujours, cela ôte l'équivoque. S'il paraît une fois, il est toujours ; et ainsi on n'en peut conclure sinon qu'il y a un Dieu, et que les hommes en sont indignes.
>
> Pascal, *Pensées,* Fragment 559.

Sitôt que Dieu paraît, la tragédie disparaît, l'homme n'est plus seul, ni déchiré par ses incertitudes. Clairement, la tragédie classique met en scène l'absence et le désarroi que celle-ci provoque chez les hommes qui se révèlent alors dans toute leur humanité. Jamais davantage que dans *Bérénice,* Racine n'est allé aussi loin dans la formulation de cette hantise du vide. Bérénice, reine de Palestine, attend que Titus lui annonce le jour de la cérémonie de mariage pour laquelle elle l'a suivi à Rome. Mais Titus la fuit, pour ne pas lui avouer la situation dans laquelle la loi de Rome le place (renoncer à l'Empire ou épouser une reine étrangère). Bérénice est confrontée à l'absence de Titus, celle qu'elle vit dans le Palais impérial, celle qu'elle connaîtra lorsqu'elle sera contrainte de regagner son pays. Racine développe à loisir une thématique du désert. De fait, Bérénice occupe seule la scène et ses plaintes emplissent l'espace vide où elle évolue : le destin de l'héroïne racinienne est emblématique de toutes les destinées tragiques.

Les héros de Beckett, Vladimir et Estragon, aussi surprenant que cela puisse paraître, partagent cette solitude avec la reine de Palestine : ils vivent eux aussi cette déréliction, le sentiment d'un abandon qui leur réfléchit l'étendue d'une liberté dont ils ne savent que faire. La pièce de Beckett, pas davantage que les œuvres inspirées du jansénisme, ne met en doute l'existence de « Godot », ou de cette incarnation d'un principe protecteur et donneur de sens. Dire que Dieu se cache ou bien qu'il ignore les hommes, ce n'est pas dire qu'il n'existe pas. Le sentiment de l'abandon n'est pas séparable en effet de la certitude d'une présence possible (Vladimir et Estragon ne remettent jamais en cause l'existence de Godot dont ils connaissent la puissance et les richesses). Mais là où la tragédie de l'absurde rompt avec la tragédie classique, c'est dans l'usage que les personnages font de leur liberté. Les héros raciniens s'affrontent quand les pantins de Beckett s'enlisent. Jean-Marie Domenach analyse précisément cette différence dans le dernier chapitre de son ouvrage *Le retour du tragique* :

> Dans la tragédie classique, ce sont des pleins qui s'affrontent : des passions, des intérêts, des valeurs, dans l'anti-tragédie contemporaine, ce sont des creux : des absences, des non-valeurs, des non-sens. L'anti-tragédie prend sa source dans l'échec de tout ce qui donnait consistance à la tragédie : caractère, transcendance, affirmation (...). L'interrogation qu'elle suggère n'est pas : quel sens, quelle faute, quelle action ? – mais comment peut-il y avoir sens, faute, action ?

Les héros classiques hésitent entre l'amour et le devoir, sans aucun signe venu du ciel. Ils ne savent que choisir. Les personnages de ce que Domenach nomme l'anti-tragédie, ou ailleurs l'infra-tragédie, n'ont pas le choix : le mutisme et l'absence répondent seulement au vide et à l'absurdité. Avec la représentation du Dieu caché, nous l'avons montré, on peut encore croire que la divinité saura se montrer à certains, qu'il est possible de quitter alors l'univers tragique (Junie sort de la tragédie, dans *Britannicus,* en entrant chez les Vestales). Dans les pièces de Beckett, nul élu... Godot semble négliger tous les hommes, tout juste prend-il la peine d'expédier un messager (un messie ?) pour le leur signifier. Dieu ne se cache plus, il s'absente.

Pourquoi, dans ces conditions, Vladimir et Estragon restent-ils à l'attendre ?

▸ Dieu est-il mort ?

> Souffrance et impuissance, voilà ce qui créa les arrière-mondes, et cette courte folie du bonheur que seul connaît celui qui souffre le plus. La fatigue qui, d'un seul bond, veut aller jusqu'à l'extrême, d'un bond mortel, cette fatigue pauvre et ignorante qui ne veut même plus vouloir : c'est elle qui créa tous les dieux et tous les arrière-mondes.
>
> F. Nietzsche, *Ainsi parlait Zarathoustra.*

Si Vladimir et Estragon croient encore à la venue de Godot, c'est que leur souffrance physique et morale est si grande qu'il leur faut une raison de l'endurer. Cette attente infinie permet l'infinie patience et nourrit de vagues espoirs (Godot donnera aux deux clochards un emploi pour qu'ils puissent manger autre chose que les navets qu'ils gardent dans leurs poches). Godot apparaît ainsi comme « l'arrière-monde » de Vladimir et d'Estragon, engendré par la solitude et la souffrance, choyé par leur imaginaire... On peut dès lors concevoir un Godot non pas totalement fictif – il y a tous ces petits messagers qui viennent sur scène différer le rendez-vous et dont la présence témoigne bien de l'existence de Monsieur Godot – mais animé par les deux clochards. Et si Godot n'avait pas fixé de rendez-vous ? Si c'était Vladimir et Estragon qui s'en étaient chargés ? Si Godot avait fini par prendre en pitié le délire des deux hommes installés sur ses terres et s'il envoyait régulièrement, par compassion, prendre de leurs nouvelles ? Les souvenirs des vagabonds sont assez flous pour autoriser cette version des faits. Godot est bien réel, c'est le rendez-vous qui paraît fictif. Inutile dès lors d'évoquer un abandon, un sentiment de déréliction, un hypothétique sauvetage... Godot ne viendra pas, il n'a jamais été question qu'il vienne.

F. Nietzsche imagine deux autres scénarios possibles. Si les hommes attendent vainement d'être sauvés par le Dieu qu'ils honorent, ce peut être soit du fait d'une incapacité réelle de la divinité (Monsieur Godot voudrait venir au rendez-vous, mais il est trop âgé, il ne parvient plus à se déplacer...), soit plus radicalement parce qu'il n'y a plus personne à l'arrière-monde : Dieu est mort. La formule est provocatrice, elle parcourt l'œuvre de Nietzsche mais c'est dans le *Gai Savoir* qu'elle trouve son expression la plus achevée. Le philosophe imagine un personnage, « l'insensé », qui annonce dans l'incrédulité générale :

> Où est Dieu ? Je vais vous le dire ! Nous l'avons tué – vous et moi ! Nous sommes tous ses meurtriers !

Dans *Ainsi parlait Zarathoustra,* Nietzsche a prévenu à l'avance ses exégètes :

Lorsque les dieux meurent, ils meurent de plusieurs sortes de morts.

La « mort de Dieu » par conséquent doit s'entendre en plusieurs sens. Il s'agit évidemment d'abord d'un rappel de la mort de Jésus sur la croix. Le fils de Dieu a été mis à mort par les hommes. Mais plus symboliquement cette culpabilité à laquelle l'insensé nous renvoie c'est aussi celle que doit saisir une humanité qui fait de l'individu sa seule valeur (cf. chapitre 14). Si Dieu est homme, c'est que les hommes ont remplacé, insensiblement, le Dieu fait homme par l'homme fait Dieu. L'exclamation nietzschéenne s'intègre dans une critique d'ensemble du monde moderne et de l'idéal démocratique.

L'absence de Dieu est de la responsabilité des hommes. Ceux-ci se sont peu à peu détachés, déliés (voir l'étymologie du mot *religio*) au point de vivre désormais totalement séparés de toute forme de transcendance. Vladimir et Estragon ne cessent de s'interroger dans la pièce de Beckett : « On n'est pas liés ? » demandent-ils. Certes ils sont libres, mais ils découvrent qu'ils ne savent que faire de cette liberté et leur attente est un appel pour qu'on leur passe à nouveau la corde au cou...

...ou bien la religion n'est-elle qu'une illusion sans avenir ?

▸ Religion

De l'existence ou de la non-existence de Dieu, il n'y a rien à savoir, ne serait-ce que parce que les contacts sont rompus entre l'au-delà et ici-bas. Dieu se cache ou bien se meurt, les hommes se sentent libres et seuls, vertige de la civilisation et du progrès de la raison (cf. chapitres 7 et 9). L'étanchéité entre sensible et suprasensible, physique et métaphysique est définitive depuis la *Critique de la raison pure* : seul le sensible peut faire l'objet d'une connaissance. Cette véritable coupure entre nature et surnature marque la fin de la complicité des hommes et des dieux, quand ceux-ci prenaient forme humaine pour séduire les belles mortelles ou qu'ils trouvaient refuge dans un grand chêne ou bien une rivière. La nature enchantée montrait aux hommes la présence des dieux : Athéna était dans cet olivier, Dionysos dans le lierre, la vigne et le figuier. Les épisodes mythologiques racontaient l'histoire de ce monde qui émerveillait par sa beauté : la nymphe Lotis, poursuivie par Priape se transformait en Lotus, la rose était créée d'une goutte de nectar versée par les dieux à la vue d'Aphrodite... Bref, la mythologie inventait un temps où les dieux et les hommes vivaient ensemble.

De cela il ne reste plus que des fables charmantes. Mais la rupture avec le surnaturel ne signifie pas la fin de la religion. Au contraire. On rappellera à cet égard deux définitions importantes. La religion est un hommage, un culte rendu par les hommes au divin sous quelque forme qu'on le représente. Saint Thomas d'Aquin définit très précisément le mot dans la *Somme théologique* :

> La religion est la vertu par laquelle l'homme rend à Dieu l'honneur qui lui est dû.

L'étymologie du mot est douteuse. Deux étymons sont en concurrence. *Religare* ou *religere* ? Le premier verbe signifie attacher, relier : la religion serait ce lien entre les hommes et les dieux (voir dans *En attendant Godot* la thématique de la corde). Pour Cicéron, cette origine n'est pas satisfaisante. Le mot *religio* dérive, selon lui, de *religere,* recueillir, réfléchir. L'interprétation tire alors du côté de la vie intérieure. Impossible de départager les deux sources. Notons cependant dans les deux cas la présence du préfixe *re-* qui indique une relation antérieure... Le phénomène cherche à rétablir quelque chose du passé : ce temps mythique où les dieux vivaient parmi les hommes ?

Si la présence des dieux disparaît peu à peu, celle des hommes assemblés pour les honorer se manifeste plus fortement. La religion s'organise grâce à des assemblées, le culte doit être aussi rendu en commun, il doit fonder une communauté des fidèles. L'idéal communautaire qui se laisse toujours apercevoir d'une religion à l'autre compense-t-il le sentiment d'abandon que certains fidèles peuvent régulièrement traverser ? Toujours est-il que ce concept d'assemblée des hommes convoquée pour prier les dieux nous donne l'étymologie du mot Église : *Ecclesia* en latin signifie en effet assemblée, le mot latin dérivant lui-même du grec *kalein,* convoquer.

On le conçoit donc, le phénomène religieux peut être analysé indépendamment de la question de l'existence ou de la non-existence de Dieu ou des dieux. Ce phénomène nous en apprend plus sur la nature humaine et sur la société des hommes que sur la divinité elle-même. Ainsi Henri Bergson montre que la religion est une disposition naturelle de l'homme :

> Il n'en est pas moins vrai que la certitude de mourir, surgissant avec la réflexion dans un monde d'êtres vivants qui étaient faits pour ne penser qu'à vivre, contrarie l'intention de la nature. Celle-ci va trébucher sur l'obstacle qu'elle se trouve avoir placé sur son propre chemin.
>
> Mais elle se redresse aussitôt. A l'idée que la mort est inévitable elle oppose l'image d'une continuation de la vie après la mort ; cette image, lancée par elle dans le champ de l'intelligence où vient de s'installer l'idée, remet les choses en ordre ; la neutralisation de l'idée par l'image manifeste alors l'équilibre de la nature, se retenant de glisser.
>
> *Les deux sources de la morale et de la religion.*

La religion apparaît comme une défense naturelle de l'homme contre la mort, c'est elle qui lui permet de continuer à vivre en sachant pourtant qu'il va mourir. L'analyse est importante à deux égards. D'une part elle localise le phénomène religieux à l'intérieur de chaque être humain, d'autre part elle en fait un processus absolument indépendant de la notion de révélation et donc des Églises chargées de la transmettre.

▶ Déisme et théisme

La distinction entre les notions s'impose de façon ferme au XVIIIe siècle où, en schématisant quelque peu, le déisme de Rousseau répond au théisme de Voltaire. C'est sous la plume de Diderot que se lit le texte le plus clair pour définir chacune des deux attitudes :

> Le théiste est celui qui est déjà convaincu de l'existence de Dieu, de la réalité du Bien et du Mal moral, de l'immortalité de l'âme et des peines et des récompenses à venir mais qui attend pour admettre la révélation qu'on la lui démontre ; il ne l'accorde ni ne la nie. Le déiste au contraire, d'accord avec le théiste seulement sur l'existence de Dieu et la réalité du Bien et du Mal moral, nie la révélation, doute de l'immortalité de l'âme, des peines et des récompenses à venir.
>
> *Suite de l'apologie de M. l'abbé de Prades,* 1752.

Le théiste est dans l'attente de la révélation, et par conséquent d'une Église capable de la lui transmettre, ce que rejette le déiste. Voltaire est bien théiste car l'« infâme » qu'il combat, c'est bien l'Église catholique et non l'idéal religieux. L'intolérance et l'hypocrisie du clergé de son temps sont ses cibles de prédilection, mais il ne repousse jamais l'idée de rencontrer un jour le nécessaire médiateur entre lui-même et le divin (comme le prouve, par exemple, son intérêt pour Confucius).

Rousseau, par contre, récuse l'idée même de révélation : Dieu parle directement au cœur de l'homme ; la religion est naturelle en ce sens qu'elle est universelle. Le texte de référence se trouve dans l'*Émile,* il y est quasiment autonome et connu sous le titre, au livre IV, de *Profession de foi du vicaire savoyard* :

> Je crois que le monde est gouverné par une volonté puissante et sage ; je le vois, ou plutôt je le sens, et cela m'importe, à savoir. Mais ce même monde est-il éternel ou créé ? Y a-t-il un principe unique des choses ? Y en a-t-il deux ou plusieurs ? Et quelle est leur nature ? Je n'en sais rien, et que m'importe. A mesure que ces connaissances me deviendront intéressantes, je m'efforcerai de les acquérir ; jusque-là je renonce à des questions oiseuses qui peuvent inquiéter mon amour-propre, mais qui sont inutiles à ma conduite et supérieures à ma raison.
>
> (...)
>
> J'aperçois Dieu partout dans ses œuvres ; je le sens en moi, je le vois tout autour de moi ; mais sitôt que je veux le contempler en lui-même, sitôt que je veux chercher où il est, ce qu'il est, quelle est sa substance, il m'échappe et mon esprit troublé n'aperçoit plus rien.

Dieu se donne à voir dans la nature en même temps qu'il se loge au cœur de la nature humaine, tout intermédiaire paraît donc inutile. On notera également comment Rousseau renvoie les débats qui agitent les théologiens au rang de contingences. L'Église ne sert, semble-t-il, que l'inessentiel et justifie son existence par d'interminables disputes absolument inutiles.

▸ Soupçons d'illusion

Le XIXe siècle va jeter sur la religion révélée comme sur la religion naturelle un soupçon durable, celui de n'être pas ce qu'elle prétend être. La religion manifeste une latence, d'ordre économique selon Marx, d'ordre névrotique pour Sigmund Freud.

On connaît la formule célèbre de Marx par laquelle la religion est comparée à une drogue dispensatrice de paradis artificiels :

> La détresse religieuse est pour une part l'expression de la détresse réelle et, pour une autre, la protestation contre la détresse réelle. La religion est le soupir de la créature opprimée, l'âme d'un monde sans cœur, comme elle est l'esprit de conditions sociales d'où l'esprit est exclu. Elle est *l'opium* du peuple.

En promettant au-delà ce qui n'a pu être tenu ici-bas, la religion est un moyen de supporter l'insupportable, c'est-à-dire la misère matérielle. Elle s'offre comme un puissant analgésique, capable de calmer la douleur, en même temps qu'elle munit les hommes en images réconfortantes qui leur ouvrent la voie du rêve et une fuite efficace de la réalité. La religion manifeste bien autre chose que ce qu'elle donne à voir. Elle montre moins l'au-delà que l'ici-bas où priment les rapports de force économiques. Elle sert ces rapports de force parce qu'elle est d'essence conservatrice (elle fournit des compensations et évite par conséquent révoltes et révolutions). La supprimer, c'est donc placer le peuple devant sa situation d'exploité et d'opprimé.

Le caractère artificiel de la religion, et précisément des représentations qu'elle génère, est dégagé dans un texte moins connu, extrait des premières pages du *Capital* :

> Le monde religieux n'est que le reflet du monde réel. Une société où le produit du travail prend généralement la forme de la marchandise et où, par conséquent, le rapport le plus général entre les producteurs consiste à comparer les valeurs de leurs produits et, sous cette enveloppe des choses, à comparer les uns aux autres leurs travaux privés à titre de travail humain égal, une telle société trouve dans le christianisme, avec son culte de l'homme abstrait, et surtout dans ses types bourgeois, protestantisme, déisme, etc., le complément religieux le plus convenable.
>
> *Capital,* I, première section, chap. 1.

Une société produit la religion dont elle a besoin. Quant aux hommes, ils projettent plus généralement sur une image divine les qualités qui leur font défaut, d'où le caractère toujours nettement anthropomorphique des représentations de Dieu. L'homme a forgé Dieu à son image idéale. Exploiteurs et exploités collaborent donc ensemble à ces révélations religieuses qui scandent l'histoire de l'humanité.

Si Marx dévoile le caractère artificiel de la religion révélée, Freud élargit l'analyse. Certes les représentations qu'offre la religion compensent les frustrations qu'inflige à l'individu la société mais elles se nourrissent surtout des frustrations œdipiennes apparues dès l'enfance [1]. La religion manifeste à l'échelle de l'humanité le mécanisme ambivalent de crainte et d'admiration qui apparaît lors du conflit œdipien vécu par le petit enfant :

> La religion serait la névrose obsessionnelle de l'humanité ; comme celle de l'enfant elle dérive du complexe d'Œdipe, des rapports de l'enfant au père.
>
> *L'avenir d'une illusion.*

Et Freud d'établir un parallèle entre les rituels religieux et le cérémonial obsessionnel accompli par le névrosé. Plus généralement, Freud analyse la religion comme une illusion.

> L'illusion n'est pas la même chose qu'une erreur, une illusion n'est pas non plus nécessairement une erreur (...) Ce qui caractérise l'illusion, c'est d'être dérivée des désirs humains ; elle se rapproche par là de l'idée délirante en psychiatrie (...) L'idée délirante est essentiellement – nous soulignons ce caractère – en contradiction avec la réalité : l'illusion n'est pas nécessairement fausse, c'est-à-dire irréalisable ou en contradiction avec la réalité. Une jeune fille de condition modeste peut par exemple se créer l'illusion qu'un prince va venir la chercher pour l'épouser. Or ceci est possible ; quelques cas de ce genre se sont réellement présentés. Que le Messie vienne et fonde un âge d'or, voilà qui est beaucoup moins vraisemblable : suivant l'attitude personnelle de celui qui est appelé à juger de cette croyance, il la classera parmi les illusions ou parmi les idées délirantes.
>
> *L'avenir d'une illusion.*

L'illusion (de *ludo,* jouer) est un jeu avec la réalité. Parfois elle tombe dans la pure fiction – elle devient une idée délirante –, parfois elle rencontre, par hasard, cette réalité avec laquelle elle avait pris ses distances. Mais dans les deux cas le mécanisme renvoie à la projection de désirs inconscients. Le pardon accordé par le père à son fils pécheur procède clairement de cette illusion, de la même façon que cette représentation paternelle toute-puissante et le plus souvent bienveillante. La religion reproduit à la dimension de la société la structure familiale. Les hommes demeurent des enfants, sages ou turbulents selon les circonstances, sous l'œil d'un père à la fois présent et absent.

1. Le « complexe d'Œdipe » joue dans la psychanalyse freudienne un rôle déterminant. Sous la plume de Freud le mot « complexe » renvoie nécessairement à un état que tous les hommes ont traversé. Le « complexe » est universel (Freud n'en retient que deux : le complexe d'Œdipe et le complexe de castration).

On postule donc que le complexe d'Œdipe a été vécu par tous les hommes et « de tout temps ». De quoi s'agit-il précisément ? Freud explique que le petit enfant est attiré par le parent du sexe opposé au sien et qu'il voit dans l'autre membre du couple un rival qu'il jalouse. Le petit garçon croit ainsi que son père a pris sa place auprès de sa mère. Ce sentiment de frustration (tout l'amour de la mère n'est pas seulement tourné vers lui) et de déception génère un désir de « tuer le père », de le faire disparaître. Le complexe est résolu lorsque l'enfant a compris qu'il ne peut être en concurrence avec le père, chacun a sa place définie dans la cellule familiale.

Freud utilise le mythe d'Œdipe (cf. chapitre 1) pour des motifs évidents et par souci de didactisme.

II. *L'irréductible sacré*

Le sacré n'est pas synonyme du religieux...

▸ La religion « administre » le sacré

La modernité jette sur la religion un regard soupçonneux mais elle redécouvre, sous l'impulsion de Freud, en particulier, le sacré. La religion se sert du sacré, elle utilise même plus précisément l'opposition fondamentale du sacré et du profane :

> Toute conception religieuse du monde implique la distinction du sacré et du profane, oppose au monde où le fidèle vaque à ses occupations, exerce une activité sans conséquence pour son salut, un domaine où, comme au bord d'un abîme, le moindre écart dans le moindre geste peut irrémédiablement le perdre.
>
> R. Caillois, *L'homme et le sacré.*

Il est nécessaire de revenir une fois de plus à l'étymologie. Le profane renvoie à l'idée d'extériorité à l'univers religieux. *Pro-fanum* signifie devant le temple. Le profane est hors du lieu où l'on honore la divinité et où elle réside (il n'y a donc de profane qu'après la séparation du naturel et du surnaturel, quand les dieux ont quitté le monde où vivent quotidiennement les hommes). Le sacré caractérise par contre un mystérieux pouvoir, une ambivalence que le sociologue E. Durkheim analyse en ces termes :

> L'objet sacré nous inspire, sinon de la crainte, du moins un respect qui nous écarte de lui, qui nous tient à distance ; et en même temps il est l'objet d'amour et de désir.
>
> *Sociologie et philosophie.*

La religion va exploiter ce qui apparaît comme une disposition, pour le moment inexplicable, de l'homme. Henri Hubert, le collaborateur de Marcel Mauss, explique ainsi :

> Les mythes et les dogmes en analysent à leur manière le contenu, les rites en utilisent les propriétés, la moralité religieuse en dérive, les sacerdoces l'incorporent, les sanctuaires, lieux sacrés, monuments religieux la fixent au sol et l'enracinent. La religion est l'administration du sacré.
>
> *Essai sur la nature et la fonction du sacrifice.*

La religion formalise le sacré de façon variable, en fonction de la société dont elle s'avère, à la lumière de la critique marxienne, l'émotion... Reste cet invariant qui semble résister : le sacré, une prédisposition commune à toutes les communautés humaines à investir certains objets, certains lieux, certains actes d'une propriété mystérieuse :

> L'être, l'objet consacré peut n'être nullement modifié dans son apparence. Il n'en est pas moins transformé du tout au tout. A partir de ce moment, la façon dont on se comporte à son égard subit une modification parallèle. Il n'est plus possible d'en user librement avec lui. Il suscite des sentiments d'effroi et de vénération, il se présente comme « interdit ». Son contact est devenu périlleux. Un châtiment automatique et immédiat frapperait l'imprudent aussi sûrement que la flamme brûle la main qui la touche : le sacré est toujours plus ou moins « ce dont on n'approche pas sans mourir. »
>
> R. Caillois, *L'homme et le sacré.*

▸ Le mythe, une machine à produire du sacré

Comment transforme-t-on un objet profane en objet sacré ? Le passage est fréquemment réalisé grâce au mythe.

Qu'est-ce qu'un mythe ? Commençons par rappeler ce qu'il n'est pas. Le mythe se distingue de la légende parce que celle-ci conserve des prétentions historiques qui révèlent des préoccupations plus profanes que sacrées. On parlera volontiers de la légende d'Achille, même si l'*Iliade* use largement du surnaturel, parce que l'épisode de la guerre de Troie joue un rôle déterminant et fondateur dans la prise de conscience de l'identité collective des Grecs. Le mythe se distingue aussi de l'allégorie dont la forme certes didactique ne cache pas un contenu trop savant et abstrait. (C'est ainsi qu'il est convenu de nommer « allégorie de la Caverne » le célèbre texte de *La République.* On peut d'ailleurs considérer comme abusif et impropre l'emploi qui est fait du mot mythe pour désigner des apologues ou des fictions pédagogiques qu'imagine parfois le Socrate de Platon.)

S'il est apparemment plus simple de dire ce que le mythe n'est pas plutôt que de proposer une définition positive, c'est que les acceptions du mot ont varié et fluctuent encore d'un contexte à l'autre. Le *muthos* grec, depuis Xénophon, s'oppose au *logos* en ce qu'il désigne un récit fabuleux. Il faut en réalité attendre les travaux des mythographes et des anthropologues de ces deux derniers siècles pour que le mot soit réinvesti de sa charge religieuse, celle qui était la sienne au début. On rappellera ici la définition désormais topique proposée par Mircea Eliade :

> ... le mythe est censé exprimer la *vérité absolue,* parce qu'il raconte une *histoire sacrée,* c'est-à-dire une révélation trans-humaine qui a lieu à l'aube du grand temps, dans le temps sacré des commencements. Étant sacré et réel, ce mythe devient exemplaire et par conséquent répétable, car il sert de modèle, et conjointement de justification à tous les actes humains.
>
> *Mythes, rêves et mystères.*

Le mythe apparaît bien comme une machine à fabriquer du sacré. Un geste profane est isolé par le mythe, investi d'une fonction fondatrice qui renvoie aux premiers temps de la vie du groupe et soudain ce geste pourtant insignifiant sans le mythe (cela peut être une habitude agraire ou un acte d'hygiène dicté par le bon sens) revêt un caractère sacré. Le mythe suppose bien cette irruption du sacré dans le profane, du moins avec notre schéma d'analyse habituel. Car le primitif qui utilise ce mythe ne distingue pas le sacré du profane, la nature de la surnature. C'est bien parce qu'il n'est pas ressenti sous la forme d'une intrusion incongrue d'un univers dans l'autre que le mythe est vivant, c'est-à-dire qu'il sert de modèle pour régler les comportements sociaux. Gusdorf rappelle ainsi le glissement d'une dimension à l'autre :

> Les communautés archaïques vivent dans l'immédiateté du mythe, qui, fournissant à tout événement des justifications, fait obstacle à la position même des questions. La philosophie occidentale est née, en Grèce, avec le passage du muthos au logos, c'est-à-dire avec les tentatives d'interprétation discursive et rationnelle.
>
> *Les sciences humaines et la pensée occidentale.*

Le sacré a pour ennemi la raison et les progrès de l'un sont les reculs de l'autre. On comprend pourquoi la science, qui prend appui sur la raison, est d'emblée confrontée à la religion, qui utilise comme ressort le sacré (cf. chapitre 6).

...mais il fait de celui-ci le phénomène social majeur.

▸ Totem et tabou

Le mythe opère facilement le passage du profane au sacré mais il n'explique pas la nécessité de cette transformation. D'où vient ce caractère ambivalent, cette puissance du sacré ? Derrière les représentations d'une origine surnaturelle du groupe ne saurait-on discerner une aspiration plus secrète ou bien l'empreinte d'un événement lointain et particulièrement traumatisant dont le mythe et les pouvoirs du sacré seraient comme la mémoire inavouée ? Telles sont les questions auxquelles Freud s'efforce de trouver une réponse dans *Totem et tabou*.

Stimulé par la lecture des grands anthropologues et mythographes du XIXe siècle (Frazer et Keinpaul en particulier), Freud commence par analyser le phénomène du totem dans les sociétés primitives :

> Le totem est, en premier lieu, l'ancêtre du groupe ; en deuxième lieu, son esprit protecteur et son bienfaiteur qui envoie des oracles et, alors même qu'il est dangereux pour d'autres, connaît et épargne ses enfants. Ceux qui ont le même totem sont donc soumis à l'obligation sacrée, dont la violation entraîne un châtiment automatique, de ne pas tuer (ou détruire) leur totem, de s'abstenir de manger de sa chair ou d'en jouir autrement.
>
> *Totem et tabou.*

A cet interdit s'ajoute celui de ne pas se marier avec un membre du même totem : l'exogamie, explique Freud, est inséparable du système totémique.

Le totem génère donc des tabous qui font l'objet du second chapitre de l'étude de Freud :

> Tabou est un mot polynésien, dont la traduction présente pour nous des difficultés, parce que nous ne possédons plus la notion qu'il désigne.
>
> (...)
>
> Pour nous, le tabou présente deux significations opposées : d'un côté, celle de sacré, consacré ; de l'autre, celle d'inquiétant, d'interdit, d'impur. En polynésien, le contraire de tabou se dit *noa,* ce qui est ordinaire, accessible à tout le monde. C'est ainsi qu'au tabou se rattache la notion d'une sorte de réserve, et le tabou se manifeste essentiellement par des interdictions et restrictions. Notre expression terreur *sacrée* rendrait souvent le sens de tabou.
>
> *Totem et tabou.*

L'analyse des sociétés primitives permet de comprendre le phénomène de sacralisation et de localiser l'origine du sacré dans un acte immémorial que Freud nomme le meurtre du père primitif. Freud imagine alors une humanité réduite à une horde placée sous l'autorité d'un patriarche tout-puissant et despotique qui se réserve pour lui seul le pouvoir et la jouissance des femmes de la tribu. Ces hommes décident alors de supprimer celui qui les brime :

> Ils haïssaient le père, qui s'opposait violemment à leur besoin de puissance et à leurs exigences sexuelles, mais tout en le haïssant ils l'aimaient et l'admiraient.

L'ambivalence du sacré reposerait donc sur cette ambivalence du sentiment filial où se mêlent étroitement amour et haine. Freud poursuit :

> Après l'avoir supprimé, après avoir assouvi leur haine et réalisé leur identification avec lui, ils ont dû se livrer à des manifestations affectives d'une tendresse exagérée. Ils le firent sous la forme du repentir ; ils éprouvèrent un sentiment de culpabilité qui se confond avec le sentiment de repentir communément éprouvé. Le mort devenait plus puissant qu'il ne l'avait jamais été de son vivant ; toutes choses que nous constatons encore aujourd'hui dans les destinées humaines. Ce que le père avait empêché autrefois, par le fait même de son existence, les fils se le défendaient à présent eux-mêmes....
>
> *Totem et tabou.*

Les fils parricides s'interdisent donc à présent de mettre à mort l'animal-totem qui symbolise leur père et d'entretenir des relations sexuelles avec les femmes de la tribu, c'est la naissance de ce tabou de l'inceste qui, selon certains anthropologues, caractérise toutes les sociétés humaines. Freud partant de ce double tabou (le meurtre de l'animal-totem et l'inceste) propose une sorte de « reconstitution » de l'événement primitif, et par conséquent, renvoie au même processus d'élaboration. On notera l'importance de l'articulation de cette théorie au phénomène œdipien : chaque homme, individuellement, revit dans sa petite enfance, et de façon symbolique, l'histoire de la horde primaire et le meurtre du père. Dès lors, rien de surprenant à constater que le sentiment du sacré est logé au plus intime de chaque individu. La religion ne fait qu'exploiter habilement une origine collective revécue individuellement à chaque génération.

▸ La violence fondatrice

Le sacré repose donc sur un meurtre, une violence incontrôlée. René Girard saura exploiter cette relation et il montrera dans *La violence et le sacré* l'importance fondamentale prise par le phénomène religieux dans toute société.

Selon lui, le religieux est la réponse trouvée par les hommes pour contrer l'irruption du chaos, du désordre. De fait, la religion fait davantage qu'administrer le sacré, elle le canalise. Reprenant à son compte l'interprétation freudienne du meurtre primitif, René Girard la confronte au christianisme. Toutes les religions, explique-t-il, mettent fin au désordre en organisant le sacrifice d'une victime émissaire, responsable de tous les maux du groupe, chargée des péchés de la collectivité : c'est le bouc émissaire lâché par les juifs dans le désert. Dans la religion chrétienne, la victime, pour la première fois, est innocente. Elle dénonce par conséquent l'injustice subie par toutes les autres : ce qu'elle nous montre c'est que la victime est toujours innocente.

Dieu endosse la responsabilité du sacrifice et délivre les hommes de cette culpabilité et de leur responsabilité face à la violence humaine. La passion du Christ a principalement valeur didactique. Elle explique aux hommes que toute pratique religieuse repose sur le sacrifice de l'innocent, exposé par la communauté à jouer le rôle de la victime émissaire pour éteindre la violence collective. Jésus accomplit en quelque sorte le sacrifice, une fois pour toutes, sur lui-même et disqualifie du même coup toutes les autres pratiques religieuses dont l'injustice et la cruauté sautent désormais aux yeux. Il faut, explique le christianisme, protéger l'individu innocent contre la violence du groupe toujours injuste mais qui trouve ses racines dans la nature humaine.

Voilà pourquoi, pense René Girard, le christianisme est à l'origine de la démocratie mais aussi de l'individualisme. Penser le religieux aujourd'hui, ce n'est donc pas jouer avec des illusions, c'est au contraire plonger au plus fondamental, au plus originel de notre modernité.

Approfondir

LECTURES

- Caillois R., *L'homme et le sacré,* Gallimard, 1988, 247 p.

A lire absolument et intégralement pour une parfaite assimilation des notions et des enjeux. Un essai qui fit date.

. Domenach J.-M., *Le retour du tragique,* Éd. du Seuil, 1967, 296 p.
Ouvrage précédemment cité. A lire ici spécialement pour le dernier chapitre intitulé « L'infra-tragédie » et la remarquable analyse de la littérature de l'absurde qu'on y peut lire.
. Eliade M., *Mythes, rêves et mystère,* Gallimard, 1957, 290 p. *Aspects du mythe,* Gallimard, 1963, 250 p. *Le sacré et le profane,* Gallimard, 1965, 192 p. *Le mythe de l'éternel retour,* Gallimard, 1969, 182 p.
. Mircea Eliade est le mythologue de référence. Tous ses ouvrages sont lumineux et d'une exceptionnelle richesse. Les deux premiers cités ici énoncent des caractères qu'illustre le troisième à propos du mythe par excellence, celui du retour éternel.
. Girard R., *La violence et le sacré,* Grasset, 1972, 534 p. *Des choses cachées depuis la fondation du monde,* Grasset, 1978, 630 p.
D'œuvre en œuvre, René Girard développe une lecture originale du mécanisme dit de la « victime émissaire », au principe de toute forme de socialisation. Le premier ouvrage est un classique, là encore. On lira les chapitres VII et VIII consacrés à la théorie freudienne et au phénomène du tabou.
. Goldmann L., *Le dieu caché,* Gallimard, 1959, 452 p.
Un des grands classiques de la littérature critique contemporaine. Lucien Goldmann montre comment les œuvres de Racine et de Pascal sont marquées du sceau du jansénisme, lui-même produit en réaction à une situation sociale déterminée. On lira précisément toute la première partie intitulée « La vision tragique ».

SUJETS POSSIBLES

. L'homme, Dieu et son image.
. La religion est-elle une illusion ?
. Le religieux et le sacré.
. La violence et le sacré.

Utiliser

Les réducteurs de têtes

Les Américains nomment leurs psychanalystes des « réducteurs de têtes », des *shrinks,* des *jivaros.* Que signifie cet affectueux surnom ? Le réducteur de têtes prend possession de l'âme de son adversaire, au sens propre comme au sens figuré, il la « possède ». Sommes-nous donc « possédés » par nos analystes ? Il est clair que le patient qui décide d'entreprendre une analyse, c'est-à-dire de se rendre trois à quatre fois par semaine chez son analyste pour s'étendre sur un divan afin d'expulser l'inexprimable en lui qui l'opprime, entre volontairement dans une relation de dépendance. Il s'en remet moins à lui-même – alors qu'il est souvent seul à parler et à prendre l'initiative – qu'à celui qui incarne à ses yeux l'autorité savante. La formation médicale de la plupart des analystes entretient évidemment ce sentiment d'abandon et de confiance à confier son mal de vivre à celui qui saura, comme autrefois le sorcier, le soulager. Le quasimutisme du praticien est exigé par la pratique elle-même, le silence le rend certes inaccessible mais il peut être aussi décevant et faire passer celui qui s'y réfugie trop systématiquement pour un charlatan (le patient, au moment de régler les honoraires dus, se sentira alors réellement « possédé », au sens de « volé ». De nombreuses anecdotes circulent ainsi à propos de certaines analyses particulièrement onéreuses du célèbre docteur Lacan. Mythe ou réalité ? Le fondateur de l'école freudienne analysait-il vraiment ses patients pendant son petit déjeuner ?).

Le mot *shrink* ne sonne pourtant pas tout à fait juste. La psychanalyse est une science complexe qui réclame certes des patients un acte de foi mais qui reste fondée sur une connaissance rationnelle de la réalité psychique. Rien de magique, ni de surnaturel. L'expression renvoie plutôt à l'imaginaire qui se défoule sitôt qu'il est question de psychanalyse... Ce ne sont pas les analystes qui sont « réducteurs », ce sont plutôt les pseudo-vulgarisations de la psychanalyse qui paraissent « réductrices » et conduisent bien des « nouveaux adeptes » à des schématismes absurdes.

14

L'individu post-moderne contre l'homme moderne

L'INDIVIDU SE PERD-IL DANS LA MASSE ?

Connaître

I. L'individu dans la société

Les grands bouleversements du XVIᵉ siècle...

▶ Holisme et individualisme. *Deux conceptions de la société s'opposent radicalement, la société « holiste » qui fait de la collectivité un absolu, et la société individualiste où chaque partie qui le compose attend du tout qu'il se mette à son service.*
▶ La Réforme. *C'est la Réforme au XVIᵉ siècle qui provoque la rupture et le passage d'une société holiste à une société individualiste.*

...détachent l'individu de la société pour l'installer dans une solitude confortable

▶ Conséquences de l'égalité. *Alexis de Tocqueville a, le premier, observé les conséquences de l'individualisme dans la jeune société américaine. L'individualisme est produit par la passion de l'égalité qui anime la démocratie américaine.*
▶ Le rôle des associations. *L'individualisme a sur la société une action dissolvante, il menace la cohésion sociale et brise la chaîne de solidarité naturelle entre les différents membres de la communauté. Seules les associations libres et spontanées peuvent enrayer l'évolution.*
▶ « L'éclate ». *Aujourd'hui leur action ne suffit plus. Le narcissisme apparaît dans nos sociétés comme le stade ultime atteint par l'individualisme. Il découvre un désarroi qui caractérise ce que G. Lipovetsky nomme « l'ère du vide ». Avons-nous les moyens d'échapper à ce néant ? Ne serait-il pas possible de tourner en force ce qui semble notre faiblesse ?*

II. L'inquiétude rédemptrice de la modernité

Un nouveau type humain...

▸ **L'homme pressé.** *Les temps modernes ont vu apparaître un nouveau type d'homme, l'homme pressé, toujours en mouvement, inquiet, cherchant à adhérer au présent d'un monde ressenti désormais comme instable.*
▸ **L'affirmation de la singularité.**

...n'est-il pas porteur de la vitalité de la modernité ?

▸ **Les Anciens contre les Modernes.** *Si l'homme moderne se caractérise par sa mobilité, c'est qu'il est libéré du poids de la tradition. Dès la querelle des Anciens et des Modernes, les enjeux sont clairs.*
▸ **Rompre avec lui, c'est aussi reconnaître le passé.** *Rompre avec les modèles du passé, c'est à la fois les reconnaître et affirmer la force créatrice d'un sujet désormais conscient de ses possibilités.*
▸ **Pour conclure : la force des Modernes.** *La modernité est une chance pour faire de nos incertitudes le principe dynamique d'une existence intensément vécue. Contre l'apathie de l'individu post-moderne, il faut appeler de ses vœux la venue d'un homme moderne, inquiet certes, mais vivant.*

Comment les alliés d'hier, les *socii* qui décidèrent de s'associer par le pacte social sont-ils devenus les individus solitaires et identiques d'aujourd'hui ? Ne peut-on chercher dans cette histoire de la désagrégation sociale le remède à un mal auquel le confort de la société de consommation nous attache ? Les malheurs de l'individu post-moderne que les sociologues et les philosophes contemporains nous relatent avec beaucoup de soin ne viennent-ils pas de ce que nous n'avons pas su être modernes ?

I. *L'individu dans la société*

Les grands bouleversements religieux du XVIe siècle...

▶ Holisme et individualisme

Comment les alliés d'hier (les *socii*) en sont-ils arrivés à se définir aujourd'hui comme des individus ? Comment la contradiction de l'expression « société individualiste » est-elle seulement audible ? Louis Dumont dans les *Essais sur l'individualisme* pose clairement la seule question que soulève pour l'observateur du monde contemporain l'individualisme qui se manifeste quotidiennement autour de lui :

> En gros, le problème des origines de l'individualisme est de savoir comment, à partir du type général des sociétés holistes, un nouveau type a pu se développer qui contredisait fondamentalement la conception commune. Comment cette transition a-t-elle été possible, comment pouvons-nous concevoir une transition entre ces deux univers antithétiques, ces deux idéologies inconciliables ?

La société holiste fait prévaloir le tout sur les parties qui la composent. Le sociétaire n'existe qu'en relation avec un autre sociétaire et c'est la relation qui structure la société. Le schéma typique reste celui d'un vassal lié à son suzerain alors que celui-ci lui doit, par ailleurs, aide et protection. Il convient, entre parenthèses, de rappeler ici que ce lien semble s'être rapidement desserré, puisque le besoin se fait sentir dès le XIIe siècle, par le biais de l'épopée, *La chanson de Roland* en l'occurrence, de réveiller l'héroïsme du vassal et de jeter l'opprobre sur le félon.

Les Grecs et les Latins connurent aussi des sociétés holistes construites sur l'autonomie de la *polis* ou l'autorité de l'Empire.

L'individualisme propose un modèle de société radicalement inversé. C'est à présent l'individu qui revendique son autonomie et c'est au tout, au groupe, de se subordonner à chacune de ses parties. Comment cette véritable révolution a-t-elle été possible ? On a montré au chapitre 5 les effets de ce qu'on nommait la « révolution du sujet » et le rôle tenu par le christianisme dans cette évolution. De fait, avec le développement du christianisme l'homme devient, selon l'expression de Louis Dumont, un « individu-en-relation-à-Dieu » et par conséquent un individu-hors-du-monde, c'est-à-dire hors de la Cité, de la société. Le christianisme détache l'individu de la société, il l'arrache à la Cité des hommes pour le faire entrer dans la Cité de Dieu.

Mais il ne s'agit là que de l'amorce d'un processus car l'individualisme n'est pas ce repli hors du temporel et ce refuge dans l'élément spirituel. L'individu se définit dans la matière et la jouissance individuelle de la matière, sans quoi il ne réclamerait pas à son profit les bénéfices de l'institution sociale. Louis Dumont montre qu'il a fallu que « l'individu-hors-du-monde » se fasse à nouveau « individu-dans-le-monde » et que la religion qui avait détaché l'homme du groupe l'y ramène, comme perdu dans cet étrange va-et-vient. Avec le christianisme un nouveau type humain est apparu :

> L'individu comme valeur était alors conçu à l'extérieur de l'organisation sociale et politique donnée, il était en dehors et au-dessus d'elle, un individu-hors-du-monde en contraste avec notre individu-dans-le-monde.
>
> L. Dumont, *Essais sur l'individualisme.*

Ce nouveau type humain (cf. chapitre 5) n'est pas encore celui que nous connaissons, celui des sociétés modernes.

▸ La réforme

Entre la Cité des hommes et la Cité de Dieu le christianisme invente une institution relais : l'Église. Le sens premier de la Réforme de Luther, poursuivie par Calvin, est de la supprimer au nom précisément de l'autosuffisance de l'individu dans sa relation à Dieu. Les intermédiaires sont désormais inutiles. Luther dans cette perspective traduit la Bible en allemand courant pour que la parole de Dieu soit entendue par tous et qu'il ne soit plus nécessaire de passer par une sorte de « corps de traducteurs ». L'assemblée que constituait l'Église au sens premier (cf. chapitre 13) disparaît. L'homme seul peut seul écouter Dieu. Que lui dit alors la divinité ? L. Dumont dégage ici le rôle fondamental joué par Calvin :

> Calvin a une conception très singulière de Dieu. Cette conception correspond précisément à l'inclination de Calvin, et en général il projette partout son inspiration

> personnelle profonde. Calvin n'est pas un tempérament contemplatif, c'est un penseur rigoureux dont la pensée est tournée vers l'action. De fait, il a régné sur Genève en homme d'État éprouvé, et il y a en lui une pente légaliste (...) Cette disposition personnelle éclaire les trois éléments étroitements liés qui sont fondamentaux dans la doctrine de Calvin : les conceptions de Dieu comme volonté, de la prédestination, et de la cité chrétienne comme l'objet sur lequel porte la volonté de l'individu.
>
> *Essais sur l'individualisme.*

Le calvinisme replace donc l'individu dans la Cité. On examinera comment : le rejet de la médiation de l'Église par Luther avait eu pour conséquence de placer l'individu seul face à Dieu, mais aussi d'éloigner davantage celui-ci du monde. En effet l'Église catholique rendait en quelque sorte la divinité présente parmi les hommes grâce aux prêtres et aux lieux consacrés. Il y avait des intermédiaires avec lesquels dialoguer. Après Luther (et surtout Calvin) le dialogue est à la fois plus direct et plus difficile. Dieu apparaît dans sa toute-puissance et cette apparition ne permet guère de composer. Mais loin d'être écrasante pour l'individu, cette volonté divine, qui se donne désormais sans fard pour ce qu'elle est, va au contraire stimuler son action dans le monde, grâce à la doctrine de l'élection et de la prédestination :

> L'inscrutable volonté divine investit certains hommes de la grâce de l'élection, et condamne les autres à la réprobation. La tâche de l'élu est de travailler à la glorification de Dieu dans le monde, et la fidélité à cette tâche sera la marque et la seule preuve de l'élection.
>
> *Essais sur l'individualisme.*

L'élu a pour mission d'accomplir dans le monde la volonté divine en transformant par son travail son environnement. Sa réussite matérielle devient le signe même de son élection, elle n'est plus honteuse et l'argent (que symbolisent pour les catholiques les trente deniers de Judas) ne fait l'objet d'aucun tabou. Max Weber discerne ainsi dans l'éthique du protestantisme le fondement même du capitalisme :

> L'utilité d'un métier, l'approbation que Dieu lui accorde, se mesurent d'abord, il est vrai, selon la morale ; ensuite, selon l'importance des biens qu'il fournit à la « communauté » ; de plus, et ce troisième point est pratiquement le plus important, selon l'avantage économique. Car si ce Dieu, que le puritain voit à l'œuvre dans toutes les circonstances de la vie, montre à l'un de ses élus une chance de profit, il le fait à dessein. Partant, le bon chrétien doit répondre à cet appel...
>
> Max Weber, *L'éthique protestante et l'esprit du capitalisme.*

Le texte de Weber est extrêmemement important. D'une part il fait d'une attitude religieuse l'origine d'un phénomène économique (il y a de ce point de vue un complet renversement par rapport à l'analyse marxienne) ; d'autre part il permet de penser la relation entre l'essor de l'individualisme (l'élection) et la recherche du profit matériel. Car les deux phénomènes paraissent liés. L'individu semble en effet se replier davantage sur lui-même à mesure qu'il acquiert plus de confort et de richesse, au point de laisser croire parfois qu'individualisme et égoïsme sont des synonymes.

Le modèle moderne de « l'individu-dans-le-monde » est donc prêt à l'expérimentation. Il ne reste plus qu'à lui trouver un terrain vierge pour se développer... Les guerres de religion et les persécutions qui vont accompagner la Révocation de l'Édit de Nantes par Louis XIV se chargeront de mener les protestants sur une autre terre promise, l'Amérique, mère patrie de l'individualisme, de la démocratie et du capitalisme.

...détachent l'individu de sa société pour l'installer dans une solitude confortable.

▸ De la démocratie en Amérique : conséquences de l'égalité

C'est à la fin seulement de son volumineux essai que Tocqueville donne au lecteur ce qui lui semble avoir été le sens de sa démarche :

> J'ai voulu exposer au grand jour les périls que l'égalité fait courir à l'indépendance humaine, parce que je crois fermement que ces périls sont les plus formidables aussi bien que les moins prévus de tous ceux que renferme l'avenir.
>
> *De la démocratie en Amérique.*

Ces périls, Tocqueville va montrer que ce sont ceux que fait courir aux hommes l'individualisme, né de l'esprit d'égalité. Il a pu les observer au cours d'un voyage d'étude aux États-Unis, prétextant la nécessité d'aller sur place juger d'un nouveau système pénitentiaire. Alexis de Tocqueville est alors un tout jeune magistrat et le succès exceptionnel rencontré par son livre en 1835 lui vaudra renommée et honneurs, puisqu'il entre quelques années plus tard à l'Académie française.

L'Amérique est un laboratoire extraordinaire pour les Européens qui perçoivent à travers le Vieux Continent une nouvelle aspiration à la liberté politique qui se manifestera dans ce qu'il est convenu d'appeler « l'esprit de 48 ». Les États-Unis offrent donc d'abord au jeune observateur français le spectacle d'une égalité politique réussie. La démocratie semble fonctionner au mieux :

> Les hommes s'y montrent plus égaux par leur fortune et leur intelligence, ou, en d'autres termes, plus également forts, qu'ils ne le sont dans aucun pays du monde et qu'ils ne l'ont été dans aucun siècle dont l'histoire garde le souvenir.

Le ressort de la démocratie américaine, pour utiliser ici le vocabulaire de Montesquieu, est la passion de l'égalité. Celle-ci prend alors deux formes, elle tire chacun vers des modèles à imiter pareillement ou bien elle cherche à niveler les personnalités saillantes et les réussites exceptionnelles au rang des plus médiocres et des plus misérables. Nietzsche verra, par exemple, dans cette seconde tendance la pente vers laquelle inévitablement les progrès de la démocratie entraînent l'Europe :

> Qu'on nomme « civilisation » ou « humanisation » ou « progrès » ce que l'on tient maintenant pour la marque distinctive des Européens ; que, recourant à un terme politique qui n'implique ni louange, ni blâme, on nomme simplement cette évolution le mouvement *démocratique* de l'Europe, on voit se dérouler, derrière les phénomènes moraux et politiques exprimés par ces formules, un immense processus *physiologique* qui ne cesse de gagner en ampleur : les Européens se ressemblent toujours davantage...
>
> *Par-delà le bien et le mal.*

Mais Nietzsche ne s'en désole aucunement puisque cette uniformisation liée à la progression de l'idéal égalitaire permettra l'apparition et la reconnaissance immédiate d'hommes forts qui sauront tirer profit de la situation :

> Les conditions nouvelles qui entraîneront en gros l'apparition d'hommes tout pareils et pareillement médiocres – hommes grégaires, utiles, laborieux, diversement utilisables et adroits – sont éminemment propres à donner naissance à des hommes d'exception du genre le plus dangereux et le plus séduisant.

On connaît la formule sur laquelle Nietzsche conclut cette analyse extraite de *Par-delà le bien et le mal* : la démocratie est « l'école des tyrans ».

Les institutions politiques des États-Unis ont pris soin d'éviter ce paradoxe, explique en substance Tocqueville : elles garantissent la souveraineté du peuple en même temps qu'elles placent dans les mains d'un seul un pouvoir très étendu. Mais ce contre quoi les textes constitutionnels ne peuvent prévenir le régime, c'est l'individualisme puisqu'il s'agit d'une attitude qui se répand naturellement lorsque règne l'égalité. Toute forme de hiérarchie est bannie, chacun n'a d'autre repère que lui-même pour évaluer ses opinions et ses comportements. La démocratie athénienne avait déjà connu semblable évolution : « L'homme est la mesure de toute chose », enseignait Protagoras qui dut quitter la Cité lorsque celle-ci finit par se sentir menacée dans sa cohésion par une telle doctrine (cf. chapitre 1). La démocratie détache le citoyen de toute tradition, de tout système de valeurs, elle conduit à faire l'économie des conseils prodigués naguère par les Anciens ou par ceux qui détiennent un savoir et une expérience plus étendus. Bref, Tocqueville de conclure :

> Dans la plupart des opérations de l'esprit, chaque Américain n'en appelle qu'à l'effort individuel de sa raison.

Chaque homme prend donc l'habitude de ne se tourner que vers lui-même, tant pour l'élaboration de son jugement que pour l'expression de ses émotions. Une telle attitude conduit au repli sur soi et sur la sphère intime et immédiate de sa famille et de ses relations. Tocqueville prend soin de distinguer l'égoïsme de l'individualisme. Le premier est une manifestation passionnelle, le second relève d'un faux jugement :

> L'individualisme est un sentiment réfléchi et paisible, qui dispose chaque citoyen à s'isoler de ses semblables, et à se retirer à l'écart avec sa famille et ses amis ; de telle sorte que, après s'être ainsi créé une petite société à son usage, il abandonne volontiers la grande société à elle-même.

Le risque de dissolution sociale n'est donc pas une vaine menace. Tocqueville oppose les âges aristocratiques aux époques démocratiques, non pour valoriser les premiers (il considère en effet comme inévitable le progrès de la démocratie) mais pour expliquer comment le passage des uns aux autres s'accompagne d'un relâchement dangereux du lien social :

> Les hommes qui vivent dans les siècles aristocratiques sont donc presque toujours liés d'une manière étroite à quelque chose qui est placé en dehors d'eux, et ils sont souvent disposés à s'oublier eux-mêmes.
>
> (...)
>
> Dans les siècles démocratiques, au contraire, où les devoirs de chaque individu envers l'espèce sont bien plus clairs, le dévouement envers un homme devient plus rare : le lien des affections humaines s'étend et se desserre.
>
> *De la démocratie en Amérique.*

Paradoxalement la démocratie, régime où le peuple est au pouvoir, aboutit dans la société à la solitude et à l'exil volontaires des individus : dans ces conditions, qui sont celles d'un repli voulu et contrôlé sur la vie privée, comment imaginer que l'homme démocratique s'intéresse encore à terme à la démocratie elle-même ? L'individu n'est plus cet animal politique dans lequel les Grecs voyaient l'homme, les affaires publiques ne sont plus son affaire et la « désaffection » politique qui traverse aujourd'hui les grandes démocraties occidentales s'inscrit implacablement dans la logique de la montée de l'individualisme observée dès le début du XIXe siècle par Alexis de Tocqueville.

▸ De la démocratie en Amérique : le rôle des associations

Là où échouent les institutions politiques, les structures traditionnelles peuvent-elles réussir ? Chateaubriand, avant Tocqueville, formulait déjà ces inquiétudes :

> Quelle sera la société nouvelle ? Je l'ignore. Ses lois me sont inconnues ; je ne la comprends pas plus que les anciens ne comprenaient la société sans esclaves produite par le christianisme. Comment les fortunes se nivelleront-elles, comment le salaire se balancera-t-il avec le travail, comment la femme parviendra-t-elle à l'émancipation légale ? Je n'en sais rien. Jusqu'à présent, la société a procédé par agrégation et par famille ; quel aspect offrira-t-elle lorsqu'elle ne sera plus qu'individuelle, ainsi qu'elle tend à le devenir, ainsi qu'on la voit déjà se former aux États-Unis ?
>
> *Essai sur les révolutions.*

La famille est-elle, par exemple, une structure qui pourrait enrayer l'atomisation du social ? Le mot famille lui-même, dans son acception actuelle, est récent et trahit plus un processus de désagrégation qu'il ne représente l'idée d'un rempart contre l'individualisme. En effet, avant le XVIIe siècle, on l'emploie peu. L'homme se situe davantage dans une société ou une cité que dans une famille. Élisabeth Badinter, dans *L'Amour en plus,* a par exemple montré que l'amour maternel est une invention du XVIIIe siècle. Avant les enfants encombrent, on s'en débarrasse à la campagne chez des nourrices qui les élèvent en batterie, langés et accrochés au mur comme de pauvres trophées. Le mariage, de la même façon, ne repose que très rarement sur des sentiments partagés par les futurs époux, il est négocié par la communauté (parfois même celle-ci institue la fonction du « marieur », chargé des tractations entre les familles) comme un pacte ou une alliance... Bref, dans ces conditions la famille n'est qu'une institution sociale qui sert par ailleurs de référent pour toutes les métaphores politiques de l'Ancien Régime (la société comme famille, le monarque comme père de tous ses enfants-sujets, etc.). En réalité, la famille ne devient la famille que nous connaissons que lorsque des sentiments privés se mettent à investir cette structure sociale (qui permettait surtout de transmettre la propriété et le pouvoir). Lorsque l'amour et l'affection deviennent le ciment familial, c'est-à-dire lorsque le public commence à reculer devant le privé. Philippe Ariès dans *L'enfant et la vie familiale sous l'Ancien Régime* a une très belle formule pour décrire le phénomène :

> A partir du XVIIIe siècle environ, l'affectivité s'est retirée des plages où elle vagabondait, elle s'est accumulée dans le lagon familial, créant ainsi un milieu fermé, de haute densité sentimentale.

Cette famille-là indique déjà un progrès de l'individualisme dans la société. Mais le rôle et la fonction de la cellule familiale n'ont cessé d'évoluer. On notera pour notre propos que la fonction de la cellule familiale n'a cessé d'évoluer. On notera pour notre propos que la fonction de « solidarité » a été considérablement affaiblie. En effet, quand la société ne disposait pas de mécanismes collectifs pour assurer cette solidarité, la famille servait de relais. Les enfants assumaient, par exemple, la vie matérielle de leurs parents devenus trop âgés pour travailler. Aujourd'hui avec la généralisation des systèmes de protection sociale, cette fonction disparaît. Les parents âgés sont le plus souvent livrés à eux-mêmes ou à une institution chargée de les retirer de la vue mais aussi de la conscience mauvaise de leurs enfants. La famille n'échappe plus au « chacun-pour-soi » qui caractérise l'âge individualiste. Les couples se défont plus facilement et la présence des enfants ne suffit plus à modifier les comportements. Les foyers « monoparentaux » se multiplient alors que pour les célibataires le mariage ne constitue plus un objectif social (autrefois « se marier » c'était s'installer dans la société, exister pleinement au sens où la fondation d'une nouvelle structure familiale était ressentie comme une tâche à haute responsabilité) : en France entre 1965 et 1984 l'indice synthétique de nuptialité est passé, pour 1 000 célibataires, de 993 premiers mariages à 561. La tendance est remarquable sur la même période dans presque tous les pays européens.

La famille atomisée à son tour, que reste-t-il dans la société individualiste et démocratique pour contrer la solitude ? Au début du XIXe siècle, Tocqueville a vu aux États-Unis quel rôle jouaient les associations :

> Il n'y a rien que la volonté humaine désespère d'atteindre par l'action libre de la puissance collective des individus... Partout où à la tête d'une entreprise nouvelle vous voyez en France le gouvernement et en Angleterre un grand seigneur, comptez que vous apercevrez aux États-Unis une association.
>
> *La démocratie en Amérique.*

Tocqueville est en effet frappé par la multitude des associations de citoyens, spontanées et libres, et par la diversité de leurs objets : ligue de défense des Droits de la Femme, ligue de la lutte contre les ravages de l'alcoolisme, etc. L'association rétablit la solidarité brisée par l'évolution démocratique de la société. Or cette solidarité nouvelle, parce qu'elle est voulue et librement consentie (non pas organisée par l'État), paraît d'autant plus forte et efficace. Tocqueville voit dans les associations le remède qui sauvera les pays démocratiques du fléau de l'égalitarisme :

> Pour que les hommes restent civilisés ou le deviennent, il faut que parmi eux l'art de s'associer se développe et se perfectionne, dans le même rapport que l'égalité des conditions s'accroît.
>
> *La démocratie en Amérique.*

Mais l'ampleur du phénomène associatif est seulement caractéristique de la société américaine. De quelle solidarité spontanée disposons-nous en Europe pour renouer entre eux les maillons de la chaîne sociale brisée ? De la bande ? Du gang ? De la mafia ? Bref d'associations qui se définissent dans une lutte contre la société et non pas en faveur de sa cohésion.

▸ « L'éclate »

Pourtant la société américaine semble à présent touchée également par ce complexe de Narcisse que les sociologues occidentaux contemporains identifient comme le stade terminal de l'individualisme à l'état pur, l'indicateur infaillible de la dévitalisation totale de la vie publique et de l'activité politique.

Devant un futur jugé par lui angoissant, n'ayant plus du passé la moindre mémoire, le narcisse contemporain se raccroche à la quête d'une éternelle jeunesse et d'un plaisir matériel que les progrès de la science ont rendus possibles. Le maître mot : l'éclate ! Mais cette éclate est la conséquence d'un éclatement préalablement vécu par le sujet. L'éclatement est d'abord celui des valeurs :

> C'est de la désertion généralisée des valeurs et finalités sociales, entraînée par le progrès de la personnalisation que surgit le narcissisme.
>
> G. Lipovetsky, *L'ère du vide.*

Le relativisme absolu des sophistes du Ve siècle avant Jésus-Christ s'achève dans une pratique du nivellement systématique. A « l'homme est la mesure de toute chose » répond désormais le « tout se vaut » (que stigmatise Alain Finkielkraut dans *La défaite de la pensée*). Avant même d'avoir été moderne, l'individu contemporain s'abandonne aux délices faciles de la post-modernité. L'expression appartient à l'origine au registre spécifique de l'histoire de l'art. Elle caractérise une attitude proche de l'éclectisme mais un éclectisme qui serait pratiqué de manière hyperbolique. F. Torrès dans *Post-modernité et histoire* la définit précisément comme :

> ...Une mise en scène qui est une mise en abyme où règnent la dérision, la citation et le pastiche des styles précédents. Tous sont admis, inclus à part entière, que ce soit le chef-d'œuvre de bon goût ou le vulgaire insignifiant.
> (...)
> Le refus de choisir place tout au même niveau dans un présent illimité...

Cette esthétique qui recherche avant tout l'humour des collages improbables – on songera, par exemple, aux tableaux du peintre contemporain Rachel Laurent qui « détournent » des œuvres célèbres. Voir *Mickey et Mondrian* : les lignes noires à la manière de Mondrian ondulent à présent sous le regard ironique de Mickey – devient aisément une éthique de l'irresponsabilité individuelle dans une société sans véritables repères. Tous les comportements également s'équivalent, la seule règle étant celle du plaisir.

L'individu post-moderne n'a guère d'autre loisir que de scruter son ego. A la poussée narcissique de ces dernières décennies correspond de façon significative ce que Lipovetsky appelle « l'inflation psy ». Les méthodes d'investigation du Moi prolifèrent en effet : yoga, méditation zen, thérapies en tous genres se proposent d'aider l'individu à partir à la quête de ce moi qui semble avoir lui aussi éclaté. De fait, dans la légende, Narcisse, le fils de la nymphe Liriapé et du fleuve Céphise, tombe amoureux de sa propre image et reste figé d'extase au bord de la fontaine où il vient d'apercevoir son reflet. Nos narcisses d'aujourd'hui paraissent au contraire ne plus avoir d'image et leur recherche intérieure est simplement celle d'une identité. Car ce qu'ils contemplent dans le fleuve d'incertitudes qui roule les apparences du monde, c'est l'absence, le vide, persuadés que par la fixité de leurs regards ils sauront faire paraître leur véritable image. Tout entiers perdus dans cette attente, ils restent sourds aux appels de la communauté :

> Obsédé par lui seul, à l'affût de son accomplissement personnel et de son équilibre, Narcisse fait obstacle aux discours de mobilisation de masse ; aujourd'hui les appels à l'aventure, au risque politique, restent sans écho...
>
> G. Lipovetsky, *L'ère du vide.*

Tout entier préoccupé de restaurer son identité perdue, le narcisse post-moderne ignore donc le monde qui l'entoure et s'épuise à la jouissance de cet éternel présent avec lequel il croit pouvoir se protéger.

Quelle est l'origine de la perte de cette image à laquelle il voudrait pouvoir se raccrocher ? Quel mécanisme enclencha la disparition de toute forme d'identité individuelle ? Il semble que l'individualisme ait été la victime de lui-même et que la fureur égalitariste qui l'engendra provoque également une sorte de disparition du sentiment de l'altérité. Comment se définir soi-même si l'on n'est plus capable de distinguer ce qui nous rend différent de l'autre ? Les individus, parce qu'ils sont tous égaux dans l'exercice de leur liberté hédoniste, se ressemblent tous. Il n'y a pas que les énoncés, les idées, les actes qui se valent... les sujets sont aussi interchangeables. La société de consommation de masse active le phénomène. La diffusion des mêmes produits, la promotion des mêmes valeurs, l'utilisation des mêmes slogans conduit à l'uniformation des consommateurs, à la standardisation de leurs modes de vie, à la réduction de leurs comportements à des stéréotypes. Herbert Marcuse analyse ainsi dans *L'homme unidimensionnel* les conséquences manifestes de la victoire de ce qu'il appelle « l'idéologie de la société industrielle avancée ». Marcuse observe un véritable « conditionnement » dont l'individualisme n'est que la doctrine. En effet, le processus de déperdition progressive d'identité, le nivellement auquel mène la vie dans les sociétés occidentales n'est pas une évolution qu'il faut se contenter d'observer sans chercher à en dégager les véritables enjeux. L'anéantissement de l'homme dans l'individu est organisé, et loin de témoigner de la disparition des antagonismes de classes il les révèle encore plus nettement :

> Ce que l'on appelle l'égalisation des classes révèle ici sa fonction idéologique. Si l'ouvrier et son patron regardent le même programme de télévision, si la secrétaire s'habille aussi bien que la fille de son employeur, si le Noir possède une Cadillac, s'ils lisent tous le même journal, cette assimilation n'indique pas la disparition des classes. Elle indique au contraire à quel point les classes dominées participent aux besoins et aux satisfactions qui garantissent le maintien des classes dirigeantes.
>
> *L'homme unidimensionnel.*

En fabriquant un homme à une seule et unique dimension, par le moyen de la démocratie et de la diffusion de l'individualisme, certains se sont assuré le pouvoir durable dans une société désormais totalitaire. Par la consommation du plaisir et du confort matériel, les classes dominantes (détentrices des moyens de fabrication et de diffusion de ce plaisir et ce confort) se sont donné la possibilité d'un exercice infini de leur domination puisque les classes dominées sont devenues leurs complices.

L'analyse de Marcuse, qui réactualise les schémas d'interprétation marxiens, fait de l'individualisme une idéologie et laisse penser que certains échappent à ce processus de réduction parce qu'ils en furent plus ou moins consciemment les instigateurs. L'individu post-moderne n'est pas une fatalité, mais s'agit-il pour autant d'un destin social ? L'individu n'a-t-il pour seul horizon que celui de la « post-modernité » ? La modernité, au sens où la définissent Baudelaire et les artistes du début du XXe siècle, ne permet-elle pas à un nouveau type humain de se réaliser contre la grégarité des autres hommes, de ces individus sans visage, ces « hommes creux », les *hollow men* qui hantent le *waste land* décrit par le poète T.S. Eliot ?

II. *L'inquiétude rédemptrice de la modernité*

Un nouveau type humain...

▸ L'homme pressé

> Ainsi il va, il court, il cherche. Que cherche-t-il ? A coup sûr, cet homme tel que je l'ai dépeint, ce solitaire doué d'une imagination active, toujours voyageant à travers *le grand désert d'hommes,* a un but plus élevé que celui d'un pur flâneur, un but plus général, autre que le plaisir fugitif de la circonstance. Il cherche ce quelque chose qu'on nous permettra d'appeler la modernité...

Charles Baudelaire représente le dessinateur Constantin Guys, « le peintre de la vie moderne », comme un « homme pressé », pressé d'abord de capter, à travers la ville qu'il parcourt dans tous les sens, la beauté fugitive et surprenante du temps qui passe sur les êtres et les choses, mais pressé aussi par la foule dans laquelle il plonge avec volupté. « Sa passion et sa profession – précise Baudelaire – c'est d'épouser la foule. »

Le texte qui définit le concept de modernité, *Le peintre de la vie moderne,* s'efforce de lier cette nouvelle notion à un nouveau type d'homme... La modernité semble faite pour les hommes pressés, ceux qui revendiquent à la fois leur singularité et le plaisir de se fondre dans la foule, des individus dans la masse, mobiles dans la masse. Car il en va de Constantin Guys comme de tous ceux, réels ou imaginaires, qui incarneront la nouveauté, la modernité : ils sont ivres de mouvements, fascinés le plus souvent par la vitesse, hantés par le spectre de l'immobilisme sous toutes ses formes. L'homme moderne est un homme pressé, un homme errant et sans repos, un homme inquiet (*in-quietus* en latin, qui ne connaît pas le repos) à l'image du héros de James Joyce, Léopold Blum, dont *Ulysse* relate la journée à travers Dublin.

Baudelaire n'a fait que tracer l'esquisse de ce portrait. La modernité et l'homme nouveau qui l'incarne ne s'affirmeront dans la société et à travers l'art ou la politique qu'à partir de 1880 et jusqu'au milieu du XXe siècle (moment où apparaît le dernier avatar du personnage, le héros du roman de Paul Morand, *L'homme pressé,* publié en 1941).

Pourquoi ce soudain éloge du mouvement ? Pourquoi cette grandeur proclamée du destin de cet homme pressé, avide de bruits et de déplacements, ivre dans la foule ? Il est clair que le progrès technique donne à présent aux hommes les moyens de leur empressement. Paul Valéry note à juste titre :

> Louis XIV, au faîte de la puissance, n'a pas possédé la centième partie du pouvoir sur la nature et des moyens de se divertir, de cultiver son esprit ou de lui offrir des sensations, dont disposent aujourd'hui tant d'hommes de condition assez médiocre.
>
> (...)
>
> Un homme aujourd'hui, jeune, sain, assez fortuné, vole où il veut, traverse vivement le monde, couchant tous les soirs dans un palais. Il peut prendre cent formes de vie ; goûter un peu d'amour, un peu de certitude, un peu partout. S'il n'est pas sans esprit (mais cet esprit pas plus profond qu'il ne faut), il cueille le meilleur de ce qui est, il se transforme à chaque instant en homme heureux. Le plus grand monarque est moins enviable.
>
> *Propos sur le progrès,* 1929.

Le décalage entre la réalité que connaît le monde industriel à la date de publication de l'ouvrage (le début de la crise économique) et l'enthousiasme presque naïf de Paul Valéry ne doivent pas occulter quel fut l'émerveillement des hommes du début de ce siècle devant l'étendue du champ du possible que la technologie ouvrait à eux. L'homme moderne peut être plus puissant et par conséquent plus heureux qu'un roi. Le progrès technique fait potentiellement d'un individu anonyme le maître du monde. Descartes n'était pas si présomptueux qui voyait dans la science le moyen de rendre l'homme « comme maître et possesseur de la nature » (cf. chapitre 7).

▸ L'affirmation de la singularité

Le progrès a été un extraordinaire accélérateur. Tout, désormais, va plus vite qu'autrefois, les transports évidemment, et plus généralement les communications, mais aussi les fortunes et les faillites ; la mobilité sociale est devenue plus importante à mesure que la technique autorisait un essor plus grand de l'industrie et du commerce. Cette vitesse qui semble s'être communiquée à tous les domaines de la vie sociale donne au monde contemporain une instabilité contre laquelle l'individu ne peut plus rien : nous savions que la terre tourne et que nos sens sont trompeurs (certains en ont même conclu que l'homme est la mesure de toute chose) mais nous ignorions que le mouvement pouvait être aussi rapide. La vitesse, générée par la technique, emporte sur son passage les dernières valeurs, c'est-à-dire les derniers points fixes, les derniers points d'ancrage, les derniers repères.

De fait, si l'homme moderne est un homme pressé, c'est tout simplement parce qu'il a conscience du vertige et que sa quête est une lutte épuisante contre le temps qui coule de plus en plus vite. Regardons à nouveau Constantin Guys, tel que nous le montre Baudelaire : *« Ainsi il va, il court, il cherche. »* La phrase syncopée, sans mots de liaison, est à elle seule évocatrice de l'inquiétude de l'artiste confronté à la beauté fuyante d'un monde en perpétuels changements. Les trois verbes cités ne reçoivent pas d'objets directs ou de compléments circonstanciels : ils sont construits « subjectivement » pour désigner des actions qui sont désormais celles d'un sujet solitaire et singulier.

Cette solitude et cette singularité tournent alors à l'avantage de celui qui les reconnaît et les assume. La vitesse n'est effrayante que pour celui qui veut lui résister, le mouvement n'est fatal qu'aux immobilismes. L'inquiétude devient un principe dynamique, une véritable force à l'aube du XXe siècle. Le *manifeste du futurisme* de Filippo Tommaso Marinetti, sous la forme d'une provocation, jette les bases d'une esthétique nouvelle mais aussi d'un « art de vivre vite » et intensément :

> Nous déclarons que la splendeur du monde s'est enrichie d'une beauté nouvelle : la beauté de la vitesse. Une automobile de course avec son coffre orné de gros tuyaux tels des serpents à l'haleine explosive... une automobile rugissante, qui a l'air de courir sur de la mitraille, est plus belle que la *Victoire de Samothrace*.
>
> Article 4

L'image est prétexte à l'affirmation d'une éthique de la frénésie, de l'audace et de l'action. Il est clair qu'il s'agit aussi d'une volonté de puissance à nouveau revendiquée au nom de la modernité, mais cette volonté est aussi une volonté de changement, un appel à poursuivre dans les arts comme dans la politique la révolution du sujet entamée avec Galilée :

> La littérature ayant jusqu'ici magnifié l'immobilité pensive, l'extase et le sommeil, nous voulons exalter le mouvement agressif, l'insomnie fiévreuse, le pas gymnastique, le saut périlleux, la gifle et le coup de poing.
>
> Article 3

La modernité recherche la rupture, elle reconnaît un monde chaotique mais ne s'y sent pas étrangère : « l'insomnie fiévreuse » de Marinetti a partie liée avec le chaos intérieur nécessaire, selon Nietzsche, pour qui veut « enfanter une étoile dansante ». L'homme moderne se découvre dans le désordre qui l'entoure.

...n'est-il pas porteur de la vitalité de la modernité ?

▸ Les Anciens contre les Modernes

Impossible de penser la modernité sans revenir à l'acception de l'adjectif *moderne* et à son histoire. L'étymologie renvoie à *modo, récemment* en latin, et ne nous apprend rien que nous ne sachions. Par contre, l'épisode connu sous l'expression de *Querelle des Anciens et des Modernes* fixe, dès 1676, les enjeux d'un conflit qui ne cessera de réapparaître jusqu'à nos jours.

Louis XIV, comme tous les grands Princes avant lui, et comme tous ceux qui le suivront, cherche à laisser son empreinte dans la Cité. L'architecture est ainsi l'art préféré des Grands ; elle leur permet de signer leur siècle. L'Arc de triomphe comme l'Arche de la Défense célèbrent une époque autant qu'un homme. Louis le Grand a donc fait édifier de nombreux monuments pour magnifier son règne et s'interroge sur la langue dans laquelle il convient de rédiger les inscriptions à graver aux frontispices de tous ces édifices. Il consulte et la querelle éclate alors, entre les défenseurs du latin, les Anciens, et les partisans du français, les Modernes.

Du côté des premiers, on trouve tout ce que le classicisme compte de plus illustre. De fait, la fidélité aux modèles immuables caractérise autant Molière que Boileau ou La Fontaine. Les uns et les autres pourraient se reconnaître dans la préface que La Bruyère écrit pour les *Caractères* :

> Tout est dit, et l'on vient trop tard depuis plus de sept mille ans qu'il y a des hommes et qui pensent.
> (...)
> Un auteur moderne prouve ordinairement que les Anciens nous sont inférieurs, en deux manières, par raison et par exemple : il tire la raison de son goût particulier et l'exemple de ses ouvrages.

Il est vain de rechercher l'innovation et cette vanité ne plonge que dans un orgueil déplacé qui caractériserait l'esprit « moderne ». Affirmation du particulier sur l'universel et ambition d'auteurs qui cherchent par le scandale à se faire une réputation, tels semblent être, selon La Bruyère, les deux torts des Modernes. De fait, dans le débat qui les oppose sur le choix de la langue des inscriptions royales, les Anciens misent sur le latin. C'est, disent-ils, assurer la continuité avec les monuments de l'Empire romain, c'est installer la grandeur du règne de Louis XIV dans celle des successeurs de César et d'Auguste. Mais l'argument porte mal, le monarque est trop épris de sa propre singularité pour se rendre à cet argument. Les Modernes, sous la conduite de Charles Perrault, réclament au contraire qu'on en finisse avec l'hommage. Tous les sujets d'un si grand Prince doivent pouvoir lire ces inscriptions qui rappelleront précisément aux générations futures son illustre destin. Le français est par conséquent la seule langue qui convienne. Le souverain se rallie à cette dernière opinion. Les Modernes remportent ainsi leur première victoire en même temps qu'ils fondent leur démarche dans un refus de toute tradition et la revendication de la nouveauté (est-ce un hasard si Perrault est le seul de ses contemporains à s'essayer dans un genre neuf, du moins sous sa forme littéraire, le conte ?). Gilles Lipovetsky, dans *L'ère du vide,* résume ainsi l'entreprise moderniste :

> Le modernisme ne se contente pas de produire des variations stylistiques et des thèmes inédits, il veut rompre la continuité qui nous lie au passé, instituer des œuvres absolument neuves.

Du passé faisons donc table rase...

▸ Rompre avec lui, c'est aussi reconnaître le passé

Rompre avec le passé, c'est rompre avec ses modèles, c'est détacher l'œuvre de toute tradition, c'est choisir aussi pour objet des objets dévalués par l'Académie, c'est accepter la bizarrerie (cf. chapitre 11). Baudelaire effectivement proclame dans *Le peintre de la vie moderne* :

> Celui-là serait le peintre, le vrai peintre qui saurait nous faire voir et comprendre combien nous sommes grands et poétiques dans nos cravates et nos bottes vernies.

Le peintre moderne n'a d'autres modèles que ceux que lui donne le temps présent. Il y a en effet, explique Baudelaire, dans une œuvre d'art deux éléments inséparables : l'éternel, l'immuable, ce qui rend une œuvre intemporelle et puis la modernité.

> La modernité, c'est le transitoire, le fugitif, le contingent, la moitié de l'art, dont l'autre moitié est l'éternel et l'immuable (...) Cet élément transitoire, fugitif, dont les métamorphoses sont si fréquentes, vous n'avez pas le droit de le mépriser ou de vous en passer. En le supprimant, vous tombez forcément dans le vide d'une beauté abstraite et indéfinissable, comme celle de l'unique femme avant le premier péché.

Les modèles, comme le reste, sont destinés à varier, ils ne sauraient participer de « l'éternel » et de « l'immuable » mais ils donnent au contraire le plus souvent au tableau ou au poème sa modernité. On l'a vu, Baudelaire ne recule devant aucun objet poétique, une charogne est même ironiquement transfigurée en un motif galant pour un *carpe diem* [1] improvisé :

> Rappelez-vous l'objet que nous vîmes, mon âme,
> Ce beau matin d'été si doux :
> Au détour d'un sentier une charogne infâme
> Sur un lit semé de cailloux
>
> *Les fleurs du Mal.*

Proust, dans *La prisonnière,* à propos de *L'Olympia* de Manet, rend pareillement hommage à ces peintres modernes qui bousculent toutes les conventions :

> Et quand, faisant un tableau mythologique, les peintres ont fait posé pour Vénus ou pour Cérès des filles du peuple exerçant les plus vulgaires métiers, bien loin de commettre un sacrilège, ils n'ont fait que leur ajouter, que leur rendre la qualité, les attributs divers dont elles étaient dépouillées.

Proust fait ici allusion à une toile de Manet, exposée en 1865, intitulée *Olympia* et qui représente une femme nue, allongée sur un lit à peine défait,

1. Poème destiné à inciter une jeune femme à profiter de l'existence avant que le temps ne vienne faner sa jeunesse et sa beauté (cf. l'*Ode à Cassandre* de Ronsard).

servie à l'arrière-plan par une esclave noire. Le titre du tableau évoque une divinité, on imagine aussi à la composition de la toile qu'il s'agit d'une sultane ou d'une princesse. L'originalité de Manet réside dans le choix du modèle et dans la manière de peindre le corps dénudé. En effet, un tel sujet exigerait un traitement stylisé, une représentation presque désincarnée à force de convention du corps féminin. Or Manet choisit pour poser une prostituée qu'il connaît. Il peindra son modèle en refusant la perspective et en utilisant une couleur « crue », à dominante verdâtre. Le corps apparaît alors dans toute sa véritable nudité : c'est un corps réel qui a vécu et ne ressemble en rien à celui que pourrait peindre quelques années plus tard Puvis de Chavannes. Manet choque – deux ans auparavant il y avait eu le scandale du *Déjeuner sur l'herbe* – pour cette audace. Le corps nu n'est plus voilé des conventions esthétiques qui ménagent ordinairement la pudeur des déesses !

Rompre avec le passé et avec les modèles, c'est peut-être poursuivre alors par d'autres moyens la révolution démocratique engagée au XVIIIe siècle :

> Le modernisme est d'essence démocratique : il détache l'art de la tradition et de l'imitation, simultanément il enclenche un processus de légitimation de tous les sujets.
>
> G. Lipovetsky, *L'ère du vide.*

Mais la table rase est aussi une renaissance. Se débarrasser de la tradition, c'est aussi oublier les maîtres, se retrouver dans un état d'innocence et d'enfance que l'on croyait perdu. Les Modernes se veulent aussi des enfants, presque des nouveau-nés, que récompensera assurément la réussite artistique. Le poème *Aube* de Rimbaud, dans les *Illuminations,* développe sous la forme symbolique ce thème de l'enfance heureuse et magique. La course de l'enfant à travers la nature à la poursuite de l'Aube, déesse de la pureté et de l'innocence, qu'il cherche à étreindre est aussi un art poétique :

> J'ai marché, réveillant les haleines vives et tièdes, et les pierreries regardèrent, et les ailes se levèrent sans bruit.

L'enfant sait faire parler les choses, il anime la nature, il est – en un mot – poète. Cette valorisation de l'enfance est aussi présente sous la plume de Baudelaire, dans *Le peintre de la vie moderne* :

> Mais le génie n'est que l'enfance retrouvée à volonté, l'enfance douée maintenant pour s'exprimer d'organes virils et de l'esprit analytique qui lui permet d'ordonner la somme de matériaux involontairement amassée. C'est à cette curiosité profonde et joyeuse qu'il faut attribuer l'œil fixe et animalement extatique des enfants devant le nouveau, quel qu'il soit, visage ou paysage, lumière, dorure, couleurs, étoffes chatoyantes, enchantement de la beauté embellie par la toilette.

La recherche de la modernité est-elle une autre forme de la quête de l'éternel retour ? Y a-t-il du mythe à l'œuvre dans cette aspiration à retrouver l'esprit d'enfance ? Car il est clair que ce ne peut être qu'une illusion d'enfance, celle-ci, comme l'état de nature rousseauiste, semble à jamais perdue. Baudelaire prend soin de préciser que le génie est un enfant (pour la passion du nouveau) « doué d'organes virils »... Une sorte d'hybride, l'homme-enfant. Évidemment, ce qu'exprime cette valorisation moderne de l'enfance c'est la volonté d'un retour aux sources de la personnalité. Les Modernes cherchent à saisir, ou plutôt ressaisir l'individu avant qu'il ne soit laminé, standardisé par la vie que la société impose à l'homme adulte. Daniel Bell, cité par Gilles Lipovetsky, développe ce thème dans *Les contractions culturelles du capitalisme* :

> La culture moderniste est par excellence une culture de la personnalité. Elle a pour centre le « moi ». Le culte de la singularité commence avec Rousseau.

On se souvient, en effet, de l'incipit des *Confessions* (cf. chapitre 5) qui marquait une étape décisive dans la réalisation de la révolution du sujet.

La modernité n'est-elle pas l'autre nom d'un lent processus que nous avons cherché à capter à travers l'essor de la science, les tentatives d'organisation politique, l'histoire, l'art et le retour du sacré ?

▸ La force des Modernes

Trois événements majeurs marquent le début de ce qu'en histoire on nomme l'époque moderne : la découverte d'un monde nouveau en 1492, la Réforme qui instaure une relation nouvelle entre l'individu et Dieu, et enfin l'invention du télescope qui permet à l'homme de découvrir qu'il a été trompé mais de tirer aussi de cette découverte le plus grand orgueil. Il est clair qu'il s'agit là de trois ruptures brutales avec l'univers des Anciens dont la représentation avait été stabilisée, à l'image de la terre de Ptolémée, par l'Église. Ces trois ondes de choc ont pour conséquence de révéler à certains que tout est désormais douteux... sauf le doute ! Hors de la pensée qui doute, il semble qu'il n'y ait à présent point de salut. C'est surtout la coupure radicale entre la nature et la pensée, le réel et l'idéal qui est consommée. Ce schisme, des philosophies (celle de Hegel en particulier), des œuvres d'art, des langues mêmes vont s'efforcer vainement de le réduire : le fossé entre les mots et les choses, entre le sujet et l'objet n'est guère comblé par telle théorie du langage ou telle science nouvelle. Loin d'être un échec, cette impuissance est un moteur extraordinaire qui permettra bien sûr l'essor des sciences et des techniques mais aussi la conscience grandissante des possibilités humaines. Le processus « moderniste » est enclenché. Le choix du mouvement et de la vitesse s'impose de lui-même, il faut adhérer au présent puisque le passé est aboli et que le futur apparaît très incertain. La modernité installe l'homme moderne sur la vague éternellement déferlante du présent, lui imposant un acte de continuelle renaissance et par conséquent de négation toujours renouvelée de lui-même. Être moderne, c'est mimer à chaque instant son autodestruction :

> La modernité est une sorte d'autodestruction créatrice... L'art moderne n'est pas seulement le fils de l'âge critique, mais le critique de lui-même.
>
> Octavio Paz, *Point de convergence,* 1976.

Toute expérience vécue, réussie ou tentée doit être à l'instant engloutie dans l'expérience présente. Le moderne ne peut pas construire à partir de lui-même sa propre tradition, sous peine évidemment de perdre sa spécificité. On le comprend, la remise en doute du monde a provoqué une remise en question de l'individu... Qui peut ainsi supporter de s'éprouver dans un éternel présent ? On connaît les affres traversés par le créateur, l'angoisse de la page blanche telle que l'a décrite Mallarmé... L'artiste moderne combat contre la tentation de son propre anéantissement, c'est-à-dire la chute dans la tradition honnie... Mais on l'a vu, dès le début de cette étude, la figure de l'homme moderne, telle qu'elle nous apparaît le plus nettement, est sans conteste celle du Prince de Machiavel :

> Sans tradition ni providence, devant la dévastation du paysage symbolique, le Prince ne trouve plus où s'appuyer qu'en retrouvant la règle oubliée, celle de la nécessité.
>
> P. Manent, *Naissance de la politique moderne.*

Le prince machiavélien fait de l'instabilité et de la précarité un art de vivre et de se dépasser. Son inquiétude dynamique le rend sensible aux moindres changements ; il adhère au présent et partant développe des forces purement affirmatives ; le temps et les événements lui donnent des occasions de pouvoir, c'est-à-dire d'existence... N'est cependant pas Prince qui veut, encore faut-il être détenteur de cette *virtù* (cf. chapitre 1). *Le Prince* de Machiavel invente ainsi l'homme moderne qui sait faire de sa misère une grandeur, tourner le négatif en positif, le Mal en Bien. C'est déjà le surhomme nietzschéen. C'est-à-dire l'homme libre.

Approfondir

LECTURES

- Aron Jean-Paul, *Les Modernes,* Gallimard, 1984, 375 p.

Une série de courts articles fustigeant ceux que J.-P. Aron appelle les « Modernes », c'est-à-dire les « maîtres-penseurs » des années soixante-dix (Barthes, Lévi-Strauss). La réflexion est stimulante, le ton est celui du pamphlet. Divertissant et actuel.

- Baudrillard Jean, *Amérique,* Grasset, 1986. Existe en Biblio-essais, 123 p.

Notes de voyage d'un séjour en Amérique. On y lira avec amusement l'analyse à la fois fascinée et distante du mode de vie américain. Voir en particulier la section intitulée « L'utopie réalisée ».

- Dumont Louis, *Essais sur l'individualisme,* Éd. du Seuil, 1983, augmentée en 1985, 310 p.

L'ouvrage de référence pour la compréhension de l'idéologie individualiste et surtout pour sa mise en perspective dans l'histoire des idées et de la pensée.

. Lipovetsky Gilles, *L'ère du vide,* Gallimard, 1983, 314 p.

Le sous-titre est éloquent : « Essais sur l'individualisme contemporain ». Un texte qui a connu un succès médiatique considérable et qui sert cependant utilement de base de réflexion pour des sujets qui portent sur l'idée de modernité et de post-modernité.

. Marcuse Herbert, *L'homme unidimensionnel,* Éditions de Minuit, 1968, 282 p.

Un « classique » des années soixante-dix qui analyse la société de consommation sous l'angle du totalitarisme. Cette société fabrique, à dessein, un homme à une seule dimension, un homme-standard à l'image des produits standardisés qu'il consomme. Intéressant malgré un vocabulaire daté.

. Morin Edgar, *L'esprit du temps,* Grasset, 1962. Biblio-essais, 288 p.

De courtes radiographies de notre modernité qui n'ont rien perdu de leur justesse et qui restent des modèles du genre (type analyse des petits faits de société).

. Mouchard Claude, *Un grand désert d'hommes 1851-1885. Les équivoques de la modernité,* Hatier, 1991, 341 p.

Une belle synthèse de l'esprit fin de siècle qui vit surgir le concept de modernité. L'approche est uniquement littéraire mais extrêmement enrichissante. Une belle iconographie, une mise en page agréable font de l'ouvrage un stimulant séduisant pour la réflexion.

SUJETS POSSIBLES

. L'individu contre la société.
. Être moderne ?
. Tout se vaut.
. Dans quel sens va le progrès ?

Utiliser

Le supplice de la vitrine

La société de consommation a inventé une torture raffinée pour punir ceux qui sont trop pauvres pour consommer (et par conséquent faire fonctionner ladite société) : la vitrine. Belle invention qui repose sur le principe du strip-tease (*to tease* en anglais signifiant agacer) : montrer l'objet du désir sans en autoriser l'accès. « Tu regardes mais tu ne touches pas ! » Le strip-tease comme la vitrine des grands magasins exhibe, mais ce qu'il dénude c'est moins l'objet convoité que l'impuissance du convoiteur !

En effet, comment comprendre ce procédé par lequel on expose des objets, destinés à l'achat, aux yeux de ces passants qui parfois ne pourront jamais réaliser le moindre assouvissement d'un désir que l'on vient, de l'autre côté de la vitrine, de susciter ? N'y a-t-il pas dans le passage quotidiennement répété devant les vitrines des magasins comme un apprentissage, pour ne pas dire un dressage, de la frustration ? Quand cet écran de verre transparent renvoie à un autre écran, plus petit celui-là, sur lequel sont diffusées les aventures et mésaventures d'hommes et de femmes riches, beaux et qui vivent dans ces villes spacieuses de Santa Barbara, Miami ou Dallas, ne peut-on penser que le procédé s'intègre dans une stratégie d'envergure ?

La boîte de Narcisse

Danser demeure un plaisir que la montée de l'individualisme et du narcissisme tend, dans certaines boîtes de nuit, à transformer en pratique onaniste. Autrefois, jadis, naguère et quelquefois encore, la danse était un acte accompli à deux. Les figures imposées devaient être connues, chaque danse avait ses codes : la valse, le tango, le rock supposent qu'on apprenne des pas. La musique et la danse formaient, en quelque sorte, le couple, obligeant chacun à se régler sur l'autre. Le bal, puis la « boîte » étaient des lieux de rencontre... Bref, inviter une fille à danser, c'était commettre un acte, c'était déjà un engagement, prendre aussi le risque du refus, ou établir un premier contact.

Il y eut ensuite la vague du disco, dans les années soixante-dix. Le corps se détache de celui du partenaire, on danse ensemble mais face à face, pas forcément au même rythme. Chacun compose sa danse pour l'autre, la personnalité du danseur s'exprime alors peut-être plus librement (même si, au fond, les mouvements sont toujours à peu près identiques). Aujourd'hui, alors que les deux formes précédemment décrites subsistent encore, apparaît « la danse du troisième type », une pratique inédite, un comportement probablement significatif : plus de partenaire, seulement un long miroir devant lequel on s'agite, devant lequel on se contemple bouger. Le spectacle de ces dizaines de danseurs qui dansent avec leur propre reflet dans la semi-obscurité des night-clubs est celui du narcissisme d'une société qui ne cesse de s'admirer. De fait, les pratiques solitaires deviennent l'ordinaire du loisir... Walkman, planche à voile... jogging... On n'est jamais plus heureux qu'avec soi-même !

Nouveaux et Modernes

La seconde moitié du XXe siècle semble préférer le nouveau au moderne. De fait l'adjectif qualificatif « nouveau » a connu au cours d'un passé assez proche une fortune étonnante : en 1957, de jeunes romanciers se rassemblent autour du label « Nouveau Roman », ils se nomment Robbe-Grillet, Simon, Butor, Sarraute. Le 4 janvier 1960 ce phénomène « nouveau » touche tous les Français dans leur vie quotidienne, c'est désormais le « nouveau franc » qui sonne et trébuche dans leurs porte-monnaie ! La « nouvelle vague », les « villes nouvelles », la « nouvelle cuisine », la « nouvelle droite » et plus récemment les « nouveaux philosophes » ont pris le relais... Que dit de plus la nouveauté pour qu'on la préfère à la modernité ? Ou plutôt que dit-elle de moins ? Car si les Modernes se définissent dans la rupture, ils témoignent au moins d'une reconnaissance négative de ce qui les précède ! Il n'y a de Modernes que par rapport aux Anciens. Notre époque oublieuse de son passé et de sa culture peut-elle s'offrir le luxe de la modernité ? Il lui faut inventer ce qui surgit de rien, l'apparition « ex nihilo », l'affirmation d'une créativité spécifique qui ne serait pas la reconnaissance de l'héritage (non qu'il n'y ait plus d'héritage ; ce sont les héritiers qui semblent avoir disparu). Le mot « nouveau » dit sans équivoque la modernité amnésique.

Culture générale et modernité

La nature hybride de la discipline pourrait inciter à faire de la culture générale l'expression intellectuelle de la post-modernité. Or il s'agit moins de mélanger les genres dans l'irrespect d'un nivellement ironique que de discerner précisément et d'apprendre à ne pas tout emmêler. Si l'épreuve de culture générale autorise de prendre pour support de la réflexion des exemples venus de tous les horizons, elle réclame du candidat qu'il sache évaluer correctement un sujet et construire, c'est-à-dire classer (séparer l'essentiel du contingent) des arguments au service d'un développement discursif. Tous les énoncés ne se valent pas et la copie ne saurait se réduire à un désolant collage de points de vue juxtaposés.

La culture générale est plutôt résolument moderne. Elle est moderne parce qu'elle fait de toute chose un objet de réflexion. Une phrase de Nietzsche ne vaut pas un fait divers mais l'une comme l'autre sont des supports pour la réflexion individuelle, l'une comme l'autre donnent à penser. De fait, de même que pour le « peintre de la vie moderne » il n'y a pas de vils modèles et des modèles nobles, pour le penseur moderne tout est bon pour exercer la finesse de son jugement.

15

Pour conclure :
La raison de l'instinct

CONTRE LE NIHILISME
ET LA CRISE DE LA MODERNITÉ

Connaître

I. La Raison à la question

La crise de la conscience européenne…

▸ **L'apocalypse.** *L'apocalypse, c'est en grec la révélation. La modernité paraît alors apocalyptique, au sens figuré par l'usage comme dans celui que rappelle l'étymologie. C'est bien ainsi qu'on a pu, depuis le début du siècle, évoquer une crise qui nous semble davantage toucher la conscience que l'économie !*

▸ **Le complexe et la sangsue.** *La crise révèle en effet les ambiguïtés du travail toujours plus efficace de la raison. Celle-ci découvre un monde complexe et se perd dans sa découverte. Elle prend le contrôle de l'existence humaine en même temps qu'elle lui retire sa cohérence. L'homme occidental est un animal malade de la Raison.*

…révèle l'échec de l'idéalisme

▸ **Le nihilisme contemporain.** *La révélation du sujet qui réalise l'avènement de la Raison installe l'individu contemporain explique Nietzsche dans un nihilisme qui est réaction et anéantissement de l'existence.*

▸ **L'imposture idéaliste.** *Ce nihilisme n'est pas autre chose que le terme d'une lente évolution entamée avec Platon. De fait l'idéalisme procède d'un dédoublement de la réalité qui nourrit l'illusion d'un rachat de la vie par l'idée. Pour la critique de la modernité cette duplication est une imposture, à l'origine de la crise de la conscience européenne.*

II. La qualité de la vie

En développant la Raison contre l'instinct...

▸ La raison étouffe l'instinct. *La raison s'est développée au détriment de l'instinct, liant le sujet à une perception quantitative de la nature. La dimension qualitative de la vie est alors partiellement perdue.*
▸ L'intuition. *Or c'est l'instinct qui permet l'intuition de l'instant, nécessaire pour une authentique perception qualitative de la vie.*

...l'homme a perdu l'intuition de sa propre durée et la qualité des choses de la vie

▸ Qu'est-ce qu'une perception qualitative de l'existence ? *La perception qualitative de l'existence suppose de reconnaître la durée comme distincte du temps et de l'espace.*
▸ Vivre libre en créateur. *L'intuition de la durée libère l'homme de l'illusion du libre arbitre comme du déterminisme. Elle fait de chacun, dans l'intimité de sa conscience, le créateur de sa propre vie.*

La révolution du sujet et l'avènement de la modernité ont permis le développement des Sciences, l'orientation de l'Histoire dans le sens d'une diffusion de plus en plus large du modèle politique de la démocratie libérale, l'accomplissement de la perfectibilité humaine par l'exigence d'une éducation pour tous les citoyens. Mais tous ces acquis du **progrès** n'ont pas été sans le sentiment d'une crise de conscience, d'un malaise lové au cœur même de la civilisation.

Sortir de la modernité, n'est-ce pas dans ces conditions guérir de la crise par la réconciliation de la Raison avec l'instinct ?

I. La Raison à la question

La crise de la conscience européenne...

▸ Une apocalypse

En 1929, Sigmund Freud achève l'un de ses textes les plus pénétrants par ces quelques mots :

> « La question du sort de l'espèce humaine me semble se poser ainsi : le progrès de la civilisation saura-t-il, et dans quelle mesure, dominer les perturbations apportées à la vie en commun par les pulsions humaines d'agression et d'autodestruction ? Au point de vue l'époque actuelle mérite peut-être une attention toute particulière. Les hommes d'aujourd'hui ont poussé si loin la maîtrise des forces de la nature qu'avec leur aide il leur est devenu facile de s'exterminer mutuellement jusqu'au dernier... »
>
> *Malaise dans la civilisation.*

La Raison donne désormais aux hommes les moyens de leur déraison. De fait, le progrès technique et la science mettent l'*insociable sociabilité* des hommes à l'épreuve d'elle-même. La révolution du sujet s'achève par une ordalie, un jugement de vérité, une révélation... une apocalypse ? C'est en ce sens qu'il est d'abord possible d'évoquer la *crise* que connaît la modernité occidentale aux premières années du XXe siècle. Car si le mot est aujourd'hui à la mode, sa fortune ne date pas d'hier. Dans les années trente, Edmond Husserl, le professeur de Martin Heidegger, rédige un texte qui ne sera pas publié de son vivant, à l'intitulé éloquent : *La Crise des sciences européennes et la phénoménologie transcendantale.* En 1935, le même Husserl prononce le 7 mai à Vienne une conférence sur le thème *La crise de l'humanité européenne et la philosophie.* Le vieux philosophe identifie en Occident une crise du sens qui trouve sa source dans une crise de la raison. Évidemment la Première Guerre mondiale est passée par là, la seconde se profile et l'histoire de l'Europe se découvre à nouveau dans des convulsions d'une violence inhabituelle. Au-delà du sentiment de l'absurde que nous avons décrit au chapitre 13, se dessine ainsi une conscience de l'origine du mal. Ce à quoi renvoie l'idée de crise, c'est à la maladie, l'acmé de fébrilité qui dissocie le bien du mal, le juste de l'injuste, le sain du corrompu. Le mot crise appartient en effet au vocabulaire médical, il désigne le stade de l'évolution de la maladie au cours duquel celle-ci se révèle. Toute crise est une apocalypse. Or ce siècle de crise, quel mal dévoile-t-il ? nous avons montré dans les chapitres précédents comment s'était réalisée progressivement l'émancipation de l'individu-sujet, comment celui-ci s'était détaché de la nature dans laquelle il se percevait enfoncé, comment par cette mise à distance il s'en était rendu « comme maître et possesseur », comment, en un mot, grâce à l'invention de la Raison il avait pu conquérir son monde. Mais si la Raison était en fin de compte cette maladie dont la modernité découvre avec horreur les symptômes ?

Voilà l'intuition de Freud, à la fin de *Malaise dans la civilisation,* voilà ce que suggère Husserl lorsqu'il place la Science, construction la plus achevée de cette Raison dont Descartes a fait un socle, sous le contrôle de la philosophie. La crise de la conscience européenne n'est-elle pas découverte des ravages de la Raison ?

▶ Le complexe et la sangsue

Comment vouloir instruire le procès de la Raison et de la Science quand à chacun des instants les plus ordinaires de notre vie nous bénéficions des agréments de la technique ? Comment prétendre même formuler la plus anodine des accusations lorsque nous prenons conscience de l'étendue des connaissances que Science et Raison nous ont fait découvrir ? C'est un fait, vivre en Occident en 1995 n'a plus rien d'inconfortable pour une écrasante majorité d'Occidentaux... D'où vient alors ce sentiment d'échec, cette insatisfaction de chaque heure ? Comment s'expliquer le suicide chaque année de ces milliers d'Européens (13 500 en France en 1992 par exemple) ? Pourquoi consommons-nous tant de substances chimiques destinées à régler le sommeil, régler l'humeur ? Quant à cet univers de la complexité dans lequel nous sommes entrés que nous a-t-il appris sinon l'aveuglement dont nous avons jusqu'à présent fait la preuve ?

De fait, cette perte du sens dans l'écheveau de la complexité apparaît aujourd'hui comme l'un des thèmes que développe la critique de la modernité. Thèse que décline depuis vingt ans le philosophe Edgar Morin :

> « Nous avons acquis des connaissances inouïes sur le monde physique, biologique, psychologique, sociologique. La science fait régner de plus en plus largement des méthodes de vérification empirique et logique. Les lumières de la Raison semblent

refouler dans les bas-fonds de l'esprit mythes et ténèbres. Et pourtant, partout erreur, ignorance, aveuglement, désastre progressent en même temps que notre ignorance. »

Morin, *Big brother, contribution au colloque, George Orwells,* 1986.

Toutes ces connaissances ont fait perdre aux hommes la mesure d'une complexité qu'ils découvraient. Morin rappelle à de nombreuses reprises dans son œuvre ce que l'on peut entendre par complexité. Par exemple dans *Intelligence aveugle :*

« Qu'est-ce que la complexité ? Au premier abord, la complexité est un tissu (*complexus :* ce qui est tissé ensemble) de constituants hétérogènes inséparablement associés : elle pose le paradoxe de l'Un et du Multiple. »

La Science a déplié le réel, elle en a *montré la complexité,* c'est-à-dire les plis et les replis, elle a cherché à l'ex-pliquer, à le déployer. Comment ? Par la multiplication des possibles (voir chapitre 7), une multiplication *à l'infini* des possibilités qu'offre la réalité. De fait, la science ne progresse que lorsqu'elle ne prétend pas autre chose que de saisir un réel possible (L'unité du réel se déplie dans la multiplicité des possibles) : voilà ce qu'exprime au fond la théorie des quantas. Que ce soit Heisenberg, en 1927, qui démontre qu'il est impossible au même instant de déterminer à la fois la position et la quantité de mouvement pour la même fonction d'ordre associée à une particule, ou bien Bohr qui établit qu'on ne peut jamais savoir avec certitude en quel point un photon traversant la fente d'un diaphragme retombe sur la surface d'une plaque photographique, l'un et l'autre font de l'incertitude un principe de connaissance et de l'unité du réel (tel que le saisissent nos sens) une multiplicité de possibles pour l'esprit. Par la science, la Raison fabrique du possible. Voilà sommairement exposés les enjeux de la *complexité.* Vertigineuse, celle-ci pourrait entraîner les scientifiques à se perdre dans les fils de tous les liens qui doivent unir toutefois les possibles au réel. Effectivement, les modernes ont perdu de vue ce réel dont ils ont perçu la complexité pour se spécialiser dans l'étude particulière de chacun des possibles qu'ils découvrent.

« Ainsi, on en arrive à l'intelligence aveugle. La pensée disjonctive isole tous ses objets, non seulement les uns des autres, mais aussi de leur environnement. Elle isole les disciplines les unes des autres et insularise les sciences. Elle ne peut concevoir le lien inséparable entre l'observation et la chose observée. »

Morin, *Big brother,* 1986.

La Science (et avec elle, toutes les activités qui l'ont prise pour modèle) semble s'être égarée dans la multiplicité, attentive désormais aux plis et non au tissu déplié. La partie l'emporte à nouveau sur le tout et la spécialisation des recherches de plus en plus précises conduit paradoxalement à l'ignorance et non plus au savoir.

Évidemment, la figure de l'humaniste totalisateur de l'ensemble des connaissances disparaît avec le XVIe siècle. Telle est précisément la conséquence du progrès, un progrès qui se traduit par une avancée de la spécialisation du discours scientifique. Par elle-même cette particularisation du savoir n'est pas nécessairement néfaste puisqu'elle s'accompagne d'une plus grande précision de ses contenus. Mais sans possibilité d'unifier la diversité de toutes les recherches, il est clair que les Occidentaux prennent le risque de s'abîmer dans la *complexité* du réel qu'ils prétendent s'approprier. De fait, à observer le repli des uns et des autres sur la sphère très réduite de leurs savoirs, on comprend que désormais le spécialiste est conduit à considérer sa spécialité comme un absolu.

L'homme de Science, au sens large, n'est-il pas le semblable de cet « homme à la sangsue » que Zarathoustra piétine par inadvertance dans *Ainsi parlait Zarathoustra*. Vautré dans un marécage, il observe les sangsues et consacre son existence à l'étude de leur cerveau.

> « Ce dont je suis maître et connaisseur – s'écrie-t-il – c'est le cerveau de la sangsue : – voilà *mon* univers. »

Le monde se trouve réduit à l'étude de l'une de ses parties. Le spécialiste s'identifie ainsi à sa spécialité (« *mon* univers » !) laquelle le vide de sa propre substance et de sa propre vie (« la sangsue »). On notera que significativement le personnage de Nietzsche a réduit encore l'objet de sa connaissance à une partie de la sangsue : le cerveau. Le savant réduit ainsi la richesse de l'existence à la seule dimension intellectuelle : « Je suis le scrupuleux de l'esprit – pourrait-il dire – et dans les choses de l'esprit, difficile de trouver qui procède avec plus de fermeté et de rigueur, plus durement que moi... »

Cet ascète de la Raison perd donc le sens de la *complexité,* déchirant le tissu de la réalité qu'il prétend connaître, parce qu'il a fait d'une simple partie le tout lui-même, de la vie intellectuelle la vie tout entière. Érigeant le scientifique en modèle, l'homme occidental en prend les travers. C'est en ce sens que Nietzsche dit de l'homme qu'il est un « animal malade ». On retrouve ici la métaphore de la maladie, celle-ci identifiée depuis Hegel à la prise de contrôle de la totalité organique par l'un des organes (un organisme est *malade* lorsque les parties se désolidarisent de la totalité organique). L'homme occidental est donc malade de sa Raison, laquelle semble avoir pris le dessus sur l'ensemble de ses facultés. La crise est bien organique, elle paraît pour Nietzsche à l'origine de la décomposition sociale et morale qui atteint la modernité. Les valeurs, la connaissance, les institutions politiques, le gouvernement démocratique, tout ce que touche la crise des temps moderne se réduit à une crise de la rationalité. Car depuis des siècles il n'est pas un domaine de l'activité humaine que la Raison n'ait cherché à contrôler. C'est donc tout le dispositif dans lequel s'insère l'humanité qui vascille avec la Raison humaine.

...révèle l'échec de l'idéalisme

Le scientifique, on l'a vu, ne fait rien d'autre que de parachever la révolution du sujet enclenchée par la modernité. Il achève le processus de déréalisation de la réalité qui s'avère être ce travail de rationalisation. De ce point de vue, sa démarche s'inscrit en effet dans le prolongement de celle de Kant (même si ce dernier prétend, dans la préface de la *Critique de la Raison pure,* n'avoir cherché qu'à appliquer à la métaphysique la méthode qui avait si bien réussi à Newton dans le domaine de la physique). Avec Kant, on est désormais convaincu que la raison humaine donne seule son sens au donné sensible, ou plutôt qu'il est impossible aux hommes – du fait de la nature même de leur perception du sensible – d'échapper à cette rationalisation. Ainsi Kant inscrit l'exercice cartésien de géométrisation de la nature dans une nature humaine, montrant par là que « la prise de possession » de la Nature par le scientifique et le technicien est tout aussi inévitable que l'idéalisme. La crise de la conscience qui traduit le décalage entre la pensée et la vie paraît dès lors **nécessaire.** Le moteur de l'histoire ne serait-il pas la raison ? La voie est tracée pour Hegel.

Cette articulation historique a fait l'objet des chapitres 5, 6, 7 et 8. Elle ouvre sur le constat d'un monde où règnent l'individualisme et l'émiettement. De fait, l'idéalisation de la réalité, c'est-à-dire l'opération de quantification du réel – mesurer toute chose – conduit à égaliser toute forme de perception du sensible. Tout se mesure, donc tout peut être ramené à une unité (celle qui précisément permet la mesure !), celle que me découvre **l'analyse,** l'un des quatre principes de la méthode cartésienne. **Le regard que porte la raison sur le monde ne serait-il pas, par nature réducteur ?** Cette réduction se flatte au fond d'éliminer le caractère subjectif inévitable de toute perception par un sujet. L'unité ne saurait être que la même pour tous, elle égalise autant ce qu'elle évalue que les évaluations elles-mêmes. Logée au cœur du processus de rationalisation du monde, se découvre ainsi l'illusion du positivisme. Or explique Husserl dans *La Crise des Sciences européennes...*

> « Les questions qu'elle exclut (cette science) par principe sont précisément les questions qui sont les plus brûlantes à notre époque malheureuse, pour une humanité abandonnée aux bouleversements du destin : ce sont les questions qui portent sur le sens ou l'absence de sens de toute cette existence humaine. »

En un mot, la science manque l'essentiel c'est-à-dire la valeur de l'existence humaine. Elle paraît avoir ainsi partie liée avec ce nihilisme dont Nietzsche écrit l'histoire dans *La volonté de puissance.* **Nihilisme, tel est le nom qui désigne selon Nietzsche la crise du monde contemporain :**

> « La croyance aux catégories de la raison est la cause du nihilisme, – nous avons mesuré la valeur du monde d'après des catégories qui se rapportent à un monde purement fictif. »
>
> *La volonté de puissance,* (5).

Ce nihilisme est celui que Zarathoustra attribue au « dernier des hommes », celui qui « croupit dans le marécage du bonheur », l'individu occidental satisfait de techniques et d'illusions.

▸ L'imposture idéaliste

La crise que révèle l'individualisme contemporain (chapitre 14) paraît donc être la conséquence de la victoire de l'idéalisme que Nietzsche considère comme une calomnie contre les sens et le corps.

En effet, sur quoi repose le postulat idéaliste décliné par l'histoire de la philosophie depuis Platon ? Sur l'idée d'un dédoublement de la réalité. L'opération se réaliserait en deux étapes successives. Tout d'abord, convaincre que la réalité perçue par les uns se dédouble d'une autre réalité « perceptible » au moyen de la raison : duplication du sensible par l'intelligible. Ensuite, démontrer la supériorité de cette réalité seconde sur la première. Le *réel intelligible* serait « plus fiable » que le *réel sensible,* plus stable, **plus vrai.** Conclusion, le réel donné n'est pas le réel, c'est une illusion, cela s'appelle l'apparence. Le « réel réel », la vérité, seule la Raison peut le dévoiler. L'idéalisme distingue alors le paraître de l'être comme la fausseté de la vérité, le mal du bien, etc. Pour Nietzsche, l'idéalisme est à l'origine de la métaphysique laquelle constitue toujours deux systèmes irréductibles. D'un côté le système des valeurs supérieures, identifié comme la réalité, de l'autre celui de l'illusion et de l'éphémère.

Évidemment, cette dévaluation de l'apparence est, pour Nietzsche, l'imposture de l'idéalisme.

> « L'apparence est pour moi la vie et l'action même, la vie qui se moque assez de soi pour me faire sentir qu'il n'y a là qu'apparence, feu follet, danse des elfes et rien de plus. »
>
> *Le gai savoir.*

Choisir l'idéal, c'est donc refuser la vie. C'est, explique Nietzsche, tenter de « sauver » les échecs, les contrariétés, les douleurs qu'inflige à chacun la nécessité par l'idée d'un arrière-monde meilleur, plus satisfaisant. De cette façon la vie se trouve, en quelque sorte, rachetée par l'idée. L'idéalisme est, du point de vue des idéalistes, moins un mal qu'un remède.

II. La qualité de la vie

En développant la Raison contre l'instinct...

▸ La raison étouffe l'instinct

Quelle importance y a-t-il en effet à vivre à côté de la vie ? A évaluer celle-ci par l'idée si la méthode ainsi appliquée apporte confort et réconfort ? Au fond qu'importe l'illusion si les bénéfices qu'on en retire sont bien palpables ? Comment l'idéalisme conduit-il à une crise de la conscience et à ce malaise de notre civilisation ? L'effroi que suscite le possible technicien ne saurait tout expliquer... Outre qu'il y a aussi du plaisir à se faire peur... Effectivement, si nous avons démonté un processus, celui de l'idéalisation de la nature, l'analyse ne vaut pas explication de l'état de crise constaté depuis le début du siècle.

Il faut, semble-t-il, attendre Bergson pour que soit établie la nature exacte du mal dont souffre l'Occident. De fait, nous avons manqué précédemment de précision :

> « Ce qui a le plus manqué à la philosophie, c'est la précision. »
>
> H. Bergson, *La pensée et le mouvant.*

L'imprécision se manifeste en effet lorsque nous ne cherchons pas à comprendre la nature de ce travail de la raison que les quatorze chapitres précédents ont cherché à décrire. Que fait la raison ? Comment opère-t-elle sur la réalité ? Comment la pensée parvient-elle à dé-réaliser le réel, à faire abstraction de la nature ? Bref, comment la pensée convertit-elle le sensible en intelligible ? En un mot : qu'est-ce que penser ?

C'est sur cette question que s'ouvre le premier texte de Bergson, *Essai sur les données immédiates de la conscience.*

Penser, dit l'étymologie, c'est peser (le *pensum* désigne en latin le poids de laine que l'esclave doit filer dans la journée), *calculer, quantifier, spacialiser.* Voilà ce que s'efforce de démontrer Bergson. En effet, l'intelligence agissant opère à chaque instant la synthèse de l'un et du multiple. Cela s'appelle *concevoir.* De fait le *concept* réalise l'unité *(capere)* de la diversité des intuitions sensibles *(cum).* Or le concept suppose le nombre (ne serait-ce que pour la distinction un/multiple). Le nombre apparaît lui-même comme la synthèse d'une multiplicité composée d'unités. Pour concevoir le nombre, je dois à la fois réaliser une réduction de ces unités à de simples moments **et** les distinguer :

> « Involontairement nous fixons en un point de l'espace chacun des moments que nous comptons, et c'est à cette condition que les unités abstraites forment une somme. »
>
> *Essai sur les données immédiates de la conscience.*

D'où la formule demeurée célèbre : « Toute idée claire du nombre suppose une vision dans l'espace. » C'est dire que penser est une activité qui suppose la connaissance de la catégorie du nombre laquelle passe par une représentation spatiale. Je pense donc j'effectue une représentation dans l'espace. L'espace apparaît bien comme le lieu de l'intelligence, la raison de la raison, la condition de tout calcul (*ratio,* le calcul en latin). Bergson montre ainsi que la pensée, loin de révéler l'activité la plus intime, la plus intérieure du sujet, ne fait qu'**extérioriser. Elle est constante re-présentation,** spatialisation indispensable pour une saisie quantitative du monde sensible (Descartes avait sur ce point indiqué la méthode : réduire les choses à des surfaces, les mouvements à des déplacements dans l'espace). Par la raison je ne puis donc accéder à ma conscience, à ma vie intérieure et spirituelle. Pour saisir ce qui fait la richesse de ma vie intérieure, il faut que je m'arrache à l'espace. Cela est-il possible ? Il faudrait pour ce faire renoncer à l'usage de mon intelligence et accepter que la réalité sensible rendue, par le travail de ma pensée, intelligible ne soit qu'une traduction. La pensée ne produit que l'extériorisation d'une expérience intérieure que la logique quantitative ne me permet pas d'appréhender. **Bergson caractérise alors l'intelligence par une « incompréhension naturelle de la vie ».** Le développement de la raison au détriment de l'instinct apparaît comme un véritable amoindrissement, une mutilation des possibilités offertes à l'humanité. La raison en étouffant l'instinct retire à l'existence humaine une dimension. La crise de la conscience européenne n'est-elle pas celle qu'entraîne la prise de conscience d'une telle mutilation ?

▸ L'intuition

L'élan vital, commun à toutes les créatures, s'est développé – explique Bergson dans deux directions, celle de l'instinct et celle de l'intelligence. Toutefois l'un et l'autre restent toujours plus ou moins mêlés, attestant ainsi une tendance du vivant à naturellement développer les deux :

> « De là l'intelligence et l'instinct, qui divergent de plus en plus en se développant, mais qui ne se séparent jamais tout à fait l'un de l'autre. »
>
> *L'évolution créatrice.*

Un peu plus loin Bergson ajoute toutefois :

> « Il y a des choses que l'intelligence seule est capable de chercher, mais que par elle-même elle ne trouvera jamais. Ces choses, l'instinct seul les trouverait ; mais il ne les cherchera jamais. »

Ce dont souffre l'humanité, c'est au fond de n'avoir pas pu développer conjointement raison et instinct. On comprend mieux, dès lors, en quoi la duplicité du Prince, évoquée à la fin du chapitre précédent, peut être féconde. Elle fait de lui un homme capable d'intuition autant que de calcul. Cette intuition lui offre le moyen de saisir dans l'instant la juste opportunité. Car l'instinct dicte par l'intuition qu'il développe la saisie qualitative des choses. Le développement de cet instinct développe également l'intuition et ouvre l'accès à une perception qualitative de la vie.

...l'homme a perdu l'intuition de sa propre durée et la qualité des choses de la vie

▶ Qu'est-ce qu'une perception qualitative de l'existence ?

Comment comprendre la signification de la catégorie de la qualité alors que l'acte même de penser nous projette hors de l'intuition dans le monde de l'évaluation quantitative de la nature ? Comment dire simplement sans la perdre la qualité de ma relation aux choses ? On sait que la question traverse toute l'entreprise romanesque de Proust. Ainsi devant une haie d'aubépines, le narrateur de *A la recherche du temps perdu* éprouve-t-il cette impossibilité d'exprimer la qualité de la sensation éprouvée :

> « ...le sentiment qu'elles éveillaient en moi restait obscur et vague, cherchant en vain à se dégager, à venir adhérer à leurs fleurs. Elles ne m'aidaient pas à l'éclaircir, et je ne pouvais demander à d'autres fleurs de le satisfaire. »
>
> *Du côté de chez Swann.*

Le « petit Marcel » découvre précisément cette inadéquation de sa représentation de la fleur (spatiale, impliquant par là une saisie quantitative) à l'émotion éprouvée dans l'intimité de sa conscience.

Évidemment Bergson n'ignore pas la difficulté. C'est pourquoi il a recours à la métaphore pour exprimer ce qui ne pourrait être **signifié.** Il prend ainsi pour *analogon* la mélodie. Lorsque nous percevons une mélodie musicale nous ne distinguons pas les notes les unes des autres. Chacune d'entre elles se prolonge dans la suivante comme elle s'est trouvé l'écho de la précédente :

> « Ne pourrait-on pas dire que, si ces notes se succèdent, nous les apercevons néanmoins les unes dans les autres, et que leur ensemble est comparable à un être vivant, dont les parties, quoique distinctes, se pénètrent par l'effet même de leur solidarité. »
>
> *Essai sur les données immédiates de la conscience.*

Ainsi nous ne sommes pas capables de **dénombrer** les notes. Nous les **apprécions.** La deuxième note jouée n'est pas perçue en tant que succédant à la première. Le temps est d'une certaine façon aboli. La deuxième note est entendue comme le prolongement de la première et l'anticipation sur la troisième.

Une telle approche qualitative de l'existence découvre une réalité nouvelle, celle de chacune des sensations qui ne cesse de s'altérer, de se prolonger dans la suivante, composant de la sorte une continuité mouvante d'états intérieurs. Cette continuité d'où il est impossible à la conscience de prélever une unité sans perdre sa singularité, Bergson la désigne du nom de **durée.** Cette durée, c'est la durée fuyante du moi, la vérité de la conscience saisissable intuitivement, jamais par l'intelligence :

« La durée toute pure est la forme que prend la succession de nos états quand notre moi se laisse vivre, quand il abstient d'établir une séparation entre l'état présent et les états antérieurs. »

Essai sur les données immédiates de la conscience.

La durée est ainsi définie comme du « temps » vécu, la qualité des états psychiques qui se succèdent sans véritable juxtaposition mais dans un mouvement incessant de compénétration. La durée, pour être plus elliptique, c'est bien le « temps » du **laisser-vivre :** « La durée est le progrès continu du passé qui ronge l'avenir et qui gonfle en avançant », rappelle ailleurs Bergson qui fait de cette notion la clé de voûte de son système.

▸ **Vivre libre en créateur**

Ce que l'intuition de la durée élimine en réalité, c'est notre croyance au libre arbitre comme en celle du déterminisme. La vie intérieure est mouvement incessant d'états psychiques qui se modifient, de façon imprévisible. Le moi se crée à chaque instant dans la durée. Or, si je crois à la stabilité de mes impressions, de mes sentiments, c'est que le langage, parce qu'il re-présente tel ou tel instant pris isolément, spatialise cette vie intérieure et la fixe, pour ainsi dire :

« Non seulement le langage nous fait croire à l'invariabilité de nos sensations, mais il nous trompe parfois sur le caractère de la sensation éprouvée. »

Essai sur les données immédiates de la conscience.

La pensée cherche par le langage à figer le mouvant, par une sorte d'acte réflexe de la raison qui n'en finit jamais de vouloir imposer son ordre :

« Telle saveur, tel parfum m'ont plu quand j'étais enfant, et me répugnent aujourd'hui. Pourtant, je donne encore le même nom à la sensation éprouvée, et je parle comme si le parfum et la saveur étant demeurés identiques, mes goûts seuls avaient changé. »

Essai sur les données immédiates de la conscience.

Renouer avec l'instinct qui nous laisse apprécier la qualité de la vie, cela semble donc se donner les moyens d'une véritable liberté intérieure. Chacun de mes états psychiques m'apparaît bien libre de tout motif et de tout mobile, sensation toujours exquise et unique d'une perception que le hasard – et lui seul – me permettra de retrouver. L'intuition de la durée m'ouvrira alors l'accès à un sentiment absolument nouveau et exaltant, celui d'un « temps suspendu », ce que Proust nomme *le Temps retrouvé.* La simple vue d'une madeleine réveille chez le narrateur non plus le seul souvenir mais bien la réalité d'un monde qu'il avait cru perdu à jamais :

> « Et dès que j'eus reconnu le goût du morceau de madeleine trempé dans le tilleul que me donnait ma tante (...) aussitôt la vieille maison grise sur la rue, où était sa chambre, vint comme un décor de théâtre s'appliquer au petit pavillon donnant sur le jardin... »
>
> M. Proust, *Du côté de chez Swann.*

Libre à chaque instant de ma vie, je le suis également d'accéder à cette poussière d'éternité que recréent ainsi des sensations retrouvées qui m'installent alors dans la jouissance qualitative de mon existence.

On n'en saura jamais assez gré à Bergson d'avoir pu montrer tant d'**intelligence** pour la défense et illustration du bonheur que l'**instinct** permet de vivre. De fait, la supériorité du prince machiavelien, si supériorité il doit y avoir, s'affirme dans cette aptitude à vivre **doublement.** Être de raison et d'instinct, il ouvre sans doute la voie à ceux que ne peut satisfaire la sempiternelle déploration d'une crise d'où la conscience européenne ne veut pas sortir.

Approfondir

LECTURES

- Deleuze Gilles, *Nietzsche et la philosophie,* PUF, 1962, 232 p. Une approche originale de la philosophie de Nietzsche. A lire en particulier pour la distinction force active-force réactive qui permet de penser la ruse de l'idéalisme.
- Jankélévitch Vladimir, *Henri Bergson,* PUF, 1959, 299 p. Pour le chapitre IV intitulé « La vie ». L'ouvrage est disponible dans la collection Quadrige.
- Morin Edgar, *La complexité humaine,* Flammarion, 1994, 380 p. Recueil des principaux textes publiés par E. Morin depuis vingt ans, précédé d'une longue introduction rédigée par Heinz Weinmann.
- Philonenko Alexis, *Bergson,* Éditions du Cerf, 1994, 398 p. Une analyse détaillée et particulièrement pénétrante des quatre œuvres majeures de Bergson grâce à laquelle la continuité qui unit *L'essai sur les données immédiates de la conscience* aux *Deux sources de la morale et de la religion* est exceptionnellement lisible. Indispensable pour approfondir.
- Rosset Clément, *Le réel et son double,* Gallimard, 1976, 129 p. Brillant essai qui initie le lecteur aux subterfuges de l'idéalisme. D'un accès très immédiat.

SUJETS POSSIBLES

- Qu'est-ce que penser ?
- Le temps et la durée.
- La crise.
- Le temps perdu se retrouve-t-il jamais ?

Utiliser

La démocratie, un régime de mauvaise qualité ?

La démocratie fait régner la tyrannie du nombre, celle de la majorité des suffrages exprimés. Cette tyrannie procède d'un calcul (mieux vaut mécontenter les moins nombreux !) : est-il bon ? est-il mauvais ? Sa force comme sa limite vient de ce qu'il s'agit avant tout d'un calcul ! On le sait depuis longtemps le régime démocratique est loin d'être le meilleur, au sens d'une perfection que la politique aurait su atteindre. Loin d'apparaître à Aristote comme un idéal, cette démocratie lui semble – dans la typologie qu'il propose dans *La politique* – un pis-aller, une forme dégradée de la *politie (politeia),* régime impossible fondé sur l'unanimité (les citoyens s'exprimeraient d'une seule âme). D'où le vieil adage : la démocratie est le pire des régimes, à l'exception de tous les autres. C'est dire qu'il opère selon une rationalité qui le rend acceptable, ce n'est pas dire qu'il est de **qualité...**

Cela, une période pré-électorale d'incertitudes – comme celle traversée par la France au premier trimestre 1995 – le montre bien. En janvier de cette année « présidentielle », 50 % du corps électoral déclarait ne pas avoir arrêté son choix pour l'élection du mois d'avril. Et si l'incertitude révélait un manque d'enthousiasme pour les candidats déclarés ? Entre l'éternel retour des mêmes visages, les ambitions personnelles mal dissimulées, les querelles d'appareil laissant percevoir ici ou là la tentation pour les partis politiques de vampiriser l'élection au suffrage universel, en distribuant ou refusant des investitures que la Constitution rend inutiles, l'électeur parvient-il encore à mobiliser ce qui lui reste de conscience politique ? Dans de pareilles conditions, le jeu démocratique, par le plat calcul qu'il impose, ne se trouve-t-il pas brouillé ? Un suffrage exprimé avec ferveur **vaut-il** un suffrage accordé « faute de mieux » ? Que penser d'une élection où l'adhésion laisse la place au renoncement ? Quand le calcul procède davantage d'une logique négative (celle qui conduit à déterminer son vote par élimination) que de l'affirmation d'une politique, les comptes ne s'en trouvent-ils pas faussés ? A ne jamais intégrer la **qualité** du vote, la démocratie prend le risque des soubresauts les plus violents, ceux qui réveillent le dormeur dans son sommeil lorsque celui-ci le mène au cauchemar.

Chronologie commentée

Trente dates choisies parmi des milliers mais qui renvoient précisément à la progression ménagée dans l'ouvrage. Elles sont accompagnées d'un rapide commentaire, point de départ d'une réflexion qui part toujours du particulier pour conduire au général.

▸ La culture générale en 30 dates clés

776 av. J.C.	Premiers jeux olympiques. Quand la confrontation sportive remplace l'affrontement guerrier. Cf. chapitre 1.
753 av. J.C.	Fondation de Rome. La légende de la fondation de la ville. L'*urbs* disaient les Latins. Vivre dans la Cité procède d'un acte sacré. Cf. chapitre 1.
6 av. J.C. (?)	Naissance de Jésus de Nazareth. Le début de la révolution du sujet, naissance du fils de l'homme. Cf. chapitre 5.
15 juillet 622	Hégire (fuite du Prophète dans le désert avant la reconquête). Année zéro du calendrier musulman. Sur la relativité des chronologies. Cf. chapitre 8.
842	*Serment de Strasbourg.* Le premier texte rédigé en « français » courant. Cf. chapitre 10.
1150	Les grandes cathédrales gothiques (Senlis, Paris, Rouen...). Anonymat de l'artiste et sacralisation du monde profane. Cf. chapitre 12.
1492	Découverte de l'Amérique. Le monde s'agrandit. Cf. chapitre 7.
1517	Début de la Réforme. Acte de naissance de l'individu. Cf. chapitre 14.
1519	Premiers travaux pour l'édification de Chambord. Copier ou créer ? François Ier fait de l'Italie un modèle.

1538	Mercator trace la première carte du monde. Le monde est à la mesure de l'homme. Cf. chapitre 7.
1616	Galilée affirme que la terre tourne et qu'elle n'est pas le centre de l'Univers. La terre est le lieu du mouvement et de l'instabilité. Naissance du doute. Cf. chapitre 7.
1637	*Discours de la méthode* de Descartes. Pour se rendre désormais « comme maître et possesseur de la nature ». Cf. chapitre 7.
1751	Début de l'*Encyclopédie.* Tout savoir ! Cf. chapitre 4.
14 juillet 1789	Prise de la Bastille. Symbole de la chute de l'absolutisme. Mais toutes les bastilles ont-elles été prises ? Cf. chapitre 2.
1800	Invention de la pile électrique par Volta. L'énergie moderne : invisible et omnipotente. Cf. chapitre 3.
1804	*Code civil.* Régler la vie du citoyen. Cf. chapitre 3.
1850	*L'enterrement à Ornans* de G. Courbet. Naissance du réalisme. Cf. chapitre 12.
1859	*De l'origine des espèces par la sélection naturelle* de Darwin. La concurrence vitale : la vie est-elle une course contre la montre ? Cf. chapitre 1.
1869	*Table périodique des corps* de Mendeleïev. Le scientifique invente désormais la matière. Cf. chapitre 7.
1881-1882	Lois Ferry sur l'école laïque. L'école pour tous. Cf. chapitre 4.
1901	*Psychopathologie de la vie quotidienne* de S. Freud. Tout détail est significatif. Les « actes manqués » sont-ils des « discours réussis » ? Cf. chapitre 10.
1905	*De l'électrodynamique des corps en mouvement* de A. Einstein. Einstein découvre la relativité. Cf. chapitre 7.
1913	Début de *A la recherche du temps perdu* de M. Proust. Vers un roman total. Cf. chapitre 10.
1925	Publication du *Procès* de Kafka rédigé dix ans plus tôt. Absurdité de la vie moderne et culpabilité d'exister. Cf. chapitre 14.
1936	*Théorie générale de l'emploi* de Keynes. Le bien-être collectif passe par la redistribution de la richesse et la relance de la consommation. Cf. chapitre 2.
1946	Expérimentation du premier ordinateur. Vers l'intelligence artificielle. Cf. chapitre 7.
1968	Grandes manifestations étudiantes. Remise en question à travers celle du système éducatif de la société dans son ensemble. Cf. chapitre 4.
1974	Hayek, prix Nobel d'économie. Confirmation du retour en force du libéralisme sous une forme conservatrice. Cf. chapitre 2.

Méthode

Comment se préparer à l'épreuve écrite ?

UNE ÉPREUVE EXIGEANTE

Si la culture générale se donne comme une discipline sans programme d'étude précis – exception faite d'une connaissance nécessaire de l'histoire des idées de l'Antiquité à nos jours – c'est pour lever le malentendu d'une épreuve qui ne serait que le contrôle d'un savoir inerte et capitalisé par la mémoire. Soyons clair et définitif : inutile, pour préparer l'épreuve, de participer à des jeux télévisés ! Il ne s'agit pas d'avoir « réponse à tout », ni de bavarder élégamment de n'importe quel sujet...

L'épreuve de culture générale ne prétend pas évaluer des connaissances mais elle permet de saisir la capacité du candidat à mener une réflexion structurée par la médiation d'une langue écrite, aussi précise et élégante que possible.

Il faut donc mettre en œuvre une technique de la dissertation ou du commentaire de texte, acquise depuis la classe de première, au service d'une pensée qui doit affirmer son autonomie. Mais à la différence de la dissertation de philosophie, l'argumentation doit reposer sur l'examen d'exemples précis empruntés à l'histoire, à l'art, à l'étude de la société et du comportement humain. Si cette manifestation de la culture du candidat est qualifiée de générale, c'est pour insister sur la liberté des choix et non pour inciter à la multiplication des références superficielles.

Retenez donc cette double exigence d'une conceptualisation rigoureuse et de la manifestation d'une culture authentique, c'est-à-dire propre à chaque candidat.

I. Comment travailler ?

A côté d'un cours qui reprend les grands thèmes d'études philosophiques, il convient d'entretenir une culture précise et riche. Il est inutile pour cela de dévorer et de mettre en fiches des compilations culturelles. Il suffit de maîtriser correctement un grand système philosophique, une œuvre majeure de la littérature, la production d'un grand artiste qu'il soit peintre, musicien, sculpteur ou cinéaste. Seule la connaissance détaillée d'un ouvrage permet d'en faire un commentaire utile et intelligent.

Comprendre Kant, Hegel ou Marx, lire Kafka, Rousseau ou Flaubert, apprécier David, Cézanne ou Moreau est beaucoup plus utile que survoler tel ou tel « topo » préfabriqué sur le romantisme, l'esprit des Lumières ou le théâtre de l'absurde.

Parallèlement, on ne saurait négliger le recours au « petit carnet » qui ne vous quitte jamais et qui vient recueillir toute réflexion advenue à la suite de tel spectacle ou telle lecture. Ce type de prolongement de soi permet utilement de matérialiser cette culture individuelle que l'année en classe préparatoire doit vous conduire à fixer.

Mieux qu'un simple répertoire de citations, un tel carnet devient le laboratoire de vos réflexions futures et l'aliment des dissertations de l'année. A la connaissance précise des œuvres librement choisies par vous, il ajoute la surprise des rencontres quotidiennes qu'un travail curieux et régulier ne manque de susciter.

II. Lire un énoncé

Avant d'être un exercice de rédaction et de composition, la dissertation réclame une maîtrise de la lecture. La majorité des candidats ne semble pas savoir lire en effet l'énoncé du sujet proposé : l'attention est retenue par deux ou trois mots clés, lesquels provoquent alors une sorte d'acte réflexe qui conduit le candidat à produire des développements préfabriqués. L'énoncé passe au service de la culture de l'étudiant alors que l'épreuve exige exactement le processus inverse.

Savoir lire un énoncé, c'est donc accorder à chaque mot du texte une importance déterminante, y compris aux articles et aux prépositions. Dans un sujet libellé de la sorte : « L'individu contre la société », il est clair que l'élément moteur de la problématique est porté par la signification double de la préposition « contre ». Être contre, c'est s'opposer à (*adversus,* en latin) mais c'est aussi s'appuyer. L'individu contre la société s'oppose à elle en même temps qu'il se constitue grâce à elle... De là à voir dans cet affrontement un nécessaire apprentissage...

Savoir lire un énoncé, c'est aussi imaginer les choix terminologiques auxquels le préparateur du sujet s'est trouvé confronté. Pourquoi a-t-il opté pour telle formulation et non telle autre ? Quel est le sens de cette option ? Le déterminer, c'est aussi le plus souvent découvrir la problématique. Par exemple proposer « Le bonheur est-il la fin du politique ? », ce n'est pas s'interroger en posant la question de savoir si le bonheur est la finalité de la politique. Dans le premier cas, l'ambiguïté du mot « fin » est riche de sens, et l'emploi au masculin de « politique » incite à envisager non pas l'activité, au sens le plus large, dans la Cité, mais bien le rôle et la fonction des institutions.

La lecture est donc essentielle, la rédaction d'une bonne copie n'est pas envisageable sans ces dix à quinze minutes de réflexion préalable où le candidat dégage avec précision le sens de l'énoncé.

Cet énoncé peut permettre trois formes : la question, la citation, ou la simple mention d'un substantif ou d'une coordination de deux termes. L'analyse divergera sensiblement selon le cas.

1. LA QUESTION

Formulé grâce à une question, l'énoncé ressemble à celui des sujets proposés au baccalauréat. Exemple : « La politique est-elle la tragédie moderne ? »

▸ Élucider les termes de l'énoncé

« La politique » : le mot renvoie à l'activité des hommes au sein de la Cité et particulièrement à la confrontation des intérêts particuliers au service de la gestion collective. C'est l'activité du citoyen sur l'agora qui prend la parole dans le débat sur les affaires de la Cité.

« Tragédie » : c'est un spectacle mais dont le caractère principal est sacré. Il s'agit généralement du spectacle d'un individu confronté à son destin. « Politique » et « tragique » sont chargés de connotations artistiques. C'est pourquoi l'adjectif « moderne » paraît fondamental puisqu'il disqualifie ces connotations.

« Moderne » : quand faire commencer notre modernité ? S'agit-il du présent de la rédaction du devoir ? Ou bient faut-il envisager un passé proche ? Si oui, lequel ? Il est clair que notre modernité politique débute avec la Révolution de 1789, période au cours de laquelle le monde antique redevient précisément une référence, voire un modèle politique (cf. les tableaux de David ou les discours de Saint-Just).

▸ Formuler la problématique

Si la politique est devenue un spectacle, elle ne se fait plus dans l'intimité des cabinets secrets ou des conseils « privés » du roi, mais sous les feux des media ou sur la scène de l'Assemblée. De quel spectacle s'agit-il désormais ? Nous montre-t-elle des héros, des personnages incarnant des valeurs qu'ils prétendent défendre jusqu'à la mort – l'échafaud comme ultime « scène » politique sous la révolution ? Ou bien n'est-elle devenue qu'une comédie, un grotesque spectacle de marionnettes. Une émission comme le « Bébête Show » ne fait-elle pas de la politique la comédie moderne ? De quoi une telle mise en scène est-elle l'indice ? Quel crédit accorder à des « hommes politiques » que l'on se plaît à représenter sous la forme d'une grenouille, d'un singe ou d'un rapace ?

2. LA CITATION

L'énoncé ne se réduit pas au seul texte cité que l'on demande au candidat d'expliquer et de commenter. Toutes les indications sont riches de sens, l'auteur, l'œuvre d'où le jugement est extrait, la date de publication, etc.

Exemple : « Dans un texte autobiographique intitulé *Le siège de Mayence,* Goethe affirme : " J'aime mieux commettre une injustice que de souffrir un désordre. " Qu'en pensez-vous ? »

▸ Identifier le contexte

Le propos à commenter est célèbre, les circonstances du siège de Mayence sont en outre bien connues et demandent à être rappelées pour éviter les contresens.

Goethe relate un épisode des guerres révolutionnaires et particulièrement la reprise de la ville de Mayence occupée par les Français. Une partie de la population ayant été acquise aux idéaux révolutionnaires, la situation au sein de la ville libérée par les Prussiens menaçait d'être insurrectionnelle. Goethe intervient ainsi pour que la foule laisse partir un « collaborateur » des Français, afin d'éviter ce que l'on pourrait appeler aujourd'hui un lynchage. C'est à cette occasion qu'il affirme préférer une injustice (la libération d'un traître) à un désordre (la « justice » de la foule).

On le conçoit, le contexte éclaire judicieusement le propos à commenter.

▸ **Élucider les termes de l'énoncé**

« Injustice » / « désordre » : les deux mots sont des négations, négation du droit et négation de l'ordre. De ce point de vue ils se valent. Entre ces deux maux, lequel est moindre ? Un mal qui porte sur l'individu, un mal qui affecte le groupe ? On retrouve ici la prééminence du tout sur la partie.

« Commettre » / « souffrir » : l'opposition de deux termes recouvre celle de la passion (souffrir) et de l'action (commettre). L'injustice a été voulue, délibérée, elle procède d'un engagement et implique une responsabilité. Le désordre au contraire serait simplement subi.

▸ **Formuler la problématique**

N'est-il pas préférable d'agir, au risque de laisser échapper un coupable, plutôt que de laisser faire, au risque de perdre le contrôle d'une situation qui peut devenir dramatique ? Ne faut-il pas se donner les moyens de préserver une fin que l'on croit juste, ici la cohésion du groupe ? A terme, la réflexion invite à confronter l'éthique de responsabilité à l'éthique de conviction (cf. chapitre 3, paragraphe consacré à Max Weber).

3. L'ÉNONCÉ INERTE

L'expression du sujet se réduit à un seul terme, ou au plus à la coordination ou juxtaposition de deux mots.

L'élucidation « des termes » n'est plus séparable de la problématisation. Il faut d'emblée organiser un questionnement afin d'éviter les tentations de la description.

▸ Exemple 1 : « L'utopie »

▸ **Élucider les termes de l'énoncé et formuler la problématique**

Le mot est un néologisme. Comment Thomas More l'a-t-il construit ? Deux hypothèses sont cohérentes : U-topia, *le « non-lieu »* ou eu-topia, *le lieu du bonheur.* Les deux sont à envisager ensemble et permettent la formulation d'une problématique.

L'eu-topie est-elle nécessairement une u-topie ? Le lieu où se vit le bonheur est-il de ce monde ? Ou plutôt pourquoi ne peut-il pas l'être ?

▸ Exemple 2 : « Utopie et vérité »

▸ **Élucider les termes de l'énoncé et formuler la problématique**

Le jeu mécanique de chacun des termes sur l'autre est parfois riche de sens. Il est ainsi clair de constater que cet énoncé « inerte » peut acquérir facilement un véritable dynamisme si l'on se demande si la vérité de l'utopie ne serait pas de rendre intelligible le caractère utopique de la vérité.

La vérité serait-elle aussi inaccessible que l'El Doràdo que décrit Voltaire dans *Candide ?* Et si l'El Dorado est à ce point retiré, protégé par une chaîne disproportionnée de montagnes, n'est-ce pas pour signifier qu'il réalise la vérité de toute société ?

III. Construire une introduction

▸ Une vitrine

L'introduction est comme la vitrine d'un devoir. Elle attire ou bien repousse, elle montre, elle expose ce qui sera offert à l'investigation ultérieure du lecteur, elle informe. Séduction et information sont les deux principes auxquels une bonne introduction doit obéir. Il s'agit d'inciter l'examinateur à « entrer dans la copie » avec bienveillance mais aussi de le rassurer : la copie se propose de traiter effectivement le sujet donné. Voilà pourquoi la rédaction de l'introduction doit faire l'objet d'une attention particulière. L'écriture doit s'y montrer à la fois élégante et précise... La première impression est déterminante !

▸ Trois points

Pour répondre au double impératif de séduction et d'information, l'introduction pourra être structurée en trois points.

– **L'incipit.** Il doit mener le lecteur à l'énoncé. Il n'est guère habile de reprendre brutalement et directement l'intitulé du sujet. Il faut une accroche, une analyse précise, un fait culturel pertinent et original qui conduira le lecteur à se poser naturellement la question du sujet. Évitez l'incipit général, verbeux, prétentieux et inutile du type : « Les hommes se sont toujours... » ou « De tout temps les hommes... » Notre connaissance du passé est loin d'être exhaustive ; quant aux hommes, qui prétend les connaître ?

– **Le rappel de l'énoncé et le commentaire des principaux termes du sujet.** Il est d'usage ensuite de rappeler l'énoncé et de proposer une première lecture. C'est ici que l'on précisera telle étymologie et que l'on commencera à formuler la problématique.

– **L'annonce du plan.** Les enjeux du sujet clairement dégagés, il est alors logique d'annoncer le plan qui va être suivi sous la forme la plus élégante possible... en évitant par exemple les lourdeurs du type « Dans un premier temps, nous verrons que..., puis dans un deuxième temps... enfin, nous montrerons que... ».

Le plus sobre consiste à articuler deux ou trois questions qui synthétisent les grandes étapes du questionnement.

▸ Exemple

. *Énoncé*

La politique peut-elle échapper au mythe ?

. ***Incipit***

Platon chasse les poètes de sa République idéale lorsque ceux-ci se font producteurs de leurres, artisans de simulacres, fabulateurs et inventeurs de mythes. Pourtant lui-même, au cours de ce même texte où il frappe d'ostracisme ces manipulateurs de l'imagination, n'hésite pas à utiliser une image, l'allégorie de la Caverne, pour convaincre du rôle déterminant que doit jouer le philosophe dans la cité.

. ***Charnière***

Tout se passe alors comme si la politique, à son corps défendant, ne pouvait échapper au mythe.

. ***Commentaire et formulation de la problématique***

La République semble illustrer la fatalité de l'éternel retour du mythe dont le manteau, la chape, vient recouvrir les prétentions de la politique à s'établir comme science. Si le philosophe propose une gestion de la cité fondée sur un savoir, il n'en reste pas moins conduit à produire des fables pour expliquer et faire accepter son projet.

. ***Annonce du plan***

Le mythe n'est-il alors qu'un simple outil pédagogique ? N'y a-t-il pas plus secrètement le désir éprouvé par les gouvernants (ici les philosophes-rois de la république platonicienne) de fonder leur légitimité sur une origine sacrée dont le mythe est le récit ? Le mythe n'apparaît-il pas comme le nécessaire écran-protecteur entre gouvernants et gouvernés ? La politique peut dès lors échapper d'autant moins au mythe qu'elle l'utilise pour se protéger.

IV. Construire un plan

▸ Généralités

Le plan est une nécessité. Il est aberrant de s'en dispenser, d'autant plus qu'il s'impose naturellement à qui s'efforce d'argumenter de façon convaincante.

La construction du plan apparaît dès lors comme une étape décisive de l'épreuve. Il ne s'agit pas d'organiser au brouillon des idées qu'on aurait jetées pêle-mêle une heure durant et qu'il faudrait présenter selon une « certaine logique » à la lecture du jury. Ce n'est pas une simple « remise en ordre ». En effet, procéder de la sorte c'est exposer la copie aux contorsions rhétoriques les plus absurdes... on résiste mal à la tentation d'intégrer « de force » telle idée séduisante par elle-même et pourtant délaissée par la « logique » de la démonstration. Construire un plan, c'est mener avec rigueur et précision une analyse de l'énoncé qui offre ensuite les moyens d'une réponse structurée à la question posée. Le plan balise un cheminement qui doit être celui de la pensée. Son élaboration n'est donc pas séparable de ce qu'il est parfois naïvement convenu d'appeler « la recherche des idées ».

Au cours de ce cheminement, on conseillera particulièrement de mettre en valeur les charnières du raisonnement, c'est-à-dire les procédés logiques par lesquels la réponse à la question posée par l'énoncé progresse.

▶ Exemple

. *Énoncé*

Qu'est-ce qu'un monstre ?

. *Partir de l'analyse du sujet*

La réflexion ne peut guère prendre appui que sur un seul mot : monstre. La première approche est nécessairement étymologique.

Tout collégien a fait l'objet d'une initiation au latin. Il a donc appris, à cette occasion, le sens du verbe *moneo,* modèle de la conjugaison des verbes de la seconde classe ; *moneo* signifie *avertir... Monstrum* dérive de *moneo,* c'est au sens propre un *avertissement,* un fait prodigieux qui, en tant que tel, est un avertissement des dieux. Le Minotaure est ainsi le fruit de l'amour de Pasiphaé, la reine de Crète, que Minos, son époux, avait refusé de sacrifier à Poséidon.

Le monstre, événement extraordinaire, apparaît comme un dérèglement prémonitoire de la Nature.

On dégagera donc d'emblée le caractère accidentel, unique et menaçant de la créature monstrueuse.

. *Dynamiser cette analyse par un questionnement systématique*

Quelle forme recouvre cette apparition pour être ainsi identifiée ? La mythologie nous offre de nombreux exemples de créatures composites : de la sirène, femme au corps d'oiseau, à la Sphinge qui terrorise Thèbes. La tératologie, science des monstres fondée par le biologiste Geoffroy Saint-Hilaire, n'est pas en reste avec ses anencéphales, privés de boîte crânienne, ou ses syméliens, munis d'un seul membre postérieur. Dans tous les cas, réel ou imaginaire, le monstre manifeste un état inachevé. Dans le cas du Minotaure, la Nature a commencé par produire un homme, elle n'a pas achevé son travail convenablement et donne au corps de l'homme une tête de taureau. Le monstre est un raté, un « acte manqué » qui pour être reconnu doit manifester ce qu'il n'est pas, ce qu'il aurait pu être. C'est l'inadéquation rendue perceptible de la forme et de la matière.

Dans la *Génération des animaux,* au livre IV, Aristote définit le monstre comme le résultat d'une résistance de la matière à la forme. Il y a échec de la Nature – et partant, dimension surnaturelle – parce que la matière n'accepte pas d'être informée jusqu'au bout, la forme n'est pas matériellement achevée. De la sorte, le monstre est une mise en échec du général par le singulier, un refus du particulier de recueillir l'universel de sa forme.

Le monstre apparaît alors comme un défi, il se découvre une créature d'exception en révolte contre l'uniformité. La dimension métaphysique et « satanique » que revêt le monstre nous entraîne à envisager sa plus parfaite réalisation non dans le domaine sensible et physique mais dans celui du psychique, où la conscience du monstre lui devient conscience de son « être monstrueux » et nourrit un orgueil qui évoque celui des grands criminels. On songera ainsi aux délires de l'homme sadien, provoquant la nature par la conscience de sa propre déviance.

. ***Formuler les enjeux définis par ce premier questionnement***

Le monstre n'est-il pas l'absolu de la singularité ? Une tentative de destruction de l'universel (la Nature) par le particulier ? L'entreprise est-elle possible ? Sa vanité n'aurait-elle pas pour conséquence de nous faire constater que la monstruosité n'existe pas ?

. ***Répondre aux questions nouvellement apparues***

Le criminel sadien fait une découverte particulièrement troublante : il s'était cru monstrueux dans son désir de contrer la nature et de jouir de la destruction des objets qu'elle semblait faire croître. Or cette action destructrice, sur laquelle il fondait sa particularité, la nature la fait sienne à grande échelle. Jamais le « grand seigneur méchant homme » enfermé dans son château et les arcanes de sa perversité (voir *Les 120 journées de Sodome*) n'aura assez d'énergie et de temps pour accomplir ne serait-ce que le millième de l'activité négatrice de la Nature. Le voilà donc pris au piège du dilemme suivant : ou le criminel ne l'est pas, son action est « naturelle », ou bien c'est la Nature qui est monstrueuse. Dans les deux cas, l'homme sadien ne défie pas une Nature qui lui ressemble trop :

> O toi, force aveugle et imbécile, – dit-il – quand j'aurais exterminé sur la terre toutes les créatures qui la couvrent, je serais bien loin de mon but, puisque je t'aurais servie, marâtre, et que je n'aspire qu'à me venger de ta bêtise ou de la méchanceté que tu fais éprouver aux hommes, en ne leur fournissant jamais les moyens de se livrer aux affreux penchants que tu leur inspires.

La Nature est une criminelle, la plus sadique, la plus monstrueuse qui soit. Le particulier n'échappe guère à l'universel du crime.

N'est-ce pas la découverte essentielle du freudisme ? Nous sommes tous des monstres. Les enfants sont des « pervers polymorphes » et ce « complexe d'Œdipe », universellement vécu, n'installe-t-il pas de façon définitive la monstruosité en chacun. La monstruosité comme défi ou crime contre nature, n'est-elle pas – mieux que le bon sens – la faculté la plus équitablement partagée entre les hommes ? Le monstre n'est plus unique puisque nous sommes tous monstrueux.

La monstruosité comme affirmation de la singularité radicale n'est-elle pas une illusion ? Sous le monstre se révèle toujours l'homme, le particulier dans sa manifestation « la plus particulière » est la meilleure chance de l'universel. Tel se résume le contenu de la découverte majeure du romantisme. Sous le monstre se cache toujours l'homme, Gilliatt ou Quasimodo révèlent ainsi leur exceptionnelle humanité dans un sacrifice « christique » semblable à celui du Pélican de Musset. Plus clair encore, Baudelaire « avertit » son lecteur que par la déviance, le vice, le mal, bref, la monstruosité apparente se réalise la fraternité humaine :

> Hypocrite lecteur – *mon semblable,* mon frère !
>
> *Les Fleurs du Mal*

Si nous sommes tous des monstres et si nous communions dans la monstruosité, celle-ci disparaît. Le particulier laisse toujours émerger l'universel. Rousseau a beau revendiquer la singularité de son projet autobiographe, en parlant de sa vie, il évoque la nôtre. En cherchant le sens de son existence particulière, il découvre le destin de tous les autres hommes, ce tiraillement inévitable entre l'être et le paraître.

La monstruosité n'est pas un avertissement, dans notre monde profane : les dieux ne disent plus rien. Elle désigne, au plan psychologique, la vérité de l'homme, au plan physique un simple « raté » dépourvu de signification. Le monstre n'a donc, en tant que tel, rien de naturel ou de surnaturel. Il est simple production du hasard, une spontanéité dépourvue de finalité, un « a-teles » comme le dit Aristote, une créature privée de son telos, de sa fin.

. *Formalisation du plan*

Qu'est-ce qu'un monstre ?

I. Une négation de l'universel

a – Le monstre est un avertissement.
b – La matière résiste de façon menaçante à la forme.
c – Cette résistance est un refus de l'universel par le particulier.

Par cette manifestation de la singularité, le monstre met-il en échec l'universalité ?

II. Un illusoire refus

a – La singularité monstrueuse est aussi l'œuvre de la Nature.
b – La déviance est la règle de l'espèce humaine.
c – C'est toujours par l'affirmation du particulier que se manifeste l'universel.

▸ Commentaires

L'élaboration du plan ne doit pas obéir à une autre contrainte que celle de la liberté de la pensée.

Il faut ainsi éviter tout préjugé méthodologique comme tout désir de plaquer tel ou tel développement préfabriqué.

. *Le préjugé méthodologique*

Il n'y a pas de « religion du plan » qui dicterait aux fidèles une pratique particulière. En un mot : à aucun moment il ne sera exigé du candidat qu'il présente un plan en deux, trois ou quatre parties ! Aucun jury de concours ne suggère, en effet, dans son rapport un « modèle » à reproduire. Pourtant, les étudiants semblent vouer un culte au chiffre trois. Pourquoi trois parties ? Si le cheminement réflexif l'exige, pourquoi pas... Mais sinon pourquoi s'y soumettre ? On rappellera aux adeptes du « plan dialectique », parfois superbement résumé à la formule énigmatique thèse/antithèse/synthèse, que la synthèse n'est pas un compromis. On ne saurait faire, en effet, de la recherche du « juste milieu » un idéal de réflexion. Pour mémoire, et afin de proscrire à jamais les plans eau chaude/eau froide/eau tiède, la synthèse réclame un dépassement en même temps qu'un maintien des contradictions révélées par les deux premières parties !

. ***Le préfabriqué***

Il est, en outre, recommandé de résister à la tentation du préfabriqué, à l'utilisation de plans ou de développements « tout prêts », appris par cœur et issus de tel cours ou de tel manuel. Les exemples de plans ne sont que des incitations ou des illustrations « techniques ». De fait, il est seulement demandé au candidat de « penser par lui-même », quitte à « retrouver » au cours de sa réflexion telle référence ou telle articulation retenue ici ou là.

V. La conclusion

▸ **Conclure, ce n'est pas résumer**

La conclusion est la partie la plus malmenée d'un devoir, or sa lecture donne au correcteur l'ultime impression à partir de laquelle celui-ci va commencer à évaluer la copie. Par conséquent, les rédactions hâtives, au cours des cinq dernières minutes de l'épreuve, évidemment bâclées, qui font de ces quelques lignes un exercice inutile et dérisoire, relèvent d'un comportement quasiment suicidaire. La conclusion doit faire l'objet, au contraire, d'une attention particulière, il faut lui consacrer du temps et de la réflexion.

De nombreux candidats pensent curieusement que la conclusion est un résumé de l'ensemble de l'argumentation qui vient d'être proposée... Revenons plutôt au sens des mots. S'il s'agissait d'un résumé, on le nommerait ainsi... « Conclusion », le mot est porteur d'une signification spécifique, apparemment perdue. Le latin attribue au terme « conclusio » le sens qui est celui de l'action de *fermer. « Concludere in augustum locum »,* c'est enfermer dans un lieu étroit. La conclusion est donc un principe de fermeture du devoir, la discussion est *close,* il faut en finir. Ce rappel a deux conséquences méthodologiques importantes :

1 – le résumé ne peut convenir à cette conclusion. En effet, résumer c'est reprendre sous une forme contractée une argumentation déjà achevée. Faire de la conclusion un résumé, c'est donc avouer qu'on a déjà conclu à la fin du dernier paragraphe de la dernière partie !

2 – la conclusion ne peut tendre vers la formulation d'une ultime question : on ne « ferme » pas en « ouvrant » ! On doit insister sur ce dernier point car trop nombreuses sont encore les copies qui s'achèvent sur un point d'interrogation. Conclure sur une question, diront peut-être certains, c'est à coup sûr « élargir le sujet », proposer une perspective plus large... Passons sur l'effet psychologique désastreux qui consiste à suggérer au correcteur que le sujet a paru un peu étroit au candidat, lequel, magnanime, indique des horizons intellectuels plus stimulants... pour une prochaine fois ! Plus sérieusement, conclure sur une question relève soit de la maladresse, soit de la malhonnêteté intellectuelle. En effet, deux cas se présentent : ou bien la question se pose vraiment, ou bien elle apparaît comme un pur artifice rhétorique. Si la question n'a guère d'intérêt, pourquoi la poser ? Elle encombre plus qu'elle n'avantage. Si la question se pose, par

contre, la formuler précisément au seul moment où l'on s'exonère d'y répondre, c'est-à-dire en excipit, c'est avouer soit que le plan est mal construit, soit qu'elle embarrasse par sa pertinence. Bref, une conclusion ne peut rester en suspens, elle doit s'achever par un *point final.*

▸ A quoi servent les conclusions ?

Que peut-on attendre, par conséquent, d'une conclusion ? Tout simplement la réponse à la question posée ! La solution du problème ou bien la description du lieu d'arrivée vers où le cheminement intellectuel que l'on vient de réaliser doit conduire ! La conclusion met un point final à la réflexion. Ce n'est pas dire qu'elle doit assener quelques saines vérités à grands coups de marteau, ni servir de défouloir à une subjectivité trop longtemps réprimée au cours du devoir ! En conclusion, le ton ne peut être que ferme, même si la seule conclusion qui s'impose passe par la formulation d'un doute. Le doute n'exclut pas la fermeté de la pensée, au contraire ! La conclusion manifeste la vigueur d'un esprit sûr de lui comme de la réflexion qu'il vient de produire. Il faut éviter les hésitations ou la recherche de l'impossible compromis fidèle à la philosophie du « juste milieu ».

Enfin, la conclusion d'un devoir de « culture générale » peut aussi permettre au candidat l'expression de sa culture ainsi que ce qui relève du sens de la formule. L'excipit doit être aussi séduisant que l'incipit de l'introduction, il faut lui apporter un soin équivalent.

De fait, la rédaction de la conclusion réclame du temps et un travail formel impensable dans la précipitation des derniers instants de l'épreuve. Il est ainsi souhaitable que les candidats prennent l'habitude de rédiger au brouillon la conclusion avant de commencer la rédaction du développement. Pour une épreuve d'une durée de quatre heures, on proposera le plan de travail suivant :

- Analyse de l'énoncé → 15 minutes
- Construction du plan → 60 minutes
- Rédaction de l'introduction → 15 minutes
- Rédaction de la conclusion → 15 minutes
- Rédaction de l'ensemble du développement → 120 minutes
- Relecture → 15 minutes

Rédiger la conclusion avant le développement n'est pas chose impossible puisque le plan est déjà construit, connu, puisque le candidat au bout d'une heure sait où il va. Évidemment, une telle précaution exclut toute forme d'improvisation... Mais faut-il rappeler qu'une dissertation ne se rédige pas au fil de la plume ? Que tout est joué dès la fin de la première heure de l'épreuve ? Et que le temps est si limité qu'il est matériellement impossible de revenir sur un plan déjà tracé ?

▸ Exemple

A titre d'exemple, on se propose de rédiger la conclusion d'un sujet libellé de la sorte : « L'homme a-t-il besoin d'un maître ? » (cf. pour le détail des références le chapitre 3). On notera au préalable l'ambiguïté du mot « maître » que le latin dissipe. On prendra donc soin d'opposer au *magister,* le maître d'école, le formateur, le *dominus,* le maître de ses esclaves, celui qui domine et possède (au sens propre comme au sens figuré) d'autres hommes. Le *magister* semble fait pour aider au développement de l'homme, alors que le *dominus,* du fait de sa seule existence, retire à certains hommes leur dignité. L'un agit pour élever l'homme au-dessus des autres animaux quand l'autre fait tout pour l'abaisser au niveau des bêtes.

. ***Rappel du plan*** (indispensable pour comprendre la conclusion)

– Introduction

Incipit : la « morale » du conte de Voltaire, *Candide,* semble être que l'homme a besoin de se défaire de son maître. Candide s'émancipe en effet progressivement de Pangloss.

Parallèlement Kant rappelle au lecteur de ses *Opuscules sur l'histoire* que « l'homme a besoin d'un maître ».

Analyse de l'énoncé : faut-il distinguer le *magister* du *dominus ?* L'homme aurait besoin – nécessité vitale – d'un *dominus* et devrait se délivrer de son *magister ?* Ou est-ce l'inverse ? Si l'homme a besoin d'un maître, de quel maître s'agit-il ?

1. Première partie : la perfectibilité de l'homme.

a. – L'homme nu (cf. chapitre 4, p. 69).
b. – Un besoin vital d'apprendre (cf. chapitre 4, p. 73).
c. – Apprendre quoi et comment ? (cf. chapitre 4, p. 76). Apprendre l'autonomie mais aussi la vie en société.

2. Seconde partie : absence et présence du maître.

a. – *Dominus* ou *magister :* l'instance de l'autorité (cf. chapitre 4, p. 76). Un besoin d'être conduit, dirigé
b. – Le maître doit être anonyme (cf. chapitre 4, p. 76).
c. – La disparition du maître (cf. chapitre 4, p. 76 sq.). Une nécessité quasiment dialectique. Voir Hegel. Le maître disparaît en tant que tel à partir du moment où l'esclave, par son travail, devient le maître du maître.

La réponse proposée apparaît clairement : l'homme a un besoin vital d'un maître pour se constituer en tant qu'homme et comme citoyen. Mais le maître, qu'il soit magister ou dominus, pour être vraiment maître doit faire de son effacement progressif le principe de sa maîtrise.

Pour illustrer cette conclusion, on se souviendra, par exemple, d'une anecdote rapportée par Maurice Blanchot, à propos de Martin Heidegger, dans la préface de *Lautréamont et Sade :* Heidegger commentant les poèmes d'Hölderlin explique que « dans le bruyant tumulte du langage non poétique, les poèmes sont comme une cloche suspendue à l'air libre, et qu'une neige légère tombant sur elle suffirait à faire vibrer, heurt insensible, capable pourtant de l'ébranler harmonieusement jusqu'au désaccord ».

On saura détourner avantageusement la comparaison pour notre propos.

. ***Conclusion rédigée***

L'homme a besoin d'un maître pour se constituer en tant qu'homme et comme citoyen. Mais le maître, *magister* ou *dominus,* pour être vraiment ce maître indispensable et reconnu doit faire de l'effacement progressif de sa présence le principe même de l'exercice de sa maîtrise. Il doit être comme cette neige qu'évoque Heidegger à propos des poèmes d'Hölderlin et qui tombe sur les cloches en les faisant vibrer. La neige fond, disparaît quand on entend encore les cloches sonner.

VI. *Dernières remarques*

▸ Le paragraphe et l'argumentation

On rappelle qu'il est d'usage de changer de paragraphe lorsqu'une nouvelle idée est développée. De fait, l'unité de base de la dissertation reste le paragraphe : d'un simple regard porté sur la copie, le correcteur doit pouvoir évaluer la richesse conceptuelle du travail proposé. Autant d'idées, autant de paragraphes.

Comment construire un paragraphe ?
On distingue deux types, le paragraphe *illustratif* et le paragraphe *argumentatif,* chacun des deux types offre une combinatoire des éléments suivants : thèse, exemple, commentaire de l'exemple. Le paragraphe reproduit ainsi structurellement cette tension entre le concept et sa manifestation, entre l'idée et son actualisation culturelle qui caractérise la « culture générale ».

Le paragraphe illustratif : on formule la thèse que l'on illustre d'un exemple qui, suivi d'un commentaire précis, d'une analyse, constitue l'argumentation.
Force d'un tel paragraphe : il laisse au candidat une large autonomie dans le choix de l'exemple puisque celui-ci a d'abord une valeur illustrative et qu'il ne revêt pas un caractère de nécessité.
Exemple : « Souffrir, c'est accorder à un détail une importance démesurée. C'est prendre la partie pour le tout (thèse). Le gigantesque tableau peint par Picasso en 1937 pour le pavillon espagnol de l'Exposition universelle de Paris et qui célèbre le martyre de Guernica rend sensible dans son détail la douleur des corps. Une femme se traîne à droite et sa jambe meurtrie occupe tout le coin du tableau de façon totalement disproportionnée. Le spectateur comprend que la jambe blessée prend le poids du corps tout entier. On ne voit plus qu'elle. De la même façon, l'homme qui souffre d'une rage de dents sent l'existence tout entière s'organiser autour de la dent malade. Le mal de la dent devient le mal de l'être dans son ensemble (exemple et commentaire). »
Faiblesse du paragraphe illustratif : il ne démontre rien. La thèse doit avoir été préalablement fondée par un raisonnement logique, car illustrer ce n'est pas déduire. Le paragraphe illustratif offre au candidat la possibilité de faire la démonstration de sa culture et de sa finesse d'analyse. Il ne peut donc constituer l'élément de base à partir duquel construire le développement. Il permet de « faire une pause », d'« aérer » une partie trop dense, de rendre plus attrayant un raisonnement austère.

Le paragraphe argumentatif : il est construit à l'inverse du paragraphe illustratif sur un exemple le plus souvent emprunté à la lecture d'un texte philosophique dont le commentaire va permettre de déduire l'expression de la thèse.
Force d'un tel paragraphe : il structure efficacement l'argumentation et fait progresser le raisonnement.
Exemple (sur le même motif) : « Hegel définit la maladie de l'organisme, dans la *Philosophie de la Nature,* comme une prise de contrôle d'un des organes sur l'ensemble du corps. Une partie s'émancipe du tout et en prend la direction : " dans la jaunisse, le corps entier sécrète la bile, il est partout foie... Le désordre d'un système devient le désordre de l'organisme entier ". On le

comprend, une partie du corps est devenue le corps dans son ensemble et parvient à subordonner toutes les autres parties de cet organisme (exemple et analyse). Ne peut-on déduire alors de cette analyse que le mal et la souffrance qu'il entraîne se traduisent par cette sorte de synecdoque du corps ou de l'âme, quand une partie devient le tout. »

Faiblesse du paragraphe argumentatif : elle est double si l'on n'y prend garde. En effet, maladroitement rédigé un tel paragraphe peut donner le sentiment de sacrifier au principe d'autorité : la référence philosophique est supposée alors servir de « bouclier » argumentatif, le candidat paraît chercher à se protéger. D'autre part, l'induction qui tire le général du particulier manque de rigueur sitôt que l'on ne prend pas la précaution de signaler qu'il s'agit là d'une réflexion (ce que Kant nomme un jugement réfléchissant) et non de l'affirmation d'une connaissance « objective » (jugement déterminant).

Le statut des exemples et des citations.

Rappel : exemples et citations doivent toujours être suivis d'un commentaire personnel qui les exonère de toute fonction purement ornementale. Elles doivent être clairement exposées (on évitera ainsi de citer en « version originale ») et apparaître sans équivoque comme des moyens au service de l'argumentation et non des fins en elles-mêmes.

▸ L'orthographe et la syntaxe

Enfin, ultime conseil : il faut lire et relire la copie une fois rédigée afin d'en expulser définitivement le plus grand nombre de fautes d'orthographe et d'incorrections syntaxiques. Certes l'évolution des mœurs va dans le sens d'une plus grande tolérance à l'égard de ce qui était naguère considéré comme le péché d'écriture par excellence. Toutefois les jurys des « grands concours » restent moins sensibles que les autres à cette tendance. Ainsi, chaque rapport commence par un catalogue de « perles » ou le rappel des fautes considérées comme inadmissibles à ce niveau. Il ne faut pas oublier que l'épreuve de dissertation a pour finalité première d'évaluer la capacité du candidat à maîtriser la langue écrite... Peut-on envisager sans frémir – ou sans rire ! – que certains futurs responsables soient incapables de rédiger correctement les textes et documents qu'ils demanderont à leurs secrétariats de dactylographier !

Certaines erreurs sont, dans ces conditions, particulièrement discriminantes. Il ne s'agit pas ici de rappeler les rudiments de la syntaxe mais de noter les maladresses les plus fréquentes.

a. – Le genre des noms.

Ne pas confondre féminin et masculin ! La liste est loin d'être exhaustive mais on rappellera que sont du genre *masculin* les substantifs suivants : abîme – amalgame – anathème – antidote – antre – apanage – armistice – auspice – éloge – en-tête – intermède – opprobre – planisphère – tentacule.

On accordera au *féminin* les mots suivants : anagramme – égide – épigramme – épithète – orbite.

Pour après-midi, automne et interview les deux genres sont admis.

b. – L'accord du nombre des noms composés.

La règle générale consiste à réserver les marques du pluriel aux seuls noms et adjectifs. L'élément verbal ou adverbial du mot composé reste invariable. Lorsqu'il s'agit de deux substantifs, il faut savoir distinguer celui qui est sous la dépendance de l'autre, du point de vue du sens. Exemple : « timbre-poste » est mis pour l'expression « timbre de la poste ». Le mot

« poste » dépend donc de « timbre », il en est le déterminant. Dans ces conditions, seul le terme indépendant peut prendre le signe du pluriel. On écrira des « timbre**s**-poste ».

c. – Le participe passé des verbes pronominaux.

Le participe passé des verbes pronominaux réfléchis ou réciproques s'accorde avec le pronom réfléchi quand celui-ci est objet direct.

Exemple : ils se sont battus.

Par contre, si le pronom réfléchi n'est pas objet direct c'est sur celui-ci que se règle l'accord.

Exemple : Les devoirs qu'il s'est impos**és**. Le participe passé s'accorde sur le complément d'objet direct, « qu' » pour « devoirs », alors que le pronom est complément d'objet indirect.

Enfin, le participe passé des verbes *se rire, se plaire, se complaire* est toujours invariable. On écrira : « ils se sont complu à déjouer toutes ses tentatives ». Il s'agit d'exceptions.

d. – Sur quelques locutions.

Sont incorrectes les formes suivantes : *informer de ce que* (on écrira : « informer que »), *tâcher que, malgré que* (seule l'expression « malgré qu'il en ait », au sens de « en dépit de lui », est correcte). Enfin, *après que* doit être suivi du mode indicatif puisque le verbe qu'il introduit ne peut dire qu'une action effectivement passée.

e. – Les abréviations.

Elles sont à proscrire, à l'exception de *etc., e.g., i.e.*

– *etc.* ne doit pas être suivi de points de suspension. Il s'agirait alors d'une redondance.

– *e.g.,* pour « exempli gratia » (par exemple), et *i.e.,* pour « id est » (c'est-à-dire), caractérisent les travaux universitaires. Ils sont l'indice, dans une copie d'examen ou de concours, d'un pédantisme mal venu et semblent, pour cette raison, devoir être évités.

Pour conclure, on rappellera que correction syntaxique et élégance stylistique ne sont pas synonymes. Écrire correctement ne suffit pas, le jury saura évidemment apprécier une écriture précise et racée, apte à révéler une personnalité sous le ton impersonnel de convention qui caractérise l'épreuve. Le style ne s'apprend pas, son acquisition n'est pas autre chose que ce processus d'affirmation de soi et des possibilités de sa pensée que révèle une pratique régulière de la lecture des textes des contemporains et de l'écriture, « scolaire » mais aussi libre de toute contrainte formelle.

VII. Le commentaire de texte

La méthodologie du commentaire de texte concerne particulièrement les candidats à l'épreuve de culture générale des Instituts d'Études politiques. Ceux-ci ont en effet à choisir entre une dissertation d'ordre général et le commentaire d'un texte à caractère philosophique. Récemment, et à titre d'exemple, le choix de l'IEP de Paris s'est porté sur un texte de Diderot, extrait de la *Réfutation d'Helvétius* (1991), un texte de Machiavel, extrait du *Prince* (1990), un texte de Paul Valéry extrait de *Regards sur le monde actuel* (1989), un texte d'Hannah Arendt, extrait de *La crise de la culture* (1988)... Les années précédentes Alain, Tocqueville, Sartre, Aron, Lévi-Strauss et Mounier avaient également fait l'objet de la composition d'un sujet. Si l'on peut discerner une évolution dans cette série, c'est du côté de la volonté du jury de ne pas s'interdire l'accès à des textes « anciens » ou « classiques » qu'il faut la trouver. Dans ces conditions, l'épreuve tend à ressembler à celle que propose le baccalauréat et ne réclame pas une « culture » spécifique tournée vers les contemporains, l'actualité ou le débat d'idées « à la mode » (sic).

▸ Les impératifs de l'épreuve

Il s'agit de commenter un texte. Les rapports du jury laissent au candidat une grande liberté dans le choix des méthodes mais l'exigence de l'exercice consiste à montrer au correcteur que la structure du texte a été perçue, que les enjeux du texte ont été correctement évalués et qu'ils peuvent faire l'objet d'une réflexion personnelle. On réclame ainsi une triple lecture :

– Une lecture structurelle : elle dégage les articulations logiques du texte, les grandes étapes de l'argumentation et permet de formuler précisément la question à laquelle le texte s'efforce de répondre.

– Une lecture explicative : elle élucide les allusions du texte, elle définit les concepts mis en œuvre par l'auteur, elle situe le texte dans son contexte historique et culturel.

– Une lecture critique : elle cherche à mesurer les limites de l'argumentation, elle confronte le texte à la culture du candidat, c'est-à-dire autant à sa réflexion personnelle qu'à ses connaissances et à ses lectures.

▸ L'introduction

Elle permet de dégager les enjeux du texte et de manifester la pertinence de la lecture structurelle.

On attend dans l'ordre :

– Une identification du texte. Qui en est l'auteur ? A quelle époque précise ? Dans quel contexte polémique, si tel est le cas, l'œuvre d'où est extrait le « morceau choisi » a-t-elle été rédigée ? Quelle en est la thèse majeure ?

– Une caractérisation de la page à commenter. Que cherche à montrer ou à démontrer l'auteur ? Quel est le ton adopté ? Satirique ? Didactique ? Polémique ?

– Une articulation du développement proposé. On dégage dans un court paragraphe la structure du texte en insistant particulièrement sur les liens logiques.

– L'annonce du plan suivi par la lecture critique. On formule à partir du rapide résumé qui précède les questions que suscite le texte et auxquelles la partie critique de la copie s'efforce de répondre.

▸ Le développement

Il doit être composé et ne peut prétendre proposer une lecture linéaire au fil du texte qui procéderait du hasard de l'inspiration.

Deux plans sont possibles.

– Le plan explication – critique : il est structuré selon deux temps forts. Une première partie mène une lecture explicative du texte qui dégage les principaux concepts mis en œuvre, en éclaire la signification, en même temps qu'elle élucide toutes les allusions. Il s'agit de restituer la dynamique interne du texte, d'en donner une lecture aussi précise que possible, sans chercher à discuter l'argumentation. On peut par contre citer des exemples illustratifs destinés à rendre plus sensibles les différentes étapes du raisonnement, ou mettre en perspective les arguments avancés en soulignant les emprunts ou les contributions à un débat d'idées plus vaste. La seconde partie est alors « critique » dans le sens où elle s'attache à mesurer les limites du développement analysé précédemment. Il s'agit d'une confrontation entre le texte expliqué et la pensée du candidat, celui-ci peut éventuellement se rallier à telle position connue de tel philosophe mais il est invité à conduire une réflexion fondée sur une culture personnelle.

– Le plan articulé au plan du texte : le va-et-vient de l'explication à la critique est maintenu mais il s'applique désormais à chacune des parties du texte proposé. Chaque articulation fait ainsi successivement l'objet d'une lecture explicative puis d'une lecture critique. Le commentaire gagne alors en précision ce qu'il perd en unité. Le candidat se déterminera en fonction du contenu de sa lecture critique. Si celle-ci porte sur l'ensemble du texte, c'est-à-dire sur la problématique formulée par le texte, il sera judicieux d'adopter le premier plan. Si la critique est ponctuelle, la seconde solution paraît mieux adaptée.

▸ La conclusion

Elle rappelle très sommairement l'intérêt du texte et, si possible, évalue son importance au regard de l'histoire des idées. On évoquera la postérité des thèses énoncées, leur effet sur les contemporains et l'influence qu'elles ont ou n'ont pas exercée sur les générations ultérieures.

▸ Ce qu'il ne faut pas faire

Le commentaire littéraire est à proscrire. Certes le ton, l'ironie, l'émotion doivent être soulignés dans l'introduction et parfois rappelés en conclusion. Mais en aucun cas l'analyse des procédés d'écriture qui façonnent le style d'un écrivain ne peut servir de support à un commentaire de texte, lors de l'épreuve de culture générale. L'étymologie, par contre, est souvent utile. Toutefois, on n'oubliera pas que parfois les textes proposés sont des traductions (Machiavel, Arendt) et qu'il faut par conséquent éviter d'accorder une importance excessive au choix de certains termes employés.

▸ Exemple

> « Si la raison gouvernait les hommes, si elle avait sur les chefs des nations l'empire qui lui est dû, on ne les verrait point se livrer inconsidérément aux fureurs de la guerre. Ils ne marqueraient point cet acharnement qui caractérise les bêtes féroces. Attentifs à conserver une tranquillité de qui dépend leur bonheur, ils ne saisiraient point toutes les occasions de troubler celle des autres. Satisfaits des biens que la Nature a distribués à tous ses enfants, ils ne regarderaient point avec envie ceux qu'elle a accordés à d'autres peuples ; les souverains sentiraient que des conquêtes payées du sang de leurs sujets ne valent jamais le prix qu'elles ont coûté. Mais par une fatalité déplorable, les nations vivent entre elles dans une défiance réciproque ; perpétuellement occupées à repousser les entreprises injustes des autres ou à en former elles-mêmes, les prétextes les plus frivoles leur mettent les armes à la main. Et l'on croirait qu'elles ont une volonté permanente de se priver des avantages que la Providence ou l'industrie leur ont procurés. Les passions aveugles des Princes les portent à étendre les bornes de leurs États ; peu occupés du bien de leurs sujets, ils ne cherchent qu'à grossir le nombre des hommes qu'ils rendent malheureux. Ces passions, allumées ou entretenues par les guerriers dont la profession est incompatible avec le repos, ont eu, dans tous les âges,

> les effets les plus funestes pour l'humanité. L'histoire ne nous fournit que des exemples de paix violées, de guerres injustes et cruelles, de champs dévastés, de villes réduites en cendres. L'épuisement seul semble forcer les Princes à la paix ; ils s'aperçoivent toujours trop tard que le sang du citoyen s'est mêlé à celui de l'ennemi ; ce carnage inutile n'a servi qu'à cimenter l'édifice chimérique de la gloire du conquérant et de ses guerriers turbulents ; le bonheur de ses peuples est la première victime qui est immolée à son caprice ou aux vues intéressées de ses courtisans.
>
> *Encyclopédie,* article « Paix ».

. LECTURE STRUCTURELLE

Le texte est construit sur une triple antithèse qui articule très nettement l'argumentation en deux parties (l'adversatif « mais » au milieu du texte est un pivot) : d'un côté la raison, les nations, la paix, de l'autre les passions, les Princes, la guerre. La thèse est dès lors simplement formulée : la guerre est irrationnelle parce qu'elle fait le malheur matériel des peuples. Elle est passionnelle dans la mesure où elle ne sert qu'à assouvir les passions (orgueil, cupidité, cruauté) de quelques-uns, les Princes et leurs courtisans.

Une analyse très sommaire et peu nuancée d'autant plus intéressante qu'elle est rédigée quelques années avant que ne débute la guerre de la nation française contre les Princes européens coalisés...

. LECTURE EXPLICATIVE (quelques points de repères)

– *« Si la raison gouvernait les hommes... »* : Diderot rappelle ici l'idéal des Lumières. Si la raison était – on notera la construction hypothétique – le principe par lequel les hommes réglaient leurs comportements, la guerre passerait pour une aberration. A l'idéal humaniste semble s'opposer l'attitude de ces « bêtes féroces ». C'est que le bon usage de la raison permet le juste calcul des meilleurs moyens pour parvenir à la réalisation de ses fins. Or la fin de l'association civile est le bonheur de tous, un bonheur matériel à coup sûr compromis par les conflits entre les nations (on rappellera ici Montesquieu qui oppose la passion destructrice de l'aristocratie à la raison pacifique de la bourgeoisie). Il y a dans la guerre de l'irrationnel, du passionnel (on retrouve ici encore l'idée selon laquelle la passion est à l'origine du Mal).

– *« Satisfaits des biens que la nature a distribués à tous ses enfants »* : le mot distribution, aux connotations économiques, invite à penser les conflits entre nations qui pourraient résulter d'un déséquilibre des richesses en termes d'échanges, ou bien de concurrence. Pour le physiocrate Mercier de la Rivière : « Chaque nation n'est qu'une province du grand royaume de la nature. »

L'homme raisonnable voit l'échange là où le sauvage ne pense qu'à la guerre.

– *« Mais par une fatalité déplorable... » « Les passions aveugles des Princes... ».* Le texte rappelle ici que la guerre est une question de personnes et qu'elle défend des intérêts très particuliers. On pourra lire aussi une analyse qui anticipe sur le célèbre mot de Clausewitz : « La guerre est un combat singulier agrandi. »

Sont incriminés dans cette page par Diderot les Princes capricieux mais aussi les professionnels de la guerre – on notera qu'implicitement se trouve formulée une critique de l'armée de métier, également présente dans le *Projet de paix perpétuelle* d'Emmanuel Kant – et les courtisans.

L'ensemble de l'extrait de cet article de l'*Encyclopédie* plaide évidemment en faveur du gouvernement des Princes qu'éclaire la raison.

. LECTURE CRITIQUE (point de discussion)

La guerre est condamnée par la raison, mais il s'agit de ce que Kant nomme la raison pragmatique, c'est-à-dire celle qui ne vise qu'à l'efficacité de l'action. On attendait que soit convoquée la raison pratique, celle qui fait de l'impératif catégorique le principe de l'action morale et qui pousse à voir en l'homme toujours une fin et non un moyen.

Diderot se trompe de raison, il condamne la guerre au nom de l'intérêt quand il fallait souligner son caractère immoral. En effet, la guerre apparaît comme l'activité par laquelle les hommes sont toujours réduits à n'être que des moyens, des objets au service d'intérêts qui en plus souvent ne sont pas les leurs. Soldats et victimes civiles sont, de fait, pareillement utilisés, sacrifiés. L'homme n'est plus une fin en lui-même.

VIII. L'épreuve de commentaire d'un texte court (spécialement pour les candidats à l'entrée en seconde année de l'IEP Paris)

L'épreuve est atypique : il s'agit de rédiger un rapide commentaire d'un texte court, commentaire grâce auquel le jury saura apprécier **la qualité d'expression écrite** du candidat, son aptitude à **comprendre une pensée qui n'est pas sienne**, son aisance à **improviser une argumentation**, sa culture et enfin **sa personnalité**. Précisons que l'exercice n'excède pas une heure trente !

▸ Rapports du jury

L'épreuve a beau être récente (1993), les rapports du jury sont assez nombreux aujourd'hui pour éclairer sans aucune équivoque la nature de cet exercice qui n'a rien de scolaire.

On y recommande au candidat de « s'exprimer librement en n'hésitant pas à traduire ses réactions personnelles vis-à-vis du sujet proposé » (Commentaires des correcteurs 1994).

Il lui faut « bien analyser le sujet pour en comprendre le ou les enjeux » pour « rédiger une copie personnalisée dans le ton comme dans la pensée » (Commentaires des correcteurs 1995).

Ainsi « les bonnes copies ont su éviter le triple écueil de l'acquiescement aveugle, du paradoxe systématique et de la pesanteur argumentative » (Commentaires des correcteurs 1996).

▸ Annales

1993 : « J'avais vingt ans, je ne laisserai personne dire que c'est le plus bel âge de la vie », P. Nizan.

1994 : « Pour vivre heureux, vivons cachés », Florian.
1995 : « Aide-toi le ciel t'aidera. »
1996 : « La haine n'est qu'une défaite de l'imagination », G. Greene.
1997 : « Que les armes le cèdent à la toge », Cicéron.

Citations d'auteurs contemporains, anciens, français ou étrangers. Toutes les voix peuvent ainsi se faire entendre, y compris celle, anonyme entre toutes, de la tradition par le proverbe.

▸ Les difficultés et comment les surmonter

La montre. L'épreuve est avant toute chose une épreuve de rapidité. Inutile de perdre un temps précieux à l'élaboration d'un plan. On propose aux étudiants de s'en tenir systématiquement aux trois parties suivantes :

1. Analyse du texte. Commentaire et élucidation des enjeux.
2. Illustration du propos par un exemple emprunté à la culture du candidat. Le commentaire de cet exemple prépare à l'engagement personnel du candidat.
3. Implication directe. Il ne s'agit pas d'exhiber les secrets et les tourments de sa psyché mais de prendre clairement position *pour* ou *contre* le propos examiné, à partir d'une expérience personnelle.

On le comprend, dans ce type d'épreuve, le plan préfabriqué thèse/antithèse/synthèse est particulièrement inadapté. Il ne s'agit pas de partir à la recherche de la rationalité mais bien d'*exposer une opinion* revendiquée comme telle.

▸ Les types de textes courts

Inutile de connaître quoi que ce soit de l'auteur ou de l'œuvre dont est extrait le texte. Il est bon toutefois d'être capable d'identifier le genre auquel il appartient. Si l'on excepte la simple citation, il paraît intéressant de distinguer :

1. Le proverbe. Expression de la « sagesse populaire », il exprime sous une forme généralisante (présent de vérité éternelle) une idée souvent conservatrice : *Pierre qui roule n'amasse pas mousse. Comme on fait son lit, on se couche. Tant va la cruche à l'eau qu'à la fin elle se casse.* Il emprunte aux lieux communs, au dictionnaire des idées reçues. Mais il a aussi son utilité. Léon Bloy dans *L'exégèse des lieux communs* ne disait-il pas : « Le lieu commun est une tangente pour fuir à l'heure du danger. » Tout cela participe du « préjugé utile » (voir chapitre 9).

2. La maxime. Elle énonce une règle que l'individu formule pour lui-même. Cette règle doit lui permettre de vivre au mieux, au plus haut, c'est-à-dire *au maximum*.

« C'est la maxime qui fait les grands hommes ; dans les grandes actions, il faut uniquement songer à bien faire. » (Bossuet) *mais* « Les bonnes maximes sont sujettes à devenir triviales » (Vauvenargues), c'est-à-dire à passer à l'usage de tous !

3. La sentence. Elle légifère, c'est dire qu'elle s'adresse non plus à celui qui la profère mais aux autres. Il s'agit presque de donner, non plus des conseils, mais des ordres.

4. L'aphorisme. Il affirme au contraire des trois précédentes la subjectivité de son auteur et prétend le plus souvent à la provocation ou à l'interprétation, le « dangereux peut-être » dont parle Nietzsche dans *Aurore*.

▶ **Comment se préparer ?**

Par des essais, évidemment. Mais aussi par des lectures. Les sections *utiliser* du présent ouvrage donnent autant d'exemples d'engagements personnels à partir de faits de société. Le ton doit être *mordant,* la formule doit être recherchée. En un mot, il faut chercher à séduire un lecteur qui n'a que quelques minutes pour décider s'il accepte de vous voir franchir l'étape suivante.

▶ **Un exemple :**

. **Le sujet** : « Tout ce qui est grand a lieu dans la tempête » (Platon).

. **Le commentaire** : Si tout ce qui est grand a lieu dans la tempête, alors qu'ils se lèvent ces orages désirés et qu'ils emportent René loin d'une Europe qui s'ennuie entre deux rêves de reconquête... Fuir, là-bas fuir l'atroce petitesse de tous les pensionnaires de la Maison Vauquer, tous ces Bouvard et tous ces Pécuchet qui ont lu tous les livres et dont la chair – on l'imagine – est si triste... Ceux-là craignent le grand vent et lui préfèrent l'azur de l'idéal, ils sont hantés par le calme plat d'un rêve de marbre... Leurs fantasmes ont probablement la médiocrité du petit coin de Paradis où l'on vivrait heureux d'amour et d'eau fraîche, mais pas trop remuante ! Si tout ce qui est grand a lieu dans la tempête, c'est donc que l'héroïsme ne se révèle qu'au choc du sublime, qu'il n'y a de grandeur que dans l'exception et la monstruosité des situations comme des sentiments. Bouvard l'aurait d'ailleurs volontiers soufflé à Pécuchet : « Rien de grand ne s'est accompli sans passion. »

Il faut donc tenir la pose et jouer de l'imposture romantique, c'est dans l'épreuve que surgit la grandeur : les chants désespérés ne sont-ils pas les chants les plus beaux? Le Moi souffrant palpite mieux et plus fort quand il crie, au risque du déchirement, celui qui laisse au cygne de Mallarmé ses ailes dans les glaces et conduit aussi Gautier à préférer la barbarie à l'ennui. On en appelle alors bien vite au fracas, celui de la guerre et de la catastrophe, de ce chaos d'où naîtra, à n'en pas douter, l'étoile dansante qui brillera mille ans au firmament de je ne sais quel Reich. Et Heidegger de conclure en citant le Thrasymaque de la *République* de Platon : « Tout ce qui est grand a lieu dans la tempête! »

Que tout cela s'entende comme l'éternel prétexte, celui à justifier l'inhumain comme la démesure, l'hybris que punissaient pourtant les dieux de l'Olympe! Il y a en effet quelque chose d'odieux dans ce sublime-là qui écrase les hommes mieux que les vagues tourmentées n'engloutissent les marins d'Ulysse.

Je veux croire au contraire à la grandeur modeste de ces souliers que le pinceau de Van Gogh cadre de si près et avec quel attendrissement. Des souliers qui disent l'effort répété au quotidien par cette femme qui les chausse et que j'imagine avec le peintre traverser des champs difficilement emblavés.

De l'héroïsme du quotidien, il y avait très certainement beaucoup à déployer, comme l'étendard froissé que brandissent au crépuscule du matin tous les travailleurs qui dédaignent les prouesses de l'inutile, tous ces funambules absurdes en équilibre sur des kilomètres de boudin blanc que d'autres avalent pour figurer en « bonne place » dans le Livre des Records. Qu'importe le vent des globes, le Vendée-Globe ne suscite guère mon admiration. Je préfère à la tempête ce verre d'eau qui vient à propos rafraîchir Sisyphe quand il a remonté son rocher.

Utiliser

Le commentaire de texte à l'épreuve de culture générale de l'Institut d'Études Politiques de Paris, 1983

L'histoire des civilisations montre que telle ou telle a pu, au cours des siècles, briller d'un éclat particulier. Mais ce ne fut pas nécessairement dans la ligne de développement unique et toujours orienté dans le même sens. Depuis quelques années, l'Occident s'ouvre à cette évidence que ses immenses conquêtes dans certains domaines ont entraîné de lourdes contreparties ; au point qu'il en vient à se demander si les valeurs auxquelles il a dû renoncer, pour s'assurer la jouissance d'autres, n'eussent pas mérité d'être mieux respectées. A l'idée, naguère prévalente, d'un progrès continu le long d'une route sur laquelle l'Occident seul aurait brûlé les étapes, tandis que les autres sociétés seraient restées en arrière, se substitue ainsi la notion de choix dans des directions différentes, et tels que chacun s'expose à perdre sur un ou plusieurs tableaux ce qu'il a voulu gagner sur d'autres.

La croyance en l'évolution unilinéaire des formes vivantes est apparue dans la philosophie sociale bien plus tôt qu'en biologie. Mais c'est de la biologie qu'au XIXe siècle elle reçut un renfort qui lui permit de revendiquer un statut scientifique, en même temps qu'elle espérait ainsi concilier le fait de la diversité des cultures avec l'affirmation de leur inégalité. En traitant les différents états observables des sociétés humaines comme s'ils illustraient les phases successives d'un développement unique, on prétendait même, à défaut de lien causal entre l'hérédité biologique et les accomplissements culturels, établir entre les deux ordres une relation qui serait au moins analogique, et qui favoriserait les mêmes évaluations morales dont s'autorisaient les biologistes pour décrire le monde de la vie, toujours croissant dans le sens d'une plus grande différenciation et d'une plus haute complexité.

Claude Lévi-Strauss, *Le regard éloigné*, 1983.

▶ Caractérisation du texte : Claude Lévi-Strauss dans un texte récent reprend l'analyse qui est déjà la sienne dans *Race et histoire* : il n'y a pas un seul modèle de développement social dont l'Occident présenterait l'état le plus achevé et les autres civilisations différents états antérieurs. La condamnation est bien celle de l'ethnocentrisme des Européens et de leur prétention à détenir les seules valeurs. A terme, il faut convenir qu'il y a des cultures et non une culture plus ou moins aboutie.

▶ Structure du texte : deux parties sont clairement visibles. Dans un premier temps, Lévi-Strauss rappelle l'illusion entretenue par les Occidentaux selon laquelle le développement de la civilisation est unique et linéaire.

Dans un second temps, il met en rapport cette idée (sur laquelle l'Occident revient à présent) avec le succès que les thèses évolutionnistes ont rencontré dans le domaine de la biologie au XIXe siècle. Elle procéderait en quelque sorte d'une application du darwinisme à la culture.

▶ Difficulté du sujet : le texte proposé en 1983 est particulièrement allusif et demandait du candidat une bonne connaissance de Lévi-Strauss mais aussi des théories évolutionnistes. Si la structure ne fait aucune difficulté, on notera donc la nécessité d'une exigeante lecture explicative. La lecture critique pouvait porter sur ce revirement annoncé dans le premier paragraphe et sur la phrase « Depuis quelques années, l'Occident s'ouvre à cette évidence que ses immenses conquêtes dans certains domaines ont entraîné de lourdes contreparties... ». Lévi-Strauss songe évidemment à la dégradation de l'environnement et aux désastres écologiques provoqués par l'industrialisation des pays « développés ». Il est aujourd'hui intéressant de relever dans les déclarations des dirigeants des pays « en voie de développement » un net désir de payer le prix du développement technologique, à l'heure où les Occidentaux s'émeuvent lors d'un sommet international sur l'avenir de la terre (juin 1992) des dégâts qu'ils ont infligés à la nature.

Commentaire de texte, IEP Paris, 1985

> Les grands écrivains voulaient détruire, édifier, démontrer. Mais nous ne retenons plus les preuves qu'ils ont avancées parce que nous n'avons aucun souci de ce qu'ils entendent prouver. Les abus qu'ils dénonçaient ne sont plus de notre temps ; il y en a d'autres qui nous indignent et qu'ils ne soupçonnaient pas ; l'histoire a démenti certaines de leurs prévisions et celles qui se réalisèrent sont devenues vraies depuis si longtemps que nous avons oublié qu'elles furent d'abord des traits de leur génie ; quelques-unes de leurs pensées sont tout à fait mortes et il y en a d'autres que le genre humain tout entier a reprises à son compte et que nous tenons pour des lieux communs. Il s'ensuit que les meilleurs arguments de ces auteurs ont perdu leur efficience ; nous en admirons seulement l'ordre et la rigueur ; leur agencement le plus serré n'est à nos yeux qu'une parure, une architecture élégante de l'exposition, sans plus d'application pratique que ces autres architectures : les fugues de Bach, les arabesques de l'Alhambra. (...)
>
> Lorsqu'un livre présente ainsi des pensées grisantes qui n'offrent l'apparence de raisons que pour fondre sous le regard et se réduire à des battements de cœur, lorsque l'enseignement qu'on peut en tirer est radicalement différent de celui que son auteur voulait donner, on nomme ce livre un message. Rousseau, père de la Révolution française, et Gobineau père du racisme, nous ont envoyé des messages l'un et l'autre. Et le critique les considère avec une égale sympathie. Vivants, il lui faudrait opter pour l'un contre l'autre, aimer l'un, haïr l'autre. Mais ce qui les rapproche avant tout, c'est qu'ils ont un même tort, profond et délicieux : ils sont morts.
>
> Jean-Paul Sartre, « Qu'est-ce que la littérature ? », *Situations II,* 1948.

▸ Caractérisation du texte : dans ce texte bref J.-P. Sartre analyse le phénomène de sacralisation culturelle qui neutralise l'engagement des grands auteurs du passé. La postérité littéraire fige ce qu'il sera désormais convenu d'appeler le « message » véhiculé par leurs œuvres. L'histoire retire ainsi à des philosophes polémistes le caractère subversif de leur pensée en interdisant à celle-ci toute forme d'actualité.

L'intérêt du texte est de mettre en relation l'idée d'engagement, le rôle de la culture et l'efficacité de sa diffusion. On notera le souci, de la part du jury, d'articuler une réflexion sur le processus de constitution du fonds culturel à une analyse politique de la fonction de l'écrivain de son vivant comme après sa mort. La culture est-elle le mausolée des grands séismes de la pensée ?

▸ Structure du texte : le texte, tel qu'il est proposé, obéit à une construction binaire. Dans une première partie, Sartre mesure l'action du temps sur les grandes œuvres de notre patrimoine. Dans une seconde partie, il explique que la culture est un musée où les grandes pensées du passé se neutralisent mutuellement, comme des tableaux juxtaposés qui perdent ainsi de leur puissance de singularité.

▸ Difficulté du sujet : elle est liée à l'articulation des notions d'engagement, d'art (ici, plus précisément de littérature) et de culture. Il faut également élucider les allusions et s'interroger sur la façon dont sont enseignés – et momifiés – les chefs-d'œuvre de l'art. Le *Traité sur la tolérance* de Voltaire n'est-il pas aussi lisible à « la lumière » de l'actualité, celle des guerres de religion qui ont ensanglanté récemment le Liban ? *Guernica* de Picasso n'illustre-t-il qu'un épisode atroce de la guerre civile espagnole ou bien l'actualité « yougoslave » ne lui donne-t-elle pas plus de force ?

La seconde dimension du sujet invite le candidat à réfléchir sur la manière dont la culture « égalise » des points de vue antithétiques. Trop fréquemment les copies d'élèves et les cours des professeurs se contentent en effet d'énumérer le catalogue des pensées qui se sont pourtant constituées les unes contre les autres. Ne pourrait-on pas s'efforcer de revitaliser des débats qui furent naguère brûlants au lieu d'en éteindre les feux par des exposés pareillement respectueux et admiratifs ?

Commentaire de texte, IEP Paris, 1988

> Le champ où la liberté a toujours été connue, non comme un problème certes, mais comme un fait de la vie quotidienne, est le domaine politique. Et même aujourd'hui, que nous le sachions ou non, la question de la politique et le fait que l'homme possède le don de l'action doit toujours être présente à notre esprit quand nous parlons du problème de la liberté ; car l'action et la politique, parmi toutes les capacités et possibilités de la vie humaine, sont les seules choses dont nous ne pourrions même pas avoir l'idée sans présumer au moins que la liberté existe, et nous ne pouvons toucher à une seule question politique sans mettre le doigt sur une question où la liberté humaine est en jeu. La liberté, en outre, n'est pas seulement l'un des nombreux problèmes et phénomènes du domaine politique proprement dit comme la justice, le pouvoir, ou l'égalité, qui ne devient que rarement – dans les périodes de crise ou de révolution – le but direct de l'action politique, elle est réellement la condition qui fait que des hommes vivent ensemble dans une organisation politique, sans elle la vie politique comme telle serait dépourvue de sens. La raison d'être de la politique est la liberté, et son champ d'expérience est l'action.
>
> Cette liberté que nous prenons pour allant de soi dans toute théorie politique et que même ceux qui louent la tyrannie doivent encore prendre en compte est l'opposé même de la « liberté intérieure », cet espace intérieur dans lequel les hommes peuvent échapper à la contrainte extérieure et se sentir libres. Ce sentiment interne demeure sans manifestation externe et de ce fait, par définition, ne relève pas de la politique. Quelle que puisse être sa légitimité, et si éloquemment qu'on ait pu le décrire dans l'Antiquité tardive, il est historiquement un phénomène tardif, et il fut à l'origine le résultat d'une retraite hors du monde dans laquelle des expériences mondaines furent transformées en expériences intérieures au moi. Les expériences de la liberté intérieure sont dérivées en cela qu'elles présupposent toujours un repli hors du monde, où la liberté était refusée, dans une intériorité à laquelle nul autre n'a accès (...)
>
> Par conséquent, en dépit de la grande influence que le concept d'une liberté intérieure non politique a exercée sur la tradition de la pensée, il semble qu'on puisse affirmer que l'homme ne saurait rien de la liberté intérieure s'il n'avait d'abord expérimenté une liberté qui soit une réalité tangible dans le monde... nous prenons conscience d'abord de la liberté ou de son contraire dans notre commerce avec d'autres, non dans le commerce avec nous-mêmes.
>
> Hannah Arendt, *La crise de la culture.*

▸ Caractérisation du texte : l'unité de ce texte fragmenté – on notera à la fin du second paragraphe une coupe – est donnée par le concept de liberté. Hannah Arendt distingue en effet une liberté politique, vécue ou revendiquée sur l'agora, c'est-à-dire dans la Cité, de la liberté intérieure (celle dont la sagesse antique nous dit qu'elle est le bien du philosophe même quand celui-ci est enchaîné). Selon H. Arendt, la liberté politique est toujours antérieure à la liberté intérieure car celle-ci suppose un repli provoqué quand celle-là est refusée.

La difficulté du texte tient à son caractère allusif. Comme souvent, la lecture explicative est fondamentale. Elle saura, par exemple, trouver des illustrations philosophiques et historiques au repli sur la liberté intérieure dont H. Arendt décrit la logique dans le second paragraphe. Que l'on pense au stoïcisme ou bien au christianisme...

Structure du texte : trois parties peuvent être dégagées. Dans un premier mouvement H. Arendt montre que la liberté est « la raison d'être de la politique ». Elle a, par conséquent, une dimension collective. La seconde partie présente ce que l'auteur nomme la « liberté intérieure » qui procède d'un sentiment d'échec de la liberté publique et d'un repli sur la sphère de la vie privée. La conclusion, en troisième lieu, qui s'impose à l'auteur de *La condition de l'homme moderne,* montre que la liberté sous sa forme pratique et « concrète » précède la liberté intérieure et « abstraite », comme si l'idée de la liberté dérivait de l'expérience refusée de cette même liberté. En un mot, pour H. Arendt, la liberté est éprouvée dans l'espace politique avant de pouvoir être pensée et appréciée par l'esprit.

▶ Difficulté du sujet : on a déjà relevé la nécessité de développer les allusions de la seconde partie du texte. Mais la difficulté majeure que suscite le sujet tient à la nature de la lecture critique qu'il faut aussi proposer. On pourra par exemple montrer dans quelle mesure l'opposition liberté politique / liberté intérieure recouvre l'opposition marxienne liberté réelle / liberté formelle (cf. chapitre 2), c'est-à-dire ce que la liberté intérieure peut avoir de formel, précisément.

Commentaire de texte, IEP Paris, 1990

> Je n'ignore pas cette croyance fort répandue : les affaires de ce monde sont gouvernées par la fortune et par Dieu ; les hommes ne peuvent rien y changer, si grande soit leur sagesse ; il n'existe même aucune sorte de remède ; par conséquent il est tout à fait inutile de suer sang et eau à vouloir les corriger, et il vaut mieux s'abandonner au sort. Opinion qui a gagné du poids en notre temps, à cause des grands bouleversements auxquels on assiste chaque jour, et que nul n'aurait jamais pu prévoir. Si bien qu'en y réfléchissant moi-même, il m'arrive parfois de l'accepter. Cependant, comme notre libre arbitre ne peut disparaître, j'en viens à croire que la fortune est maîtresse de la moitié de nos actions, mais qu'elle nous abandonne à peu près l'autre moitié. Je la vois pareille à une rivière torrentueuse qui dans sa fureur inonde les plaines, emporte les arbres et les maisons, arrache la terre d'un côté, la dépose de l'autre ; chacun fuit devant elle, chacun cède à son assaut, sans pouvoir dresser aucun obstacle. Et bien que sa nature soit telle, il n'empêche que les hommes, le calme revenu, peuvent prendre certaines dispositions, construire des digues et des remparts, en sorte que la nouvelle crue s'évacuera par un canal ou causera des ravages moindres. Il en est de même de la fortune : elle fait la démonstration de sa puissance là où aucune vertu ne s'est préparée à lui résister ; elle tourne ses assauts où elle sait que nul obstacle n'a été construit pour lui tenir tête. Si maintenant vous considérez l'Italie, siège et berceau de ces bouleversements, vous verrez que c'est une campagne sans digues et sans remparts d'aucune sorte ; car si elle était protégée par une solide vertu, comme le sont l'Allemagne, l'Espagne, la France, l'inondation n'aurait pas produit de si grands ravages ; sans doute n'aurait-elle pas eu lieu.
>
> Je ne veux rien ajouter sur les moyens d'endiguer la fortune en général. Mais si j'en viens au particulier, je vois tel Prince être aujourd'hui heureux et demain ruiné sans avoir entretemps changé de politique. Cela vient d'abord, me semble-t-il, des raisons longuement exposées ci-dessus : ce Prince s'appuie totalement sur la fortune, et il tombe quand elle tourne. Ensuite celui qui sait adapter sa conduite aux circonstances sera plus sûrement heureux que son collègue qui n'a pas appris cet art. Chaque homme vise aux mêmes buts, qui sont les honneurs et la richesse, mais ils emploient pour les atteindre des moyens variés : l'un la prudence, l'autre la fougue ; l'un la violence, l'autre l'astuce ; celui-ci la patience, celui-là la promptitude et toutes ces méthodes sont bonnes en soi.
>
> Machiavel, *Le Prince,* chap. 25, trad. Jean Anglade, coll. Poche.

▶ Caractérisation du texte : cet extrait de Machiavel tranche sur les sujets des années précédentes et marque, peut-être, une volonté de la part de l'IEP de Paris de retourner à la pratique de textes « classiques », enracinant l'épreuve dans une tradition très nettement philosophique.

Cette page du *Prince* rappelle le souci de Machiavel de mettre en garde son lecteur contre l'instabilité du monde. Nous sommes pour une part sous l'empire de la fortune, c'est-à-dire, dans le domaine politique, sous l'emprise des hasards incontrôlables de l'histoire. Le véritable Prince est celui qui saura toujours s'adapter à ces hasards pour en faire la nécessité de son autorité. Les hasards de l'histoire seront alors pour lui autant d'occasions de pouvoir. Le texte appelle une définition de cette aptitude exceptionnelle du vrai politique que Machiavel désigne du mot *virtù* (cf. chapitres 1 et 14).

▸ Structure du texte : l'articulation du texte est à nouveau très voyante. Dans un premier temps Machiavel constate la puissance de la « fortune », c'est-à-dire du hasard, dans le cours de la vie politique des hommes. Il note ensuite que les hommes n'ont qu'un seul moyen pour la contrer, l'exercice de la vertu. Dans un second temps, Machiavel donne le contenu de ce qu'il entend par vertu : il s'agit de se préparer à fluctuer avec le sort, à suivre le mouvement de la fortune, à épouser le cours des choses, bref il s'agit d'être, sans attacher aucune connotation péjorative à l'expression, opportuniste.

▸ Difficulté du sujet : la difficulté du sujet est clairement liée à la nécessité de connaître précisément la pensée et l'œuvre de Machiavel. Certains concepts doivent être, par exemple, situés dans le contexte de la réflexion machiavélienne : le mot « fortune », le mot « vertu » devaient faire l'objet de commentaires spécifiques. De la même façon, les circonstances historiques dans lesquelles apparaît l'œuvre de Machiavel ne pouvaient être indifférentes : les guerres d'Italie, la théocratie de Savonarole, les premières découvertes de l'humanisme rendent l'image du monde instable. On notera d'ailleurs au centre du texte une métaphore typiquement baroque (la fortune est une rivière torrentueuse) qui caractérise l'esprit du temps.

Lexique alphabétique

Apprentissage. Substantif dérivé du verbe apprendre dont l'étymologie latine est riche de sens (*apprehendere,* prendre, saisir). L'apprentissage est donc une saisie du monde, un processus par lequel on s'approprie le monde.

Absurde. Du latin *ab-surdus,* discordant, malsonnant.

Adulte. L'adjectif est construit sur le participe passé du verbe latin *adolere,* croître. A noter que *adolescens* dérive du même verbe et du participe présent.

Anarchie. Absence (*a* privatif en grec) de commandement ou d'ordre *(arche).*

Aristocratie. Gouvernement des meilleurs *(aristoi).*

Art. Du grec *artuein,* disposer, arranger. Au Moyen Age le mot s'emploie au pluriel pour désigner les sept arts libéraux (grammaire, rhétorique, dialectique, arithmétique, musique, géométrie et astronomie) par opposition aux arts mécaniques.

Artiste. En latin médiéval le mot désigne *(artista)* un étudiant de la Faculté des Arts. Ensuite, et jusqu'au XVIIIe siècle, artiste et artisan sont des synonymes.

Ascétisme. Du grec *askésis,* exercice. Austérité mortifiante qui vise à l'élévation morale. Dans une acception plus large (et qui correspond au contexte dans lequel l'emploie M. Weber) il s'agit d'un comportement qui voit dans une fin supérieure à atteindre la justification de souffrances et de peines quotidiennes.

Autorité. Qualité de celui qui est *auctor,* en latin, celui qui exerce un pouvoir effectif sur une chose dont il est la cause première.

Beau. *Bellus* en latin signifie joli. Par la suite, le beau a désigné ce qui fait éprouver une émotion d'ordinaire esthétique. Si le sens premier est concret (est beau ce qui plaît à l'œil), le sens dérivé est figuré : est beau tout ce qui peut être admiré, l'esprit, le courage, etc.

Cause. Le latin *causa* donne en français à la fois le mot cause et le mot chose. C'est que la *chose* se définit par ce qui la *cause.*

Chronologie. Elle fut inventée au XVIIe siècle, en tant qu'instrument de classement, pour mieux dater les événements cités dans la Bible (étymologie *chronos,* le temps).

Contrat. L'étymologie fait du mot l'antonyme de la dissolution. Le contrat assure ainsi la cohésion. Il désigne l'effort collectif *(con)* pour mener une action *(trahere).* L'idée de contrat suppose donc celle de mutualité et de solidarité.

Culture. Le verbe latin *colere* signifie à la fois *cultiver la terre,* dans le sens de lui apporter ses soins, *habiter* et *honorer* les dieux. La culture apparaît ainsi, conformément à l'étymologie, comme un processus sacré d'aménagement de la nature par l'homme. Par la culture l'homme fait de la nature sa maison.

Démocratie. Gouvernement du peuple *(dêmos).*

Déréliction. Du latin *derelinquere,* abandonner complètement, délaisser.

Despotisme. Du grec *despotès* qui signifie maître absolu.

Divertissement. Ce qui nous détourne (*di-vertere,* en latin) de nous-mêmes, du spectacle de notre condition et par conséquent, selon Pascal, de Dieu. Si l'art n'est qu'un simple divertissement, c'est que pour le penseur de Port-Royal c'est une vaine occupation.

Douter. Deux adjectifs, dont l'un est formé sur le verbe douter, sont employés de façon concurrentielle au XVIIe, douteur et sceptique. Le douteur ne fait pas procéder son attitude de doute d'un système, alors que le doute du sceptique est systématique.

Droit. L'ensemble des normes de conduite établies dans une société donnée à un moment précis compose ce que l'on nomme le droit positif. Le droit positif est donc variable et relatif. Il s'oppose au droit naturel constitué des principes immuables et éternels qui dérivent de la nature humaine.

Éducation. La racine *ducere,* conduire, fait de l'éducation une entreprise directive. On saura mesurer l'écart de sens des deux expressions « Éducation nationale » et « Instruction publique ».

Efficient. Qui produit un effet. Du latin *facere,* faire.

Encyclopédie. « Ce mot signifie enchaînement de connaissances, il est composé de la préposition « en » et des substantifs *cyclos,* « cercle », et *paideia,* « connaissance ». Article « Encyclopédie » rédigé par Diderot pour l'*Encyclopédie.*

Enfant. Qui ne parle pas (du verbe *fari,* parler, précédé du préfixe *in* – à valeur négative).

Épistémologie. Théorie de la science. Du grec *epistêmê,* la science.

Époché. Suspension du jugement, refus d'affirmer ou de nier. Le mot est d'origine sceptique.

Esthétique. Du grec *aisthèsis,* la sensation. L'adjectif qualifie donc ce qui est perceptible par les sens. Pris substantivement, le mot a une acception purement philosophique et désigne la partie de la philosophie qui a pour objet d'étude le beau artistique.

Ethnie. Du grec *ethnos* qui signifie peuple. Il est d'usage, dans le vocabulaire de la sociologie de réserver le mot à des individus qui sont unis par une civilisation et surtout une langue communes.

Famille. Du latin *familia* construit sur *famulus,* le serviteur. A l'origine le mot *familia* désigne l'ensemble des esclaves et des serviteurs vivant sous un même toit au service d'un même maître.

Fin. Le sens est double. Il s'agit bien sûr du terme, au sens de limite mais aussi du but (la fin s'oppose alors aux moyens). Les deux acceptions loin de s'exclure se complètent.

Hagiographie. Vie rédigée d'un saint.

Harmonie. En grec, le mot signifie ajustement, arrangement, assemblage. L'étymologie est exactement celle du mot armée (ce qui est bien rangé, en lignes pour la bataille).

Hédonisme. Du grec *hedonê,* le plaisir. L'hédonisme est la doctrine selon laquelle seule prime la recherche du plaisir.

Historiographe. Celui qui a la charge d'écrire, pour le compte d'un monarque qui le pensionne, l'histoire du temps. Voltaire et Racine ont occupé, par exemple, cette charge lucrative et très officielle.

Holisme. *Holos,* qui signifie tout entier, permet de comprendre que pour les sociétés holistes le tout social l'emporte toujours sur les parties individuelles qui le composent.

Holocauste. Du grec *olos,* entier, et *kaustos,* brûlé. Le mot désigne chez les juifs un sacrifice au cours duquel la victime était entièrement brûlée.

Idéologie. Le mot fut inventé par Destutt de Tracy, au début du XIXe siècle, pour concurrencer le terme psychologie. Il désignait la science des états de conscience. Les connotations du mot psychologie renvoyant plus directement aux états d'âme. Le glissement de sens est particulièrement net puisque le mot dans son acception usuelle désigne aujourd'hui un système d'opinions et d'idées qu'un groupe humain particulier présente comme une représentation rationnelle alors qu'il défend leurs propres intérêts.

Individu. Qui n'est pas divisible.

Ineffable. Inexprimable, qui ne peut être dit (*fari,* parler).

Instruction. *Struere* en latin signifie bâtir. *In-struere* construire à l'intérieur. L'instruction est cet exercice d'édification intérieure par lequel l'individu se constitue.

Intuition. L'étymologie latine donne pour ce mot le sens de « l'action de voir à l'intérieur » *(in-tueri)* – l'acception courante renvoie à l'instantanéité de la connaissance.

Loi. Règle impérative. Elle se différencie du contrat en ce qu'elle oblige et ne procède pas d'un accord mutuel. Au sens positif, la loi est l'expression de l'autorité souveraine.

Modèle. Le mot est construit sur un diminutif de *modus* (forme). Il s'agit donc d'une « petite forme » digne d'être imitée.

Mythe. Fable. Émile Littré précise « Récit relatif à des temps ou à des faits que l'histoire n'éclaire pas, contenant soit un fait réel transformé en notion religieuse, soit l'invention d'un fait... ».

National /nationaliste. « La revendication nationale devient nationaliste lorsque l'ethnie, par la voix de ceux qui parlent en son nom, a pour objectif l'indépendance totale, le droit de se constituer en État souverain » (R. Aron, *Les désillusions du progrès.*)

Nature. Du latin *nascor,* naître. Le sens est double, au moins... Soit le mot signifie essence (la nature d'une chose, ce qui la fait être telle), soit il s'agit du monde extérieur, tel qu'il est perçu par les sens.

Nostalgie. *Nostos,* le retour et *algos,* la douleur, permettent de saisir la force du mot. La nostalgie désigne ce mal du pays poussé au paroxysme de la douleur.

Objet. Littéralement, ce qui est jeté devant, *ob-jectum.* Tout ce qui se tient devant un sujet, bref tout ce qui s'offre à la connaissance.

Oligarchie. Gouvernement de quelques-uns (*oligoi* en grec).

Particulier. Qui est propre à quelqu'un.

Pédagogie. L'art de l'éducation des enfants. A ne pas confondre avec la pédologie, science de l'enfant.

Politique. Il ne faut pas oublier la racine grecque *polis,* la cité. La politique est cette activité qui touche à tout ce qui concerne la vie de la cité.

Prêtre. Du grec *presbuteros* qui est un comparatif et signifie plus vieux.

Réification. Processus de transformation d'un être vivant en chose *(res).*

Révolution. Un retournement complet. *Re-volvere* en latin signifie retourner.

Ruse. Elle n'a rien d'humain. La ruse est le propre de l'animal qui, aux abois, mobilise l'ensemble de ses ressources instinctives pour échapper à ses poursuivants.

Sacerdoce. Charge religieuse consistant à offrir des victimes à Dieu. Le *sacerdos* est un prêtre qui offre aux dieux des *sacra.*

Science. L'étymologie est intéressante puisque le mot dérive du latin *scire,* savoir, lequel savoir vient de *sapere,* avoir du goût et par extension avoir du discernement.

Société civile. Elle résulte de l'association des hommes en vue de la satisfaction de leurs besoins. Elle satisfait les intérêts égoïstes et s'oppose dans le langage rousseauiste à la société politique qui réalise la communauté des citoyens.

Société. Le latin *socius* désigne l'allié. La société apparaît, à la lumière de cette étymologie, comme le résultat d'une alliance passée entre les hommes.

Soupçon. Du latin *suspicere,* regarder en dessous. Le mot entre en concurrence avec suspicion qui dérive du même verbe. Si le soupçon porte sur des fautes privées, la suspicion touche aux affaires publiques. Quand le soupçon traque des écarts, la suspicion découvre des délits. Le soupçon est donc doté d'un sens affaibli par rapport à la suspicion.

Substance. Vient de *sub-stare,* se tenir dessous. La substance est un support qui n'est pas supporté par autre chose que lui-même. Substance s'oppose à accident.

Technique. Qui concerne un art.

Téléologie. Science des fins (*telos,* la finalité).

Temporel. Qui se situe dans le temps, d'où par extension ce qui caractérise le passager, le périssable, le fugitif. L'adjectif s'oppose à spirituel et à éternel. Le temporel désigne, pris substantivement, la vie terrestre.

Universel. Qui s'étend à tous les individus, à tout l'univers. A pour antonyme le mot particulier.

Vanité. Du latin *vanus,* vide, creux.

Victimaire. Prêtre chargé du sacrifice.

Victime. Du latin *vincere,* vaincre. La victime était sacrifiée après la victoire sur l'ennemi. A l'inverse, l'*hostia* (l'hostie) était sacrifiée avant le combat pour mettre les dieux de son côté.

Xénisme. Emprunt à une langue étrangère. Ainsi, par exemple, le mot *spleen* est ressenti à la fin du XVIIIe siècle comme un xénisme.

Xénophobe. Qui déteste les étrangers.

Xénos. L'étranger, en grec.

Annales

SUJETS DE CULTURE GÉNÉRALE

Chacun des sujets est suivi d'un rapide examen de l'énoncé qui dégage les enjeux qu'une simple analyse des termes du libellé a fait saillir. On renvoie ensuite la lecture aux chapitres qui traitent du thème abordé par le sujet proposé.

Le classement choisi est thématique et alphabétique.

Altérité

– Qu'est-ce qu'un étranger ? (ESCL, 1987)

La question est directe, elle semble réclamer une définition immédiate. Or la difficulté soulevée par ce type de sujets vient de ce qu'il est nécessaire, dès l'introduction, de proposer une définition du mot « étranger ». Toutefois cette définition doit être problématique sans quoi le sujet n'a plus de sens. Il faut donc à la fois savoir de quoi l'on parle et montrer que ce dont on parle mérite une réflexion développée. De l'étranger que pouvons-nous dire dans une approche immédiate du mot ? L'étranger, c'est celui qui n'appartient pas à la communauté. Celui qui vient de l'extérieur et qui partant semble étrange, différent. Il n'y a donc d'étranger que confronté à une communauté. C'est de ce point de vue la communauté qui « fabrique » l'étranger. Pourquoi ? On pourra s'interroger sur le besoin auquel l'étranger répond. On pensera soit à la règle de l'exogamie, soit à la nécessité du regard extérieur critique (cf. *Les lettres persanes* de Montesquieu. Le personnage de « l'étranger » qui apparaît parfois dans les dialogues de Platon comme *Le sophiste*). Il répond aussi à ce besoin d'exclure pour fonder la communauté. De fait, il n'y a guère d'identité qui ne se constitue sans la prise de conscience d'une altérité.

Cf. chapitre 9.

– L'intolérance. (ESLSCA, 1990)

L'énoncé paraît particulièrement inerte et la difficulté consiste à construire entièrement la problématique à partir d'un seul mot.

De ce mot unique pourtant il est possible de construire une réflexion dynamique en prenant en compte l'importance du préfixe « in », à valeur négative. L'intolérance, c'est le contraire de la tolérance dont de nombreuses morales et religions se font les promoteurs, sans oublier l'esprit des Lumières (cf. le *Traité sur la tolérance* de Voltaire).

Que signifie le verbe « tolérer » ? Le mot vient du latin *tolerare* signifiant supporter. Le terme est ambigu. En effet il suppose à la fois l'idée d'une large ouverture d'esprit en même temps qu'un effort à maintenir une telle ouverture. La tolérance suppose l'effort. Serait-elle donc vraiment naturelle ? On évoquera bien sûr l'analyse hobbienne d'un homme spontanément intolérant au point d'être un danger pour son prochain. On s'interrogera peut-être alors sur la notion d'agressivité (*agredior,* en latin, signifie avancer. L'agressivité n'est-elle pas autre chose que ce processus naturel d'expansion de l'être, le processus de vie ?). Derrière l'opposition tolérance/ intolérance se profile celle plus identifiable de culture/nature. L'intolérance ne marque-t-elle pas un retour à la nature de l'homme ? Mais pour l'homme socialisé sur qui la culture a laissé son empreinte tout est-il pareillement tolérable ? Au nom de cet humanisme que la culture nous conduit à défendre et accomplir n'y a-t-il pas des actes sans appel. Peut-on tout supporter ? Où conduit la tolérance absolue ? Au nom d'un certain nombre de valeurs n'est-on pas conduit au plus radical des relativismes ?

Cf. chapitre 9.

Art

– L'art dans la Cité. (Concours administratif)

L'emploi du mot Cité, là où il était possible de lire « société » ou « communauté », n'est évidemment pas innocent. Ce sont les connotations des mots retenus par le jury qui vont permettre de définir la problématique. « Cité » renvoie à la pensée grecque. C'est l'espace à l'intérieur duquel les hommes vivent ensemble et cette vie en commun porte le nom de « politique » (*polis* : la Cité). Quelle est la dimension « politique », au sens premier du terme, de l'art ? L'art a-t-il une fonction dans la *Polis ?* Une fonction fédératrice (on songera par exemple ici à la dimension cathartique de la tragédie) ou bien une fonction dissolvante, désagrégatrice ? L'art est-il utile ou dangereux pour la Cité ? Platon, dans *La République* semble donner une double réponse. Certains artistes sont honorés mais conduits aux portes de la ville alors que d'autres participent à la formation des gardiens et interviennent dans la célébration du culte. L'art dans la Cité a-t-il un double visage ? Est-ce la Cité qui lui découvre cette bivalence ? Et pourquoi ? Le sujet invite, à partir d'une réflexion sur l'action de l'art dans la communauté des hommes, à penser le caractère double de son activité, l'outrage, la remise en cause violente et aussi l'agrément, la satisfaction paisible des sens.

Cf. chapitre 12.

Autorité

– A-t-on le droit d'exercer une autorité sur d'autres hommes ? (ESCP, 1987)

En préalable à toute construction de telle ou telle problématique, il convient de dégager très précisément le sens des principaux termes de cet énoncé trop précis pour ne pas recéler des équivoques. Trois segments se détachent :

– « A-t-on le droit »
– « exercer une autorité »
– « d'autre hommes »

La notion pivot est celle d'*autorité*. Que signifie-t-elle ? C'est le pouvoir, l'ascendant plus précisément qu'un homme ou une institution manifestent. Autorité vient du verbe latin *augere* signifiant augmenter. L'*auctor* est celui qui soutient une chose et permet son développement. L'autorité ne semble pas négative, au contraire. C'est elle qui permet à celui sur qui elle s'exerce de s'épanouir. Napoléon Bonaparte eut ainsi cette parole célèbre : « le fondement de toute autorité est l'avantage de celui qui obéit ». De fait l'exercice de l'autorité n'est pas une contrainte, et cela d'autant moins que l'autorité réclame d'être reconnue par celui ou ceux à qui elle est appliquée.

Cette dernière dimension, la nécessaire reconnaissance, suppose ainsi que l'autorité ne peut être exercée que sur « d'autres hommes ». D'où l'évidence du sens du troisième segment de l'énoncé. On ne peut exercer sur les choses ou les animaux une autorité, on peut par contre les « gouverner » au sens de les maîtriser (voir le gouvernement des choses qu'imagine A. Comte à la suite de Saint-Simon).

Quant au « droit » d'exercer cette autorité, il faut tout d'abord noter que le droit l'organise en distribuant dans l'État les pouvoirs (le droit constitutionnel). Mais il ne suffit pas (puisque l'autorité réclame une reconnaissance et ne peut être identifiée à un simple pouvoir). La question qui est désormais posée devient celle de savoir quelle est la valeur morale et non légale de l'exploitation d'un sentiment de confiance et de reconnaissance qu'éprouvent d'autres hommes capables de s'abandonner au jugement et au pouvoir de celui qui, selon eux, détient cette autorité. Jusqu'à quel point est-il possible de garantir à un autre homme que le pouvoir qui s'exerce sur lui est pour lui profitable ? Est-il possible de diriger les hommes pour leur bien ? Dans quelle mesure l'homme a-t-il besoin d'un maître ?

Cf. chapitre 3.

Beauté

– La beauté est-elle une valeur périmée ? (Écricome, 1989)

La question posée suggère en préalable que la beauté fut naguère une valeur – ou qu'elle le demeure – et que la modernité l'aurait (ou non, c'est l'objet de la question) dévaluée. Ne peut être, en effet, périmé, c'est-à-dire « usé », que ce qui a naguère servi !

La beauté est-elle donc encore une valeur ? Pourquoi la question se pose-t-elle ? On pensera bien sûr à l'évolution de l'art contemporain qui présente parfois des œuvres plus provocantes que représentatives d'un projet esthétique déterminé. On sera dès lors tenté de conclure à une recherche de la surprise, de l'étrange, voire du scandale de la part de l'artiste et non plus la recherche de la beauté idéale manifeste à travers l'œuvre. Mais que signifie précisément cette notion de « beauté idéale » ? On renverra à la *Critique de la faculté de juger* de Kant. Il ne peut y avoir une idée, c'est-à-dire un concept du beau... Dès lors, si la question de la dévaluation de la beauté se pose n'est-ce pas à cause de cette nouvelle approche que mène Kant à propos du jugement esthétique ? La beauté n'est plus une valeur dans le sens où elle ne saurait être tenue pour un idéal, ou bien alors un idéal singulier.

Cf. chapitre 12.

Bonheur

– L'idée de bonheur dans le monde actuel. (ESCP, 1983)

Le sujet invite à l'analyse de l'idée de bonheur dans les différentes sociétés actuelles (« monde » : le mot évite de réduire le travail à une simple remise en question de la société de consommation). Le piège grossier, dans lequel on espère qu'il ne viendrait à nul candidat de tomber, serait de dresser le catalogue de la misère dans le monde et de conclure à la faillite du bonheur...

Le sujet fait implicitement allusion à la formule de Saint-Just (« Le bonheur est une idée neuve en Europe »), commentée dans la partie méthodologie. Qu'en est-il près de deux cents ans plus tard (on notera l'année où ce sujet a été proposé) à l'échelle de la planète ? Le bonheur, c'est-à-dire conformément à l'étymologie la bonne chance, est-elle toujours une idée directrice – au sens kantien – pour les hommes ? La *cosmopolis* imaginée par Emmanuel Kant dans le *Projet de paix perpétuelle* est-elle toujours cet horizon du développement de l'homme ?

Cf. chapitre 3.

Civilisation

– « En refusant l'humanité à ceux qui apparaissent comme les plus " sauvages " ou " barbares " de ses représentants, on ne fait que leur emprunter une de leurs attitudes typiques. Le barbare, c'est d'abord l'homme qui croit à la barbarie. » (Lévi-Strauss.)

Qu'est-ce alors qu'un homme civilisé ? (Essec, 1983)

La difficulté du sujet tient à ce qu'il s'articule sur une longue citation dont il est moins la confirmation que le contre-point. Si Claude Lévi-Strauss « a raison », c'est-à-dire s'il n'y a d'autre sauvage (« qui vit dans la forêt ») ou d'autre barbare (« celui dont on ne comprend pas la langue », cf. p. 177) que celui qui les nomme, c'est-à-dire celui qui par ces termes exclut avec mépris une partie de l'humanité ou la renvoie à un stade infantile du développement des civilisations, y a-t-il encore des hommes civilisés ?

En un mot, l'idée de civilisation peut-elle faire l'économie d'un « repoussoir » ou plus simplement encore d'un antonyme ? Et sinon, le « contraire » de l'homme civilisé est-il vraiment le barbare ? Cette question nous conduit à construire une réflexion qui suppose deux directions pour l'investigation : d'une part, il faut rappeler la thèse de Cl. Lévi-Stauss par laquelle l'anthropologue montre que le schéma de représentation linéaire et continu des progrès effectués par les différentes civilisations à travers les âges est absurde, de même que la notion de « degré de civilisation ». D'autre part, il convient de déterminer un antonyme pertinent au mot « civilisé ». Ne peut-on voir du côté de l'opposition entre les termes de « culture » et de « civilisation » une idée directrice ?

Cf. chapitre 9.

Conscience

– Culpabilité et responsabilité. (ESLSCA, 1991)

Deux concepts articulés l'un à l'autre ne peuvent servir au candidat de prétexte pour proposer l'éternel plan en trois parties, la première consacrée à l'idée de culpabilité, la seconde à celle de responsabilité et la troisième à l'une et à l'autre ! Il faut nécessairement partir d'un examen minutieux des termes du sujet. L'idée de culpabilité suppose la conscience d'avoir commis une faute, la responsabilité est un engagement, le fait de se porter garant d'une action, d'en répondre, au sens latin du mot.

« Responsable mais pas coupable », la formule fut rendue célèbre par une terrible actualité, elle nous invite non seulement à évaluer la modernité du sujet proposé mais aussi une différence sémantique qui conduirait les uns (ceux qui sont responsables) à la démission et les autres (les coupables) devant une cour de justice. Car la responsabilité comme la culpabilité se découvrent dans l'échec. On ne dira pas de quelqu'un qu'il est « responsable d'un succès ». Culpabilité et responsabilité sont des sentiments qui n'apparaissent que dans le sillage d'une action jugée à tort ou à raison « mauvaise ». Dès lors comment ne pas se sentir coupable lorsqu'on est responsable ?

Culture

– Comme l'observe Alain Finkielkraut dans *La défaite de la pensée*, on tend de nos jours à considérer que « toutes les cultures sont également légitimes et tout est culturel ».

Qu'en pensez-vous ? (HEC, 1990)

L'ouvrage d'où est extrait le propos que le sujet invite à commenter a fait l'objet d'une médiatisation suffisante pour que le jury puisse espérer de la part du candidat une information précise. On l'a expliqué en Avant-Propos, la culture générale a pour ambition de rendre le présent plus intelligible, c'est-à-dire l'actualité plus proche de ceux qui la vivent. Il paraît habile, dès lors, d'être attentif aux débats littéraires et philosophiques du moment.

Alain Finkielkraut s'est insurgé avec brio contre l'évolution du mot « culture » qui du singulier est passé au pluriel. Derrière le respect que cache le pluriel (respect des traditions et de la vie de chacun) et le refus de valoriser ce qui participe de la constitution d'un savoir et réclame en retour l'aide de ce savoir pour être apprécié, au nom de la condamnation de ce que Lévi-Strauss nomme l'européanocentrisme, derrière tout cela guette un relativisme dangereux qui conduit à des équivalences absurdes : « ce que lisent les lolitas – écrit l'auteur de *La défaite de la pensée* – vaut *Lolita*. « Les magazines » valent-ils vraiment un chef-d'œuvre de la littérature mondiale ? Alain Finkielkraut annonce la faillite de l'universel et le triomphe du particulier au nom même de l'universalité de l'homme. Un paradoxe perceptible tout spécialement dans la culture.

Cf. chapitres 12 et 4.

– La culture peut-elle se passer de tout recours à la violence ? (ISG, 1991)

Le sujet semble dire le paradoxe de la culture (processus par lequel l'homme s'affranchit de la nature et de la violence inhérente à elle) qui ne saurait se déprendre de la violence contre laquelle elle milite. Il y aurait comme une fatalité, un éternel retour du refoulé. De fait la psychanalyse ne peut manquer d'être convoquée pour le traitement d'un tel sujet. Le refoulement par le processus de sublimation du pulsionnel n'est-il pas le moteur de toute culture ? Freud n'imagine-t-il pas à l'origine même de toute forme de culture un meurtre primitif pour enclencher le processus de socialisation des hommes ? On s'efforcera ainsi de confronter *Totem et tabou* à des lectures plus contemporaines qui voient également dans le sacrifice de la victime émissaire le ciment nécessaire de toute vie en communauté (voir en particulier René Girard).

Cf. chapitre 13.

Éducation

– Qu'est-ce qu'une éducation réussie ? (IEP Paris, 1990)

On commencera par distinguer « éducation » d'« instruction » (cf. p. 310), car la réussite dépend du point de vue selon lequel on s'interroge. Le mot « éducation » renvoie par son étymologie à un apprentissage très directif, en vue d'accomplir le transfert de l'enfant de la sphère familiale à celle, plus large, de la société. L'éducation, du point de vue de la société, sera réussie à condition qu'elle permette l'intégration de l'individu dans la société précisément (n'est-ce pas ce que l'on attend aujourd'hui de l'Éducation nationale, qu'elle « place » chaque étudiant dans le monde du travail ?). Le passage se fait-il sans heurts ? Est-ce une réussite pour l'individu ? La réussite de l'individu ne serait-elle pas celle d'une instruction ? Éducation « réussie » et instruction « réussie » ne s'opposent-elles pas tant sur la fin que sur les moyens ?

On saura relire alors avec profit Condorcet.

Cf. chapitre 4.

Éthique

– Peut-on se passer d'une éthique ? (HEC, 1986)

Le sujet suppose la connaissance précise de la signification du mot « éthique ». *Éthikos,* en grec, désigne ce qui « concerne les mœurs », c'est-à-dire la façon de vivre des hommes. L'éthique permet d'évaluer les fins de la vie humaine et les moyens d'atteindre ces fins, elle détermine un système de valeurs à partir duquel il devient possible de régler (ou de choisir de dérégler) son action.

Peut-on se passer de repères ? On notera l'emploi de l'article indéfini « une » qui admet clairement le caractère relatif de l'éthique, variable d'un individu à l'autre (Max Weber a par exemple montré que le savant et le politique n'obéissaient pas à la même éthique (cf. p. 51). Si relative soit-elle, l'éthique paraît-elle indispensable ? Lui reconnaître un caractère relatif, est-ce encore lui reconnaître une véritable utilité pratique ? Bref, comment s'effectue pour chacun d'entre nous « le passage à l'acte » ?

Cf. chapitre 3.

Histoire

– L'ambition de figurer dans l'histoire révèle-t-elle quelque chose sur la relation de l'homme au temps ? (Écricome, 1989)

« Figurer dans l'histoire », l'expression mérite une analyse précise : est-ce s'imposer comme une « figure » historique, c'est-à-dire devenir ce que Hegel nomme un héros, un grand homme ? Auquel cas, seul peut tenir ce rôle celui qui a su incarner son époque, être au plus près du présent, glisser sur le temps lui-même. Ou bien est-ce par une action d'éclat (quelle que soit la luminosité de cet éclat) inscrire son nom dans les registres que tiennent les historiens ? C'est alors nourrir le « complexe d'Érostrate » – du nom du criminel incendiaire du Temple de Delphes qui voulait ainsi passer à la postérité – et que Sartre analyse dans une nouvelle du *Mur*. L'ambition est dès lors différente et témoigne d'un désir d'immortalité, de résister au temps et non plus de le suivre. On le constate deux attitudes, deux ambitions définissent deux relations au temps qui renvoient peut-être à deux acceptions du mot histoire. Au « grand homme » la *Geschichte ?* à Érostrate l'*Historie ?* La meilleure façon d'entrer dans l'histoire des historiens n'est-elle pas d'épouser le cours de l'histoire ?

Cf. chapitre 8.

– La connaissance du passé vous paraît-elle utile à la compréhension du monde actuel ? (Concours administratif)

Le sujet proposé apparaît clairement comme un moyen pour le candidat d'exposer la manière dont la connaissance du passé éclaire la bonne compréhension du monde actuel. On imagine mal, en effet, qu'une réponse négative et argumentée puisse être formulée.

Ce type d'énoncé ne présente guère de difficulté. Lors de l'élaboration du plan, le candidat devra s'attacher à multiplier les exemples à caractère illustratif et leurs analyses, afin d'échapper aux lieux communs inévitables, croit-on, en pareille circonstance ; ex. : « le monde actuel est le fils du monde passé » (sic).

Cf. chapitre 8.

Intellectuel

– Qu'est-ce qu'un intellectuel ? (ESCP, 1988)

Certaines connaissances précises sont parfois utiles, même si tous les rapports de jury insistent sur l'importance accordée à la réflexion et à la conceptualisation. L'expression « culture générale » ne saurait faire totalement l'économie des connotations attachées au mot « culture » et qui l'associe à un savoir de type cumulatif.

Ainsi, connaître précisément l'origine du mot, son histoire (celle de l'Affaire Dreyfus) et les déclarations de ceux qui les premiers se sont déclarés des « intellectuels » permet d'établir d'emblée, c'est-à-dire dès l'introduction, les enjeux du sujet proposé. On saura, par exemple, mesurer le glissement de sens que le terme a subi (de l'homme qui s'engage et met au service de son engagement le poids de sa notoriété dans la Cité à l'homme qui fait un usage public de ses facultés intellectuelles, l'écart est d'importance). On notera que la réflexion l'emporte ainsi sur l'action. Est-ce le signe d'un repli des intellectuels d'hier sur leur vie intérieure ? S'agit-il encore de ce repli de l'agora sur le for intérieur ? Bref, y a-t-il encore aujourd'hui des intellectuels au sens noble et fort du terme ?

Cf. chapitre 12.

Jeu

– « L'homme n'est pleinement homme que là où il joue », écrit Schiller dans ses *Lettres sur l'éducation esthétique de l'homme* (1795). En prenant ce texte comme prétexte et en explorant des champs précis de la connaissance et de l'action, vous direz en quoi l'œuvre humaine peut être – ou ne pas être – conçue et pratiquée sous la forme d'un jeu. (ESLSCA, 1991.)

Le sujet semble suggérer au candidat de faire peu de cas de la citation de Schiller. Il s'agit toutefois du point de départ nécessaire de la réflexion : le jeu permet à l'homme de se réaliser. Pourquoi ?

Il semble difficile de faire l'économie d'une définition minimale de l'action de jouer. Afin d'éviter une approche impressionniste, on pourra rappeler que « jouer » se dit d'une pièce ou d'un rouage qui dans un engrenage ou un mécanisme n'est pas bien ajusté. On dira que cette pièce joue, qu'elle a du jeu. Cette acception spécialisée du mot a le mérite de penser le jeu comme le résultat d'un décalage. Le jeu est en décalage par rapport à la réalité donnée, il propose une autre réalité, totalement construite, inventée par l'homme.

Dès lors le propos de Schiller s'intègre dans une vaste réflexion sur la nature d'un homme qui n'accomplit cette même nature qu'en constituant sa propre nature. Le jeu, c'est-à-dire le décalage, apparaît entre la nature humaine d'une part et la nature (l'extériorité sensible à l'homme) d'autre part. L'œuvre est à la jonction de ces deux natures, mais une jonction qui a « du jeu ».

Cf. chapitre 5.

Parole

– Le silence a-t-il un sens ? (ESCP, 1986)

Le sens se donne par l'intermédiaire de la parole. Comment comprendre alors le silence sinon comme le refus de signifier ? Refus ou impossibilité ? Car on ne peut imaginer qu'il n'y ait un sens si fort qu'il excède absolument les possibilités offertes par le langage et la parole ? Dans les moments d'émotion intense, ne remarque-t-on pas que le langage semble défaillir ? Le silence n'aurait-il pas pour sens cette faillite du sens communément exprimé ?

Rousseau montre ainsi dans l'*Essai sur l'origine des langues* que la parole éloigne l'homme du sens premier de son existence. Il imagine qu'à l'état de nature l'homme ne parle pas, c'est un enfant, un *in-fans* (*fari* : parler) qui communie dans le silence de son cœur. Si la communication est verbale, la communion n'est-elle pas silencieuse ? On s'efforcera de dégager de cette conception du silence comme chargé d'un sens plus lourd, d'une plus grande intensité d'expression, la part de la représentation, de la nostalgie des origines silencieuses et mythiques.

Cf. chapitre 10.

Politique

– Que pensez-vous du propos que le philosophe André Comte-Sponville tient dans un article de la revue *Globe* (n° 54, février 1991) : « La politique commence là où cesse le consensus » ? (INSEEC, 1991)

Le consensus, c'est l'accord de toutes les parties. André Comte-Sponville propose de la politique une définition conforme à l'image que nous renvoie l'agora d'Athènes, un lieu où chacun fait entendre la singularité de savoir et où s'expriment toutes les opinions. Mais celles-ci ne se contentent pas de l'expression, elles cherchent à entraîner l'adhésion du plus grand nombre et par conséquent, elles se combattent.

La politique peut-elle se passer du conflit ? de l'antagonisme ? Il est clair que l'activité politique vise à surmonter ces conflits, à proposer des solutions qui satisfassent le plus grand nombre et par conséquent à tendre au consensus. La fin de la politique serait ainsi sa véritable finalité : elle n'aurait de sens qu'au moment de disparaître. Maurice Duverger propose une solution à ce paradoxe. Elle consiste à définir la politique comme le visage de Janus, à deux faces. D'un côté elle a une action fédératrice qui vise le consensus et la réalisation du bonheur collectif, de l'autre elle est la conquête violente pour le pouvoir (le pouvoir de réaliser le consensus précisément).

Cf. chapitres 1 et 3.

– L'homme est-il un animal politique ? (HEC, 1984)

La référence à la *Politique* d'Aristote est si claire que la manquer relèverait de la pure maladresse. Du point de vue de la méthode on peut s'interroger sur la meilleure solution à adopter devant une allusion si explicite. La relever ? L'ignorer ? Certainement pas la maintenir en « réserve » pour l'offrir en friandise dans la conclusion. On suggérera de l'éventer dès l'introduction pour signaler au correcteur qu'elle est identifiée mais qu'il n'y a pas de mérite particulier à cela puisqu'il s'agit désormais quasiment d'un lieu commun.

La problématique est celle que nous avons développée au chapitre 1. Dans un premier temps il s'agit d'établir qu'il est dans la nature de l'homme de vivre dans une cité. Certes la vie politique lui permet de se protéger de la violence des autres animaux et de la nature, mais il est légitime de se demander si elle ne produit pas un nouveau type de bestialité. L'animal politique n'a-t-il pas permis à l'homme de porter un masque bestial ou plutôt de laisser plus indirectement mais plus efficacement s'exprimer sa véritable nature ?

Cf. chapitre 1.

– Qu'est-ce qu'un citoyen ? (ESCL, 1989)

La question est directe, c'est un type de sujet dont sont coutumiers les concours d'entrée aux grandes écoles de commerce. De fait, la difficulté reste la même : construire une problématique à partir d'une question dont la réponse pourrait ne pas excéder une dizaine de lignes dans l'introduction.

Définir le citoyen comme l'habitant d'une Cité, c'est-à-dire le membre d'une communauté politique ne peut suffire. Quels sont les droits et les devoirs que l'appartenance à la communauté implique ? Tous les hommes sont-ils citoyens ? Peut-on être à la fois individu et citoyen ? Quand le citoyen doit-il céder devant l'homme ? Les droits de l'homme ne sont pas ceux du citoyen, explique la Déclaration de 1789. Pourquoi ? Derrière l'opposition homme/citoyen se dessine l'opposition du droit naturel et du droit positif.

Bref, on l'aura noté à travers ces questions, l'état de citoyen ajoute une dimension nouvelle à l'homme et le prévient contre la tentation de n'être qu'un individu. C'est aujourd'hui par la citoyenneté que l'homme se trouve rattaché à une communauté.

Cf. chapitre 14.

Religion

– « Le XXIe siècle sera religieux ou ne sera pas » (Malraux). (Concours administratif)

Il ne s'agit pas de s'interroger sur les possibilités selon lesquelles la « prophétie » d'André Malraux sera ou non réalisée mais bien de se demander pourquoi le romancier et célèbre critique d'art affirme cette conviction avec emphase. Notre monde n'a pas – semble-t-il – d'autre issue que la religion, sans quoi il apparaît condamné. Mais condamné par qui ? par quoi ? De quoi la religion peut-elle sauver le siècle ? On le conçoit, en creux, André Malraux formule une critique à l'égard du XXe siècle. Par manque de spiritualité, de cohésion sociale, notre siècle n'est-il pas voué à la désagrégation, sous l'effet de l'individualisme, du matérialisme et de l'hédonisme ? Malraux dresse en réalité le constat de ce qu'il est convenu d'appeler la « crise des valeurs ».

La réflexion ouvre par conséquent deux horizons, celui de l'origine qu'il faut attribuer à cette crise de conscience, et celui du remède, la religion. On dégagera alors le rôle joué par l'institution religieuse dans la société et on montrera que du fait qu'elle « administre le sacré » elle est un instrument de cohésion du groupe extrêmement puissant. Malraux affirme ainsi le rôle prépondérant que tient le phénomène religieux, préparant ainsi des analyses contemporaines comme celles de René Girard qui voient dans le religieux le principe de toute réalité sociale.

Cf. chapitre 13.

– Pourquoi des cérémonies ? (ESCP, 1989)

On appelle « cérémonie » la forme extérieure et régulière d'un culte. Par la cérémonie – qui implique le plus souvent pompe et éclat – se rend le culte en l'honneur d'un Dieu ou d'un Prince. La cérémonie sacralise également l'acte que l'on célèbre. L'étymologie est douteuse, on pourra retenir, parce qu'elle est facilement utilisable dans un incipit, celle selon laquelle le mot cérémonie viendrait du nom propre Carre, ville d'Étrurie dans laquelle les Romains déposèrent les objets sacrés de leurs temples pour les protéger du pillage des Gaulois qui venaient d'envahir Rome.

Il y a dans la cérémonie un caractère spectaculaire qui invite à penser la représentation. Mais que cherche-t-on à représenter dans la cérémonie ? L'étymologie et le sens du mot aujourd'hui nous renvoient à l'idée de sacré. La cérémonie fabrique-t-elle le sacré ? On cherchera parallèlement à distinguer la cérémonie (publique, grandiose) du rituel (plus privé) et on se demandera pourquoi le sacré doit être ainsi mis en scène. Quel est son rôle public, pourquoi doit-il se montrer ?

Il s'agit bien, par l'intermédiaire de la notion de cérémonie, de chercher à penser la dimension sociale du sacré.

Cf. seconde partie, chapitre 13.

Société

– De quoi avons-nous peur aujourd'hui ? (Concours administratif)

Le sujet appelle comme souvent lors de l'épreuve de culture générale des concours administratifs une radiographie de la société contemporaine. Le risque réside dans les facilités à céder au plan-catalogue, totalement descriptif et qui ne permet pas à la réflexion de se dérouler.

Il convient dans un premier temps de rappeler combien les peurs collectives sont significatives de l'état d'une société (on empruntera à l'histoire tel phénomène clairement identifié : par exemple la peur de la sorcière, comme l'analyse Michelet). On rappellera le sens du mot peur que l'on distinguera de l'angoisse (elle n'a pas d'objet, elle révèle un véritable vertige de l'être tout entier), et on s'interrogera pour savoir, par exemple, si dans cette société fondée sur le conflit matériel et sa diffusion la plus large, il existe encore des peurs ou bien si ce n'est pas plutôt un phénomène d'angoisse qui caractérise désormais une société qui semble avoir su si bien se protéger contre les autres et contre elle-même.

Cf. chapitre 14.

– La fête (Concours administratif)

La multiplication des fêtes annoncées, « fête de la musique », « fête du cinéma », etc., rend sensible le retrait d'un phénomène naguère spontané et qui semblait jouer un rôle déterminant au sein de la communauté.

J.J. Rousseau et la *Lettre à d'Alembert sur les spectacles* permettent de montrer comment la fête permet la communion des différents participants. Dans une fête, chacun est à la fois acteur et spectateur, en un mot le spectacle prend vie. Mais de quel spectacle s'agit-il ? Que représente-t-on au cours d'une fête sinon le bonheur de vivre en société ?

La disparition des fêtes de village est-elle un symptôme de désagrégation sociale ? Probablement. Mais pour y remédier suffit-il de décréter la fête ?

Cf. chapitres 1 et 3.

Tradition

– Le poids de la tradition (HEC, 1985)

De quel poids pèse la tradition ? Le mot tradition vient d'un verbe latin qui signifie « transmettre ». La tradition, c'est donc ce qui se transmet d'une génération à l'autre (coutume, culture, mœurs, etc.). Si la tradition « pèse », c'est nécessairement du poids de l'héritage. Ce poids est-il un handicap ? On a vu que c'était là la question posée par les Modernes. La tradition aliène la liberté du sujet créateur, il convient par conséquent de s'en défaire. Toutefois le mouvement même de déprise doit à la tradition d'exister puisqu'il se forme contre elle : la tradition pèse encore sur celui qui la rejette. Est-ce véritablement une tragédie ? Quelle fatalité laisse-t-elle planer sur nos vies ? Car les connotations du mot « poids » ne sont pas nécessairement péjoratives. Le poids donne au corps sa consistance. C'est la tradition qui donne aussi de l'épaisseur aux individus, qui leur offre une identité et permet ensuite leur essor, c'est-à-dire l'affirmation de leur singularité. La tradition ne serait-elle pas indispensable aux êtres dont la légèreté, sans elle, menacerait d'être insoutenable ?

Cf. chapitre 14.

Utopie

– Utopie et vérité (HEC, 1987)
– Est-il juste de définir l'utopie comme un rêve inutile ? (IEP Paris, 1989)
– L'utopie. (Écricome, 1992).

Depuis quelques années l'utopie semble séduire les jurys. Elle leur permet de mesurer efficacement à la fois la capacité de conceptualisation des candidats et leur culture. En effet, il paraît difficile d'envisager de traiter l'un de ces trois sujets en ignorant tout du texte de Thomas More, l'inventeur du mot. *Utopia* est une île imaginaire où la vie des habitants est « idéalement » réglée en vue du bonheur collectif. L'étymologie ambiguë du mot révèle précisément cette double nature de l'utopie : *U-topia,* le non-lieu, et *Eu-topia,* le lieu du bonheur. L'utopie pose donc clairement la question de savoir si le bonheur collectif est réalisable en quelque lieu. L'utopie ne nous apprend-elle pas que la vérité du bonheur est d'être inaccessible ? De ce point de vue, le rêve utopiste est loin d'être inutile, il nous apprend que l'idéal demeure hors d'atteinte, qu'il s'agit d'un horizon, destiné à orienter le législateur, et non d'un plan qu'il faudrait appliquer.

Cf. chapitre 3.

Index des noms propres

Index des mots clés

Cet ouvrage a été transcodé et achevé d'imprimer
par l'Imprimerie Floch à Mayenne en mai 2004. N° d'imp. 60219
(Imprimé en France)